Hardy Grüne
Michael Müller-Möhring

Von Aachen bis Zwickau

1000 TIPS FÜR AUSWÄRTSSPIELE

AGON
Sportverlag

Einband: Weusthoff & Rose, Köln
Graphische Gestaltung: MMM
Druck: Thiele & Schwarz

Frankfurter Str. 92 A
34121 Kassel

ISBN 3-89784-125-8

Eine Karawane zieht durchs Land. Jedes Wochenende reisen Cottbusser nach Oberhausen, Nürnberger nach Hamburg, Schalker nach Freiburg oder Idar-Obersteiner nach Gütersloh - auswärts dabei zu sein, ist so "in" wie nie zuvor. Auch das "Groundhoppen" erfreut sich wachsender Beliebtheit.

Es wurde also wieder einmal Zeit, dem orientierungslos zwischen der Ausfahrt Aachen-Zentrum/Würselen und den Zwickauer Würstchenbuden umherirrenden Fan mit einem Büchlein, in dem die Stadien der ersten drei Ligen sowie einige Perlen aus den Niederungen des deutschen Fußballs einer genaueren Betrachtung unterzogen werden, zur Seite zu stehen.

Das vorliegende Werk stellt dabei eine Fusion des beliebten Dauerbrenners "1000 Tips für Auswärtsspiele" und des aufstrebenden Newcomers "Supporter's Guide" dar - die Elefantenhochzeit in der Stadionreiseführerbranche dürfte sowohl der Geldbörse als auch den praktischen Nutzwert des Reisenden in Sachen Fußball dienlich sein.

Noch ein kurzes Wort zu dem Bewertungssystem mit den maximal zu erheischenden sechs Bällchen: Die Beurteilungen sind selbstverständlich gnadenlos subjektiv.

Genug gelabert. Viel Spaß und möglichst viele Punkte!

INHALT

INHALT

AACHEN: Tivoli

Foto: Hans-Georg Wahl

Kapazität: 24.816
Stehplätze: 21.200
Sitzplätze: 3.616

Alemannia Aachen, Krefelder Str. 187, 52070 Aachen
Tel: 0241-153316, Fax: 0241-156268
www.alemannia-aachen.de

Nach einer ganzen Reihe von Umzügen fand der Stolz Aachens im Jahre 1925 endlich eine geeignete Fläche, um auf ihr die sportlichen Heimatzelte aufzuschlagen. Voller Eifer machte man sich ans Werk und so konnte das neue Stadion bereits am 3. Juni 1928 eingeweiht werden.

In den 50er Jahren baute man den Tivoli dann erheblich aus. Als die Arbeiten im August 1957 beendet waren, verfügte das reine Fußballstadion nicht nur über eine überdachte Sitzplatzribüne für 5.000 bequemlichere Naturen, sondern auch über steil aufragende Stehränge mit Platz für weitere 27.500 Menschen. Zudem besaß die für damalige Zeiten moderne Arena schon einen Spielertunnel und bald auch eine Flutlichtanlage, die mit ihren 270 Lux als "modernste und lichtstärkste Europas" gepriesen wurde. Zur Premiere schaute im August 1957 Espanol Barcelona vorbei, ließ sich jedoch von den gleißenden Strahlern nicht beeindrucken und gewann mit 4:2. Beeindruckend hingegen das allabendliche Ritual nach dem Abpfiff: Für kurze Zeit löschte man das Flutlicht, die Fans entzündeten Streichhölzer oder Feuerzeuge und begleiteten so die staunenden Kicker in die Kabinen.

Weniger spektakulär dann der Umbau nach dem Bundesligaaufstieg 1967: Auf dem Südwall entstand eine Stahlrohrtribüne mit 4.500 Sitzen, die man nach dem Abstieg gleich wieder abriß. 1980 erhielt der mittlerweile in den Besitz der Stadt übergegangene Tivoli dann aber eine "richtige", noch dazu mit einem Dach versehene Tribüne. Später verpaßte man dem Stadion an der einen oder anderen Ecke einen neuen Anstrich, mehr aber auch nicht.

Pläne zum Ausbau der maroden Arena existieren bereits seit 1962, wurden jedoch im letzten Jahr zum Entsetzen der Fans von einer gänzlich neuen Idee abgelöst: Ein Firmenkonsortium beabsichtigt den Abriß der traditionsreichen Stätte, um auf dem Gelände schicke Wohnhäuser zu bauen. Im Gegenzug soll dann auf der anderen Straßenseite ein 12.000-Allseater als Teil eines Messe- und Marktzentrums errichtet werden. Die Stadt findet diese Idee offenbar nicht schlecht, der zuständige Dezernent wurde bereits mehrere Male in Kerkrade gesichtet, wo derzeit ein ähnlicher Kasten entsteht. Doch der Widerstand ließ nicht lange auf sich warten: Schon kurz nach dem Bekanntwerden der Pläne reichten die Fans eine 3.000 Kürzel dicke Unterschriftenliste ein, gründete sich die Bewegung "Hände weg vom Tivoli" und sprach sich – kommunalwahlkampftechnisch nicht ungeschickt - auch CDU-Herausforderer Daldrup für den Erhalt des Stadions aus. Hoffen wir einfach mal das Beste.

AACHEN: Tivoli

Bei Spitzenspielen kann es schon mal etwas länger dauern, bis man seine Eintrittskarte in der Hand hat. Deshalb empfiehlt es sich stark, nicht auf den letzten Drücker anzureisen: die Kassen öffnen in der Regel zwei Stunden vor dem Anpfiff. Hat man es dann ins Stadion geschafft, gibt es eigentlich nicht viel zu meckern. Die Sichtverhältnisse sind von nahezu allen Plätzen aus (Ausnahme: die untersten Stufen) klasse, und was die in den Stehbereichen schwer verständlichen Lautsprecherdurchsagen betrifft, hat der Verein bereits Besserung in Aussicht gestellt.

Gästefans finden ihre Plätze im abgegrenzten Stehplatzbereich Aachener Wall (Block Z, bei Bedarf auch V – insgesamt ist dort Platz für maximal 5.400 Zuschauer) und benutzen den Eingang Merowinger Straße. Die wetterunempfindlicheren Naturen unter den heimischen Anhängern versammeln sich auf dem offenen Würselener Wall (Blöcke K-N), der Rest auf der überdachten Gegengeraden (Block S). Und dort ist ganz schön was los: Die legendären Konfettischlachten aus den 70er und 80er Jahren, die am Tivoli für südamerikanisches Ambiente sorgten, sind mittlerweile zwar durch ausgiebige Zaunbeflaggung, Schalparaden und Papierchoreographien abgelöst worden, aber ein Spiel am Tivoli, vor allem eins am Abend, sorgt immer noch für großartige Gänsehautatmosphäre.

Sitzplätze: 25 - 35 DM
Stehplätze: 8 - 20 DM
Gäste: Aachener Wall (Z)

Apropos Gänsehaut: Im Umfeld der Arena sollte der auswärtige Fußballfreund übrigens in jedem Falle ein klein wenig die Augen offen und den Mund im Zweifelsfalle geschlossen halten – einige der Aachener Anhänger sind von der rauhen Sorte. Manche sogar von der ganz rauhen.

Preise Studenten, Schüler, Zivis, Rentner, Soldaten und Schwerbeschädigte kommen billiger hinein, einen gültigen Ausweis sollte man allerdings unbedingt zur Hand haben. Nachdem eine Untersuchung der letzten Regionalliga-Heimspiele ergeben hatte, daß in Aachen anscheinend fast ausschließlich Studenten oder Schwerbehinderte ins Stadion kommen, wurden die Kontrollen bzgl. der ermäßigten Karten erheblich verschärft. Weitere Neuerung: Die Sitztribüne wurde in allen Blöcken durchnumeriert, so daß man nun nicht mehr Stunden vor dem Anpfiff zugegen sein muß, um noch einen vernünftigen Platz zu bekommen. Jugendliche bis 17 Jahre stehen für 10 (überdacht) bzw. 8 DM, Kinder bis 6 Jahre haben freien Eintritt. Für die Stehbereiche gibt es ferner Familienkarten (vier Leute, mindestens ein Erwachsener) à 35 und 45 DM. **Rolliservice** Entweder der Rollifahrer oder der Begleiter zahlt den ermäßigten Preis, für den anderen ist der Eintritt frei. Die Plätze befinden sich vor dem Block T der Gegengeraden, man benutze den Eingang Krefelder Straße (linkes Tor). **Fanshop** Vor dem Stadion stehen mehrere Stände bereit, an Nichtheimspieltagen wende man sich an die Geschäftsstelle, den Kaufhof (Adalbertstr. 20), MDB (Talbotstr. 25.) oder das Sporthaus Drucks (Alexanderstr. 29). **Lektüre** Die Stadionzeitung Tivoli-Echo (2 DM, A4, dezente Farben) bietet trotz des voluminösen Anzeigenaufkommens alle wichtigen Infos sowie viele interessante Rubriken, ist gut geschrieben und hat sich auf Anhieb einen Spitzenplatz in der Hitliste der Zweitliga-Gazetten erobert. Hin und wieder (Spitzenspiele, Pokal) gibt es an den Stadionkassen auch eine um die zwölf Seiten starke Sonderausgabe der Aachener Zeitung. Daneben existieren mit dem Schwarz-Gelben Fanzine (Fliederweg 2, 52222 Stolberg) und Oche, wa?! zwei prima Fanzines, die man für 1 bzw. 2 DM (+ Porto) erhältlich sind. **Stadionsprecher** Seit 26 Jahren erledigt Robert Moonen seinen Job zur allgemeinen Zufriedenheit. **Essen** Die Zahl der Imbiß- und Getränkestände hat sich mit dem Aufstieg verdreifacht, jeweils zehn rund ums Stadion verteilte Büdchen lassen nun keine allzu langen Warteschlangen mehr entstehen. Dort gibt es solide Brat- und Bockwürstchen, vor dem Stadion zudem Currywurst. Vielleicht kann man sich in Zukunft ja auch auf eine sog. “Fritterie” freuen – das Land der leckeren Fritten liegt ja auch gleich um die Ecke. Bei der Alemannia würde man dies zumindest begrüßen. **Trinken** Der erste Durst läßt sich im Fanzelt vor dem Stadion löschen, im Tivoli selbst trinkt man Bier, Wasser, Limo und Cola. Im Winter kann man gelegentlich auch wärmende Flüssigkeiten erwerben, deren Geschmacksfaktor jedoch gegen Null tendiert. **Toiletten** Frisch renoviert und damit voll zweitligatauglich. **Kneipen** Im direkt an der Geschäftsstelle gelegenen "Tivoli-Treff" machen sich vor, bei und nach den Spielen die Presseheinis breit, aber glücklicherweise gibt es ja gleich nebenan das Fanzelt, in dem man nicht nur Tuborg und Rhenania, sondern auch kleine Snacks genießen kann. Auf der gegenüberliegenden Straßenseite lockt das "Cortis", wohingegen sich die Sportler-Kneipe "Groß-Tivoli" in ein Nobelrestaurant verwandelt hat. Ansonsten lohnt sich der Weg in die Innenstadt: Vom Statistischen Bundesamt erwiesen - Aachen besitzt die höchste Kneipendichte der Republik. Rund um Markt, Katschhof und Dom sollte von daher eigentlich jeder einen geeigneten Laden finden.

STADION: ⚽⚽⚽⚽ **STIMMUNG:** ⚽⚽⚽⚽ **SERVICE:** ⚽⚽⚽

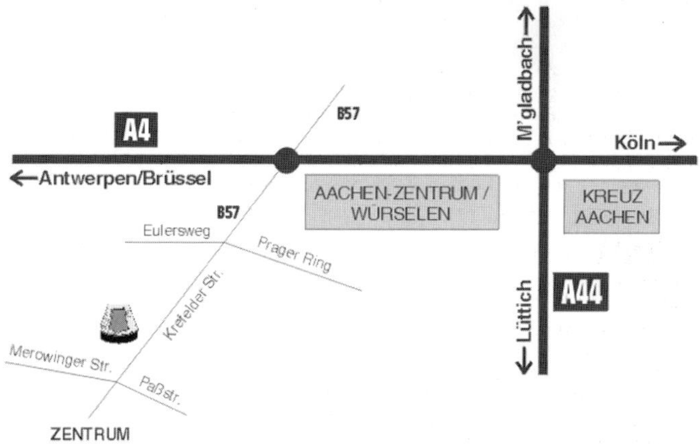

Von der **A4** aus Richtung **Köln**: Über das Aachener Kreuz (A44) hinweg in Richtung Holland (Antwerpen/Heerlen) bis zur Abfahrt **Würselen** bzw. Aachen-Zentrum, rechts ab auf die Krefelder Straße (B57) und immer geradeaus. Nach etwa zwei Kilometern ist das Ziel der Reise erreicht: Das Stadion liegt rechts, gleich hinter der Fußgängerbrücke. Wer unter akuten Orientierungsschwierigkeiten leidet: Der Tivoli ist auch **ausgeschildert**.
Die **Parkgelegenheiten** am Stadion waren bislang **kostenlos**, und das soll auch in Zweitligazeiten an und für sich so bleiben. Erste Abstellmöglichkeit ist nach den Plätzen an der Merowinger Straße (Gästeblock) der ALRV- Parkplatz am Reitturnierstadion (hinter der Eissporthalle, Fußweg ca. fünf Minuten), außerdem kann man es am Gut Wolf (Straßenverkehrsamt) versuchen - jeweils an der Krefelder Straße, auf der es in Stadionnähe übrigens auch zwei Tankstellen gibt. **Tip:** Wer zu spät kommt, muß nicht verzweifeln - die Heimspiele der Alemannia werden bei Antenne AC (107,8 und 105,0 Mhz) sowie Aachen 100, eins (..) live übertragen.

Vom Hauptbahnhof geht es mit den **Buslinien** 1, 11, 14, 21, 46, 56 und 163 zum **Bushof**, ab dort steigt man am besten in die Linie **15** (Haltestelle 4) um, fährt diese doch in Richtung Baesweiler und bis direkt vor den Haupteingang. An Spieltagen werden von der ASEAG aber auch zusätzliche **Sonderbusse** (ab Bushof, Haltestelle 4, alle 10 Minuten) eingesetzt. Netterweise stehen diese dann auch zur Rückfahrt bereit. Wer an einer der ASEAG-Verkaufsstellen (z.B. im Hbf.) ein Kombiticket erwirbt, fährt **umsonst**. Sonderzüge fahren in der Regel bis zum **West-Bahnhof**, ab dort sind es noch knapp 30 Minuten Fußmarsch, die in Begleitung von Ordnungskräften zurückgelegt werden.

Foto: Michael Seiß

Kapazität: 11.000
Stehplätze: 10.150
Sitzplätze: 850

VfR Aalen, Stadionweg 3, 73430 Aalen
Tel: 07361-943904
www.vfr-aalen.de

Das "Stadion am Rohrwang" entstand in den Jahren 1947 bis 1949 und besaß nach Fertigstellung der hölzernen Tribüne eine Kapazität von rund 8.000 Plätzen, die während einer ersten Umbauphase in der Mitte der 60er Jahre auf rund 12.000 erweitert wurde. Danach geschah lange Zeit nur recht wenig mit der schnuckeligen Kleinarena - nicht zuletzt, da sich Eigentümer VfL lange Zeit in einem finanziellen Schwächelzustand befand. Ende der 80er Jahre schließlich zeigte sich die Stadt gnädig und kaufte dem Verein seine Spielstätte, die seit dem 1. September 1988 den Namen "Waldstadion der Stadt Aalen" trägt, ab.

Anläßlich des 61. Landesturnfestes des Schwäbischen Turnerbundes entschloß man sich 1998 zu einer Generalüberholung der Arena, wobei der Regionalliga-Aufstieg des VfR natürlich ganz gut ins Konzept paßte. Für rund 2,3 Mio. DM wich das antike Holzgebilde (Spitzname "Schandfleck"), das die Mitglieder in den 40ern noch in Eigenregie hochgezogen hatten, einer 841 Sitze fassenden Tribüne, die OB Pfeifle euphorisch als "zweitbundesligagerecht" lobte. Zudem erhielt die Arena Flutlicht, und auch eine videofähige Anzeigetafel steht mittlerweile im Waldstadion herum - das gute Stück war übrigens schon im Rahmen einer Seligsprechung durch den Papst im Vatikan im Einsatz. Gleichzeitig entstand das neue Clubhaus, für das der VfR allerdings selbst aufkam. Der nächste Ausbauschritt sieht bis Mitte 2000 die Sanierung der Gegengeraden und Stehränge in den Kurvenbereichen vor - das Motto: "Vom Runden weg zum Viereckigen." Schön!

Die heimischen Anhänger versammeln sich auf der Gegengeraden, um ihre bisweilen noch recht zarten Schlachtgesänge in das kleine Oval zu schleudern. Gästefans können sich eigentlich frei bewegen, größere Gruppen werden jedoch in von der ansässigen "Security" überwachte Blöcke geleitet.

Preise Rentner und Behinderte kommen billiger, Kinder bis 16 Jahre ganz umsonst rein. **Rolliservice** Ermäßigter Eintritt für Fahrer und Begleiter, vor dem Stadion existieren Behindertenparkplätze. **Fanshop** Im Eingangsbereich des Stadions gibt's einen kleinen Stand, das Angebot soll aber schon bald vergrößert werden. **Lektüre** Das Clubmagazin "RegionAAl" kommt im Zeitungsformat daher, bietet auf 16 Seiten alle nötigen Infos zum Spiel sowie Sammelposter der Aalener Kicker. Kostenlos und gut. **Essen** Die Büdchen bieten zu fairen Preisen verschiedene Würste und Fleischprodukte an, die wohl in die Kategorie "herzhaft schwäbische Vesper" fallen, an. Daneben Kuchen und Eis. **Trinken** Dinkelacker Export, CD Pils, Hefe-/Kristallweizen – noch Fragen? Für Autofahrer steht zudem eine Palette an alkoholfreien Getränken (u.a. Kaffee) parat. **Toiletten** Alles tiptop! Sogar an eine Behindertentoilette hat man gedacht. **Kneipen** Das moderne und mit einem Biergarten ausgestattete "VfR-Clubrestaurant" bietet alles, was Herz, Leber und Magen begehren. Ansonsten kann sich der erlebnishungrige Fan nach dem etwas rustikaleren "Eichenhof" oder der "Alten Linde" durchfragen.

Sitzplätze: 18 DM
Stehplätze: 13 (10) DM
Gäste: egal

STADION: ⚽ **STIMMUNG:** ⚽⚽ **SERVICE:** ⚽⚽⚽

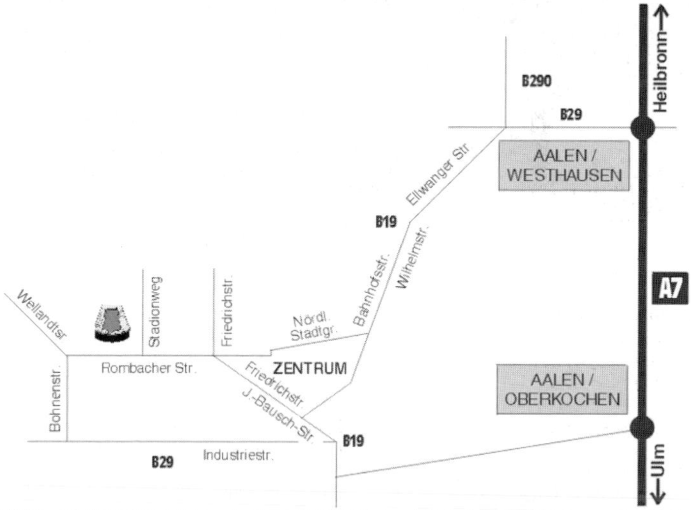

Von **Würzburg**: Über die **A7** bis zur Ausfahrt **Aalen/Westhausen** und auf der **B29** zunächst geradeaus in Richtung Wasseralfingen bzw. Aalen halten. Kurz vor Oberalfingen geht die B29 in die **B19** über, aber das macht nix - es geht weiter geradeaus über die Nördlinger und Ellwanger Straße durch Attenhofen und schließlich auf der Wilhelmstraße durch Wasseralfingen hindurch. In Aalen dann von der Bahnhofstraße (immer noch B19) rechts auf den Nördlichen Stadtgraben, den Bogen zum Westlichen Stadtgraben mitmachen und kurz darauf rechts auf die **Rombacher Straße**, an der Fachhochschule dann rechts ab zum Waldstadion. Von **Ulm**: Über die **A7** bis zur Abfahrt **Aalen/Oberkochen**, dann gen Unterkochen halten. Nach etwa fünf km rechts auf die **B19**, die über die Industriestraße in die **B29** übergeht. Etwa anderthalb km hinter der Polizeiwache (links) nach rechts in das **Bohnensträßle** abbiegen und weiter geradeaus über die Hofherrnstraße gen Unterrombach. An der zweiten großen Kreuzung dann rechts auf die Rombacher Straße, von der nach wenigen Metern links der Stadionweg, das Ziel der Reise, abzweigt. Was das **Parken** angeht, so herrscht normalerweise **keine Not**. Wenn der Parkplatz am Waldstadion nicht ausreicht, fährt man einfach ein Stückchen weiter den Stadionweg herunter zum MTV-Sportplatz oder benutzt das Parkhaus an der Fachhochschule (247 Plätze, Kostenpunkt an Spieltagen: 2 DM).

Zu **Fuß** braucht man vom Aalener Bahnhof zum Waldstadion (über Nördlichen und Westlichen Stadtgraben, dann Rombacher Straße) etwa 15 bis 20 Minuten. Wem das zu weit ist, der kann auf die Buslinie **T5** (Richtung Hofherrnweiler) zurückgreifen und vom ZOB bis zur Haltestelle Waldstadion fahren.

Foto: Dirk Schulz

Kapazität: 9.440
Stehplätze: 8.500
Sitzplätze: 940

LR Ahlen, August-Kirchner-Str. 45, 59229 Ahlen
Tel: 02382-701358, Fax: 02382-701357
www.lrahlen.de

Bis zum Jahre 1991 erweckte die Glückauf-Kampfbahn, deren Vorläufer kurz nach dem Ende des Zweiten Weltkriegs von Grubenarbeitern der Zeche Westfalen erstmals zum fröhlichen Kicken genutzt worden war, den Eindruck eines besseren Bolzplatzes. Eine kleine Holztribüne und eine Handvoll Stehtraversen bildeten den einzigen Komfort einer Arena, in der die heimischen TuS-Amateure mehr schlecht als recht dem runden Leder hinterherjagten. Dann aber übernahm Helmut Spikker, "Ahlens Antwort auf J.R. Ewing" (kicker), die Macht im Verein und gab für selbigen – unter dem wohlwollenden Grinsen der lokalen Fußballgemeinde – die Parole "Profifußball" aus. Ein paar Jahre später lachte niemand mehr: Unter nahezu profihaften Bedingungen kletterten die Ahlener Jahr für Jahr die Erfolgsleiter nach oben und hatten es 1996 bereits bis in die Regionalliga West/Südwest geschafft.

Nun mußte nur noch die marode Glückauf-Kampfbahn auf Vordermann gebracht werden. Da das nötige Kleingeld mit Spikker offensichtlich kein Problem mehr darstellte, wurde das im Süden Ahlens gelegene Stadion für rund elf Millionen DM in eine schmucke, von Kennern als "kleines Westfalenstadion" gelobte Fußballstätte verwandelt, die im Herbst 1998 eingeweiht werden konnte. Interimsweise war der zwei Jahre zuvor in LR Ahlen umgenannte Verein in den ungeliebten Sportpark Nord ausgewichen. Der Glückauf-Kampfbahn, deren Geraden sich einer Überdachung erfreuen, mangelt es jetzt nur noch an einer Flutlichtanlage. Und natürlich am Profifußball.

Der Ahlener Fanclub "Rot-Weiß Zipfelmützen" macht seinem Namen zwar alle Ehre, offenbart aber einige Defizite, wenn es darum geht, die Kampfbahn in einen Hexenkessel zu verwandeln. Gästeanhänger stellen sich auf die Hintertortribüne (linker Eingang), ihre Gesänge können dank der günstigen Architektur der Arena beachtliche Lautstärke erreichen.

Preise Frauen, Jugendliche, Behinderte, Schüler und Soldaten kommen billiger rein. Rolliservice: Rollstuhlfahrer genießen (incl. Begleitperson) freien Eintritt und einen Platz direkt am Spielfeldrand. **Fanshop** Gleich neben der Hauptkasse wartet ein kleiner Fanartikelstand auf Kunden, ansonsten ist man auf die Geschäftsstelle angewiesen. **Lektüre** Der LR-Express informiert auf 30 Seiten (s/w, A4) über aktuelle Vereins- und Ligageschehnisse sowie über den Einfallsreichtum der örtlichen Unternehmerschaft beim Gestalten von Anzeigen.

Essen Nachdem die gesamte gastronomische Grundversorgung an einen Großbetrieb verpachtet wurde, bieten diverse Stände im Stadionrund Bratwurst (3 DM), Pommes Frites (1,50 DM) und gelegentlich auch Gyros an. **Trinken** Neben Cola, Limo und Wasser kann man seinen Durst mit Leichtbier löschen, einer der Stände bietet ferner Kaffee an. **Toiletten** Relativ neu und von daher relativ gut in Schuß. **Kneipen** Das neben dem VIP-Raum gelegene Vereinsheim "Sportlertreff", das Platz für 150 bis 200 Leute bietet, hat vor und nach den Spielen geöffnet. Wem es dort zu langweilig ist, der muß wohl oder übel in Richtung Zentrum laufen.

Sitzplätze: 20 (15) DM
Stehplätze: 12 (8) DM
Gäste: "Kurve" links

STADION: ⚽⚽⚽ **STIMMUNG:** ⚽⚽ **SERVICE:** ⚽⚽

Von **Hannover**: Über die **A2** bis zur Ausfahrt **Beckum** (20), links auf die Geißlerstraße und nach etwa 600 Metern links und gleich noch einmal links auf die **B58** gen Ahlen. Weiter über die B58 geradeaus und von der Beckumer Straße, dann links auf die Emanuel-von-Ketteler-Straße, die über die Zeppelinstraße auf die Dolberger Straße führt. Hinter dem Park zur rechten dann links in die August-Kirchner-Straße. Von **Dortmund**: Über die **A2** bis zur Ausfahrt **Hamm-Uentrop** (19) und weiter Richtung Dolberg. Dort auf der **B61** angekommen, gleich rechts auf die Lambertistraße und rechts auf die L547, die in Ahlen zur Dolberger Straße wird. Kurz vor dem Park schließlich rechts in die August-Kirchner-Straße. Von **Bremen**: Über die **A1** bis zur Ausfahrt **Ascheberg** (79) und auf der **B58** an Drensteinfurt vorbei gen Ahlen (ca. 20 km). Über die Drensteinfurter und Kapellenstraße nach Ahlen hinein, links in die Weststraße und rechts über Westen- und Südenmauer auf die Dolberger Straße (Rest s.o.) - das Stadion ist aber auch ausgeschildert. Im Umfeld der Glückauf-Kampfbahn finden sich rund 500 **Parkplätze**, zur Not versuche man es jenseits der Dolberger Straße am Berliner Park.
Wenn es zum Sportpark Nord gehen soll: Über die B58 (Beckumer bzw. Drensteinfurter Straße) und den Konrad-Adenauer-Ring rechts bzw. links auf die Warendorfer Straße und nach etwa 600 Metern links in die Otto-Scholt-Straße.

Vom **Westbahnhof** sind es zu Fuß über Südbrede und Dolberger Straße nur zehn Minuten, ansonsten fahren die **Buslinien** 446, 450, 458 und 459 bis zum Park. Daneben stehen zahlreiche regionale Busverbindungen zur Verfügung, so z.B. nun auch eine Nachtbuslinie zwischen Ahlen und Münster.

AUE: Erzgebirgsstadion

Foto: Burkhard Schulz

Kapazität: 20.000
Stehplätze: 10.000
Sitzplätze: 10.000

FC Erzgebirge Aue, Lößnitzer Str. 95, 08280 Aue
Tel: 03771-52425, Fax: 03771-51412
www.fce-aue.de

An Stelle des Städtischen Stadions an der Lößnitzer Straße, das am 27. Mai 1928 seiner Bestimmung übergeben wurde, errichteten Kumpeln des Wismut-Bergbaus und Soldaten der Roten Armee in einer Rekordbauzeit von nur vier Monaten die herrliche Auer Arena, die am 20. August 1950 als "Otto-Grotewohl-Stadion" (by himself) eingeweiht wurde - statt der vorgesehenen 25.000 verfolgten damals um die 50.000 Zuschauer das Spiel Aues gegen Dessau, denn auch jenseits der Anlage war der Platz gut einsehbar. Die Arena war zunächst als reines Sitzstadion angelegt und verfügte lediglich über eine kleine Holztribüne. 1958 geschah dann etwas, das heute schlicht undenkbar wäre: Man verwandelte die Sitzplatzkurven in Stehplatzbereiche. Anfang der 70er Jahre folgte noch eine neue zeitgemäße Haupttribüne. In diesem Zustand schlummerte das Stadion dann ohne jegliche Änderung bis 1986 vor sich hin, als man daran ging, die gesamte Arena von Grund auf zu erneuern. Lediglich das Haupttribünendach besteht heute noch in der alten Form, allerdings entfernte man die sichtbehindernden Stützen und hängte es hinten an vier Masten auf. Im Sommer 1989 gönnte man sich eine Anzeigetafel, und anläßlich des 1000. Oberligaspiels (vs. Magdeburg) wurde im Oktober vor 26.000 Fans auch die Flutlichtanlage eingeweiht. Das ab November 1991 so genannte Erzgebirgsstadion, ein klasse Fußballtempel in landschaftlich hübscher Lage, war zuletzt im August 1998 mit 20.000 Zuschauern bis auf den letzten Platz gefüllt.

Während sich die Auer Anhänger in den Blöcken O/P tummeln, stehen Gästefans in den Blöcken F und G gegenüber. Die Sicht ist optimal, ein Flutlichtspiel ein Genuß und Ärger gibt's (wenn überhaupt) nur außerhalb der Arena.

Preise Billiger kommen nur Behinderte und Jugendliche (bis 14) rein. Daneben gibt es ein günstiges Familienticket. **Rolliservice** Ermäßigter bzw. freier Eintritt für Fahrer nebst Begleiter, behindertengerechter Eingang und Plätze nahe der Trainerbank. Wer sich rechtzeitig an den FCE wendet, erhält auch einen Parkschein für einen Stellplatz direkt am Stadion. **Fanshop** Im Auer Fanshop (Poststr. 9, Tel/Fax: 722270) ist stets kompetentes Personal anwesend. **Lektüre** Das Veilchenecho (2 DM) schreit förmlich nach einer Generalüberholung. Wesentlich aufregender kommt da schon das Fanzine Die Schachtscheißer daher, das für 2 DM (+ Porto) beim herausgebenden Fanprojekt (Poststr. 9, 08280 Aue, Tel: 735884) geordert werden kann. **Essen** Unglaublich, aber wahr: Die Wurst stammt aus Zwickau. Was Wunder, daß den Auern anfangs die Wurst im Halse steckenblieb. Doch da das Angebot (Bratwurst, Fischbrötchen, Steaks etc.) eigentlich ganz O.K. ist und die Leute sich zudem Mühe geben, hat sich die Aufregung wieder gelegt. **Trinken** Das Bier heißt Freiberger, kostet ebenso wie Cola, Limo und Wasser 4 DM (0,4) und ist bei Problemspielen nur ohne Alkohol zu haben. **Kneipen** Vor und nach dem Kick treffen sich die Auer Fans im Sportlerheim "Stadionblick", das seinen Namen völlig zurecht trägt und in dem man neben diversen Alkoholika auch vernünftige Mahlzeiten bekommt. Daneben befindet sich etwa 400 m weiter (gen Krankenhaus) das "Prießnitz", in dem man ebenfalls mal vorbeischauen kann.

Sitzplätze: 15 (10) - 18 DM
Stehplätze: 10 (8) DM
Gäste: Block F und G

STADION: **STIMMUNG:** **SERVICE:**

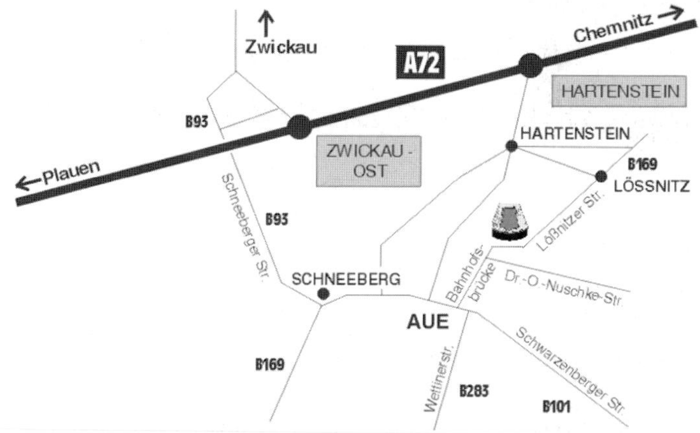

Von **Chemnitz** kommend wähle man von der **A72** die Abfahrt **Hartenstein** und fahre zunächst über die Hartensteiner Straße in Richtung Hartenstein. Hört sich ja so weit logisch an – nun aber wird es kompliziert: Es geht nicht rechts ab gen Hartenstein, sondern geradeaus über die Lichtensteiner Straße nach Raum (Beutha). Dort dann gleich rechts in die – echt wahr – Hartensteiner Straße und geradeaus über die Lößnitzer Straße auf die **B169** gen Aue. Immer geradeaus über Chemnitzer Straße, Auer Straße (in Lößnitz) und schließlich wieder Lößnitzer Straße (in Aue), bis endlich rechts das Stadion erreicht ist. Wem das zu **kompliziert** ist, der nimmt von der **A72** die Ausfahrt **Stollberg**, fährt links auf die Lichtensteiner Straße und gleich darauf rechts in die Chemnitzer Straße – das ist dann schon die B169. Von **Plauen** kommend, kann man auch die Abfahrt **Zwickau- Ost** nehmen, hält sich zunächst gen Zwickau und fährt nach etwa 1,5 km links in die Goethestraße, durch Vielau hindurch bis auf die **B93**, diese rechts und auf der Schneeberger Straße gen Schneeberg, dort auf die **B169** gen Aue. Dort angelangt, geht es an der ersten dicken Kreuzung links über die Bahnhofbrücke auf die Lößnitzer Straße – kurz vor dem Ortsausgang (immer noch B169) taucht schließlich links das Erzgebirgsstadion auf. Entlang der Bundesstraße gibt es eine größere Anzahl **Parknischen** sowie drei halbwegs geräumige Stellplätze.

Direkt am Haupteingang halten die Überlandbusse aus Chemnitz, Plauen, Klingenthal und Bernsbach. Wer am Bahnhof Aue ankommt, kann dort in die **Überlandbusse** Richtung **Chemnitz** steigen und bis zur Haltestelle Am Stadion fahren. Da die Arena etwas außerhalb liegt, braucht man **zu Fuß** über die Lößnitzer Straße (B169) knapp eine Viertelstunde.

Foto: Hardy Grüne

Kapazität: 32.420
Stehplätze: 26.420
Sitzplätze: 6.000

FC Augsburg, Donauwörther Str. 170, 86154 Augsburg
Tel: 0821-418080, Fax: 0821-415312
www.fcaugsburg.de

Es ist schon ein erhabenes Gefühl, auf dem Oberring des Rosenaustadions zu stehen und seine beeindruckenden Ausmaße auf sich wirken zu lassen. Ein wenig getrübt wird das Erlebnis allerdings, wenn gleichzeitig der FCA ein Heimspiel austrägt, denn die vielleicht 1.000 Zuschauer lassen eine gehörige Portion Wehmut aufkommen. Es sei somit gleich festgestellt: Das Rosenaustadion ist eigentlich viel zu groß für den FCA - zumindest, solange der noch im unbedeutenden Drittligafußball herumkickt oder gar vom Sturz in die Viertklassigkeit bedroht ist.

Das beeindruckende Bauwerk im Südwesten Augsburgs entstand unmittelbar nach dem Zweiten Weltkrieg, als man vor einem gigantischen Haufen von Kriegstrümmern stand und sich der erstmals in den zwanziger Jahren angedachten Stadionpläne erinnerte, welche mittels des Trümmerberges nun vorzüglich umgesetzt werden konnten. Statt der zunächst geplanten 25.000-Plätze-Anlage entstand jedoch aufgrund von Protesten des potentiellen Hauptnutzers BCA, dessen Heimat an der Donauwörther Straße kurz zuvor einem Wohnungsbauprojekt hatte weichen müssen, die heutige Großarena mit seinerzeit 65.000 Plätzen. Zwei Jahre nach dem ersten Spatenstich (Ende 1949) wohnten rund 50.000 Zuschauer der offiziellen Einweihung des als "größte und schönste Sportanlage Süddeutschlands" bejubelten Bauwerkes bei.

Nach sog. "Rössern" - uralten Wasserarmen der Wertach - wurde die Arena "Rosenaustadion" getauft und sollte nach den Hoffnungen aller Beteiligten möglichst rasch Spitzenfußball beherbergen. Davon war der BCA freilich meilenweit entfernt, und somit stieß das Stadion auch nur selten an den Rand seiner Kapazität. Am 9.11.1952 stellten 64.586 Fans beim Spiel Deutschland-Schweiz die bis heute ungebrochene Rekordmarke auf.

Bauliche Veränderungen wurden anschließend kaum vorgenommen, allenfalls Komfortverbesserungen. 1955 beispielsweise wurde die Flutlichtweihe begangen, wobei das Rosenaustadion allerdings erst sieben Jahre später "richtiges" Flutlicht bekam, denn zuvor waren lediglich Strahler in Gebrauch, die ansonsten der Ausleuchtung innerstädtischer Sehenswürdigkeiten dienten. Später wurde das Fassungsvermögen durch Versitzplatzung dreier Gegengeradeblöcke auf 32.420 Plätze gesenkt, was jedoch folgenlos blieb, denn auch Augsburgs große Hoffnung, durch die Bildung des Großvereins "FCA" (1973) den Sprung in die 1. Liga zu schaffen, zerstob ebenso rasch wie nachhaltig. Derzeit könnte der Drittligist bequem mit einem Bruchteil der Arena auskommen.

Der FCA gehört zu jenen Vereinen, die es ausgezeichnet verstehen, selbst die allertreuesten Anhänger auf beinharte Proben zu stellen. Dabei zählt Augsburg grundsätzlich zu den Hochburgen – aber eben nur im Erfolgsfall. Und da jener seit einigen Jahren kontinuierlich ausbleibt, verirren sich derzeit nur wenige Rot-Grün-Weiß Tragende in den Blöcken G und H, die den Heimfans vorbehalten sind. FCA-Fans sind durchwegs nette Zeitgenossen, nur in Ausnahmefällen trifft man auf unangenehme Vertreter. Gästefans können das Spiel in den Blöcken J und K (Zugang über Südkurve) somit in der Regel gefahrlos genießen. Doch Obacht: Während die Sichtverhältnisse von allen Plätzen ausgezeichnet sind, ist das Rosenaustadion stimmungstechnisch ein echter Killer.

Sitzplätze: 12-25 (9-22) DM
Stehplätze: 12 (9) DM
Gäste: Blöcke K + J

Lektüre Stadion Kurier, kostenlos, A4, farbig, besteht aus Anzeigen und aus dem Kicker abgeschriebenen Artikeln. **Rolliservice** Rollstuhlplätze am Spielfeldrand. **Essen** Wurst, Brezeln. **Trinken** alkoholhaltiges Bier, Cola, Fanta, Wasser. **Toiletten** funktional. **Kneipen** Stadiongaststätte mit Bahnhofshallenatmosphäre. Geeigneter: Hopfenbörse (Gögginger Str./Elisenstr.) oder Mohrenkönig (Sulzer Straße). Am Wertacher Damm gibt es drei kleinere Biergärten.

STADION: ⚽⚽⚽⚽ **STIMMUNG:** ⚽⚽ **SERVICE:** ⚽⚽⚽

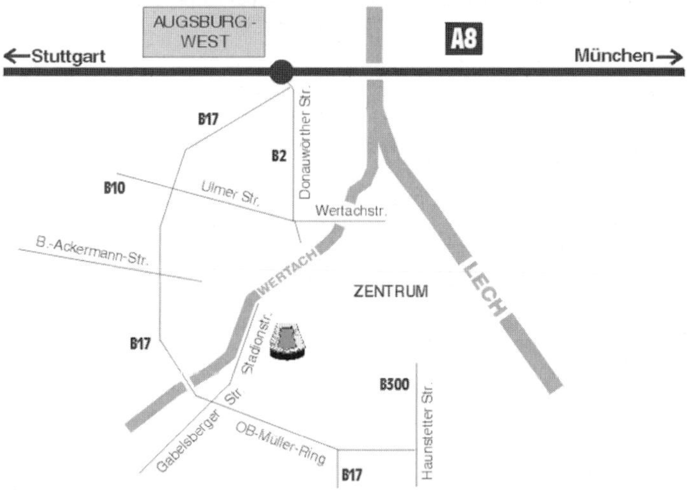

Aus Richtung **Ulm/München**: Die **A8** an der Ausfahrt **Augsburg-West** verlassen und auf der **B2** (Donauwörther Straße) Richtung Zentrum/Landsberg. Nach mehreren Kilometern geht es links auf die Holzbachstraße (Stadion ist ab dort ausgeschildert), die geradewegs zur Stadionstraße und somit zum Stadion führt. **Parken:** Kostenlose Parkplätze gibt es auf dem oberen Platz (an der Sporthalle), während man am stadionnahen Parkplatz bezahlen muß. Platz ist aber selbst bei Spitzenbegegnungen ausreichend vorhanden.

Vom Bahnhof mit der Tram # **2** bis zum Königsplatz, dort in die # **1** umsteigen und an der Ulrich-Hofmeier-Straße aussteigen. Von dort sind es noch rund fünf Minuten Fußweg. Insgesamt kann man aber vom Bahnhof auch in einer guten Viertelstunde **per pedes** zum Stadion kommen: Rechts auf die Halderstraße, an der ersten großen Kreuzung rechts auf die Hermannstraße, dann geradeaus über Gögginger Brücke und Kongreßhalle zum Stadion.

Foto: Hans-Georg Wahl

Kapazität: 23.500
Stehplätze: 21.000
Sitzplätze: 2.500

1.FC Union Berlin, Hämmerlingstraße 80-88, 12555 Berlin
Tel: 030-6566880, Fax: 030-65668866,
Fanfon: 030-65668898

Man kann die Lage der "Alten Försterei" wohl unumwunden mit "idyllisch" umschreiben. Am Rande eines ausgedehnten Waldstücks, direkt neben einem Uralt-Gebäude namens "Försterei Treptow" (von dem das Stadion auch seinen Namen hat) und in Wurfweite des großen Freizeit- und Erholungsparks "FEZ" liegt die bei Auswärtsteams gefürchtete Spielstätte des 1. FC Union, die in ihren nunmehr 80 Jahren schon einiges erlebt hat.

Eingeweiht wurde sie anno 1920 mit einem Spiel zwischen dem damaligen SC Union Oberschöneweide und dem amtierenden deutschen Meister 1. FC Nürnberg, der sich vor 7.000 Zuschauern knapp mit 2:1 durchsetzte. Rund 10.000 Plätze bot die auch "Wuhlheide" genannte Arena in jenen Tagen, und dabei blieb es zunächst auch, denn es kamen harte Zeiten auf Union zu. Durch die politische Entwicklung wurde Traditionsklub Union Oberschöneweide 1950 gespalten. Während die 1. Mannschaft in den Westen abwanderte und als SC Union 06 Berlin weiterspielte, verschwand "Union-Ost" (zunächst als Motor Oberschöneweide, später diverse andere Namen) in der DDR in der sportlichen Versenkung. Erst als 1966 dem neugegründeten 1. FC Union der Aufstieg in die höchste Spielklasse (Oberliga) gelang, kehrte die Wuhlheide auf die höchste Fußballbühne zurück. Jedoch nicht lange, denn der großen Fangemeinde von "Eisern Union" stand eine jahrzehntelange turbulente Achterbahnfahrt bevor: 4 Auf- und Abstiege zwischen 1969 und 1989.

1969 rollten erstmals seit Jahrzehnten wieder Bagger in die inzwischen wirklich alte "Alte Försterei". Es gab einen neuen "englischen" Rasen sowie ein Sozialgebäude, darüber hinaus wurde die komplett mit Stehrängen bestückte Gegengerade um 19 Stufen erweitert, die im Vergleich zur ursprünglichen Bausubstanz recht steil in den Himmel ragen. Einige Jahre später wurden beide Hintertortribünen auf dieselbe Höhe gebracht, womit die Wuhlheide ein Fassungsvermögen von 23.500 erreichte.

Anschließend wurde es wieder still an der Försterei Treptow, denn als vom Volk geliebter, von den politisch Verantwortlichen jedoch verachteter Klub fristete die der Gewerkschaft FDGB nahestehende Union ein Schattendasein. Nach der politischen Wende wiederum verhinderten eklatante Finanzprobleme und eine haarsträubende Vereinspolitik Baumaßnahmen, so daß sich die Alte Försterei derzeit mehr oder weniger noch immer in dem Zustand präsentiert, in dem sie sich schon seit den frühen siebziger Jahren befindet. Mit anderen Worten: Sie ist dringend renovierungsbedürftig.

Vermißt wird vor allem eine überdachte Sitzplatztribüne (einziger "Komfort" sind ein paar Holzbänke auf der flachen Geraden), darüber hinaus sind die Anfahrtswege, das leidige Parkplatzproblem und die fehlende Flutlichtanlage Dornen im Auge. Gleichwohl darf die Wuhlheide zu den schönsten Ballhäusern des Landes gezählt werden, zumal in der reinen Fußballarena auch bei kleineren Kulissen schon eine prächtige Atmosphäre entsteht. Die Vorstellung, das in der Wuhlheide eines Tages überdachte Tribünen und eine Flutlichtanlage stehen könnten, erfüllt jedenfalls nicht nur Union-Fans mit Vorfreude.

Sitzplätze: 20 (15) DM
Stehplätze: 10 (8) DM
Gäste: Seite Köpenick (C)

Nur selten gelingt es Fans, einen Anfeuerungsruf zum offiziellen Vereinsslogan zu machen. Bei Union hat es geklappt, denn "Eisern Union" ziert inzwischen sogar den Vereinsbriefbogen. Der Slogan ist Programm, denn der Zusammenhalt der rot-weißen Fangemeinde war und ist enorm. Der Fanrat ist im Aufsichtsrat des Vereins vertreten, seit vielen Jahren erfreut sich die "Union Fan-Liga" großer Beliebtheit bei den zahlreichen Fan-Clubs. Unions für Regionalliga-Verhältnisse und angesichts der an turbulenten Momenten reichen jüngeren Vergangenheit enorm große Fanschar versammelt sich auf der Hintertortribüne "Wald" sowie der großen Stehplatzgeraden. Sie gilt als treu und - im positiven Sinne - fanatisch. Allerdings tummeln sich in der Wuhlheide auch einige dubiose Gestalten, vor denen man sich besser in acht nehmen sollte. Gefahr im Verzug ist vor allem bei alten DDR-Derbys gegen Dresden, Leipzig (VfB, für den FC Sachsen hegt man hingegen gewisse Sympathien) und den BFC Dynamo. Einzelreisenden Gästefans muß daher leider geraten werden, sich vor allem auf dem Anmarschweg "unauffällig" zu verhalten.

Für auswärtige Anhänger öffnet die Wuhlheide ihre Pforten über den Eingang "Seite Köpenick", der sich an der Ausfallstraße "An der Wuhlheide" befindet. Es sind ausreichend Stehplätze vorhanden, die Sicht ist wegen des sehr hohen und engmaschigen Zaunes allerdings ziemlich getrübt. Nett auch die an die Wand gesprühte freundliche Begrüßung der Union-Fans an ihre auswärtigen Kontrahenten "Euch erwartet hier die Hölle". Na denn.

Foto: MMM

Fanshop Befindet sich in der Geschäftsstelle (Hämmerlingstraße 80/88, hinter der großen Stehgeraden). Dort gibt es auch die kultigen Poster "Eisern Union" zu erwerben. **Lektüre** 1. FC Union, 2,50 DM, 36 A5-Seiten, zumeist farbig und auf feinstem Hochglanzpapier, wird von Fans gemacht und ist sein Geld wert. **Rolliservice** Rollstuhlplätze am Spielfeldrand, Betreuung seitens des Ordnerdienstes wird allseits gelobt. **Essen** Bratwurst und Schokoriegel, im Sommer bieten fliegende Eisverkäufer ihre Waren feil.

BERLIN: Alte Försterei

Trinken Alkoholisches Bier, Cola, Sprite etc. **Toiletten** In großen Containern untergebracht und recht sauber. **Kneipen** Unions Fan-Kneipe heißt "Abseitsfalle" und befindet sich in demselben Gebäude wie die Geschäftsstelle. Dort findet übrigens jeden ersten Donnerstag im Monat ein Fantreffen statt. Wer darauf keine Lust hat, sollte es in der Altstadt von Köpenick probieren.

STADION: **STIMMUNG:** **SERVICE:**

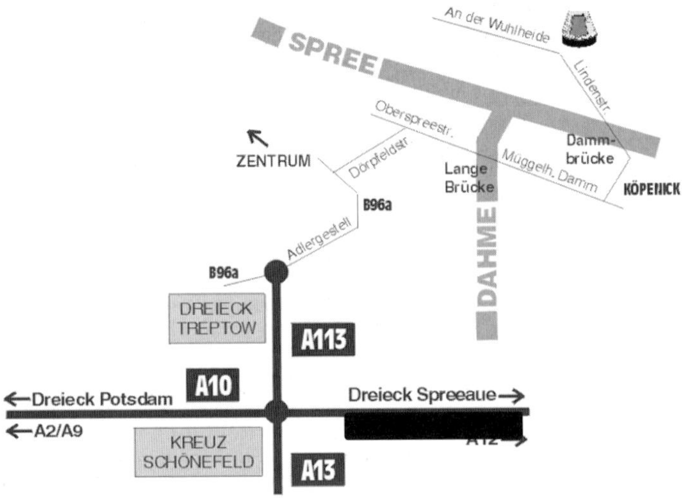

Ziel aller ist das **Autobahndreieck Königs-Wusterhausen**, das die **A10** (Potsdam/Eberswalde) mit der **A12** (Frankfurt/Oder) verbindet. Alsdann weiter auf der **A113** (Richtung Berlin) bis zum Dreieck Treptow/Am Seegraben. Dort weiter auf der **B96a** Richtung Niederschöneweide/Oberschöneweide (heißt nach der Linkskurve bzw. Unterführung Adlergestell). Nach knapp fünf Kilometern gegenüber des Bahnhofs Schöneweide rechts in die Spreestraße, die nach Spreebrücke zur Edisonstraße wird. Alsdann rechts in die Wilhelminenhofstraße, schließlich halblinks über die Ostendstraße auf die Straße **An der Wuhlheide**. Auf jener einige Kilometer geradeaus, bis auf der linken Seite der Freizeitpark FEZ auftaucht. Weiter geradeaus, bis man kurz nach der Bahnunterführung an eine Kreuzung kommt, an der linker Hand das ziemlich versteckte Stadion liegt. **Parken:** Ein Alptraum! Bei schwach besuchten Spielen versuche man sein **Glück** in der Hämmerlingstraße (am Stadion vorbei bis zur Kreuzung Bahnhofstraße, dann links, die zweite Straße – Annenallee - erneut links und sogleich rechts in die Hämmerlingstraße, wo auch ein Eingang zum Stadion ist). Bei **Spitzenspielen** hilft allerdings nur der öffentliche Nahverkehr.

Mit der **S3** (ab den Bahnhöfen Zoo, Hauptbahnhof, Friedrichstraße) bis Bahnhof Karlshorst, dann mit der Straßenbahn **26** weiter bis FEZ Wuhlheide oder Alte Försterei. Da dies eher einen Umweg darstellt, fährt man womöglich besser gleich weiter bis Köpenick und macht sich anschließend auf einen rund 10minütigen Fußweg bis zur Alten Försterei. Vom Bahnhof Schöneweide fahren die Straßenbahnen **61** und **67** zur Alten Försterei.

Foto: Burkhard Schulz

Kapazität: 15.400
Stehplätze: 13.600
Sitzplätze: 1.800

Tennis Borussia Berlin, Heerstr. 82, 14055 Berlin
Tel: 030-300030, Fax: 030-30003212
www.tennis-borussia.de

Also, eine Fußballhochburg war das Mommsenstadion nie. Anläßlich der Olympischen Spiele 1936 erbaut, wurde die Arena hinter der AVUS-Tribüne zwar im Rahmen des Olympiaturniers schon kurz nach ihrer Einweihung sogar für internationale Spitzenbegegnungen genutzt, Vereinsfußball sah sie jedoch nur selten. Erst nach dem zweiten Weltkrieg ließ sich der ursprünglich aus Berlin-Mitte stammende und seit langem heimatlose Tennis Club Borussia dort nieder. TeBe hatte zunächst an der Schönhauser Alle gekickt, war nach dem Abriß des dortigen Areals ins Polizeistadion Berlin-Mitte gezogen und schließlich im Poststadion zu Moabit gelandet, wo die Veilchen bis zum Kriegsende blieben. Auch nach ihrem Umzug ins nach dem Historiker Theodor Mommsen benannte Mommsenstadion tingelten die Borussen weiter durch Berlin. Mal war es das Olympiastadion, in dem sie Zuflucht fanden, mal ihre Ex-Heimat Poststadion, in der sie in den siebziger Jahren auch diverse Zweitligakicks austrugen. Keine Wunder also, daß das unweit der Deutschlandhalle gelegene Mommsenstadion niemals zum Synonym für die Veilchen wurde. Das lag freilich auch daran, daß andere Klubs wie beispielsweise der Ex-Zweitligist SC Charlottenburg ebenfalls regelmäßig im "Mommse" kicken.

Seit seiner Eröffnung hat das Mommsenstadion sein Gesicht nur unwesentlich verändert. Die weit zurückversetzte Tribüne (zehn Reihen mit 1.800 Sitzplätzen, davon nur ein Teil mit modernen Schalensitzen ausgerüstet) mit ihren ungewöhnlichen Wendelaufgängen gehörte ebenso zur Erstausstattung wie die umherlaufenden Stehtraversen der Multisportanlage. Ein wenig eigentümlich die inzwischen eingezäunten Wiesenflächen an beiden Ecken der Hauptgeraden; typisch für Berliner Sportarenen hingegen die Vortribüne mit zehn Stehplatzreihen. Selbstverständlich hat das Mommsenstadion inzwischen diverse Renovierungsmaßnahmen über sich ergehen lassen müssen, bei denen aber in der Regel lediglich Farbe oder allerhöchstens ein bißchen Ausbesserungsbeton zum Einsatz kam. Das größte Problem des Mommse ist nämlich, das es fast komplett unter Denkmalschutz steht, was aus historischen Gesichtspunkten sicherlich zu begrüßen ist, andererseits aber kaum Raum für Verbesserungen läßt. Mitte der siebziger Jahre gab es Wellenbrecher und den obligatorischen Zaun; am 27. September

BERLIN: Mommsenstadion

1989 bekam die nicht unbedingt fußballfreundlich angelegte Arena Flutlicht, und vier Jahre später wurden anläßlich des Zweitligaaufstiegs von Tennis Borussia Blockabtrennungen aufgebaut sowie der Spielfeldzaun erneuert.

Insgesamt präsentiert sich die seit dem Aufstieg der Amateure in die Regionalliga (1999) auch von den kleinen Veilchen genutzte Anlage in einem sauberen, soliden, aber auch etwas langweiligen Zustand. Hauptnutzer Tennis Borussia bzw. dessen alleinentscheidender Hauptsponsor Göttinger Gruppe ist sie mit ihrem geringen Komfortangebot sogar ein Dorn im Auge. Schon seit langem überlegt man daher, was zu tun ist. Bislang vergeblich. Den im Verlauf der Saison 1998/99 unternommenen Bestrebungen, in die Ex-BFC Dynamo-Heimat Friedrich-Ludwig-Jahn-Sportpark umzuziehen, wurde beispielsweise eine böse Abfuhr erteilt, als Anwohner per Flugblatt dagegen protestierten. Dem von TeBe vorgebrachte Argument, daß die Wurzeln des Vereins in Wurfweite zum Jahnsportpark zu finden seien, wurde keinerlei Aufmerksamkeit geschenkt - im ausklingenden zwanzigsten Jahrhundert ist Tennis Borussia eben kein Klub aus Berlin-Mitte mehr, sondern ein Charlottenburger Verein, der aufgrund seiner umstrittenen Finanzpolitik vor allem im Osten der Stadt nicht sonderlich beliebt ist. Für den Fall des Bundesliga-Aufstiegs bleibt TeBe da wohl nur noch eins: das Olympiastadion.

Foto: Hardy Grüne

Sitzplätze: 30 (15) DM
Stehplätze: 15 (10) DM
Gäste: Südkurve + Block A

Als TeBe-Fan hat man es nicht leicht. Entweder man wird nicht ernst genommen, oder man muß sich wütende Beleidigungen anhören, weil der Verein seit Jahrzehnten mit Geld nur so um sich schmeißt und sich dabei gewisse Antipathien erworben hat. Dafür können die Fans der Lila-Weißen natürlich am wenigsten. Daß TeBe überhaupt eine aktive Fangruppe hat, die mit dem Fanzine "Lila Laune" auch über eine überaus lesenswerten Stimme verfügt (wurde übrigens kürzlich mit dem "Luftpumpenpreis" für Fanzines ausgestattet!), ist keineswegs Normalität. Nach jahrelanger Friedhofstimmung bei den Kicks der Lila-Weißen ist es nämlich erst beim 1996er Aufstiegsspiel in Oldenburg zur "Wiedergeburt der TeBe-Fanszene" gekommen. Seit der Saison 1998/99, in deren Verlauf es wegen der umstrittenen Entlassung von Trainer Levy zu Streitigkeiten zwischen Fans und dem Vereinsvorstand bzw. einigen Spielern kam, steht ein Großteil der TeBe-Fans auf der Gegengeraden neben, während andere am Uraltplatz vor der Tribüne geblieben sind.

TeBe-Fans müssen mitunter ungewöhnliche Aktionen über sich und ihren Klub ergehen lassen. So karrt beispielsweise Hauptsponsor Göttinger Gruppe regelmäßig kostenlos ganze Busladungen von nur mäßig am Fußball und gar nicht an TeBe interessierten Mitbürgern zu den Spielen, um dort für Stimmung zu sorgen. Dort stehen die zudem mit einem Lunchpaket ausgestatteten Damen und Herren dann zumeist recht dumm rum und hemmen die Stimmung eher, als daß sie sie fördern.

Auswärtsfans können sich im Mommse auf einen geruhsamen Nachmittag einstellen. TeBe-Fans sind freundlich und durchwegs harmlos, allerdings sollten größere Gruppen bezüglich des nicht gerade vorbildlich organisierten Ordnungsdienstes aufpassen, der in Streßsituationen schon mal etwas überreagiert. Schuhe mit Stahlkappen haben striktes Stadionverbot. Gästefans stehen im Mommse ungewöhnliche 25% des Stehplatzpotentials von rund 13.000 Plätzen zur Verfügung. Platz genug dürfte demnach auf der unüberdachten Gegengeraden genug sein. Die Sicht ist allerdings nur von den oberen drei Stehtraversenreihen ungetrübt. Darunter stört der Zaun sowie die klobigen Lautsprecherboxen, die in regelmäßigen Abständen die Sicht versperren.

Fan-Shop im Stadion, schriftlich über Geschäftsstelle. **Lektüre** Die Veilchen - Das Borussen-Echo, 2 DM, A4, farbig, soll besser werden, was auch nötig ist. **Rolliservice** Rollstuhlplätze auf der Aschenbahn. **Essen** gute Bratwurst, Kammsteaks sowie Süßigkeiten. **Trinken** Alkoholfreies Bier, Cola, Wasser. **Toiletten** Ordentlich. **Kneipen** Der TeBe-Fanladen befindet sich in der ersten Etage der Tribüne. Im weiteren Stadionumfeld sieht es eher mau aus. Am besten ein paar S-Bahn-Stationen Richtung Zoo fahren.

STADION: ⚽⚽ **STIMMUNG:** ⚽⚽ **SERVICE:** ⚽⚽

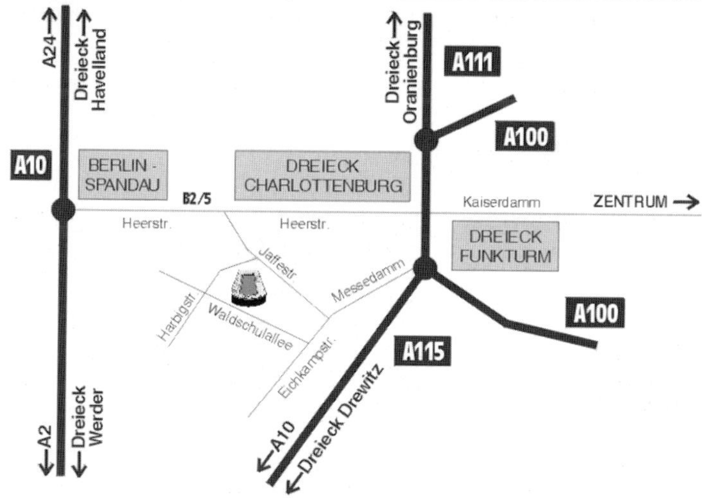

Gemeinsames Ziel aller ist das **Dreieck Funkturm**, das wohl verwirrendste aller Autobahnkreuze Berlins, welches die **A115** (Hannover, Halle/Leipzig), die **A100** (Dresden, Cottbus) und die **A111** (Hamburg, Rostock) miteinander verbindet. Von dort aus geht es zunächst weiter in Richtung Zentrum, Messedamm, Messegelände/ICC und (quasi unter der Autobahn, ungefähr auf Hö he des ICC) schließlich in Richtung Messegelände/Deutschlandhalle. Dann auf Höhe der AVUS-Tribüne an der Ampel rechts in die Jafféstraße, von der nach einigen 100 Metern links die Harbigstraße abzweigt. Nach Überqueren der Brücke taucht links das Stadion auf. **Parken:** Lediglich 200 bis 300 kostenlose Parkplätze stehen im unmittelbaren Stadionumfeld zur Verfügung, die bei entsprechendem Gegner natürlich rasch belegt sind. **Alternative:** Im nahegelegenen Parkhaus des Messe- und Ausstellungsgeländes ICC (direkt am Dreieck Funkturm) parken und zu Fuß weiter. Bei großer Kulisse unbedingt auf den Öffentlichen Nahverkehr zurückgreifen (Eintrittskarte gilt für drei Stunden vor und nach dem Spiel als Fahrkarte).

Seit kurzem ist das Mommsenstadion über die nach 18 Jahren Stillegung wiedereröffnete **Westbahn** erreichbar. Die Linien **S5** und **S75** verkehren zwischen Westkreuz und Pichelsberg, aussteigen sollte man bei **Eichkamp**. Desweiteren verbindet Buslinie **219** (Richtung Waldschulallee) Bahnhof Zoo mit dem Mommsenstadion. Vom Hauptbahnhof bzw. Bahnhof Friedrichstraße ist der Bahnhof Zoo mit den S-Bahnen **S3**, **S5** und **S6** erreichbar; vom Bahnhof Lichtenberg nimmt man die **S5**. Alternativ kann man mit der **U1** (Richtung Ruheleben) bis zum Theodor-Heuss-Platz fahren, von wo aus es noch rund zehn Gehminuten zum Stadion (Richtung Messe) sind.

Foto: Burkhard Schulz

Kapazität: 76.243
Stehplätze: -
Sitzplätze: 76.243

Hertha BSC Berlin, Hanns-Braun-Straße, 14053 Berlin
Tel: 030-3009280, Fax: 030-30092899
www.herthabsc.de

Zankapfel Olympiastadion. Erst schimpft der DFB, dann der Senat, dann Hertha, und schließlich muckt auch noch die UEFA auf. Kaum hatte Hertha die Qualifikation zur Champions-League-Ausscheidung geschafft, war der Rückschlag gekommen: Das Olympiastadion sei nicht geeignet für derlei Veranstaltungen, befanden die hohen europäischen Fußballherren, denn es habe keine Sitzschalen, und genau die schreibt die UEFA im Kampf gegen Vandalismus (oder war es zur Geldvermehrung?) vor. Hektische Betriebsamkeit setzte ein. Verhandlungen wurden geführt, alle Seiten klagten, schimpften und stöhnten, ehe die UEFA schließlich ein Einsehen hatte und Hertha ein bißchen mehr Zeit ließ, um die Schälchen auf die vorhandenen Holzbänke zu montieren.

Man sollte sich nicht irgendwelchen falschen Sentimentalitäten hingeben: Das Olympiastadion wurde nicht nur für sportliche Zwecke, sondern auch aus Propagandagründen gebaut - und genau das sieht man der inzwischen ziemlich, pardon, "maroden" Arena auch an. Sie ist wie geschaffen für Aufmärsche, Fackelkundgebungen und ähnliche Massenveranstaltungen. Gleichzeitig sollte man freilich die moralische Meßlatte nicht übermäßig hoch legen, denn auf der anderen Seite hat das Olympiastadion zweifelsohne seine Ausstrahlung. Eindrucksvolle Sandsteinblöcke und eine durchaus spannende Mischung aus römischen und griechischen Baustilen verleihen der einstmals über 100.000 Plätze bietenden Großarena sogar einen ziemlich imposanten Anblick. Allerdings: Wer hinter die Kulisse guckt, wird schnell Rost, Verfall und gesperrte Tribünenbereiche entdecken. Das Olympiastadion ist eben, wie erwähnt, ziemlich marode.

Das Bauwerk entstand bekanntermaßen für die Olympischen Spiele 1936. Drei Jahre zuvor hatte der frischgewählte Reichskanzler Adolf Hitler im damaligen "Deutschen Stadion" zu Berlin (auch "Grunewald" genannt) gestanden, um es auf seine Olympiatauglichkeit zu testen. Er befand die 1913 erbaute Arena für ungeeignet, ließ sie auf Reichskosten abreißen und binnen zwei Jahren den vom bekannten Architekten Werner March konzipierten Olympiakomplex erstellen, dessen zentraler Mittelpunkt das Olympiastadion ist. Acht Endspiele um die deutsche Meisterschaft fanden dort statt, ehe es - als Waffenlager zweckentfremdet - in den letzten Kriegstagen einige Bomben abbekam und lahmgelegt wurde.

Zwischen 1954 und 1965 mit Bundesmitteln restauriert, sorgte das Olympiastadion am 22. September 1969 mit exakt 88.075 Zuschauern beim Kick Hertha - Köln für einen wohl schwerlich zu überbietenden Zuschauerrekord der 1. Bundesliga. 1972/73 wurde das nach dem Zentralstadion Leipzig größte Stadion im deutschsprachigen Raum anläßlich der WM 1974 einer grundlegenden Renovierung unterzogen. Bei dieser Gelegenheit erhielt es auch die beiden insgesamt 7.500 qm großen und 12 Mio. DM teuren Tribünenüberdachungen, unter denen rund 29.000 Menschen trocken bleiben - allerdings nur bei steil herabfallenden Niederschlägen.

Genutzt wurde das Olympiastadion vornehmlich von Berlins Aushängeschild Hertha BSC, das allerdings während seiner Drittligajahre (1986-88) ins momentan vor aller Augen verrottende Poststadion auswich. Neben Hertha spielten auch Tasmania 1900, Tennis Borussia sowie Blau-Weiß 90 während ihrer Erst- und teilweise auch Zweitligajahre in dem Giganten.

Seit Beginn der neunziger Jahre häuften sich die Klagen über den Zustand der seit 1985 als Stammbühne für das Pokalfinale fungierenden Bauwerks. Unzählige Rettungsvorschläge wurden vorgestellt und auf ihre Umsetzbarkeit geprüft, doch als Berlin der Olympiazuschlag 2000 verweigert wurde, trat plötzlich Apathie ein. Was nun aus der inzwischen nur noch 76.243 Sitzplätze bietenden Arena wird, steht noch immer ein wenig in den Sternen. Letzter Stand der Dinge ist, daß es bis zum Start der Saison 2003/04, spätestens aber zum WM-Jahr 2006, für rund eine halbe Milliarde Mark komplett saniert und modernisiert sein soll. Unmittelbar nach Beginn der Sommerpause 2000 will man mit dem Umbau beginnen, der bei laufendem Spielbetrieb durchgeführt werden soll. Geplant ist, den Oberring lediglich zu sanieren, während der Unterring komplett umgebaut werden soll. Bewegliche Tribünen sollen anschließend bis an das Spielfeld führen, in mindestens 23 VIP-Logen bis zu 276 zahlungskräftige Gäste Platz finden. Diesbezüglich hat sich Hertha-Manager Hoeneß freilich Nachbesserungen erbeten. Insgesamt soll das "neue" Olympiastadion rund 78.000 Plätze bieten; während der Umbauphase wurden Hertha mindestens 52.000 garantiert.

Ob das alles was wird, muß sich erst noch herausstellen, denn es wäre nicht das erste Mal, daß in Berlin Zeitpläne und Hoffnungen wie Seifenblasen zerplatzen. Übrigens: Wer außerhalb eines Hertha-Spiels einen Blick auf die Arena und ihren Verfall werfen will, kann dies täglich zwischen 8 und 20 Uhr für eine Mark tun (Eingang Olympischer Platz).

Sitzplätze: 15 - 75 DM
Stehplätze: -
Gäste: Westkurve (F-H)

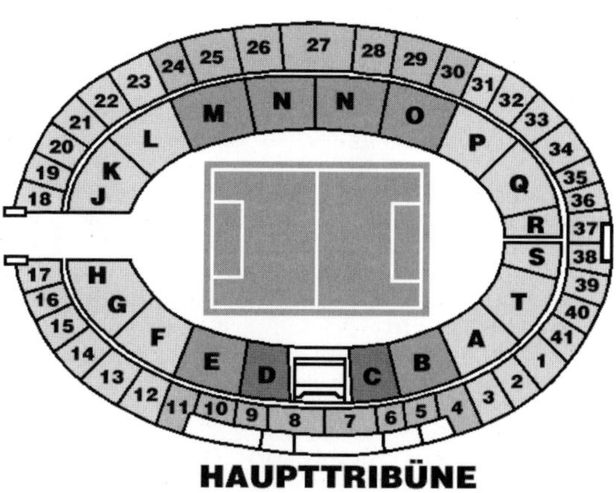

BERLIN: Olympiastadion

Früher hatten Herthas Fans einen ziemlich zweifelhaften Ruf: Insbesondere die "Frösche" waren gefürchtet und machten regelmäßig durch häßliche Krawalle auf sich aufmerksam. Heute sind die Fans der Blau-Weißen weitaus friedlicher. Viele von ihnen kommen aus den neuen Bundesländern, nichtsdestotrotz gibt es noch immer ein beachtliches Grüppchen "erlebnisorientierter" Fans. Des weiteren ist das rechte Spektrum ausgiebig vertreten, was Torjäger Preetz in der Saison 98/99 zu einer lobenswerten Protestaktion veranlaßte. Herthas Treueste sitzen im O-Block. Gästeanhänger dürfen sich in den Blöcken F, G und H (am Marathontor) niederlassen, von wo aus die Sicht wie im ganzen Stadion exzellent ist - abgesehen von der beachtlichen Entfernung zum Spielfeld.

Fan-Shop In der Geschäftsstelle in der Hanns-Braun-Straße (hinter dem Schwimmstadion). **Lektüre** Wir Herthaner, 2 DM, A4, farbig, modern, bunt und unkritisch. **Rolliservice** Rollstuhlplätze vorhanden. **Essen** Das reichhaltigste Angebot gibt es auf der "Freßstraße" zwischen Süd- und Osttor: diverse Würste, Buletten, Brötchen, Steaks, Pizzen, Süßigkeiten etc. **Trinken** Alkoholfreies Bier, Cola, Fanta, Wasser, Kaffee. **Toiletten** Reichlich vorhanden, Zustand wie der des Stadions. **Kneipen** In unmittelbarer Stadionnähe gibt es lediglich die "Stadionterrassen" in der Jesse-Owens-Allee (zwischen Südtor und Heerstraße). In Ku-Damm-Nähe locken diverse interessante Lokalitäten, darunter auch die Fußballkneipen "Holst am Zoo" sowie "States Street" (Grolmannstraße).

STADION: ⚽⚽⚽ **STIMMUNG:** ⚽⚽⚽ **SERVICE:** ⚽⚽⚽⚽

Von der **A24** aus Richtung Hamburg/Rostock: Bis zum Dreieck **Havelland** und weiter auf der **A10** (gen Potsdam) bis zur Ausfahrt **Berlin-Spandau**. Dort auf die **B5** (Heerstraße) gen Zentrum bis zur Reichssportfeldstraße. Alternative: Am Dreieck Havelland weiter auf der A24 bzw. A10 bis Dreieck Oranienburg und auf die A111 wechseln, die später zur A100 (Stadtring Berlin) wird. Jene am Kaiserdamm-Süd verlassen und auf die B5 (Heerstraße), Rest s.o. Über die **A2** von Hannover: Bis zum Dreieck **Werder**, dort auf die **A10** bis zum Dreieck Potsdam. Weiter auf der A12 bis zum Dreieck Drewitz und auf die A115 nach Berlin. Die Autobahn an der Ausfahrt Funkturm/Messedamm verlassen und weiter über den Theodor-Heuss-Platz auf die B5 zum Stadion. **A9** von **Leipzig**: Bis zum Dreieck **Potsdam**, dann wie oben. Parken: Bei Zuschauerzahlen unter 30.000 kann man auf den offiziellen Plätzen (Coubertin-Platz und Olympischer Platz) mit einem Stellplatz für sein Gefährt rechnen. Kommen mehr, empfiehlt sich der ÖPNV.

U-Bahn-Linie **1** (Richtung Ruhleben) hält in unmittelbarer Nähe des Olympiastadions. Alternativ kann die Buslinie **149** bis Heerstraße oder Olympiastadion genutzt werden. Die nach 18jähriger Stillegung wiedereröffnete **Westbahn** (Linien **S5** und **S75**), die zwischen Westkreuz und Pichelsberg verkehrt, steuert ebenfalls das Olympiastadion an.

Foto: Hans-Georg Wahl

Willkommen in Herthas Fußballwiege! Anno 1892 war es, als Vorläufer BFC Hertha auf dem damaligen Exerzierplatz "Einsame Pappel" seine ersten Spiele austrug. Als das Areal ab 1912 schrittweise in Sportplätze umgewandelt wurde, war Hertha jedoch längst an die inzwischen abgerissene "Plumpe" am Bahnhof Gesundbrunnen umgezogen. Zu DDR-Zeiten wurde die "Eiserne Pappel" in ein Stadion umgewandelt. Der im August 1951 eingeweihte Sportpark-Komplex, der neben dem Stadion unter anderem die Max-Schmeling-Sporthalle umfaßt, wurde anläßlich der "III. Weltfestspiele der Jugend und Studenten" binnen drei Monaten aus dem Boden gestampft.

Zu seinen besten Zeiten bot das seit 1964 mit einer Flutlichtanlage ausgestattete Areal 30.000 Menschen Platz, von denen rund 10.000 auf der zweigeschossigen Haupttribüne sitzen konnten. Viele Jahre lang trug DDR-Serienmeister BFC Dynamo im Jahnsportpark seine Heimkicks aus und empfing im Europapokal hochkarätige Gäste. 1986/87 wurde die Arena mit einer neuen Flutlichtanlage sowie Überdachungen auf der Haupt- sowie Gegentribüne versehen.

Nach der Wende sah es zunächst schlecht aus für die auf hochkarätigem Innenstadtgelände liegende Arena. Während der nunmehr FC Berlin genannte Ex-BFC Dynamo in sein Heimdomizil nach Hohenschönhausen umzog, traten im Jahnsportpark die Fehler der Vergangenheit zutage. Zunächst wurde die überdachte Haupttribüne gesperrt, da man dort gesundheitsschädigende Asbestplatten gefunden hatte, anschließend mußten die maroden Kurven und Gegengeraden aus Sicherheitsgründen abgesperrt werden - und hätte Berlin den Zuschlag für Olympia 2000 bekommen, wäre die Arena wohl auch schon längst abgerissen worden. So aber entschloß man sich zur Generalrenovierung, die im Sommer 1999 abgeschlossen wurde.

BERLIN: Friedrich-Ludwig-Jahn-Sportpark

Der nunmehr 20.000 Menschen fassende All-Seater bietet allen erdenklichen Komfort, obwohl die laufbahnbedingte Entfernung zum Spielfeld aus fußballerischer Hinsicht bedauerlich ist. Ansonsten läßt die nagelneue Mehrzweckarena, in der seit 1999 auch NFL-Europe American Football gespielt wird, kaum Wünsche offen - allenfalls den nach Stehplätzen.

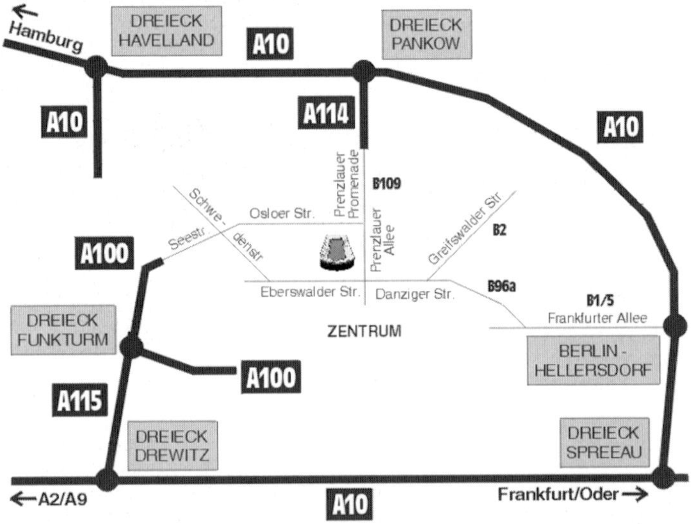

Von der **A10** aus Richtung **Hamburg**: Bis zum Autobahndreieck Pankow, dann weiter auf der **A114** Richtung Berlin-Mitte. Am Autobahnende geradeaus weiter auf der Prenzlauer Promenade bzw. Prenzlauer Allee Richtung Mitte/Alexanderplatz. Kurz nach der S-Bahnstation Prenzlauer Allee geht es rechts in die Danziger Straße, die an der nächsten größeren Kreuzung in die Eberswalder Straße übergeht, an welcher rechter Hand das Stadion liegt. Aus Richtung **Frankfurt/Oder**: Die **A10** an der Ausfahrt **Berlin-Hellersdorf** verlassen und weiter auf der **B1/B5** in Richtung Mitte immer geradeaus nach Berlin hinein. Am S-Bahnhof Lichtenberg vorbei bis zum Frankfurter Tor, wo es rechts auf die **B96a** (Petersburger Straße) geht (Richtung Prenzlauer Berg). Der Straße (wechselt Namen in Petersburger, Danziger und schließlich Eberswalder Straße) bis zum Stadion folgen. Aus Richtung **Magdeburg/Nürnberg**: Auf der **A115** bis zum Dreieck **Funkturm**, dort weiter auf die **A111** (Richtung Hamburg) und nach Überquerung der Spree rechts auf die **A100** Richtung Wedding/Reinickendorf. Am Autobahnende geradeaus weiter auf die Seestraße und an der zweiten großen Kreuzung rechts auf die Müllerstraße. Geradeaus bis zur Kreuzung Invalidenstraße, auf der es links Richtung Prenzlauer Berg weitergeht. An der nächsten größeren Kreuzung links in die Brunnenstraße und dann die vierte Straße rechts in die Bernauer Straße, die wenig später zur Eberswalder Straße wird, an der das Stadion liegt. **Parken:** Vor dem Stadion gibt es eine für gewöhnliche Spiele ausreichende Stellfläche. Ansonsten kann man es in den Straßen im Stadionumfeld versuchen.

Der Jahnsportpark ist mit dem **Bahnhof Zoo** per U-Bahn (**U2**, Richtung Vinetastraße) verbunden. Aussteigen an der **Eberswalder Straße**, wo man über das Stadion förmlich stolpert. Ebenfalls nutzbar: **S20** (Eberswalder Straße) oder die Busse **50** und **53** (U-Bahnhof Eberswalder Straße).

BERLIN: Sportforum Hohenschönhausen

Foto: Hardy Grüne

Kapazität: 12.000
Stehplätze: 9.600
Sitzplätze: 2.400

BFC Dynamo, Sportforum Steffenstraße, 13053 Berlin
Tel: 030-9751178, Fax: 030-9711044
www.pommern.com/bfcdynamo

Der BFC Dynamo ist wieder da! Was von den Fans der Berliner seit der Umbenennung in FC Berlin (1990) ohnehin konsequent ignoriert worden war, ist nun auch offiziell wieder Realität: Seit dem 3. Mai 1999 heißt Dynamo wieder Dynamo – auf ausdrücklichen Wunsch der breiten Mehrheit der Vereinsmitglieder. Was nun noch fehlt, ist ein Anknüpfen an alte Erfolgszeiten – wenn auch einige der zehn DDR-Meisterschaften der Weinrot-Weißen bis heute mit gewissen Fragezeichen belastet sind.

Daß Dynamo einst eine sehr gute Adresse im europäischen Sport war (bzw. in einigen Disziplinen noch ist), merkt man im weitläufigen Sportforum Hohenschönhausen auch heute noch. Noch immer riecht es dort an allen Ecken und Enden nach Leistungssport, wuseln junge, körpergestählte Menschen in Trainingsanzügen durch die Gegend. Hohenschönhausen, das war die Kaderschmiede der DDR und lockt heute die ehrgeizige Sportelite des Berliner Nordostens – und darüber hinaus - an. Gleich rechts vom Eingang an der Steffenstraße (übrigens der einzige zum Stadion führende Zugang) verzaubern die Eisbären ihr Publikum; auf der gegenüberliegenden Stadionseite feilt der Sport-Club Berlin an leichtathletischen Talenten. Mittendrin die Heimstatt des BFC Dynamo, Ex-FCB, Ex-BFC Dynamo und bekanntermaßen einst ebenfalls Teil des Sportimperiums der DDR-Volkspolizisten.

Ein Blick in die Annalen des ausgedehnten Sportareals erinnert an sozialistische Planwirtschaft: Anno 1952 stiftete der Berliner Magistrat den Sportlern der Volkspolizei das seinerzeit brachliegende Freigelände im Nordosten der Hauptstadt der DDR, auf dem in den folgenden Jahren eine Sportstätte nach der anderen entstand. Gleichzeitig wurde am Stadtteil Hohenschönhausen gewerkelt, in dessen Mitte das Sportforum heute liegt und dessen grandiose Häßlichkeit jedem Besucher wie eine Ohrfeige erscheinen muß – ganz zu schweigen von den Bewohnern des einst bis zu 120.000 Menschen Behausung bietenden Plattenbauensembles, das binnen weniger Jahre förmlich aus dem Boden gestampft worden war. 1988 war schließlich auch das "Sportforum Hohenschönhausen" mit seinen diversen Turn-, Eis- und Schwimmhallen, Freibädern und Fußballfeldern vollendet - ein Jahr später ließ die Wende das "Sportkollektiv Dynamo", in dessen Verwaltung sich das Sportforum Hohenschönhausen befand, platzen.

BERLIN: Sportforum Hohenschönhausen

Dynamos Heimstatt, das bereits seit Anfang der sechziger Jahre genutzte Fußballfeld, wurde in seiner heutigen Form erst im Jahre 1970 fertiggestellt. Es trägt eher funktionale Züge. Unübersehbarer Blickfang ist der Ehrengastbereich, auf dem sich einst Erich Mielke und sein Clan sonnten und der zudem der einzige überdachte Teil der rund 12.000 Plätze bietenden Mehrzweckanlage ist. Zu DDR-Zeiten wurde die Arena vom BFC Dynamo übrigens nur selten für höhere Aufgaben genutzt. Die Oberligamannschaft des Dauermeisters kickte im Friedrich-Ludwig-Jahn-Sportpark (in dem sich heute Herthas Amateure und die American-Footballer Berlins tummeln) und kehrte nur zu Meisterfeiern in Hohenschönhausen ein. Ausnahme war die Saison 1986/87, als der Jahnsportpark renoviert wurde und die Weinroten in die seinerzeit "Dynamo-Stadion im Sportforum" genannte Arena auswichen, in der ansonsten die immerhin in der zweithöchsten Spielkasse der DDR kickende BFC-Dynamo-Reserve spielte.

Nach der Wende sank das Zuschauerinteresse an der nunmehr "FC Berlin" genannten Skandalnudel dramatisch, so daß die Weinrot-Weißen im September 1992 problemlos nach Hohenschönhausen umziehen konnten, wo ausreichend Platz war für ihre durchschnittlich rund 300 treuen Fans.

Derzeit präsentiert sich das "Stadion im Sportforum Hohenschönhausen" in einem durchaus akzeptablen Zustand. Die achtreihige Sitzplatztribüne sorgt für elementarsten Komfort (im angrenzenden Gebäude sind sogar einige VIP-Annehmlichkeiten zu finden!), auf der Gegengeraden findet man ebenso wie in den Kurven liebevoll mit Schotter ausgefüllte jeweils zwanzig Stehtraversen vor, auf denen man prima das gesamte Spielfeld überblicken kann. Bemerkenswert der noch aus DDR-Zeiten stammende Abgrenzungszaun sowie die museumsreife Anzeigetafel. Alles in allem eine Anlage, in der trotz der unerfreulichen Aschenbahn durchaus Stimmung aufkommen kann - allerdings nur im gefüllten Zustand, und der wird trotz der Rückbenennung wohl weiterhin eher die Ausnahme bleiben.

Sitzplätze: 15 - 25 DM
Stehplätze: 12 (6) DM
Gäste: vom Eingang aus rechts

Der BFC Dynamo und seine Fans - ein Kapitel für sich, und leider kein allzu amüsantes. "Zu Hause haben wir 390 Zuschauer, auswärts kommen teilweise bis zu 1.000 sogenannte Fans", klagt der Klub, der sich von unliebsamen Zeitgenossen benutzt fühlt. Richtig ist, daß die Probleme mit den unter dem BFC Dynamo-Logo segelnden "Fans" nahezu ausschließlich bei Auswärtsspielen auftreten, während Gästeanhänger im Sportforum (Gästeblock: Kurve gegenüber der Anzeigetafel) meistens gemütlich Fußball genießen können - was allerdings auch mit dem in der Regel großen Polizeiaufgebot zu tun hat. Freilich sollte nicht übersehen werden, daß der BFC Dynamo sehr wohl über "richtige" Fans verfügt, die auf der Hauptgeradenseite stehen und unter den schlagzeilenträchtigen Aktionen ihrer "Kollegen" ebenso zu leiden haben, wie der Gesamtverein. Frischestes Beispiel sind die Zwischenfälle beim Pokalspiel gegen Türkspor Berlin, bei dem einige Dynamo-Fans nur wenige Tage nach der Rückbenennung ihres Vereins übelst aus der Rolle fielen.

Leider muß an dieser Stelle folglich eine Warnung stehen, die vor allem die Auswärtskicks der Weinroten betrifft. Aber das weiß ja ohnehin jeder.

Fan-Shop Schriftlich über die Geschäftsstelle zu beziehen; eine begrenzte Auswahl gibt es bei: Fußball-Fan-Shop-Intershop, Grünberger Str. 28, 10245 Berlin, Tel: 2947691, Fax: 3495956. **Lektüre** Für zwei Mark gibt es den Stadion Kurier, der auf 16 A5-Seiten über Spiel und Gegner berichtet. Herausragend der Statistikbereich, insgesamt eine lohnenswerte Investition.
Rolliservice Ermäßigter bzw. freier Eintritt, Unterstützung seitens des Ordnungspersonals. **Essen** Wiener, Bratwurst, Buletten – das übliche halt.

Trinken Alkoholfreies Bier und liebevoll "Soft Drinks" genannte Flüssigkeiten. **Toiletten** Zustand desolat. **Kneipen** In der Gaststätte "Arena" am Stadioneingang (gegenüber der Eishalle) kann man sein "Bier danach" genießen (oder auch nicht, siehe "Die Fans"...). Entlang der Konrad-Wolf-Straße bzw. des Weißenseer Wegs gibt es diverse andere Lokalitäten. Wer Wert auf Atmosphäre legt, fährt am besten zwei S-Bahnstationen zum Prenzlauer Berg, wo es im "Kreuzberg des Ostens" reichlich Unterhaltungshütten gibt.

STADION: ⚽⚽⚽ **STIMMUNG:** ⚽⚽⚽ **SERVICE:** ⚽⚽

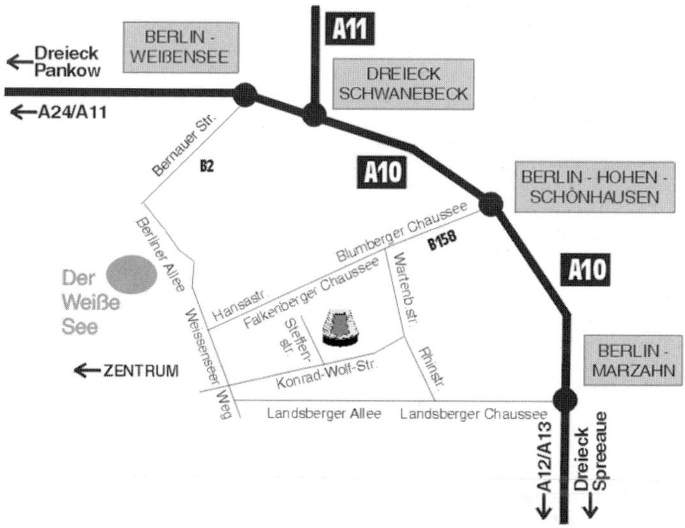

Die **A10** aus Richtung Frankfurt/Oder an der Ausfahrt **Berlin-Hohenschönhausen** verlassen und weiter auf der **B158** (Blumenberger Chaussee) Richtung Mitte/Weißensee. Nach einigen Kilometern auf Höhe des S-Bahnhofes Marzahn rechts Richtung Friedrichshain/Mitte auf die Landsberger Allee. An der zweiten großen Ampelkreuzung rechts auf den **Weißenseer Weg** bis zur nächsten Ampelkreuzung, wo es rechts in die Konrad-Wolf-Straße geht. Auf der linken Seite taucht alsdann eine große Sporthalle auf, an der sich auch die Steffenstraße befindet. Von der **A10** aus Richtung Hamburg: Bis zur Ausfahrt **Berlin-Weißensee**, dann auf der **B2** (Bernauer Straße) weiter in Richtung Weißensee/Mitte. Nach mehreren Kilometern geht es auf Höhe des Auferstehungsfriedhofs schließlich links auf den Weißenseer Weg, von dem man an der nächsten großen Ampelkreuzung erneut links auf die Konrad-Wolf-Straße abbiegt. Alles weitere s.o. **Parken:** Direkt an der Steffenstraße sind rund 400 Parkplätze vorhanden.

Die S-Bahnen **S8** (Richtung Bernau) und **S10** (Birkenwerder) fahren vom **Ostkreuz** Richtung Sportforum. Aussteigen an der Landsberger Allee und dort entweder zu **Fuß** weiter (ca. 15 Minuten, an der Gabelung Landsberger/Hohenschönhauser Straße der letzteren folgen, die in die Konrad-Wolf-Straße übergeht) oder aber mit der Tram weiter (Nummern 5, 6, 7 und 15 bis zur Kreuzung Weißenseer Weg).

Foto: Dirk Schulz

Kapazität: 26.512
Stehplätze: 12.212
Sitzplätze: 14.300

Arminia Bielefeld, Melanchthonstr. 2, 33615 Bielefeld
Tel: 0521-966110, Fax: 0521-9661111
www.arminia-bielefeld.de

Aller Anfang ist schwer – das mußten auch die Bielefelder Arminen feststellen, die auf der Suche nach einem geeigneten Spielplatz mit gewissen Schwierigkeiten zu kämpfen hatten. Vom Kesselbrink war man durch beständig übers Feld laufende Passanten vertrieben worden, der frisch sanierte Platz an der Paulusstraße wurde von der Stadt beschlagnahmt, da sich just an dieser Stelle eine Molkerei anzusiedeln gedachte. Auch mit dem Platz an der Pottenau wurde Arminia nicht so recht glücklich, verwandelten doch schon leichte Regenschauer den Rasen in eine unbespielbare Schlammwüste. Während der Saison 1922/23 wurde der Klub auf der Suche nach einer endgültigen Heimat dann aber schließlich auf einer Weidefläche im Westen der Stadt fündig. Nachdem man rund um das Spielfeld hohe Erdwälle aufgetürmt hatte, fühlten sich einige Arminen sogleich auf eine "Alm" versetzt – womit dann auch der Name des Stadions abgesegnet war.

Dieses bot damals 20.000 Zuschauern Platz und als einzigen Komfort die Nähe des Betrachters zum Geschehen auf dem Rasen – in Bielefeld weiß man wahrscheinlich gar nicht, was eine "Laufbahn" ist. Kurz nach der Einführung der Bundesliga (Arminia blieb außen vor) begannen die ersten Verhandlungen zwischen Verein und Stadt bzgl. eines Stadionausbaus, die sich schier endlos in die Länge zogen. So konnte erst 1967 eine kleine Holztribüne auf der freigebliebenen Südseite errichtet werden, auf der 3.000 Menschen Platz fanden. Als Arminia mit siebenjähriger Verspätung den Sprung ins Oberhaus geschafft hatte, war schnelleres Handeln angesagt: Für rund drei Mio. DM gönnte man sich zwei neue Tribünen auf der West- und Ostseite, was eine Steigerung der Kapazität auf 27.000 Plätze bedeutete. Im Schnitt kamen damals 24.000 Fans, und wenn die zum Füßetrampeln auf den Holzplanken ansetzten, machte dies einen derart infernalischen Krach, daß man auf der Alm sein eigenes Wort nicht mehr verstehen konnte. Als das Stadion im Herbst 1970 dann auch noch Flutlicht erhielt, waren Zigtausende schon Stunden vor Spielbeginn im Stadion, um das erste Abendspiel zu feiern. Bremen wurde 3:0 abgezogen, der "Hexenkessel Alm" war in aller Munde.

Nach dem Wiederaufstieg erhöhte sich das Fassungsvermögen gar auf 35.000 Zuschauer, die neue Nordtribüne weihte man am 19. August 1978 mit einem 3:2 gegen Schalke würdevoll ein. Nicht ganz so schick gestaltete sich dann aber die weitere Zukunft der Alm: Aus sicherheitstechnischen Gründen verringerte sich die Kapazität der Arena im Laufe der 80er Jahre auf 15.000 Zuschauer. Längst waren die Holztribünen in den Kurven abgerissen worden, nachdem es bereits zu Bundesligazeiten des öfteren heftig im Gebälk geknarrt und einmal sogar tüchtig geflackert hatte. Zeitweise machten gar Umzugspläne die Runde - diese waren jedoch mit dem Bau der neuen Gegentribüne fürs Erste erledigt. Nach dem Durchmarsch in die Bundesliga ging es dann urplötzlich Schlag auf Schlag: Pläne wurden publik, auf dem brachliegenden Gelände hinter dem Bahnhof ein komplett neues Stadion aus dem Boden zu stampfen. Als man sich dann schließlich doch für den Ausbau der Alm entschieden hatte, machten einige Anwohner Ärger, die um ihren Mittagsschlaf und die Geranien in den Vorgärten fürchteten. Letzten Endes wurde jedoch alles gut: Nach der Erneuerung der Haupt- und Westtribüne (incl. VIP-Logen-Bimbam) kam im Sommer 1999 auch die marode Südseite an die Reihe, die durch eine kombinierte Steh- und Sitztribüne (incl. Räumlichkeiten für Geschäftsstelle, Fanprojekt) ersetzt wurde. Nach Vollendung der Osttribüne wird die Alm dann wieder 32.000 Zuschauer aufnehmen können.

Nach dem Umbau der Südtribüne wird ein Großteil der treuen Arminia-Anhängerschaft wieder in die Stehblöcke 3 und 4, für deren Erhalt man ja schließlich auch erfolgreich gekämpft hat, umsiedeln, nachdem man sich lange Zeit auch in den heutigen Blöcken 5 und 6 versammelt hatte und dies auch heute noch im Sitzplatzblock J tut. Auswärtsreisende gehören auf die Osttribüne in Block 7 (im benachbarten Block A stehen auch Sitzplätze zur Verfügung), der durch eine Plexiglaswand von den angrenzenden Stehplätzen der dort verbliebenen Heimfans getrennt ist. Hier kann es mitunter zu Schwierigkeiten durch umherfliegende Gegenstände kommen, doch im Normalfalle hat der Ordnungsdienst alles im Griff. Dieser besitzt übrigens – warum auch immer - einen sehr schlechten Ruf, doch eigentlich verrichten die Ordnungsdienstler ihre Arbeit weitgehend zufriedenstellend. Allerdings gilt auch in Bielefeld: Wer's drauf anlegt, wird dementsprechend behandelt.

Sitzplätze: 33 - 66 DM
Stehplätze: 19,80 (14,30) DM
Gäste: Osttribüne, Block 7

Die Sichtverhältnisse sind von allen Plätzen aus hervorragend, die Akustik läßt mittlerweile ebenfalls keine Wünsche mehr offen und die Stimmung gehört zum Besten, was Deutschlands Westen zu bieten hat. Die typische "Alm-Atmosphäre" lehrt auch heute noch vielen Gegnern das Fürchten. Einmal im Monat trifft sich zudem der vom Bielefelder Fanprojekt initiierte "Arbeitskreis Stadionatmosphäre", um Choreographien (wir erinnern uns an die "Uli-500"- oder die Mülltütenaktion) oder andere Akti-

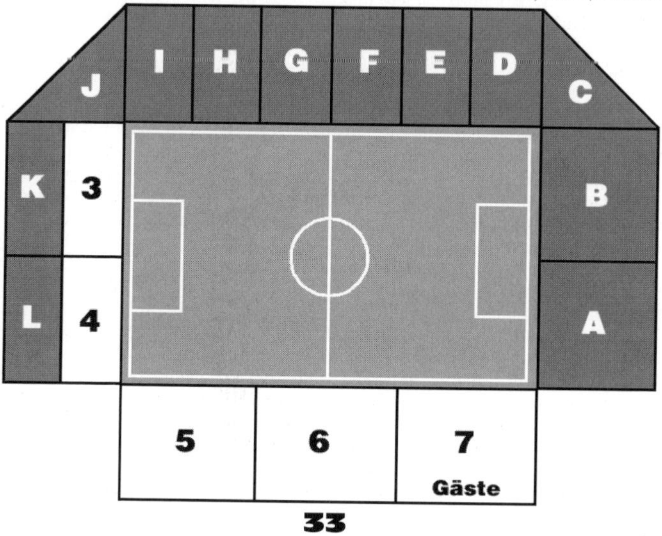

vitäten auszutüfteln – über den Stand der Dinge kann man sich im Infobüro (Südtribüne) oder direkt beim Fanprojekt (s.u.) erkundigen.

STADION: ⚽⚽⚽⚽ **STIMMUNG:** ⚽⚽⚽⚽ **SERVICE:** ⚽⚽⚽

Preise Ermäßigte Preise gelten für Schüler, Studenten, Schwerbehinderte, Zivis und Soldaten - allersdings existiert nur ein begrenztes Kartenkontingent. **Rolliservice** Rollstuhlfahrer zahlen 13,20 DM, ein eventueller Begleiter hat freien Eintritt. Direkt am Zaun (vor Block 6) stehen etwa 40 Plätze bereit, eine frühzeitige Reservierung (über Geschäftstelle) ist unbedingt notwendig – ansonsten bleibt man außen vor. **Fanshop** Am Fuße der Haupttribüne findet sich an Heimspieltagen ein Stand mit Fanartikeln, der aber für Gästefans nur schwerlich zugänglich ist. Von daher ist man auf die Geschäftsstelle, das Westfalen-Blatt (Am Jahnplatz) oder auf Print & Picture (Sudbrackstr. 14-18) angewiesen. Alternative Produkte (Postkarten, Bücher, Aufnäher etc.) sind beim mit Kicker, Dart und Fanzine-Leseecke ausgestatteten Fanprojekt in der Viktoriastr. 63 (Mo 19-23h, Di+Do 14-19h und nach Heimspielen geöffnet, Tel: 61034 Fax: 61041) erhältlich, dort ist auch der Schwarz-Weiß-Blaue Dachverband der Fanclubs zu Hause. Eigentlich. Denn da die Geschäftsstelle der Arminia bald im Stadion zu finden sein wird (in der Ecke zwischen Ost- und Südtribüne), ziehen Fanprojekt und Dachverband eventuell bzw. aller Wahrscheinlichkeit nach in die DSC-Räumlichkeiten in der Melanchthonstr. 2 um. Um die Verwirrung komplett zu machen: Der Wohnwagen des Fanprojektes und der Infostand des Dachverbandes, die sich bislang hinter Block 5 gegenüberstanden, werden in Kürze ein neues Domizil in den Räumen unter der Südtribüne finden und dort ein Info- und Verkaufsbüro eröffnen. Gästefans kann dies aber eigentlich wurscht sein – in diesen Bereich des Stadions gelangen sie nämlich eh nicht. **Lektüre** Die rund 40 Seiten starke Almpost ist für 2 DM zu haben, wird von den Machern des Westfalen-Blatts erstellt und bietet neben viel bunter Werbung durchaus brauchbare Berichterstattung. Daneben verfügt Bielefeld über eine rege Fanzine-Szene, deren Aushängeschild, "Um halb vier war die Welt noch in Ordnung", seit 1995 erscheint und dies – entgegen anderen Meldungen – auch weiterhin tun wird. Das begnadete Heft ist für 2 DM beim Fanprojekt (s.o.) zu haben, kann aber auch auf postalischem Wege (Postfach 102901, 33529 Bielefeld, + Porto) angefordert werden. Gleiches gilt für "Arminia Mania" (2 DM + Porto, Martin-Luther-Str. 19, 33829 Borgholzhausen) und das neue Blättchen "Im Schatten der Sparrenburg" (3 DM, Postfach 101341, 33513 Bielefeld), wohingegen das "Segelohr" nur an Freunde und sog. "Insider" verkauft wird. **Essen** Die dereinst heißgeliebte und auch von Auswärtsfans vergötterte Rostbratwurst gibt es leider nicht mehr in der klassischen 1a-superlecker-Form, da die verköstigende Firma gewechselt hat. Zwar schneidet auch der 4 DM teure Nachfolger im Bundesligavergleich nicht eben schlecht ab, doch das prickelnde Erlebnis beim Verzehr ist irgendwie flötengegangen. Daneben wird der Fan mit Pommes, Pizza, Gyros, Frikadellen, Fischbrötchen, Crepes und Brezeln (das Angebot variiert) abgespeist. Insgesamt gesehen präsentiert sich die gastronomische Grundversorgung recht ordentlich, ist aber wie so manch andere Dinge in Bielefeld ein bisserl teuer. **Trinken** Das (Herforder) Pils fließt mit gewohntem Promillegehalt in die 4-4,50 DM schweren Pfandbecher, nur bei Brisanzspielen weicht man auf die alkoholfreie Variante aus. Ferner gibt's Cola, Fanta und Wasser, doch leider – obwohl's ja eigentlich naheliegt – keine Milch. **Toiletten** Im Stehplatzbereich hat sich im Zuge des Umbaus einiges getan, vor allem, was die sanitären Einrichtungen für Frauen betrifft. **Kneipen** Insbesondere in den Sommermonaten sei Auswärtsfans ein Besuch im Biergarten der Gaststätte Schloßhof auf der gleichnamigen Straße (hinter der Westtribüne) angeraten. Daneben befindet sich nahe bzw. auf der Stapenhorststraße die Kneipe "1000 Trinker" (das ehemalige TT-Double T), die ihrem Namen nach den Spielen wahrlich alle Ehre macht, und das "Tinneff". Die "Wunderbar" (Arndstraße) stellt eine Anlaufstelle für das linke Spektrum der DSC-Fans dar, die auf dem Weg dorthin dann schließlich auch noch über das "Sounds" (Siegfriedstraße, gen Bahnhof) stolpern können.

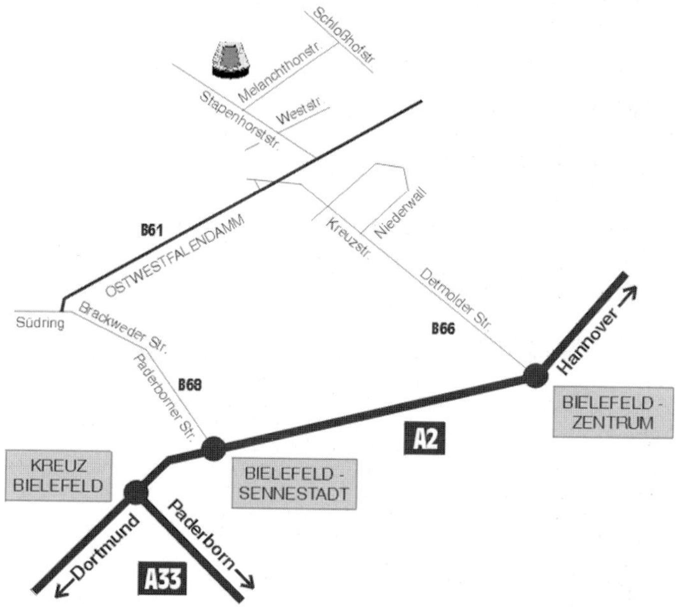

Aus Richtung **Hannover** verläßt man die **A2** an der Ausfahrt **Bielefeld-Zentrum** (27), fährt rechts auf die Detmolder Straße (**B66**) und folgt der Beschilderung Alm/Universität. Wahlweise (Verkehrsfunk: WDR2, 93,2 Mhz) kann man die A2 auch bereits an der Ausfahrt **Ostwestfalen-Lippe** (28) verlassen und gen Bielefeld-Zentrum fahren. Dann geht es nach etwa zwei Kilometern von der Altenhagener rechts ab in die Eckendorfer Straße, man fährt durch den Tunnel und wählt vom Ostwestfalendamm die Abfahrt Jöllenbecker Straße - der Rest ist ausreichend ausgeschildert.

Aus Richtung **Dortmund** geht es an der Ausfahrt **Bielefeld-Sennestadt** (26) heraus und auf der Paderborner und später Brackweder Straße (**B68**) gen Brackwede/Osnabrück. Nach knapp sechs Kilometern (hinter IKEA) dann rechts auf den **Ostwestfalendamm** gen Bielefeld-Zentrum, an der Abfahrt Stapenhorststraße bzw. Uni/Alm wieder runter und der Beschilderung nach.

Was das **Parken** angeht, so sieht es auf der Stapenhorststraße und in den umliegenden Wohngebieten ziemlich mies aus. Von den ausgeschilderten und kostenlosen **Uni-Parkplätzen** (ca. 3.000 Stellplätze) geht es mit **Pendelbussen** weiter zur Alm. Busse parken gegenüber des Polizeipräsidiums an der Stapenhorststraße.

Vom Hauptbahnhof geht es mit der **Stadtbahnlinie 3** (Richtung Babenhausen-Süd) bis zur Haltestelle Wittekindstraße. Von hier aus noch ein Stückchen die Jöllenbeckstraße hoch und links in die Melanchthonstraße zur Alm, was im Höchstfalle fünf Minuten in Anspruch nimmt. Ab dem nächsten Jahr wird die neue Linie **4** auch in Richtung Uni fahren, die man vom Jahnplatz aus mit den **Buslinien 20 bis 23** und **58** (Station Max-Planck-Gymnasium/Alm) erreicht. Den Weg vom Hauptbahnhof zum Stadion kann man aber auch eigentlich ganz gut zu Fuß überbrücken. Die Eintrittskarte gilt netterweise als Fahrausweis, auch für die Pendelbusse zwischen Uni und Alm. Wer noch keine besitzt, holt sich einen Kurzstrecken-Fahrschein für 2 DM oder die Fünferkarte für 8 DM.

BOCHUM: Ruhrstadion

Foto: Burkhard Schulz

Kapazität: 33.023
Stehplätze: 16.289
Sitzplätze: 16.734

VfL Bochum, Castroper Str. 145, 44791 Bochum
Tel: 0234-951848, Fax: 0234-951895
www.vfl-bochum.de

Angefangen hat alles mit einem Bauern namens Dieckmann. Als Bochum noch nicht allzuweit über seinen mittelalterlichen Stadtkern hinausgewachsen war, verpachtete jener aufrechte Landwirt nämlich einen Teil seiner Äcker an den SuS Bochum, einen der Vorläufervereine des VfL, so daß dort im Jahre 1911 mit dem Kick gegen den VfB Hamm ein erster Sportplatz eingeweiht werden konnte. Bevor im September 1919 dann die allererste bescheidene Holztribüne für 500 Zuschauer errichtet wurde, mußten die Mitglieder zunächst noch die Reste einer alten Ziegelei beseitigen, doch schon bald wurde das Stadion nochmals erweitert und vermochte 1921 bereits 30.000 Zuschauer aufzunehmen. Und im Juli 1922 sollen sich an die 40.000 Menschen in das noch recht wackelige Oval gequetscht haben, um eine Nullnummer der Nationalelf gegen Ungarn zu verfolgen.

In der Folgezeit bekamen die Bochumer zwar ein paar Törchen mehr, jedoch nur noch selten hochklassigen Fußball zu sehen. Nur selten vermochten TuS 08, Germania und später der VfL die Arena, die damals als eine der modernsten im Lande galt, zu füllen. Diese war Ende der 20er Jahre abermals ausgebaut worden, ging nach dem Zweiten Weltkrieg jedoch in den Besitz der Stadt über. In den 50er Jahren machte man sich schließlich daran, das Stadion an der Castroper Straße zu einem "Sportpark" mit mehreren Nebenplätzen herzurichten, das Richtfest fand jedoch erst im Jahre 1959 statt – die Bochumer Oberen brauchen für die Neugestaltung von Sportstätten traditionell eine etwas längere Anlaufphase. Immerhin wies das renovierte Stadion nun steil aufragende Stehränge sowie zwei Tribünen an den Längsgeraden auf – dies sollte für einige Zeit ausreichen. Als der VfL Bochum, der bereits in der Pokalsaison 1967/68 für Furore gesorgt hatte, im Jahre 1971 jedoch den Sprung ins Oberhaus schaffte, war auch dem letzten Stadtrat klar, daß das alte Stadion den gehobenen Ansprüchen nicht mehr würde genügen können. Zwar spendierte man der Arena 1972 eine erste Flutlichtanlage, doch bei der Vergabe der Spielorte für die WM 1974 ging Bochum leer aus – Dortmund und Gelsenkirchen machten das revierinterne Rennen. Der VfL mußte noch einige Jahre mit dem veralteten Stadion, das durch eine kleine Zusatztribüne mehr schlecht als recht aufgepeppt wurde, auskommen.Die Weichen für die Errichtung der neuen Arena an altbewährtem Platze (darauf hatte VfL-Präses Wüst bestanden) wurden erst im November 1975 gestellt und am 6. März 1976 trug der VfL schließlich sein letztes Spiel im Stadion an der Castroper Straße aus: Durch Tore von Köper und Kaczor bezwangen die Blau-Weißen Meister Gladbach mit 2:0. Hernach wich man für sechs Heimspiele ins rund acht Kilometer entfernte Schloß Strünkede nach Herne aus, zur folgenden Saison zog der VfL dann aber wieder in die nach und nach Gestalt annehmende Heimstätte um. Viele Monate lang bildeten Bagger, Kräne und Gerüste die Kulisse, vor welcher der Verein um den Klassenerhalt kämpfen mußte. Zuletzt fiel die alte Haupttribüne und am 21. Juli 1979 war es dann endlich so weit: Nachdem die damals wohl unvermeidlichen Fischerchöre ausgesungen hatten, konnte das "Ruhrstadion" mit einem Lokalderby zwischen dem VfL Bochum und Zweitligist Wattenscheid (3:0) feierlich eröffnet werden.

50.000 Menschen beherberge die Arena, vermeldete seinerzeit die Stadt, voller Euphorie war man damals in Bochum: "Jetzt können die internationalen Aufgaben kommen. Wir sind gerüstet." Leider beschränkte sich dies in der Folgezeit auf gelegentliche Einsätze in der Intertoto-Runde sowie ein paar Länderspiele. Und als ein VfL-Offizieller Jahre später einmal genau nachzählte, errechnete er ein tatsächliches Fassungsvermögen von 42.000 Plätzen. Bis auf ein paar kosmetische Operationen (Rasenheizung, Anzeigetafeln, Ausbau Geschäftsstelle, Einrichtung Arrestzelle, Umbau Zaun, Fangnetze) tat sich in der Folgezeit wenig – bis der VfL 1997 in den UEFA-Cup einzog und die Westkurve zu weiten Teilen mit Sitzplätzen ausgestattet wurde. Die jetzige Kapazität (33.000) ist allerdings noch nicht das letzte Wort: Dem Ruhrstadion soll eine zweite Etage aufgesetzt, die Ostkurve mit mobilen Klappsitzen ausgerüstet werden – der nächste All-Seater steht vor der Tür. Irgendwelche konkreten Zeitpläne existieren allerdings noch nicht. Wie immer in Bochum.

Die sangesfreudigen Anhänger des VfL versammeln sich traditionell in der Ostkurve (die früher übrigens einmal eine Gerade war), v. a. in den Blöcken O und P. Auswärtsreisende müssen nach der Umrüstung in der UEFA-Cup-Saison mit den kleinen Stehblöcken E1 in der Südwestecke des Stadions und (bei Bedarf) H2 vorliebnehmen, ansonsten stehen in der Westkurve mit den Blöcken F und G leider nur Sitzplätze zur Verfügung.

Sitzplätze: 20 - 60 DM
Stehplätze: 15 (10) DM
Gäste: Westkurve (E1, F + G)

Zur Stimmung muß man wohl nicht mehr allzuviel sagen. Dabei präsentierte sich die Atmosphäre im Ruhrstadion lange Zeit ebenso mittelmäßig wie in der Bundesliga der Verein, der vielen als Inbegriff der "grauen Maus" galt. Eine spürbare Veränderung trat Ende der 80er Jahre ein, als der VfL im Pokalfinale stand und in den Relegationsspielen gegen Saarbrücken in letzter Minute den Klassenerhalt schaffte. Und spätestens seit der ersten Abstiegssaison 92/93 zählen die Bochumer Fans sowohl zu den treuesten als auch zu den begeisterungsfähigsten in ganz Deutschland - mit verantwortlich dafür natürlich auch das Ruhrstadion: In dem reinen Fußballground können dank Totalüberdachung und geschlossener

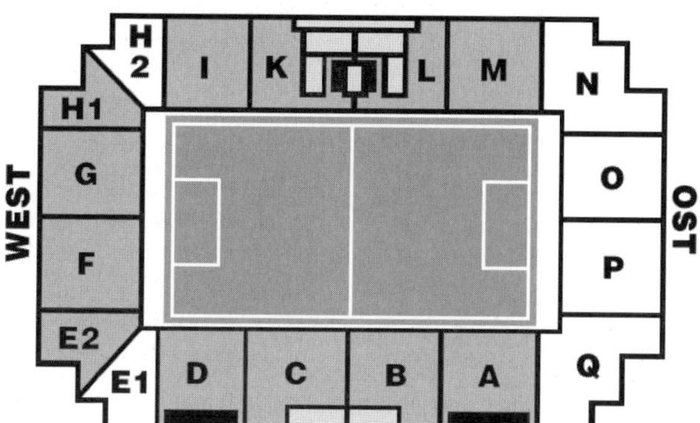

Ecken (der große Vorteil gegenüber dem Dortmunder Vorbild) schon zaghafte Schlachtgesänge wie wahre Donnerchöre erscheinen. Durch die hübsche Dachkonstruktion ohne Stützpfeiler sind zudem von nahezu allen Plätzen aus hervorragende Sichtverhältnisse garantiert, kein Besucher steht bzw. sitzt weiter als 30 Meter vom grünen Rasen entfernt. Bei ausverkauftem Haus sollte man lediglich die Plätze direkt hinter den beiden Anzeigetafeln meiden. Ansonsten: Viel Spaß!

STADION: ⚽⚽⚽⚽⚽ **STIMMUNG:** ⚽⚽⚽⚽ **SERVICE:** ⚽⚽

Preise Die ermäßigten Preise gelten für Schwerbeschädigte, Schüler, Studenten, Soldaten und Kinder bis 14 Jahre. Die Ausweise, vor allem die der Studenten, werden von den Ordnern übrigens äußerst sorgfältig kontrolliert – fehlt eigentlich nur noch, daß man über etwaige Lehrinhalte abgefragt wird ("So, so. Philosophie, 25. Semester. Na, dann erzählen Sie mir doch mal was über die Kritik der reinen Vernunft..."). Die Familienkarte gibt es leider nicht mehr, dafür kann man auf der Westtribüne relativ preiswert (20 DM) sitzen – dies als Tip für all diejenigen, die beim Studenten-Test durchgefallen sind. Für Schwerbehinderte mit Ausweis kostet der Sitzplatz (Blöcke A-D, Reihe 4) 25 DM. Alle Karten lassen sich im übrigen beim Ticket-Service des VfL (Tel: 951818, Fax: 951819, Mo-Fr 10-18h) ordern. **Rolliservice** Rollstuhlfahrer haben freien Eintritt, etwaige Begleiter müssen allerdings den vollen Preis bezahlen. Vor der Haupttribüne stehen rund 40 Plätze bereit, von denen die Sicht aufs Spielfeld wegen der Trainerbänke allerdings teilweise eingeschränkt ist. **Fanshop** Im und um das Stadion herum sind einige kleinere Stände verteilt, das komplette Angebot kann man im offiziellen VfL-Fanshop am Husemannplatz 1 (44787 Bochum, Tel: 9160530) bestaunen. **Lektüre** Der VfL-Expreß, Bochums mittlerweile alteingesessene Stadionzeitung, bietet für 2 DM brauchbare Berichterstattung rund um Spiel, Verein und Gegner. Mehr aber auch nicht. Das Bochumer Vorzeigefanzine "Vfoul" (2 DM + Porto, Alte Bahnhofstr. 48, 44892 Bochum) vermag da schon eher zu begeistern, wohingegen der Rest der Bochumer Zines wohl das Zeitliche gesegnet hat - zu Hochzeiten waren einmal fünf bis sechs Heftchen auf dem Markt. Das "FANomenal" gibt's zwar noch offiziell, ist aber schon lange nicht mehr erschienen. Doch spätestens mit dem nächsten Aufstieg wird sich da sicherlich wieder etwas tun. **Stadionsprecher** Der aus Funk und Fernsehen hinlänglich bekannte Frank Papke ist leider abgelöst worden, die neue Besatzung muß sich erst noch einarbeiten. **Essen** Die Bratwurst ("das Beste, was wir hier in Bochum haben") ist für 3,50 DM zu haben, auf der Haupttribüne kann man sich ferner an diversen Kebab- und Pizzaleckereien versuchen. Käsestangen und Brezeln gibt's dank fliegenden Händlern jedoch für alle. Die darbende Ostkurve, die immerhin schon einen kleinen Kiosk mit Kippen, Kaugummi und anderen Nervenschonern organisiert hat, will aber in punkto Fanbefütterung noch einmal aktiv werden. Kleiner Tip für Wurstgourmets: Die beste Currywurst (mit Pommes) gibt es draußen, und zwar auf dem Weg von der Bahnhaltestelle (linke Seite) zum Stadion an der Bude zwischen der Tankstelle und dem Gebrauchtwarenhändler. **Trinken** Der Becher Kronen Pils (mit) kostet satte 6 DM, allerdings sind 2 DM Pfand inklusive. Gleiches gilt für Cola, Limo, Wasser. Im Winter gibt's gelegentlich auch etwas Heißes. **Toiletten** In ausreichender Anzahl vorhanden. **Kneipen** Als erste Anlaufstelle fungiert nach wie vor die nur wenige Schritte von der Ostkurve entfernte "Ritterburg" (mit Außengastro- bzw. Verkauf). Wer sich via Castroper Straße Richtung Innenstadt wendet, stößt nach 300 Metern auf das ebenfalls recht beliebte "Haus Frein", das sich einer Videoleinwand für den Fernsehfußball preisen darf. Das "Zum Sportfreund" (Ostring) ist mittlerweile zu einer Art Szenelokal mutiert, aber wer erst einmal das "Bermuda-Dreieck" zwischen Brüder-, Kortum- und Viktoriastraße erreicht hat, wird mit Sicherheit eine Kneipe nach seinem Geschmack finden. Auch in der Gegend rund um den Hellweg kann man es einmal versuchen. Bahnreisenden, die schon kurz nach der Ankunft dürsteln, sei das kleine, aber urgemütliche "Warsteiner am Markt" (Unistraße, gleich hinter dem Bahnhof) ans Herz gelegt.

Von **Köln**: Über die A3 gen Oberhausen bis zum Kreuz Breitscheid, dort auf die A52 gen Essen, am Dreieck Essen-Ost auf die A40 nach Dortmund und an der Abfahrt Bochum-Ruhrstadion (36) heraus – der kurze Rest ist ausgeschildert.
Von **Bremen**: Über die A1 bis zum Kreuz Dortmund/Unna, dort auf die A44 Richtung Essen. Weiter über die B1 (Westfalendamm, Ruhrschnellweg, später A40) bis zur Abfahrt Ruhrstadion. Eine Alternative (Verkehrsfunk: WDR2 99,2 Mhz) besteht in der Fahrt über die A2: Am Kamener Kreuz gen Oberhausen, am Kreuz Dortmund-Nordwest auf die A45, Kreuz Dortmund-West auf die A40 (Rest s.o.).
Von **Frankfurt**: Wahlweise über die A3 gen Köln (Rest s.o.) oder über die A45 bis zum Kreuz Dortmund-West, dort auf die A40 gen Essen, Abfahrt Ruhrstadion.
Von **Münster**: Über die A43 bis zum Kreuz Bochum, dort auf die A40 gen Essen, Abfahrt Ruhrstadion.
Von **Duisburg** oder **Dortmund**: über die A40 bis Abfahrt Ruhrstadion.
Von der besagten Ausfahrt führt der Stadionring zum (kostenpflichtigen) **Parkhaus** der Starlight-Halle (erste Ampel links), einige Meter weiter taucht dann rechts auch schon das Ruhrstadion auf. Jenseits der Castroper Straße findet sich mit dem Kirmesplatz schließlich die zweite größere Parkmöglichkeit – sofern nicht gerade Kirmes- oder Zirkustime ist. Der Fußweg von beiden Abstellplätzen zum Stadion beträgt etwa fünf Minuten. Auch an der Castroper Straße und in den Nebenstraßen des Stadionrings findet sich zuweilen eine Parklücke, bei Spielen mit erhöhtem Zuschauerandrang empfiehlt es sich aber, entweder überaus zeitig zu erscheinen oder aber sein Vehikel im Bereich Bahnhof/Innenstadt abzustellen, nicht zuletzt, um dem Stau nach Spielende aus dem Wege zu gehen.

Vom u.a. mit der S-Bahn-Linie **S1** (Düsseldorf-Dortmund) zu erreichenden Hauptbahnhof fahren die **Straßenbahnen 308** und **318** (Richtung Schürbankstraße, Bochum-Gerthe) in knapp drei Minuten bis zur Haltestelle Ruhrstadion. Bei Heimspielen werden zudem in den meisten Fällen **Sonderbahnen** eingesetzt, die in kurzen Abständen zur Castroper Straße düsen. Die Eintrittskarte berechtigt vor und nach dem Spiel zur kostenlosen Nutzung des VRR-Liniennetzes. Ansonsten kostet der Fahrschein (Kurzstrecke) 2,10 DM, die Viererkarte 6,30 DM und das Tagesticket (gültig für fünf Leute und einen Hund – echt wahr) 10,80 DM.

BRAUNSCHWEIG: Stadion Hamburger Straße

Foto: Stefan Peters

Kapazität: 25.000
Stehplätze: 15.200
Sitzplätze: 9.800

Eintr. Braunschweig, Hamburger Str. 210, 38112 Braunschweig
Tel: 0531-232300, Fax: 0531-2323030
www.eintracht.com

Willkommen im Schmuckstück Eintracht-Stadion! Nach Jahrzehnten, in denen die Arena an der Hamburger Straße vor aller Augen langsam dahinrottete, wurden endlich Nägel mit Köpfen gemacht und ein modernes Stadion aus dem Hut gezaubert. Durch und durch bundesligareif, noch dazu stimmungsfördernd - das von den Fans nur "Eintracht-Stadion" genannte "Städtische Stadion an der Hamburger Straße" zählt seither zweifelsohne zu den besseren Adressen im Fußball-Norden. Hier Fußball zu gucken macht Spaß, sofern man nicht Anhänger des Gastvereins ist, denn dann muß man sich nicht nur gegen eine in der Regel zahlenmäßig übermächtige heimische Anhängerschaft erwehren, sondern steht noch dazu im Regen. Die Überdachung (und Aufstockung) der Gästekurve soll folgen, wenn die Eintracht erst einmal dorthin zurückgekehrt ist, wo sie nach den Vorstellungen ihrer Fans hingehört: In die 1. Bundesliga.

Die Chronologie der völlig umgekrempelten Arena ist lang und liest sich eindrucksvoll. Anno 1923 pilgerten rund 15.000 Zuschauer in das damals knapp 20.000 Plätze bietende frischerbaute Stadion, um ihre Eintracht gegen Einweihungsgegner 1. FC Nürnberg mit 1:10 verlieren zu sehen. Das neue Leichtathletik-/Fußballstadion galt als Schmuckstück, vor allem im Vergleich zur vorherigen Eintracht-Heimat an der Helmstedter Straße, wo der Raum für die boomenden Blau-Gelben arg begrenzt gewesen war. Die neue Anlage hingegen bot alles, was das Herz eines Fußballfans in den zwanziger Jahren erfreute: Auf der Westseite, dort, wo heute die Haupttribüne steht, stand eine imposante hölzerne Tribüne, die stilistisch bestens zum wunderschön gestalteten und in rudimentären Resten noch erhaltenen Eingangsbereich (vor der zur Tribüne führenden Rampe) paßte.

In der Folgezeit änderte das Eintracht-Stadion sein Aussehen nur unwesentlich. Im Jahre 1950 wurde die Arena erstmals generalrenoviert und zugleich auf ein oberligataugliches Fassungsvermögen von rund 30.000 Plätzen aufgestockt; 1955 diente sie als Austragungsort des DFB-Pokalfinales zwischen dem Karlsruher SC und Schalke 04 (3:2) und zwei Jahre später bekam sie als erstes Stadion in Norddeutschland Flutlicht. Satte 312 Lux erhellten das Spielfeld und leuchteten den heimischen Löwen den Weg zum Erfolg.

Als die Eintracht 1963 in die 1. Bundesliga aufgenommen wurde, stieg das Fassungsvermögen durch Ausbau der Gegengerade sowie einen Haupttribünenvorbau auf 38.000 an. Derart aufgepäppelt erlebte das Stadion die beste Zeit der Eintracht, die 1967 mit dem Gewinn der deutschen Meisterschaft ihren Höhepunkt erreichte. Anschließend ging es jedoch rasch wieder bergab, und die Blau-Gelben verschwanden im Mittelmaß, bzw. 1973/74 gar für zwölf Monate in der Regionalliga. Das Eintracht-Stadion an der Hamburger Straße wurde derweil älter - und maroder. Mitte der siebziger Jahre bestand eindeutig Handlungsbedarf. 1976 wurde daher die Gegengerade überdacht und 9.000 Steh- sowie 2.050 Sitzplätze vor Petrus' Unbill geschützt. Dummerweise übernahm sich die Eintracht dabei aber finanziell und mußte das Stadion wenig später an die Stadt verkaufen, um Schlimmeres zu verhindern. 1982 schließlich wurde der Bau der noch von der Eintracht begonnenen 5.000-Sitzplätze-Haupttribüne, die die uralte Holztribüne ersetzte, unter städtischer Ägide vollendet.

Während die Hauptgeraden damit in einem guten Zustand waren, gammelten die Kurven noch immer buchstäblich weg. Anfang der neunziger Jahre war der Zustand der Südkurve - Stammplatz der Heimfans - derart schlecht, daß sie gesperrt werden mußte. Nicht ohne Druck eines gewissen Herrn Glogowski (seines Zeichens niedersächsischer Innenminister) bewilligte die Stadt Braunschweig schließlich nach langen und zähen Verhandlungen 25 Mio. DM zur Generalrenovierung, welche nach zweijähriger Bautätigkeit pünktlich zum 100. Vereinsjubiläum am 3. Oktober 1995 beendet werden konnte. Neben den beiden komplett renovierten Kurven und der Überdachung der Heimkurve wurde die Gegengerade komplett mit Sitzplätzen bestückt; zudem gab es neues Flutlicht. Im November 1996 rundete schließlich eine moderne ... An zei... ge- ta- ... fel das ... prä

Sitzplätze: 10 - 35 DM
Stehplätze: 12 (8) - 13 (9) DM
Gäste: Nordkurve

Lautstark, kreativ und reiselustig - so präsentiert sich die Erstliga-Ausmaße annehmende Eintracht-Fanschar trotz jahrelanger Drittklassigkeit noch immer. Die Atmosphäre an der Hamburger Straße ist prächtig, die Loyalität auch bei weniger guten Spielen beachtenswert. Daß aber auch die Eintracht-Fans einen Geduldsfaden haben, der reißen kann, wurde in der Saison 1998/99 unter Beweis gestellt, als die Fans der Blau-Gelben auf die Dauerkrise ihres Klubs mit einigen mitunter witzigen Aktionen eingingen. Bengalos, Schalparaden und Papier-Choreographien gehören zum Pflichtprogramm der rund 2.000 zum harten Kern zählenden Fans, die in den Blöcken 8 und 9 der Südkurve zu finden sind. Doch Vorsicht: Es gibt auch "andere" Eintracht-Fans. Das Gewaltpotential ist groß, darüber hinaus ist das rechte Spektrum im Eintracht-Stadion leider ausgiebig vertreten.

Kleineren Gästefangruppen muß man deshalb raten, sich vor dem Stadion nicht allzu lautstark und farbentragend zu zeigen. Im Stadion selbst bietet ihnen die über einen separaten Eingang zu erreichende Nordkurve rund 5.000 Stehplätze, von denen die in Block 18 vornehmlich den Gästeanhängern vorbehalten sein sollten. Da das aber nicht immer klappt, haben vor allem kleinere Gruppen besser ein Auge offen. Meiden sollte man in jedem Fall die ans Stadion angrenzende Shell-Tankstelle, die Treffpunkt der Hool-Szene ist. Vorsicht auch in der Straßenbahn nach dem Spiel!

Foto: Stefan Peters

BRAUNSCHWEIG: Stadion an der Hamburger Straße

Fan-Shop Über Geschäftsstelle (unter der Rampe am Haupteingang). In der Innenstadt offeriert das Karstadt-Sporthaus ein begrenztes Angebot an Eintracht-Souvenirs. **Lektüre** Eintracht aktuell, 2 DM, A4, farbig, durchaus lesenswert. **Rolliservice** für 5 DM dürfen Rollstuhlfahrer in den Innenraum. **Essen** Nach einer Umstellung inzwischen vielfältig und auch gut (Hamburger, Fischbrötchen, Würste, Döner, Brezeln). **Trinken** Alkoholisches Bier, Soft-Drinks, Schnäpse. Vorsicht: Becher sind arg dünn und im gefüllten Zustand schwer zu transportieren. **Toiletten** Überall ausreichend vorhanden. **Kneipen** Stadiongaststätte in der Haupttribüne, McDonalds an der Hamburger Straße. Entlang der Hamburger Straße gibt es weitere Lokalitäten, zur Innenstadt benutzt man am besten die Straßenbahn.

STADION: **STIMMUNG:** **SERVICE:**

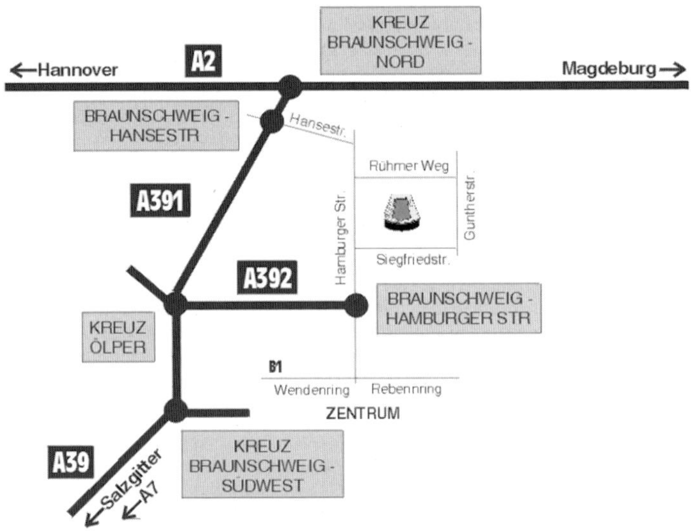

Von der **A39** aus Richtung Richtung **Salzgitter**: Bis zum Kreuz Braunschweig-West, dann auf die **A391** bis zum Kreuz Braunschweig-Ölper, wo man schließlich auf die **A392** Richtung Celle bis zur Ausfahrt Hamburger Straße weiterfährt. An der Ampel links auf die Hamburger Straße, an der rechter Hand alsbald das Stadion auftaucht. Achtung: Bei Schlagerspielen ist mit Staus zu rechnen. **Parken:** Gegenüber der Aral-Tankstelle an der Hamburger Straße liegt der **Schützenplatz**, auf dem es reichlich Parkmöglichkeiten gibt (so er denn nicht anderweitig genutzt wird). Außerdem kann man noch im Wohngebiet "Schwarzer Berg" sein Glück versuchen. Dorthin kommt man, indem man am Stadion vorbeifährt und an der nächsten Ampel links abbiegt.

Mit der **Straßenbahn** Nummer **1** vom Hauptbahnhof bis zum **Rathaus** fahren und dann mit den Linien **2**, **4** oder **7** weiter bis direkt vor den Haupteingang des Eintracht-Stadions.

Foto: Michael Seiß

Kapazität: 35.282
Stehplätze: 4.700
Sitzplätze: 30.582

Werder Bremen, Am Weserstadion 7, 28205 Bremen
Tel: 01805-937337, Fax: 0421-4984913
www.werder-online.de

Kaum eine der großen Fußballarenen Deutschlands hat in den letzten Jahren einen derartigen Wandel durchgemacht, wie das Bremer Weserstadion. Nach und nach wurde aus einer ziemlich langweiligen und zudem maroden Arena ein schmuckes und komplett überdachtes Rund, das alles hat, was das Herz begehrt und weitaus mehr ist, als ein profanes Fußballstadion: Es ist zugleich Begegnungsstätte, Erholungshort, Zentrale der Wirtschaftsabteilung des SV Werder Bremen und eben Bundesligabühne der Grün-Weißen.

Mit dem Ende der siebziger Jahre begonnenen Komplettumbau wurde zugleich ein Stückchen Bremer Fußballgeschichte beseitigt, denn von dem Bauwerk, das anno 1926 auf dem bereits seit 1909 als Fußballfeld genutzten "Peterswerder" eingeweiht wurde, ist heute nichts mehr zu sehen. Nicht nur deshalb lohnt sich ein Ausflug in die Geschichte des Weserstadions, die eine turbulente Mischung aus Irrungen und Wirrungen ist, bei der Namen, Besitzer und Nutzer ständig wechselten. Stadionbauer war der lokale Großverein ABTS Bremen, der sich mit dem Bau allerdings finanziell übernahm und 1928 daran zugrunde ging. Zuvor war unter seiner Ägide eine rund 32.000 Plätze bietende Arena entstanden, die im norddeutschen Raum einzigartig war. Vor allem die über 130 Meter lange überdachte Tribüne sorgte für Staunen beim Betrachter.

Nach der ABTS-Pleite übernahm der eigens zum Zweck der Übernahme gegründete "Verein Weserstadion" den "größten und am besten gelegenen Spielort in Bremen" (Werder-Chronik), der seit Oktober 1930 vom SV Werder genutzt wird. Bis dato hatten die Grün-Weißen in der sogenannten "Huckelriede" gespielt, wo zwar ab 1906 ein schmuckes Fußballareal mit großer überdachter Zuschauertribüne entstanden war, das jedoch mit rund 5.000 Plätzen zu klein war für den auch in Bremen deutlich zu spürenden Zuschauerboom der zwanziger Jahre. Während des dritten Reichs wurde das Weserstadion nebenbei für zahlreiche politische Großveranstaltungen genutzt; nach Ende des zweiten Weltkrieges ging es in amerikanische Hände über. Als "Ike-Stadium" wurden in dem Areal alsdann vornehmlich Baseball- und Football-Spiele ausgetragen, ehe Werder im Mai 1947 die Nutzungsrechte zurückerhielt und die runde Lederkugel wieder den Ton angab.

Bautechnisch veränderte sich das in den Oberligajahren sowohl vom SV Werder als auch dem inzwischen in der Bedeutungslosigkeit versunkenen Lokalrivalen BSV genutzte Stadion kaum. Erst mit der Qualifikation des SV Werder für die 1. Bundesliga (1963) wurden größere Eingriffe nötig. Eine zeitgemäße Flutlichtanlage entstand, die Gegengerade wurde überdacht und die Kapazität auf rund 40.000 erhöht. Zwei Jahre später belohnte die Stadt Bremen den Gewinn der deutschen Meisterschaft mit dem Ausbau der Kurven, wodurch das Fassungsvermögen auf 45.000 anwuchs.

In der Folgezeit beschränkte man sich auf unvermeidliche Reparaturen, worunter auch die 1972 erfolgte Neuüberdachung der Haupttribüne fällt. Der Zustand des Weserstadions verbesserte sich unter diesen Voraussetzungen natürlich kaum, und Ende der siebziger Jahre entsprach die Arena folglich nur noch mühevoll den DFB-Sicherheitsauflagen.

1978 begann die Komplettsanierung, als die Gegengerade nach dem Vorbild des Köln-Müngersdorfer Stadions in eine doppelstöckige Tribüne umgewandelt wurde. Zehn Jahre später folgte die Westkurve, in die die Geschäftsstelle des SV Werder sowie ein Therapiezentrum integriert wurden, und 1992 schließlich die Haupttribüne, die mit inzwischen wohl unvermeidlichen VIP-Logen versehen wurde und diverse gastronomische Einrichtungen in ihrem Bauch aufweist.

Zuletzt folgte die Ostkurve. Der traditionelle Standplatz der Heimfans war aus Sicherheitsgründen bereits teilgesperrt und sollte weitestgehend mit Sitzplätzen bestückt werden, was bei den Werder-Fans auf vehemente Ablehnung stieß. Aus dem Protest heraus entstand die "Sitzen ist für'n Arsch"-Bewegung, die den Befürwortern von Stehplätzen erstmals eine Stimme gab und Vorbildcharakter für vergleichbare Situationen im ganzen Bundesgebiet hatte (und hat). Dank des Engagements der aktiven Fans weist die Ostkurve seit ihrem inzwischen vollendeten Umbau immerhin noch 4.800 Stehplätze auf (statt zuvor 9.600), die bei Bedarf (Europapokalspiele) in Sitzplätze umgewandelt werden können. Darunter befindet sich sowohl das Büro des Fan-Projektes als auch ein "Fan-Zentrum", in dem nicht nur bei Heimkicks des SVW ordentlich was los ist. Bedauerlich freilich, daß die Sichtverhältnisse aus beiden Kurven bestenfalls als "mäßig" zu bezeichnen sind - zu weit weg vom Spielfeld und viel zu flach.

Mit der Installation moderner Video-Wände in den Kurven stieg das Weserstadion endgültig in die Riege der modernen "Erlebnisparkstadien" auf, dessen offizielle Einweihung mit dem Länderspiel Deutschland - Ukraine am 30. April 1997 stattfand. Einziger Haken an der rundherum überdachten Arena ist ihr Fassungsvermögen, daß mit knapp über 35.000 etwas mager ausfällt. Nicht umsonst denkt man beim SV Werder bereits über einen weiteren Ausbau (doppelgeschossige Tribünen) nach.

Foto: Hans-Georg Wahl

Sie gelten als norddeutsch unterkühlt, ein wenig launisch und mitunter arg kritisch: die Werder-Fans. Vorurteile, von deren Richtigkeit (oder eben nicht) man sich im Unterrang der Ostkurve selbst überzeugen kann, denn das ist noch immer der Lieblingsplatz der Bremer Fans. Vor oder nach dem Spiel sollte man im "OstKurvenSaal" vorbeischauen, wo sich alles um Grün-Weiß dreht und man stets kompetente Gesprächspartner finden kann. Für Gästefans hat das Weserstadion wenig nette Seiten aufzuweisen. Da ist zum einen die bekannte Heimstärke des SVW (zumindest meistens), zum anderen die Sicht vom Gästekäfig, die, insbesondere von den Blöcken 18 und 20, einfach miserabel ist. Im Stadionumfeld sollte man ein wenig Obacht auf die wieder erwachte Bremer Hool-Szene geben.

Sitzplätze: 20 - 80 DM
Stehplätze: 8 - 22 DM
Gäste: Nordtribüne, 17-20

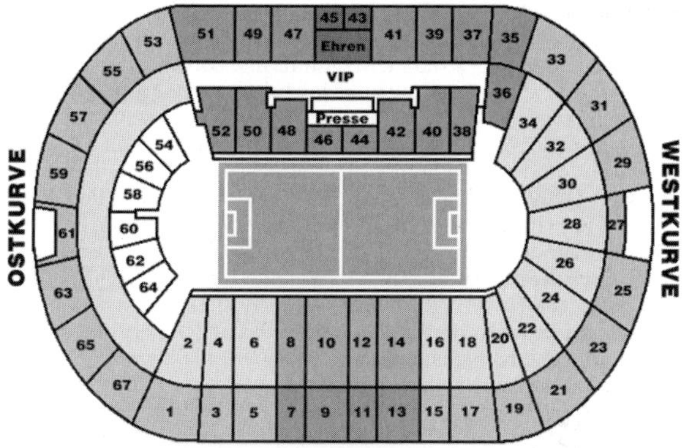

Grundsätzlich: Das Weserstadion ist ausgezeichnet **ausgeschildert**. Von der **A1** aus Richtung **Dortmund**: bis **Bremen-Arsten**, dann weiter auf der **B6** bis zur Habenhauser Brückenstraße. Über die Weser hinweg und links auf den Hastedter Osterdeich, an dem linker Hand alsbald das Stadion auftaucht. Von der **A1** aus Richtung **Hamburg/Hannover**: Am Bremer Kreuz auf die A1 Richtung Osnabrück, dann bis zur Ausfahrt **Bremen-Hemelingen**. Weiter auf dem AB-Zubringer Hemelingen bzw. Pfalzburger Straße links in die Malerstraße und schließlich rechts auf den Hastedter Osterdeich. Alles weitere siehe oben. **Parken:** Angesichts des permanenten Verkehrschaos bei Werder-Spielen wird dringend empfohlen, einen der ausgeschilderten P+R-Plätze anzusteuern. Am besten geeignet ist der unmittelbar an der Autobahnabfahrt Bremen-Hemelingen gelegene "Hemelinger Hafendamm", von wo aus man den kostenlosen (mit Eintrittskarte) Buspendelverkehr nutzen kann. Wer aus Richtung Oldenburg kommt, nutzt am besten den einzigartigen Park+Ship-Dienst. Dazu auf der B75 den ausgeschilderten Platz Stadtwerder/Kuhirten ansteuern und mit der Fähre Hal Över auf die andere Weserseite.

Straßenbahnlinie **10** (Richtung Sebaldsbrück) verbindet den Hauptbahnhof (bzw. die Innenstadt) mit dem Weserstadion. Aussteigen an der Station **St. Jürgen-Straße** und noch ungefähr zehn Minuten **Fußweg** einplanen. An Spieltagen verkehren zahlreiche **Sonderbusse** zum Stadion.

BREMEN: Weserstadion

Fan-Shop Fan-Shop am Weserstadion (Mo-Fr 10.00-18.00 Uhr und Sa 10.00-13.00 Uhr, Tel: 4 34 59 23, schriftlich über Geschäftsstellenadresse). **Lektüre** Werder-Magazin, 2 DM, A4, farbig, darf mit Fug und Recht als eines der besten Magazine der Bundesliga bezeichnet werden. **Rolliservice** Rollstuhlfahrer sollten lange vor dem gewünschten Spiel ihre (kostenlose) Karte schriftlich bei der Kartenstelle (Vereinsadresse) anfordern. Auch eine Begleitperson kommt umsonst ins Stadion, die Sichtverhältnisse haben sich durch den Umbau deutlich gebessert. **Essen** Großartiges Angebot! Diverse Würste, Pommes, Gyros, Schaschlik, Brötchen, Pizzen, Bratkartoffeln, Baguettes und - natürlich, man ist schließlich an der See - Fisch in allen Variationen. **Trinken** Alkoholisches Bier, Cola, Limo, Wasser, Kaffee. **Toiletten** Modern und funktional. **Kneipen** In der Haupttribüne befindet sich die Villa Verde, die allerdings nur etwas für Anhänger mit gehobeneren Ansprüchen ist. Andere mögen das gleich nebenan liegende Café Blick bevorzugen. Außerhalb des Stadions: Im "Viertel" rund um den Osterdeich befinden sich diverse lohnenswerte Lokalitäten.

STADION: ⚽⚽⚽ **STIMMUNG:** ⚽⚽⚽ **SERVICE:** ⚽⚽⚽⚽

Platz 11

Kapazität: 3.500
Stehpslätze: 3.300
Sitzplätze: 200

Fotos: Hardy Grüne

Der sogenannte "Platz 11 des Weserstadions" befindet sich hinter der Südtribüne seines großen Bruders und weist den biederen Charme eines in die Jahre gekommenen Dorfplatzes auf. Eine an einen überdimensionalen Fahrradstand erinnernde Sitzplatztribüne ist der ganze Stolz des seit 1950 in Werder-Besitz befindlichen Areals, das inmitten eines gewaltigen Sportplatzkomplexes liegt. Nett und insofern absolut empfehlenswert das angrenzende Vereinsheim, in dem stets lustige Stimmung vorherrscht und in dem sich auch ein fußballspezifisches gastronomisches Angebot erwerben läßt (Currywurst, Pommes, Schokoriegel, natürlich "richtiges" Bier etc.). Mehr muß über Platz 11 nicht gesagt werden. Anfahrt wie Weserstadion.

BREMERHAVEN: Zollinlandplatz

Foto: Ulrike Otzipka

Kapazität: 3.000
Stehplätze: 3.000
Sitzplätze: 0

FC Bremerhaven, Pestalozzistr. 55, 27568 Bremerhaven
Tel: 0471-42044, Fax: 0471-4190086

Man mag es kaum glauben, was hier einmal los gewesen ist. Am 17. April 1955 beispielsweise füllten über 13.000 Fans den Zollinlandplatz, um die seinerzeit dort heimateten 93er gegen den Hamburger SV zu unterstützen. Beim HSV spielte ein gewisser Uwe Seeler, und Bremerhaven 93 festigte mit einem 2:2 Platz 2 in der Oberliga, der am Ende zur Teilnahme an der Endrunde um die deutsche Meisterschaft berechtigte. Heute ist nicht nur die Erinnerung an einstige Erfolgstage des Bremerhavener Fußballs verblaßt, sondern auch der TuS 93 längst Geschichte. 1974 trat er dem Großverein OSC bei, der wenige Jahre später zweimal in die 2. Liga aufstieg und heute in der Verbandsliga verschwunden ist.

Weil der OSC im Nordseestadion im Norden der Stadt kickte, rottete das Zollinland vor sich hin – bis sich im Stadtteil Lehe etwas regte. Mittels honoriger und vermögender Herren sowie eines Spielertrainers namens Felix Magath preschte der dortige VfB, der sich seit Januar 1992 FCB nennt, nach oben und verdrängte den OSC als lokale Nummer 1. Damit geriet auch das "Zolli" wieder ins Blickfeld, denn genau dort fand man seine neue Heimat. Nicht nur aus Gründen der Tradition eine weise Entscheidung. Während das ebenfalls zur Disposition stehende Nordseestadion nämlich zugig und ungemütlich ist, knirscht und ächzt es am "Zolli" aus allen Ecken. Was Wunder, wird das Areal doch bereits seit 1926 zum Kicken genutzt. Seinerzeit schuf der Arbeitersportverein TuS 93 einen Sportplatz, der, da es sich um das Gelände des früheren Zollinlandbahnhofs handelte, schlicht "Zollinland" genannt wurde. Gemeinsam mit den Lokalrivalen SC Sparta und ATSB verbrachten die 93er einige nette Jahre an der Pestalozzistraße, ehe die Nazis an die Macht kamen und dem Arbeitersportverein mit Verbot drohten. Rasch wechselten die 93er die Seiten und erreichten bereits 1942 die höchste DFB-Spielklasse. Wenig später kamen alliierte Bomben und sorgten mit einigen gezielten Treffern auf den Zolli für die Einstellung des Spielbetriebes.

Wenige Monate nach Kriegsende stand das Areal bereits wieder zum Kicken bereit – wenn auch arg gerupft, denn der umgrenzende Holzzaun war inzwischen in die Öfen und Herde der frierenden und hungernden Bremerhavener gewandert, und die Stehtraversen hatten nur notdürftig wieder hergestellt werden können. Zu einem Stadion wurde der Zolli erst, als 93 1948 in die Oberliga Nord aufstieg. Mit vereinten Kräften schufen Mitglieder, freiwillige Helfer und Stadt seinerzeit die Grundstrukturen der heutigen Arena, die sich, wie an der Hauptgeraden und dem

Umkleidetrakt unschwer zu erkennen ist, seither kaum verändert hat.

Mitte der 70er ging es finanziell und sportlich bergab mit 93, und der Zolli erhielt nur noch selten höheren Besuch - bis 1999. Mit dem FCB kehrt eine traditionsreiche Fußballarena nun wieder ins Blickfeld zurück - das ist die positive Seite. Die negative ist, daß der "Zolli" trotz seines zweifelsohne vorhandenen Charmes mehr als renovierungsbedürftig ist.

"Fishtown on tour" steht auf dem Transparent, das die kleine FCB-Fangemeinde zu Heim- wie Auswärtsspielen begleitet. Sie sind nett, aufgeschlossen und neugierig auf alles, was mit Fußball zu tun hat. Seit einigen Jahren pflegen sie eine innige Freundschaft mit ihren Kollegen von Arminia Hannover, weshalb man sich nicht wundern sollte, das "Fishtown on tour" auch überall dort zu erblicken, wo die Blauen aus der Landeshauptstadt auftreten. Die Stimmung im Zolli erreicht allenfalls dezente Ausmaße; dafür muß man nicht mit irgendwelchen verdrehten Köpfen rechnen.

Sitzplätze: gibt's nicht
Stehplätze: 13 (10) DM
Gäste: egal (Hauptgerade)

Lektüre FCB-Info, 24 A4-Seiten, s/w, umsonst, voller Werbung und eigenartiger Artikel. **Rolliservice** Plätze am Spielfeldrand. **Essen** Bratwurst, Steaks, Reisfleisch. **Trinken** Alkoholisches Bier und Softdrinks. **Toiletten** mit Verlaub - so ziemlich das Schlimmste, was man auf Deutschlands Fußballplätzen finden kann. **Kneipen** Die "Stadiongaststätte" ist ein paar Meter entfernt in der Pestalozzistraße.

STADION: ⚽⚽⚽ **STIMMUNG:** ⚽⚽ **SERVICE:** ⚽⚽

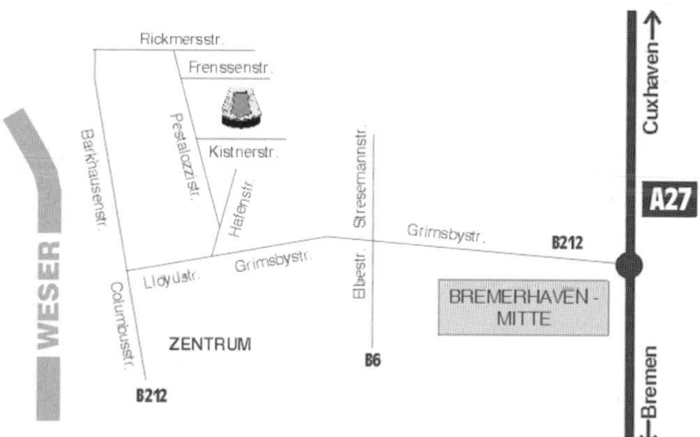

Die **A27** (Bremen/Cuxhaven) an der Anschlußstelle **Bremerhaven-Mitte** verlassen und weiter auf der Grimsbystraße Richtung Zentrum. Nach einem großen Straßenkreuz mit Überführung und Überquerung des Flusses "Geeste" geht es scharf rechts in die Hafenstraße (Richtung Lehe), von der wenig später nach links die **Pestalozzistraße** abzweigt. Dort befindet sich auf der rechten Seite das Zollinland. **Parken:** Straßenparken, und das eher knapp. Wenn man auf der Pestalozzistraße weiterfährt, kommt nach einigen Metern auf der linken Seite zudem ein kleinerer Parkplatz.

Mit der Buslinie 2 (Leherheider) oder 9 (Spaden) - ab Bahnhof - bis zur Kreuzung Hafenstraße/Pestalozzistraße und den Rest zu Fuß bewältigen.

BURGHAUSEN: Wacker-Stadion

Foto: Hardy Grüne

Kapazität: 7.600
Stehplätze: 6.800
Sitzplätze: 800

Wacker Burghausen, Franz-Alexander-Str. 7, 84489 Burghausen
Tel: 08677-837111, Fax: 08677-912488

Wacker-Sportplatz, Wacker-Turnhalle, Wacker-Freibad - das "Wacker-Stadion an der Liebigstraße" zählt offensichtlich zu einem größeren Komplex, der viel mit dem sich unmittelbar daran anschließenden und ziemlich raumgreifenden Chemiewerk namens ... "Wacker" zu tun hat. Der fußballerische Senkrechtstarter Wacker Burghausen ist dennoch keiner von diesen glitzernden Emporkömmlingen, die ihren Aufschwung einem einzigen Sponsor verdanken und in der Regel nach ein paar Jahren wieder in der Versenkung verschwinden. In Burghausen stützt man sich auf einen Verein, dem immerhin 5.000 Menschen angehören, und der Visionen hat. Eine davon heißt "2. Bundesliga", in die die Schwarz-Weißen liebend gerne demnächst mal aufsteigen würden: Spätestens in der Saison 2000/01 will man an der Salzach Profifußball anbieten können.

Diesbezüglich gibt es allerdings Probleme, denn zwar wurde das 1959 eingeweihte Stadion an der Liebigstraße inzwischen peu à peu für größere Aufgaben hergerichtet und weist sogar eine kleine überdachte Steh-/Sitzplatztribüne auf, ist aber deshalb noch längst nicht fußballtauglich. Vor allem das geringe Fassungsvermögen (7.600) ist den Verantwortlichen ein Dorn im Auge.

Burghausens Erfolgsvater trägt übrigens einen bekannten Namen: Kurt Niedermayer. Der Ex-Profi führte die Schwarz-Weißen nach 23 Landesligajahren im Sommer 1993 in die Oberliga, wo sie sich nicht nur etablierten, sondern schon 24 Monate später in die Regionalliga aufstiegen. Seither ist in der beschaulichen Grenzstadt zu Österreich der Fußballteufel los, und der bislang größte Vereinserfolg - der Gewinn des Weltpokals im Faustball anno 1992 - ist in höchster Gefahr, vom Volkssport Fußball gestürzt zu werden.

Auch bezüglich seiner Zuschauerresonanz ist der SV Wacker alles andere als ein ungeliebter Retortenklub. Er kann sich auf eine im gesamten Inntal verteilte Fanschar verlassen, die mit Hilfe diverser Lärminstrumente auch durchaus imstande ist, an der Liebigstraße Fußballatmosphäre aufkommen zu lassen.

Im Bereich Merchandising ist der SV Wacker schon lange zweitligareif. Ein imposantes Angebot erwartet denjenigen, der sich entschließt, den Schwarz-Weißen die Daumen zu drücken. Darunter sind so spannende Dinge wie Sportsocken mit Vereinsemblem, Sonderabfüllungen von Rotweinflaschen und ein niedlicher Panda-Bär, der statt einen Knopf ein Wacker-Wappen im Ohr hat. Fehlten zunächst potentielle Käufer für das illustre Angebot, kann der SV Wacker inzwischen auf eine durchaus ansehnliche Zahl von Fans zurückgreifen. Der harte Kern von ihnen trifft sich auf der "Badseite" genannten Gegengerade und nennt sich folglich "Die Treuen von der Badseite". Mittels einer Hupe wird dort regelmäßig an Ruhestörung grenzender Lärm veranstaltet. Die Fans sind auch bei Auswärtsspielen stets anzutreffen und durch und durch harmlos. Einem netten Fußballnachmittag an der österreichischen Grenze steht somit nichts im Wege - allenfalls das leckere Weißbier, das die Sinne nach ausgiebigem Genuß ein wenig verwirren kann.

Sitzplätze: 16 (13) DM
Stehplätze: 13 (9) DM
Gäste: egal

Fan-Shop Schriftlich über: Hilde Fickert, Mittergasse 14, 84489 Burghausen, Tel: 46 41. **Lektüre** Stadionzeitung, kostenlos, A4, s/w, ausgezeichnet. **Rolliservice** Rollstuhlplätze am Spielfeldrand. **Essen** Schweinswürstl, Pizza, Wurstsemmeln. **Trinken** Alkoholisches Bier, Limo, Spezi, Wasser. **Toiletten** gut. **Kneipen** Sportheim im Stadion, desweiteren wird der Mendocino-Pils-Pub gerne aufgesucht.

STADION: ⚽⚽ **STIMMUNG:** ⚽⚽⚽ **SERVICE:** ⚽⚽⚽⚽

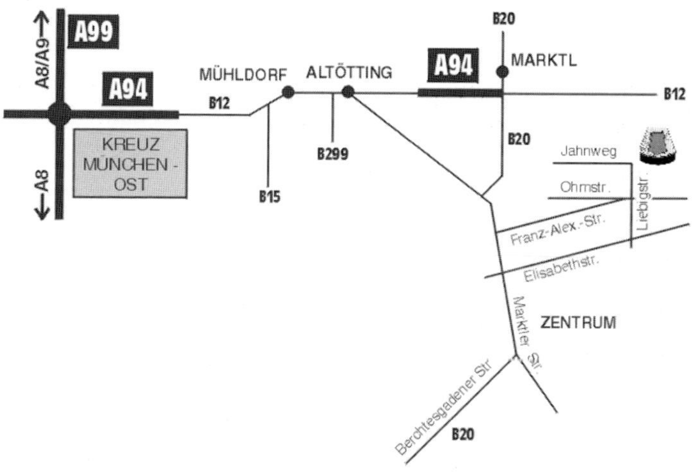

Aus Richtung **Nürnberg** bzw. **Augsburg**: Zunächst Richtung München und dann über die **A99** auf die **B12** Richtung Altötting/Braunau. Auf Höhe Marktl auf die B20 Richtung Burghausen. Aus Richtung **Innsbruck** bzw. **Rosenheim**: Die **A8** bzw. **A93** in Rosenheim verlassen und auf der **B15** weiter Richtung Wasserburg. Schließlich rechts auf die B12 Richtung Altötting und die B20 nach Burghausen. In Burghausen zunächst auf der **B20** bleiben und kurz nach der Eisenbahnüberführung links in die Franz-Alexander-Straße, von der die Liebigstraße abzweigt. **Parken:** Straßenparken sowie die Parkflächen des Wacker-Chemiewerkes.

In Burghausen erledigt man derlei Dinge zu Fuß.

CELLE: Stadion an der Nienburger Straße

Foto: Fritz Maussner

Kapazität: 11.000
Stehplätze: 7.000
Sitzplätze: 4.000

TuS Celle FC, Nienburger Str. 28, 29225 Celle
Tel: 05141-41828, Fax: 05141-43083
www.tus-celle-fc.de

Im Grunde genommen hat Celle alle Voraussetzungen für eine Fußballhochburg. Ein begeisterungsfähiges Publikum, ein großes Umland und ein schmuckes Stadion - alles ist da. Dennoch fristet der TuS Celle FC nun schon seit Jahren im nur gelegentlich von sportlichen Höhenflügen unterbrochenen Drittligamittelmaß sein Dasein und macht lediglich Schlagzeilen durch Konkursdrohungen und häufige Namensänderungen.

Während die Blau-Gelben noch auf der Suche nach ihrer Zweitligareife sind, ist ihr Stadion schon einen Schritt weiter: Aus dem früher aus ökologischen Aspekten als "interessant" zu bezeichnenden Areal ist in den letzten Jahren eine auch unter fußballatmosphärischen Gesichtspunkten als "gelungen" zu bewertende Arena geworden. Wo früher Hobbygärtner an unmittelbar am Spielfeldrand wachsenden Buchenhecken und ähnlichem Grünzeug ihre helle Freude hatten, stehen inzwischen schmucke Tribünen, die ausreichend überdachte Sitz- und erfreulicherweise auch viele Stehplätze aufweisen. Da beide Hintertorseiten zudem ausreichend Platz zum Ausbau aufweisen, ist die reine Fußballarena für den Fall der Fälle (Aufstieg) vorbereitet.

Die Historie des seit 1928 zur Leibesertüchtigung genutzten Areals liest sich eher gemächlich, denn in den ersten knapp fünfzig Jahren geschah eigentlich gar nichts. Erst nach Ende des fünfjährigen Gastspiels in der "alten" Regionalliga wurde aus dem besseren Sportplatz ein Stadion: 1977 entstand die überdachte Stehplatzgegengerade, der 15 Jahre später eine etwas zu eckig ausgefallene Sitzplatztribüne auf der gegenüberliegenden Seite folgte. Dadurch verschwand leider das Erkennungszeichen der Arena, das charakteristische Vereinsheim, aus dem Blickfeld. Wenig später widmete man sich den Hintertortraversen. An der Straßenseite wurden die vorhandenen Stehplätze aufgepäppelt, auf der gegenüberliegenden Seite völlig neue Traversen hochgezogen. 1992 kam schließlich Flutlicht hinzu, 1995 ein neuer Sanitär- und Umkleidetrakt, 1996 eine elektronische Anzeigetafel.

Seither genügt das TuS-Stadion höheren Ansprüchen und ist zudem geprüft stimmungsvoll. Vor allem Flutlichtspiele am Freitagabend sind ein empfehlenswerter Genuß, zumal es an der Nienburger Straße dann häufig auch gemütlich eng wird. Und weil unter der Vereinsführung Brigitte Friedrich die regelmäßigen Konkursdrohungen nun endlich der Vergangenheit angehören, darf man den zahlreichen Fußballfans der Region auch durchaus Hoffnung auf eine florierende Zukunft machen. Verdient hätten sie es.

CELLE: Stadion an der Nienburger Straße

Auf der Hintertortribüne an der Nienburger Straße treffen sich jene, die bei all dem Vereinsnamens-Wirrwarr der letzten Jahre noch immer v.a. "TuS-Fans" sind. Ein kleineres Grüppchen versammelt sich zudem unter der überdachten Stehtribüne. Wenn in Celle die Zeichen auf Erfolg stehen, dürfen die Heimfans ohne Umschweife zu den stimmungsvolleren gezählt werden und sind auch auswärts vielköpfig vertreten. Obwohl kein Blockzwang herrscht, bringt man Gästefans gerne im Seitenbereich der Stehplatzgeraden unter.

Sitzplätze: 10 - 18 DM
Stehplätze: 7 - 13 DM
Gäste: egal

Lektüre Fußball-Zeitung des TuS Celle FC, A4, 1 DM (für die Jugend), s/w, viel Werbung, aber auch nette und informative Texte. **Rolliservice** Rollstuhlplätze am Spielfeldrand. **Essen** Bratwurst und Brezeln. **Trinken** alkoholisches Bier, Cola, Wasser, Fanta, im Winter Glühwein. **Toiletten** Sauber und funktional, aber knapp an der Zahl. **Kneipen** Hinter der Haupttribüne befindet sich das gemütliche TuS-Clubheim. Ansonsten: ab in Richtung Stadtmitte.

STADION: ⚽⚽⚽⚽ **STIMMUNG:** ⚽⚽⚽ **SERVICE:** ⚽⚽⚽

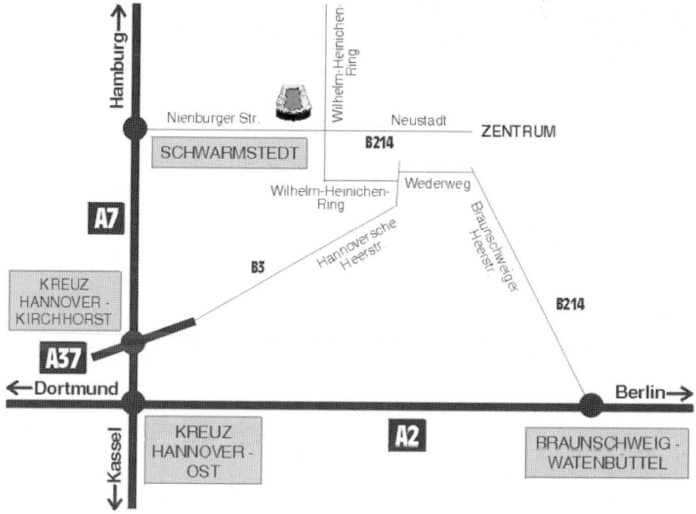

Von der **A7** aus Richtung **Hamburg**: Bis Abfahrt Schwarmstedt, dann weiter auf der B214 Richtung Celle. Kurz hinter dem Ortseingang Celle liegt das Stadion auf der linken Seite. Von der **A7** aus Richtung **Hannover** bzw. **A2** aus Richtung **Braunschweig**: Am Kreuz Hannover-Ost weiter auf der A7 bis zum Kreuz Hannover-Kirchhorst und dort auf die B3 Richtung Celle. In Celle angekommen zunächst Richtung Zentrum, ehe es links auf den Wilhelm-Heinichen-Ring geht (dem Symbol "Fußball" folgen), der direkt zum Stadion führt. Von der **A352/A2** aus Richtung **Bielefeld**: Bis zum Dreieck Hannover-Nord, dort auf die A7 Richtung Hamburg und die nächste Abfahrt (Mellendorf) runter. Weiter Richtung Fuhrberg/Wietzenbruch/Celle bis nach Celle-Heese. Dort links auf den Wilhelm-Heinichen-Ring, der geradewegs zum Stadion führt. **Parken:** In begrenzter Anzahl vor dem Stadion, wenn die voll sind Straßenparken Richtung Zentrum.

Linie **4** (Richtung Wietzenbruch) verbindet den Hauptbahnhof mit dem Stadion. Aussteigen sollte man an der Haltestelle Fuhsebrücke. Zu Fuß braucht man übrigens nur knapp zehn Minuten.

CHEMNITZ: Stadion an der Gellertstraße

Foto: Burkhard Schulz

Kapazität: 12.720
Stehplätze: 12.000
Sitzplätze: 720

Chemnitzer FC, Reichenhainer Str. 154, 09125 Chemnitz
Tel: 0371-5615811, Fax: 0371-5615812
www.chemnitzerfc.de

Offiziell heißt der von einem Industriekomplex umgebene Fußballtempel des CFC ja "Stadion an der Gellertstraße", doch der Volksmund spricht eigentlich ausschließlich von der "Fischerwiese". Diesen Kosenamen erhielt das Stadion der Himmelblauen, nachdem es am 13. Juni 1950 in "Dr.-Kurt-Fischer-Stadion" umbenannt worden war. Dieser Fischer hatte im Krieg als Offizier der Sowjetarmee gegen die Nazis gekämpft und sich später als erster und höchst umstrittener Innenminister von Sachsen einen Namen gemacht, den kurz nach seinem Tode dann auch das beliebte Chemnitzer Fußballstadion zu tragen hatte. Nicht zuletzt, da dies ja nun auch bar jeden sportlichen Bezugs war, forderte der Chemnitzer FC Ende 1994 eine Rückbenennung, dem der Stadtrat wenige Monate später denn auch mit großer Mehrheit zustimmte - Kurt Fischer war damit in die Fußstapfen seiner Kollegen Ernst Thälmann, Otto Grotewohl und Georgi Dimitroff getreten.

Doch Fischer hin, Gellert her – das am Nordostrand der City gelegene Stadion wurde am 13. Mai 1934 mit einem 5:1-Sieg des PSV Chemnitz gegen die keinesfalls als Kanonenfutter einzustufende SpVgg Fürth eingeweiht. Kurz darauf folgte auch noch ein sattes 5:2 gegen Real Madrid und das Stadion hatte seine Feuertaufe bestanden. Ihren zuschauerzuspruchstechnischen Höhepunkt erreichte die Fischerwiese indes am 18. November 1953, als 27.300 Fans die BSG Chemie Karl-Marx-Stadt gegen Fortschritt Weißenfels siegen (3:0) sehen wollten.

In späteren Jahren trug der Klub seine Heimspiele dann immer regelmäßiger im weitaus größeren Sportforum aus – zuvor war man nur sporadisch in das wenig geliebte Stadion am Rande der Stadt ausgewichen. Diese Arena war bereits in den 20ern auf dem Gelände des ehemaligen Flughafens als "Chemnitzer Kampfbahn" erbaut, von 1935 an in die "Großkampfbahn" umgebaut und im Herbst 1938 vor 60.000 Menschen mit dem Länderspiel Deutschland-Polen eingeweiht worden

Im weitläufigen und atmosphärearmen Sportforum, von 1950-92 auch "Ernst-Thälmann-Stadion" tituliert, hatte der CFC ab 1991 auch seine Zweitligakicks auszutragen, nachdem man zwischenzeitlich wieder zur Fischerwiese heimgekehrt war. Doch aufgrund der DFBschen Sicherheitsauflagen ging es zähneknirschend ins Sportforum - und nach dem Abstieg (1996) gleich wieder retour zur Gellertstraße. Dort machten sich der CFC und seine Fans gemeinsam ans Werk und ließen die Haupttribüne in frischen Vereinsfarben erstrahlen. Für weitere Maßnahmen fehlte lange das nötige Kleingeld - bis zur glorreichen Rückkehr der extrem heimstarken Chemnitzer in die Zweite Liga. Bereits Mitte Juni begannen die Vorarbeiten zum Umbau, für den eigens eine Spendenaktion initiiert worden war. Die erste Phase sah bis zum Zweitligastart die Erneuerung der Sanitäranlagen, den Ausbau von Sicherheitszäunen, Wellenbrechern und Blockabtrennungen sowie die Erweiterung des Spielfeldzugangs, der Presseplätze und der wohl unvermeidlichen VIP-Räumlichkeiten vor. In einer zweiten Phase sollen dann im Sommer 2000 noch eine Fankneipe, eine Küche sowie eine Flutlichtanlage folgen – insgesamt werden die Kosten auf über drei Millionen DM geschätzt.

Der harte Kern der CFC-Anhänger stellt sich in die Südkurve (Block 5, Anzeigetafel-Seite), Gästefans benutzen den Eingang Forststraße und begeben sich von dort in den ihnen zugedachten Block 2 in der Marathontorkurve – dort stehen 1.552 Plätze zur Verfügung. An bzw. in der Fischerwiese läßt sich eigentlich von allen Rängen sehr gut Fußball gucken, die beste (Stehplatz-) Sicht hat man allerdings von den 816 Plätzen in Block B, die sich zudem einer Überdachung erfreuen. Anhängern der Gastmannschaft sei übrigens angeraten, sich außerhalb ihres Blocks möglichst unauffällig bzw. neutral zu kleiden und auch zu verhalten – die Chemnitzer Hooligans zählen zu den gefürchtetsten in den neuen Ländern. Der Großteil der CFC-Anhängerschaft hält sich jedoch an die Kernaussage der Stadionordnung: "Unser Stadion ist eine Stätte sportlich fairen Wettkampfes, der Erholung und Entspannung. Jeder Zuschauer ist aufgefordert, sich diszipliniert im Stadion zu verhalten." Wer kurz vor dem Spiel noch nicht im Besitz einer Karte ist: Stadion und Kassen öffnen anderthalb Stunden vor dem Anpfiff.

Preise Studenten, Arbeitslose, Schüler, Soldaten und Schwerbehinderte zahlen den ermäßigten (aber immer noch reichlich happigen) Preis, Kinder bis 14 Jahre für den Stehplatz nur 7 DM (überdacht 9 DM). Die Aus- bzw. Nachweise werden übrigens relativ genau kontrolliert. **Rolliservice** Im Zuge des Umbaus sollen auch Rollstuhlfahrer verbesserte Möglichkeiten vorfinden, konkrete Angaben konnte der Verein allerdings bis zuletzt nicht machen. Am besten wende man sich diesbezüglich noch einmal an die Geschäftsstelle – auch, was einen Parkschein angeht. **Fanshop** In Chemnitz schießen die Fanshops mittlerweile wie Pilze aus dem Boden, eine Auswahl: FANtastik (Thomas-Mann-Platz 1, Tel: 422220), Ille's Fan-Shop (Chemnitztalstraße 175), East Side (Rathausstr. 7, Tel: 4595262) und der Shop in der alten Geschäftsstelle (Carolastr. 5). Aber auch bei den Heimspielen kann man an einigen Ständen CFC-Souvenirs erwerben. **Lektüre** Das 20 Seiten starke Stadionmagazin Die Himmelblauen ist im unteren Mittelfeld der Zweiten Liga anzusiedeln und mit 2 DM zudem etwas überteuert. **Stadionsprecher** Olaf Kadner, der Mann, der "immer einen kessen Spruch auf den Lippen hat", ist auch bei den Auswärtsspielen immer mit von der Partie. Dem Leiter des Chemnitzer Schalke-Fanclubs ist es übrigens auch zu verdanken, daß die veraltete Lautsprecheranlage an der Gellertstraße 1997 durch eine neuwertigere ersetzt wurde.
Essen Das kulinarische Angebot variiert zwar, aber eine Brat- oder Bockwurst ist eigentlich immer zu haben. Gelegentlich sind auch andere Fleischspezialitäten oder Fischbrötchen, bei denen man zugreifen sollte, bevor sie mal wieder ausverkauft sind, zu haben. Daneben gibt's diverse Süßigkeiten und, wenn es die Jahreszeit verlangt, auch Eis. Die Preise sind Durchschnitt.
Trinken An der Gellertstraße wird alkoholfreies Bier ausgeschenkt, hin und wieder gibt's auch schon mal Leichtbier, ansonsten Cola, Fanta und Wasser.
Toiletten Renovierungsbedürftig – aber auch hier dürfte sich im Zuge der Umbaumaßnahmen wohl etwas tun. Hoffen wir's zumindest mal. **Kneipen** Wer den Weg in die Humboldtstr. 93 nicht scheut, ist herzlich dazu eingeladen, auf ein oder zwei Bierchen in die Vereinskneipe "Erdenglück", in der auch regelmäßig der CFC-Stammtisch stattfindet, vorbeizuschauen.

Sitzplätze: 40 DM
Stehplätze: 16 (13) - 20 DM
Gäste: Block 2

STADION: ⚽⚽⚽ **STIMMUNG:** ⚽⚽⚽ **SERVICE:** ⚽⚽

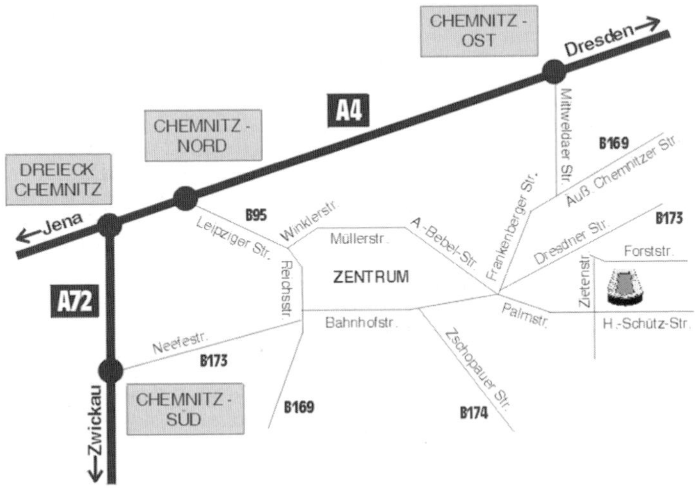

Von **Zwickau**: Über die **A72** bis zur Ausfahrt **Chemnitz-Süd** (14), dann rechts auf die Neefestraße (**B173**) gen Zentrum/Hauptbahnhof. Nach etwa vier Kilometern (hinter der Unterführung) rechts in die Zwickauer Straße und auf der B169/173 (Bahnhofstraße) weiter geradeaus gen Dresden halten, kurz vor dem Bahnhof eine Rechts-Links-Kombination hinlegen und am Thomas-Mann-Platz schließlich nach rechts in die Palmstraße, die bald zur Heinrich-Schütz-Straße wird - schon hat man die Fischerwiese (linkerhand) erreicht. Ist aber auch einigermaßen vernünftig ausgeschildert.

Von **Dresden**: Über die **A4** bis zur Ausfahrt **Chemnitz-Ost** (71) und auf der Mittweidaer Straße, die nach dem Zusammentreffen mit der **B169** zur Frankenberger Straße wird, gen Chemnitz. Knapp zwei Kilometer nach der Unterführung am Bahnhof Chemnitz-Hilbersdorf dann an der Kreuzung mit der Dresdner Straße geradeaus in die Hainstraße, am Polizeipräsidium vorbei und links in die Gellertstraße.

Von **Erfurt**: Über die **A4** bis zur Ausfahrt **Chemnitz-Nord** (69) und auf der Leipziger Straße (**B95**) gen Zentrum. Nach etwa zwei Kilometern am Leipziger Platz links in die Winklerstraße, rechts in die Hechlerstraße und über Müller- und August-Bebel-Straße unter den Gleisanlagen des Hauptbahnhofs durch auf die Palm- bzw. Heinrich-Schütz-Straße.

Die **Parkmöglichkeiten** in Stadionnähe sind immer noch begrenzt, **Gästeanhänger** sollten es auf der **Forststraße** versuchen, zumal sich hier auch der Eingang zur Marathontorkurve befindet. Sollte der CFC aus irgendeinem Grunde (man weiß ja nie) ins Sportforum umziehen müssen, hier die Anfahrt in Kurzform: A72 Chemnitz- Süd, Neefestraße, Südring, Annaberger Straße, Werner-Seelenbinder-Straße, Reichenhainer Straße. A4 Chemnitz Nord, Leipziger Straße, Reichsstraße (B95), Gustav-Freytag-Straße, Reichenhainer Straße.

Vom maximal 15 Fußminuten entfernten Hauptbahnhof aus fährt die **Buslinie 23** (Richtung Krankenhaus Zeisigwaldstraße) bis direkt vor das Stadion an der Gellertstraße, wo man dann clevererweise aussteigen sollte. Von der Zentralhaltestelle aus kann man (neben dem 23er) auch die **Linie 21** (Richtung Ebersdorf) nehmen und bis zur Station Palmstraße fahren.

CLOPPENBURG: Stadion Friesoyther Straße

Foto: Michael Seiß

Kapazität: 6.000
Stehplätze: 5.000
Sitzplätze: 1.000

BV Cloppenburg, Friesoyther Straße 8, 49661 Cloppenburg
Tel: 04471–86138

Es ist schon verwirrend, wenn man zum ersten Mal ins Stadion an der Friesoyther Straße kommt. Zunächst wird man von der atemberaubenden Größe des Geländes beinahe erschlagen - dann aber muß man sich darauf konzentrieren, in dem schier unüberschaubaren Gewirr an Spielfeldern, Laufbahnen und Tribünen das eigentliche Fußballfeld zu entdecken. Tip: Es befindet sich auf der linken Seite (vom Haupteingang am Vereinsheim kommend), in der Nähe der mit grellen Werbeplanken bestückten überdachten Unterstände, ist ziemlich unscheinbar und könnte problemlos Bestandteil des berühmten Cloppenburger "Museumsdorfes" sein.

Wer Cloppenburgs Stadion als "schön" bezeichnet, begibt sich in die Gefahr, ausgelacht zu werden. Die Arena weist zwar unwidersprochen eine gewisse Ausstrahlung auf, hat dies aber nahezu ausschließlich ihrem Alter und ihrer offensichtlichen Eigentümlichkeit zu verdanken. Davon abgesehen, weckt das Areal lediglich Wehmut. Zu lieblos ist da etwas zusammengestückelt worden, was man anschließend "Stadion" taufte. Auf der Hauptgeraden z.B. wurde neben einer durchaus ansehnlichen Holztribüne älteren Datums ein ebenso häßliches wie modernes Betonmonstrum errichtet, das der Arena einen schauderhaften Anblick verleiht. Stehplatzanhänger können darüber hinaus auf zwölf von allerlei Gewächs überwucherten Traversen Platz nehmen, müssen dabei jedoch eine immense Entfernung zum Spielfeld in Kauf nehmen.

Eine Fußballanlage im eigentlichen Sinne war das "Stadion an der Friesoyther Straße" nämlich nie - Speedway und Grasbahnrennen standen (und stehen) im Vordergrund. Daraus resultieren die in einem riesigen Oval angelegten Stehtraversen, die der Arena einen zweifelsohne imposanten Anblick verleihen. Inmitten dieses ausgedehnten Traversenensembles befindet sich eine Rasenfläche, die in mehrere Fußballfelder aufgeteilt wurde, von denen eines das Stadionspielfeld ist. Skurril - ebenso wie die "Gegengerade", die an dem Stahlrohr-Fernsehturm zu erkennen ist. Bei ihr handelt es sich um eine schlichte Bandenabgrenzung ohne eine Stufe - im Grunde genommen ist es also nichts anderes als das verlängerte Spielfeld. Komfort sucht man vergeblich. Mit Ausnahme der zehn Sitzbankreihen auf der Uralttribüne - wie ihr nebenstehendes Betonpendant viel zu weit vom Spielfeld entfernt - kann man nirgendwo sitzen, und Atmosphäre auf die Wiese in der Speedwaybahn zu bringen, dürfte selbst sangesgewaltigen Fangruppen schwerfallen.

Logisch, daß der BVC mit den Voraussetzungen alles andere als zufrieden ist.

CLOPPENBURG: Stadion an der Friesoyther Straße

Mehrfach gab es bereits laut geäußerte Überlegungen von einem Neubau, doch derzeit sieht es ganz so aus, als müsse man noch eine Zeitlang mit den herrschenden Verhältnissen leben.

Im Oldenburger Münsterland geht es fankulturell eher gediegen zu. Ein paar vereinzelte Fahnenträger sind auszumachen, der eine oder andere trägt einen schwarz-weißen BVC-Schal, und mitunter kommen sogar Trommler und feuern das Team an - alles verläuft aber in einem überschaubaren und gemütlichen Rahmen. Gästeanhänger dürfen sich im Stadion an der Friesoyther Straße selbst verlaufen und steuern am besten die überdachte Stehtribüne an, von wo aus man - zumindest mit Fernglas - einen halbwegs guten Blick hat. Auswärts werden die Cloppenburger nur selten von größeren Fangruppen unterstützt.

Sitzplätze: 18 DM
Stehplätze: 12 (8) DM
Gäste: egal

Fan-Shop Über Geschäftsstelle **Rolliservice** Rollstuhlplätze am Spielfeldrand. **Essen** Bratwurst, manchmal Kuchen. **Trinken** Alkoholisches Bier, Cola, Fanta, Kaffee. **Toiletten** Sachlich-funktional. **Kneipen** Die Innenstadt mit diversen Restaurants, Kneipen, Imbissen und Cafés ist keine zehn Gehminuten entfernt (Lange Straße und Mühlenstraße versuchen).

STADION: ⚽ **STIMMUNG:** ⚽⚽ **SERVICE:** ⚽⚽

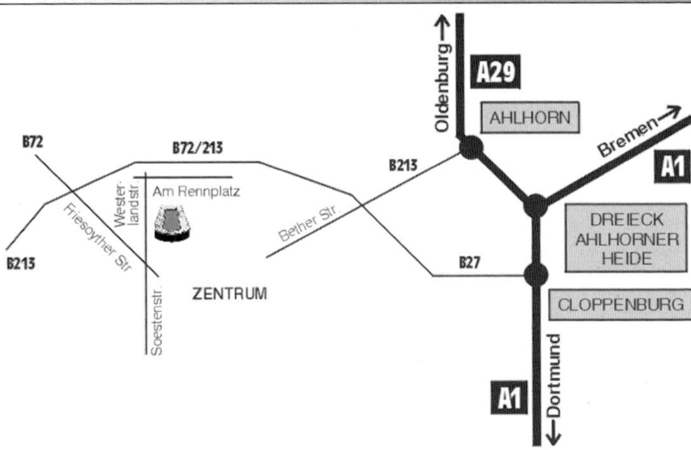

Die **A1** (Osnabrück/Bremen) an der Ausfahrt **Cloppenburg** verlassen und weiter auf der **B72** Richtung Cloppenburg fahren. An der Anschlußstelle Cloppenburg-Nord abfahren und links auf der **Friesoyther Straße** Richtung Zentrum weiter. Nach einigen hundert Metern taucht dann linker Hand das Stadion auf. **Parken:** Im Stadionumfeld gibt es mehrere kleinere Parkplätze, die zusammengenommen durchaus ausreichend sind. Desweiteren besteht die Möglichkeit zum Straßenparken.

Am Wochenende spielt sich das Leben in Cloppenburg weitestgehend **ohne** ÖPNV ab. Wer die knapp 2,5 Kilometer vom Bahnhof zum Stadion zu Fuß hinter sich bringen will, macht sich auf der Bahnhofstraße auf den Weg Richtung Innenstadt. Am Kreisverkehr geradeaus weiter, alsdann rechts in die Fußgängerzone (Mühlenstraße) und am Antoniusplatz links auf die Friesoyther Straße. Größeren Gruppen bietet die Firma Hanekamp, die für den ÖPNV in Cloppenburg zuständig ist, übrigens kurzfristig den Service, "die Reisenden für einen geringen Aufpreis vom Bahnhof zum Stadion zu transportieren". Anruf genügt: 9 49 70.

COTTBUS: Stadion der Freundschaft

Foto: Michael Seiß

Kapazität: 22.500
Stehplätze: 4.050
Sitzplätze: 18.450

Energie Cottbus, Stadion der Freundschaft, 03042 Cottbus
Tel: 0355-756950, Fax: 0355-7569551
www.fcenergie.de

Die ersten Pläne zum Bau eines Stadions in Cottbus existierten bereits seit dem Mai 1923, doch es sollten noch einige Jahr in die Lausitz ziehen, bevor der große Sportkomplex, der u.a. auch ein Freibad (das an der Stromstraße), Turn- und Tennisplätze, einen "Mädchenspielplatz" sowie eine mit Aschenlaufbahn und Zuschauerböschungen versehene "Festwiese" beinhaltete, am Ufer der Spree fertiggestellt werden konnte. Im Frühjahr 1930 war es schließlich so weit, konnte das "Cottbuser Stadion" eröffnet werden – das offizielle Weihefest fand freilich erst im September statt.

Nach dem Weltkrieg wurde die Arena auf Trümmerschutt neu errichtet und schlummerte, gesäumt von den im Fahrtwind der vorbeirauschenden Züge sanft schwingenden englischen Eichen, bis zur Mitte der 60er Jahre gemächlich vor sich hin - dann jedoch zog der SC bzw. die spätere BSG Energie Cottbus in die Arena ein. Bald schon hatten sich die Energie-Kicker in der Stadt sowie im Ligageschäft etabliert, stiegen Mitte der 70er Jahre erstmals in die DDR-Eliteklasse auf und präsentierten sich in der Folgezeit trotz beachtlicher Zuschauerunterstützung als waschechte Fahrstuhltruppe: für die Liga zu stark, für die Oberliga zu schwach. Dennoch entwickelte sich Cottbus zum heißen Fußball-Pflaster, nicht zuletzt aufgrund der Begeisterungsfähigkeit der Energie-Fans: Bis zu 17.000 Fans füllten die damals eigentlich nur für 15.000 Zuschauer zugelassene Arena. 1983 begann der Umbau der Stehtraversen, der die Kapazität bereits auf 18.000 zu steigern wußte. Und im August 1988 konnte erstmals die neue und bei allen Gegnern schon bald gefürchtete Tribüne genutzt werden, von der aus die Mannschaft stets gnadenlos nach vorne gepeitscht wird. Kurze Zeit später sollte das Stadion eigentlich auch Flutlicht erhalten: Die Masten lagen bereits abholbereit im Kraftwerk Jänschwalde, bevor sie dann doch nach Brandenburg, wo man sich für den UEFA-Cup qualifiziert hatte, geliefert wurden. Als die Buga 1995 nach Cottbus vergeben wurde, bedeutete dies für das Stadion der Freundschaft umfangreiche Renovierungsmaßnahmen, die u.a. das Funktionsgebäude, den Sozialtrakt und die Sicherheitszäune betrafen. Im April 1997 folgte denn dann auch endlich die langersehnte Flutlichtanlage sowie allerlei sicherheitstechnisches Gedöns, ein Jahr später die moderne Anzeigetafel. Doch damit nicht genug: Eine überdachte Tribüne auf der Gegengerade und das Begradigen der Nord- und Südkurve soll das Stadion in Zukunft einmal zu einer bundesligatauglichen Arena für 30.000 Zuschauer machen. Irgendwann einmal.

COTTBUS: Stadion der Freundschaft

Die Energie-Fans haben es nicht leicht: Da sind zum einen die schier endlosen Auswärtsfahrten zum Rest der in der Republik verteilten Zweitligisten. Auf der anderen Seite steht da der Ruf, daß es im Stadion der Freundschaft leider nicht immer besonders freundschaftlich zugeht und der unbedarfte Auswärtsfan wenige Sekunden nach Verlassen seines Transportmittels erst mal ordentlich einen auf die Mütze bekommt. Nun, ganz so schlimm ist es sicherlich nicht – zumindest nicht im Stadion selbst. Hier sollte man sich eher vor dem Ordnungsdienst in acht nehmen, dessen martialisches Auftreten und Vorgehen schon häufiger Anlaß zur Kritik gab. Außerhalb des Stadions jedoch gilt Alarmstufe Rot und allergrößte Vorsicht – in Cottbus gibt es eine große Anzahl von Fans der Kategorie C, die nicht nur auf Schals und Fahnen, sondern auf alles Fremde anspringt. Der Großteil der Energie-Anhänger verhält sich indes freundlich - wer sich davon überzeugen will, kann ja probeweise einmal dem Energie-Fan-Stammtisch beiwohnen, der an jedem ersten Montag im Monat bei McDonald´s (o tempora, o mores!) in der Fürst-Pückler-Passage stattfindet.

Sitzplätze: 20 - 45 DM
Stehplätze: 16 (13) DM
Gäste: Südkurve

Was das Alltagsleben im Stadion anbelangt, so kann man eigentlich von jedem Platz aus vernünftig Fußball gucken. Einzige Ausnahmen stellen die vordersten Sitzreihen auf der Tribüne dar, dort beeinträchtigen die Trainerbänke teilweise das Blickfeld. Auswärtige Anhänger gehören in die beiden abgeriegelten Blöcke der Südkurve (separater Eingang), die Energie-Fankurve hingegen hat sich mittlerweile von der Nordkurve bis über die Gegengerade ausgebreitet. Da auch die Tribüne regelmäßig lautstark auf das Spielgeschehen reagiert, wird im Stadion eigentlich von allen Plätzen ordentlich Stimmung gemacht. Letztere wird von den "Saspower Dixieland Stompers", die ihr Repertoire auf der Tribüne zum besten geben, weiter angeheizt.

Preise Verbilligte Karten erhalten Rentner, Behinderte, Arbeitslose und Schüler. Kinder zahlen für den Stehplatz nur vier Mark. **Rolliservice** Ermäßigter Eintritt. Behindertenparkplätze existieren nicht, wer sich an den Verein wendet, erhält einen Parkausweis für den Parkplatz Sandower Dreieck, der aber noch ein gutes Stück vom Stadion entfernt ist. Fanshop: Während der Heimspiele werden mehrere Stände (u.a. hinter der Nordkurve) aufgebaut, ansonsten stellt der offizielle Fanshop des FC Energie am Altmarkt 21 die erste Anlaufstelle dar.
Lektüre Das Energie-Echo ist für zwei Mark an den Stadionkassen zu haben. Die Stadionzeitung ist zwar nur 24 Seiten stark, besticht aber durch Kompetenz, hohen Infogehalt und Übersichtlichkeit. Ältere Ausgaben (bis 94/95) kann man über den Verein nachbestellen. Wer tiefer in die Cottbusser Fanseele eintauchen mag, kann sich gegen entsprechendes Entgelt (3 DM + Porto) die Fanzines "Mach den Stier" (D. Helbig, Rostocker Str. 33, 03046 Cottbus) oder "Gurkensalat" (J. Batzdorf, Trattendorfer Str. 26, 03048 Cottbus - 3 DM + Porto) kommen lassen. Wer schon eines am bzw. vor dem Stadion erworben hat, kann es mittlerweile auch wieder gefahrlos mit hinein nehmen – in der Vergangenheit wurden Zuschauer vom Ordnungsdienst schon einmal gezwungen, ihre gekauften Hefte zurückzugeben oder gar wegzuwerfen. Ein bislang einmaliger Fall. **Stadionsprecher** Zum Leidwesen vieler Fans wurde der beliebte "Schorsch" Zielonkowski, als echtes Energie-Urgestein seit 1976 am Mikro, von Antenne-Brandenburg-Mann Ronny Gersch abgelöst, der seine Rolle als Entertainer und Fußball-Oberlehrer heftigst übertreibt. Daneben bemüht sich der Verein übrigens um einen qualifizierten DJ: "Mit musikalischem Gespür und technischem Verständnis sitzt der oder die neue Anheizer(in) schon fast im Boot." Na denn: Bewerbungen bitte an den FC Energie Cottbus, Abteilung Öffentlichkeitsarbeit. **Essen** Eine Handvoll Versorgungsstände und eine größere Anzahl fliegender Händler bieten verschiedene Würstchen, Steaks, Nudel- und Gemüsepfannen, Eis und Süßigkeiten an – da kann man nicht meckern. **Trinken** Im Bier (Freiberger, Landskron) ist im Normalfalle Alkohol drinne, allein bei Problemspielen gibt's nur die bleifreie Variante. Ferner Wasser, Limo und Cola. Überdies sind während des Spiels aber auch die renovierte Vereinskneipe Energie-Eck und die Selbstbedienungsbar Energie-Quelle frei zugänglich. **Toiletten** gut – allerdings fällt öfters mal

das Licht aus. **Kneipen** Erste Anlaufstelle ist natürlich die Stadionkneipe. Wem es dort zu voll ist, kann z.B. die "Bauernstube" (gleich hinter dem Planetarium) oder die "Rote Karte" (Stromstraße, Nähe Schwimmbad, der Weg ist ein bisserl kompliziert, am besten durchfragen) aufsuchen.Wenn es in die Innenstadt gehen soll, so sind rund um den Altmarkt (Nähe Stadthalle) auch einige Bierhäuser, Cafes und Restaurants mit Außengastro zu finden.

STADION: **STIMMUNG:** **SERVICE:**

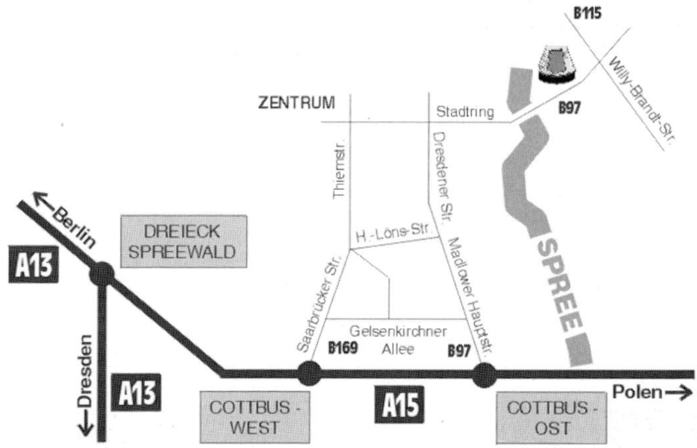

Von Berlin bzw. Dresden über die A13 bis zum Dreieck Spreewald, dort auf die **A15** und an der Abfahrt **Cottbus-West** (4) heraus. Anschließend über die Saarbrücker Straße (**B169**) gen Zentrum, nach etwa zwei Kilometern an der ersten Ampel in Cottbus links ab auf die Thiemstraße und nach weiteren 800 Metern rechts auf den Stadtring (**B97**). Nun geradeaus, am Stadion (links) sowie den Messehallen vorbei und über die große Kreuzung mit der B115 hinweg, dann gleich links auf den (kostenlosen) **Parkplatz** "Sandower Dreieck", der mittels einer kleinen Brücke mit dem Stadion verbunden ist. Dieser ist jedoch meist schnell voll, so daß sich vor allem für Ortsunkundige das Ausweichen auf **P+R-Plätze** anbietet – zumal von dort außer den Straßenbahnen nun auch **Sonderbusse** zum Stadion fahren. Von der Ausfahrt Cottbus-West benutze man den P+R-Platz Sachsendorf (B169), ab hier mit den Straßenbahnen 2 (gen Sandow) bzw. 4 (gen Neu-Schmellwitz) bis zur Haltestelle Görlitzer Straße und den fünfminütigen Rest über den Stadtring laufen. Von der Ausfahrt **Cottbus-Süd** (A15 aus Richtung Polen) über die Madlower Hauptstraße (B97) gen Zentrum, hinter dem Friedhof rechts in die Hermann-Löns-Straße und nach wenigen Metern auf den P+R-Platz Sportzentrum. Nun wahlweise zurück zur Hauptstraße und mit der Straßenbahn 3 (gen Ströbitz) bis Görlitzer Straße fahren (s.o.) oder aber weiter geradeaus, über die Bahnschienen hinweg zur Spree und diese flußaufwärts bis zum Stadion entlangspazieren.

Vom Hauptbahnhof fährt man mit der **Straßenbahn-Linie 1** (Richtung Schmellwitz/Anger) bis zur Station Stadtpromenade und steigt dort in den Bus Richtung Branitzer Siedlung (Linie 11) um. Von der Haltestelle **Vorpark** läuft man dann noch knapp fünf Minuten. Mit Erwerb einer Eintrittskarte ist der Fahrpreis abgegolten. Die Strecke Bahnhof-Stadion ist aber auch durchaus **zu Fuß** zu bewältigen: Links auf die Vetschauer Straße und dann immer den Stadtring bergauf, bis die Flutlichtmasten die Lage des Stadions anzeigen. Dies sollte in maximal einer Viertelstunde zu bewältigen sein.

DARMSTADT: Böllenfalltor

Foto: Dirk Schulz

Kapazität: 26.000
Stehplätze: 22.000
Sitzplätze: 4.000

Darmstadt 98, Nieder-Ramstädter Str. 170, 64285 Darmstadt
Tel: 06151-45002, Fax: 06151-424798
www.SV98.de

Wenn Steine sprechen könnten, hätten sie in Darmstadt eine Stadiongeschichte zu erzählen, die den Zuhörern wohl die Tränen in die Augen treiben würde. Ein Wort würde immer wieder vorkommen: Tragik. Bis 1945 waren die Lilien einer von vielen Klubs der Rhein-Main-Region, deren Ruhm über einen Radius von rund 100 km kaum hinauskam. Insofern wurde auch die Stadionfrage selten gestellt, und das im Juli 1921 eröffnete Böllenfalltor genügte vollends den Erfordernissen.

Nach dem Krieg änderte sich das, denn da machte sich der SV 98 auf den Weg in die süddeutsche Fußballelite. Tragik Nr. 1: Ausgerechnet da stand das Böllenfalltor nicht zur Verfügung, denn es wurde von den Amerikanern für Baseball genutzt. Der SV 98 mußte im nahegelegenen Hochschulstadion um Asyl nachsuchen. Erst 1950 - immerhin pünktlich zum Aufstieg in die Oberliga Süd - erhielten die Lilien die Nutzungsrechte zurück und begannen mit einer umfassenden Renovierung. Als jene am 29. Juni 1952 abgeschlossen wurde, war der SV 98 längst wieder aus der Oberliga abgestiegen und den Fans im nunmehr 22.000 Plätze bietenden Böllenfalltor mitsamt neuer Sitztribüne wurde lediglich fade Zweitligakost serviert. Soviel zu Tragik Nr. 2.

Bis 1974 änderte sich daran kaum etwas. Die Lilien dümpelten im Regionalligamittelfeld und lockten selten mehr als 4.000 Fans an. Immerhin erreichten sie ein Jahr nach der Südmeisterschaft ('73) die 2. Liga, wodurch erstmals wieder Bagger anrollten und die 4.000 Sitzplätze bietende heutige Tribüne entstand. Wenig später stiegen Darmstadts Feierabendkicker sensationell in die 1. Liga auf, woraufhin ad hoc eine erstligataugliche Arena gezaubert werden mußte. Es entstand u.a. der legendäre Uhr-/Anzeigetafelturm, weiterhin wurde durch Aufschüttung der Gegengerade auf 36 Stufen das Fassungsvermögen auf 32.000 geschraubt. Doch trotz Erstligaarena im Rücken reichte es sportlich nicht für die 1. Liga. Schon 1979/80 kamen wieder Völklingen und Ingolstadt nach Darmstadt. Tragik Nr. 3.

Zwei Jahre später waren die Heinerstädter wieder oben und Tragik Nr. 4 nahm ihren Lauf. Für rund 1,8 Mio. DM installierte man eine vom DFB geforderte Flutlichtanlage, baute hier und dort und geriet angesichts der Kosten (6 Mio.) ins finanzielle Straucheln. Nun wurde es turbulent: Direkter Wiederabstieg aus der Bundesliga, Mittelmaß in der 2. Liga und ein Schuldenberg von rund 5 Mio. Mark sorgten im Juli 1988 - gerade waren die Lilien in der Bundesliga-Relegation unglücklich an Waldhof gescheitert - für den Verkauf des Stadions an die Stadt.

Seither sind Freudentage rar gesät. 1994 ging es in die Dritt-, 1998 sogar in die Viertklassigkeit; dazu kamen ständig neue Horrormeldungen über den Schuldenstand. Immerhin konnten sich die Lilien inzwischen sowohl sportlich als auch wirtschaftlich konsolidieren, so daß vielleicht bald wieder bessere Zeiten kommen werden. Allerdings: Während 98 auf dem Weg der Besserung ist, ist der Zustand des Böllenfalltors inzwischen nicht mehr zweitligatauglich.

Die Fanschar der Blau-Weißen erreicht eine beachtliche Größe, wobei der ihr vorauseilende Ruf als "gefährlich" leider eine gewisse Berechtigung hat. "Erlebnisorientierte" Zeitgenossen bevorzugen Block A, der gemeine Fan hingegen Block F der Haupttribüne, die seit geraumer Zeit Stammplatz der stimmungsvollen Lilien-Fans ist.

Sitzplätze: 16 - 33 DM
Stehplätze: 13 (11) DM
Gäste: Nordkurve

Lektüre Lilien Kurier, kostenlos, A5 und farbig, gehobenes Mittelmaß. Lesenswert auch das Fanzine "B.A.L.L.", das für 0,98 DM bei Kai Führing, Alfred- Messel-Weg 6a/41, 64287 Darmstadt zu erhalten ist. **Rolliservice** Rolli-Plätze am Spielfeldrand. **Essen** Diverse Würste, Frikadellen, belegte Brötchen, Pommes etc. **Trinken** Alkoholhaltiges Bier, Softdrinks. **Toiletten** In der Tribüne, funktionabel und relativ gepflegt. **Kneipen** Böllenfalltor (Nieder-Ramstädter Str. 251), Lilienschänke (dito, Nr.170) und Schützenheim (Böllenfalltor 29).

STADION: ⚽⚽⚽ **STIMMUNG:** ⚽⚽⚽⚽ **SERVICE:** ⚽⚽⚽

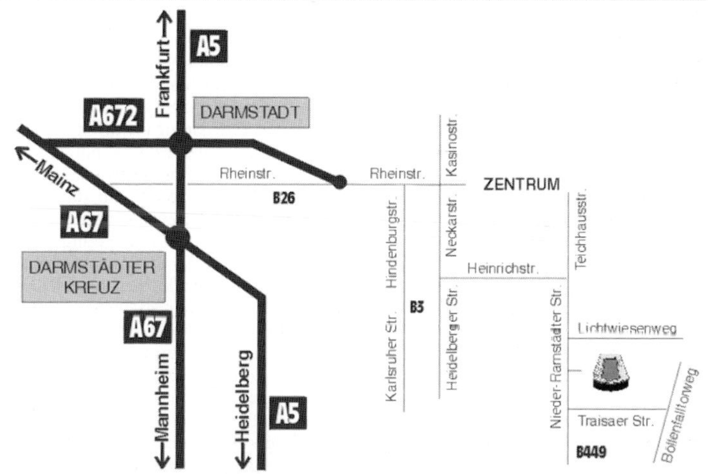

Von der **A5** Richtung Frankfurt, Abfahrt Darmstadt: Der Ausschilderung ("Ball") folgen, oder alternativ: Weiter auf der **B26** (Rheinstraße) Richtung Stadtmitte bis zum Kennedyplatz. Dort rechts auf die Neckarstraße Richtung Eberstadt. Nach 300 Metern links in die Heinrichstraße Richtung Rossdorf bis zur Nieder-Ramstädter Straße (B449), an deren linker Seite sich das Stadion befindet. Von der **A5** aus Heidelberg: Abfahrt Pfungstadt, dort auf die **B3** (Karlsruher Straße) Richtung Zentrum bis zur Rüsselsheimer Straße, die rechts auf die Landskronstraße führt. Anschließend weiter über Klappacher Straße bis zum Stadion. **Parken:** Parkplätze sind in ausreichender Anzahl in Stadionnähe vorhanden.

Straßenbahn Nummer **9** und **10** (ab Berliner Allee, rund 100 m rechts vom Bahnhof). An der Haltestelle **Steinberg/Stadion** aussteigen.

Foto: Hardy Grüne

Kapazität: 4.000
Stehplätze: 4.000
Sitzplätze: 0

TSF Ditzingen, Gartenstraße 13, 71254 Ditzingen
Tel: 07156-7781, Fax: 07156-31874
home.t-online.de/home/MadTSF

Bis Ende der 70er Jahre waren die "Turn- und Sportfreunde Ditzingen" ein stinknormaler Klub, der in irgendwelchen unteren Amateurligen herumkickte. Dann besannen sich einige lokale Honoratioren, investierten die eine oder andere DM und brachten Ditzingen binnen weniger Jahre auf die württembergische Fußball-Landkarte. 1991 erreichte der Siegeszug der TSFler mit dem Aufstieg in die damalige Oberliga Baden-Württemberg einen ersten Höhepunkt, 1994 folgte mit der Qualifikation zur Regionalliga Süd der bislang größte Vereinserfolg.

Ditzingens Sportanlage an der Ditzenbrunner Straße (im Ortszentrum rechts) kam dabei allerdings nicht mehr mit, denn es handelt sich um einen schlichten Hartplatz. 1980 entstand daher am nordwestlichen Ortsrand der großflächige "Sport- und Spielbereich Lehmgrube", der neben mehreren Fußballfeldern ein Stadion umfaßt, in dem bis zu 4.000 Menschen Einlaß finden können. Prunkstück der Arena ist die überdachte Haupttribüne, deren Manko allerdings fehlende Sitzgelegenheit ist. Ein Manko ganz anderer Art lauert nur wenige Meter entfernt und ist die ehemalige Mülldeponie "Lontel", in der umweltgefährdende Altmaterialien vor sich hinrotten. Eine Warntafel rät jedenfalls vorsorglich vom Sonnenbaden ab...

Die seit 1999 nach einem Sponsor "Trumpf-Stadion" genannte Lehmgrube wurde vom TSF lange Zeit verschmäht. Erst mit der Saison 85/86 wurde sie dauerhaft zur TSF-Heimstatt. Seither kickt an der Ditzenbrunner Straße nur noch die Reserve; darüber hinaus sorgt das dortige Vereinsheim für Leben und dafür, daß nach Spielschluß regelmäßig ein Troß durstiger Fans quer durch Ditzingen marschiert, denn an der Lehmgrube gibt es zwar einen Umkleidetrakt, jedoch keine gemütliche Lokalität, in der kulinarische Verköstigungen feilgeboten werden.

Der Komfort im Trumpf-Stadion ist ohnehin begrenzt. Sitzplätze sind wie erwähnt nicht vorhanden, und wer das Spiel aus einer erhöhten Position "lesen" will, muß das Tribünendach erklimmen. Auch die Gegengerade ist keine Offenbarung. Besteht die überdachte Hauptgerade immerhin noch aus sechs Traversen, sind dort nur deren drei zu finden. Idyllisch hingegen die Hintertorseite am Parkplatz, die sich mit ihrer sanften Hanglage prächtig zum Sonnenbaden eignet.

Fazit: Das "Trumpf-Stadion" ist ein für die Bedürfnisse Ditzingens ansehnliches Areal, das ausgezeichnet in Schuß ist und in dem man problemlos einen gemütlichen Fußballnachmittag verbringen kann. Nicht mehr und nicht weniger.

Tivoli (Aachen) *Foto: Hans-Georg Wahl*

Glückauf-Kampfbahn (Ahlen) *Foto: Michael Seiß*

Erzgebirgsstadion (Aue) *Foto: Luftbild-Service Büschel (Schlema)*

Rosenaustadion (Augsburg) *Foto: Dirk Schulz*

Alte Försterei (Berlin)

Foto: Dirk Schulz

Olympiastadion (Berlin)

Foto: Burkhard Schulz

Sportforum Hohenschönhausen (Berlin)

Foto: Hans-Georg Wahl

Ruhrstadion (Bochum)

Foto: Burkhard Schulz

Stadion an der Hamburger Straße (Braunschweig)

Foto: Dirk Schulz

Fischerwiese (Chemnitz)

Foto: Burkhard Schulz

Sportforum (Chemnitz) *Foto: Burkhard Schulz*

Stadion der Freundschaft (Cottbus) *Foto: Burkhard Schulz*

Trumpf-Stadion (Ditzingen) *Foto: Hardy Grüne*

Westfalenstadion (Dortmund) *Foto: Burkhard Schulz*

Heinz-Steyer-Stadion (Dresden) *Foto: Burkhard Schulz*

Rheinstadion (Düsseldorf) *Foto: Hardy Grüne*

In punkto Fankultur sieht es mau aus in Ditzingen. Das typische Kleinstadtpublikum - sauber und ordentlich gekleidet, die ganz Mutigen hängen sich einen TSF-Schal um -, ist bei den TSF-Heimauftritten anzutreffen. Laut wird es nur, wenn ein Tor fällt oder der Schiedsrichter fragwürdige Entscheidungen trifft. Nichtsdestotrotz ist man natürlich Ditzinger, und irgendwelche beleidigenden Äußerungen bezüglich der Heimat werden mit scharfen Kommentaren gekontert.

Gästefans dürfen sich in der Lehmgrube selbst aussuchen, wo sie hinwollen. Einen Tip zu geben, fällt schwer, denn die Sicht ist von allen Plätzen nahezu gleich. Das Trumpf-Stadion in Wallung zu bringen dürfte nicht allzu einfach sein, denn dazu ist es einfach zu klein. Dennoch werden mitreisende Fangruppen ab ungefähr zehn Köpfen ihrem Team Heimspielatmosphäre schaffen können.

Sitzplätze: 0 DM
Stehplätze: 13 (8) DM
Gäste: egal

Fan-Shop Im Stadion, schriftliche Bestellungen an: Leiterweg 55, 71254 Ditzingen, Tel: 62 68. **Lektüre** Fußball Info, A4, farbig, kostenlos, viel Werbung, aber auch gute Infos. **Rolliservice** Rollstuhlplätze am Spielfeldrand. **Essen** Zwei Kioske liefern selbstgebackenen Kuchen und andere Leckereien, dazu die übliche Wurst. **Trinken** Alkoholisches Bier, Kaffee, Sekt. **Toiletten** Im Vereinsheim, guter Zustand. **Kneipen** In Stadionnähe ist nichts zu finden. Die TSF-Vereinsgaststätte liegt an der Ditzenbrunner Straße 6 auf der gegenüberliegenden Ortschaftsseite.

STADION: ⚽⚽ **STIMMUNG:** ⚽ **SERVICE:** ⚽⚽

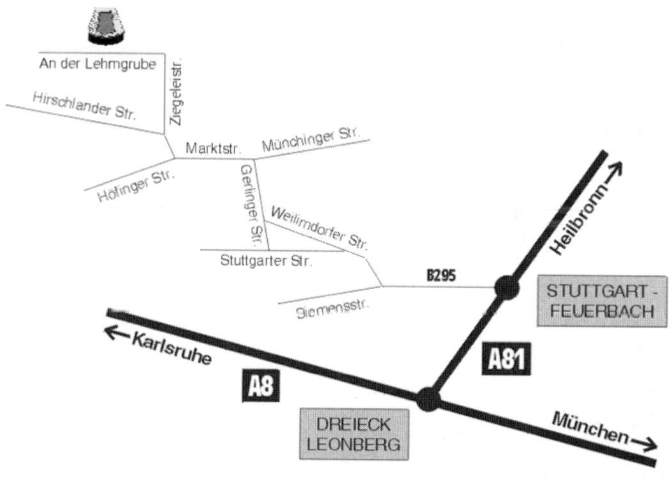

Die **A81** (Stuttgart/Heilbronn) an der Anschlußstelle **Stuttgart-Feuerbach** verlassen und weiter auf der **B295** Richtung Gerlingen, Ditzingen. In Ditzingen stets auf der B295 Richtung Weissach bleiben, dabei nach dem S-Bahnhof rechts in die Leonberger Straße und alsbald links der Straße folgen. Wenig später weisen Parkplatzschilder in die Ziegeleistraße, die zum Stadion führt. **Parken:** In unmittelbarer Stadionnähe gibt es mehrere Parkplätze, die für gewöhnliche Spiele **ausreichen**. Bei größeren Begegnungen werden im Ortsbereich Ditzingen weitere Parkmöglichkeiten ausgeschildert.

Vom Hauptbahnhof Stuttgart mit der S-Bahnlinie **S6** Richtung Weil der Stadt (aussteigen in Ditzingen, alles weitere siehe oben).

DORTMUND: Westfalenstadion

Foto: Michael Seiß

Kapazität: 68.600
Stehplätze: 26.600
Sitzplätze: 42.000

Borussia Dortmund, Strobelallee 50, 44139 Dortmund
Tel: 0231-90200, Fax: 0231-9020105
www.borussia-dortmund.de

Die Erfolgsgeschichte des Westfalenstadions beginnt im Oktober 1971, als der Rat der Stadt den Bau eines Fußballstadions unmittelbar neben der "Roten Erde", der alten Heimstatt des BVB, beschloß. Den Anlaß stellte natürlich die WM 1974 in Deutschland dar, für welche übrigens zunächst ein konventionelles Stadion vom Typ A (mit Laufbahn und Leichtathletikanlagen) geplant worden war. Da die Errichtung einer solchen Arena aber schätzungsweise 60 Mio. DM verschlungen hätte, entschied man sich für den Bau eines Stadions in Palettenfertigbauweise ("Montrealer Modell"): 26 nahezu identische Baueinheiten wurden verwendet, wodurch das BVB-Domizil seine charakteristische Form mit den offenen Eckbereichen erhielt. Auch bei der Überdachung sparte man, so daß nach Abschluß der Arbeiten schließlich vergleichsweise günstige 31,1 Mio. DM zu Buche standen. Neben der Stadt beteiligten sich – ungewöhnlich, da es sich um eine reine Fußballarena handelte - auch Bund und Land an der Finanzierung. Nach dem Bau des Westfalenstadions gerieten selbst altgediente Haudegen wie Helmut Schön ("Dieses Fußballstadion wird nur durch das Azteken-Stadion in Mexiko City übertroffen") oder Wolfgang Overath ("Diese Anlage hat nur einen Nachteil - sie befindet sich nicht in Köln") ins Schwärmen. Die erste, mehr oder weniger inoffizielle Einweihung ging am 2. April 1974 (natürlich) mit dem Klassiker BVB vs. Schalke über die Bühne, nur zwei Wochen später fand dann auch schon das erste Länderspiel statt: 54.000 Zuschauer (37.500 stehende und 16.500 sitzende) waren dabei, als die Ungarn mit einem satten 5:0 abgefertigt wurden – zuvor war das Westfalenstadion auch ganz offiziell seiner Bestimmung übergeben worden.

Rund 18 Jahre später, im Frühling 1992, rüstete man die Nordtribüne um. Zum Leidwesen der Auswärtsfans verschwanden die Stehränge, an ihrer Stelle wurden etwa 9.000 Sitzplätze errichtet. Ebenso versah man die Stufen vor der Ost- und Westtribüne mit jenen Sitzschalen aus Plastik. Die Kapazität des Stadions sank damit zwar von 54.000 auf rund 42.800 Zuschauer, doch nicht für lange: 1996 versah man West- und Osttribüne mit einem zweiten Stockwerk, wodurch die Kapazität des Stadions, das bereits im Mai des Vorjahres in den Besitz einer Investorengruppe, der auch der BVB angehört, übergegangen war, wieder auf 55.000 Plätze erhöht werden konnte. Kostenpunkt: 60 Mio. DM. Im Sommer 1998 wurde für weitere 45 Millionen nachgerüstet: Nun wurden auch die beiden anderen Tribünen aufgestockt – die im Süden mutierte dabei zur größten Stehtribüne Europas. Ferner erhielt der Fußballtempel zwei neue Anzeigetafeln und eine neue Rasenheizung - bei den Arbeiten wurde übrigens ein zehn Zentner schwerer Blindgänger aus dem Zweiten Weltkrieg entdeckt: Welch Glück, daß nie ein Günter Delzepich für den BVB am Ball war!

Doch damit immer noch nicht genug: In etwa zwei Jahren sollen auch die offenen Ecken des Stadions endgültig geschlossen werden – in die neu entstehenden Bereiche soll u.a. auch ein Museum ("Hall of Fame") integriert werden. Und wenn die Jungs damit fertig sind, kommen dann wahrscheinlich wieder die Tribünen an die Reihe - für das Jahr 2050 kann man also schon mal mit einem Fassungsvermögen von ca. 800.000 Zuschauern rechnen und sich beizeiten (so ab 2030) um eine Dauerkarte kümmern.

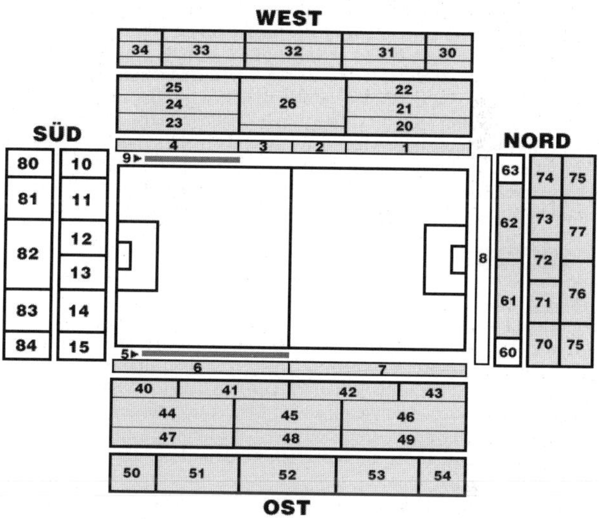

Einlaß ins Westfalenstadion findet man bereits zwei bis zweieinhalb Stunden vor Spielbeginn, die eingefleischten BVB-Anhänger nehmen für gewöhnlich schon recht frühzeitig ihre Stehränge auf der Südtribüne (Blöcke 10-15 u. 80-84) ein - etwaige Touristen (und davon gibt es übrigens eine ganze Menge), die auch einmal die größte Stehtribüne Europas besuchen wollen, sollten sich also nicht so viel Zeit lassen. Gästefans können hingegen noch ein wenig trödeln, schließlich stehen auf ihrer Nordtribüne ja außer den kleinen Stehblöckchen 60 und 63, in denen 1.400 Menschen Platz finden, ausschließlich (teure) Sitzplätze zur Verfügung. Die Sichtverhältnisse sind aber von allen Plätzen aus schlichtweg genial, was nach wie vor auch für Stimmung und Atmosphäre gilt. Zwar beginnen die erfolgsverwöhnten Dortmunder mittlerweile ein bißchen häufiger lautstark zu murren oder gar zu pfeifen, doch wenn's drauf ankommt, steht das Stadion wie ein Mann hinter den Borussen. Und wenn in ein paar Jahren auch noch die Ecken geschlossen sind, wird sich die Arena auf der Hexenkessel-Skala dem Anschlag nähern.

Sitzplätze: 35 - 85 DM
Stehplätze: 16,50 (9,90) DM
Gäste: Nordtribüne

Wer mit der ganzen Familie zum Spiel gehen möchte, kann seinen Nachwuchs getrost im BVB-Hort (unter der Gegentribüne, 14.30 bis 18 Uhr) abgeben und braucht weder Babysitter noch Großmutter zu behelligen. Als Treff für Verlorengegangene dient der BVB-Info-Stand (vor der Nordtribüne), auf der Südtribüne hingegen befindet sich das "Fanpoint" genannte Räumchen des Dortmunder Fanprojektes, das vor und nach dem Spiel sowie während der Halbzeitpause als Anlaufstelle für alle Dortmunder Fußballfans fungiert.

DORTMUND: Westfalenstadion

STADION: ⚽⚽⚽⚽⚽ **STIMMUNG:** ⚽⚽⚽⚽ **SERVICE:** ⚽⚽⚽

Preise Ermäßigte Karten gibt es nur für Jugendliche und Behinderte (Stehplatz) sowie Schwerbeschädigte (Sitzplatz). Gästekarten sind nicht im Vorverkauf erhältlich. **Rolliservice** Rollstuhlfahrer zahlen für ihre Plätze am Spielfeldrand (vor der West- bzw. Osttribüne, "Blöcke" 5 und 9) 8,80 DM. **Fanshop** Im gesamten Stadionbereich sind Fanartikel zu haben, auf der Südtribüne gibt's auch einen richtigen Shop. So richtig glücklich werden BVB-Souvenirfreunde allerdings wohl eher im "Mega-Store", einem der größten Fanshops Europas, der in Dortmund-Hörde gelegen ist (Felicitasstr. 2, 44263 Dortmund, Tel: 4344348, Fax: 4344303) und vor Heimspielen zudem einen beliebten Treffpunkt darstellt. **Lektüre** Das extrem farbige Hochglanzpaper "Borussia aktuell" kostet 2 DM, weist ein hohes Anzeigenvolumen auf und bietet auf den rund 60 Seiten in erster Linie Infos rund um den BVB und all seine Stars. Könnte mal überarbeitet werden. Gleiches gilt für das monatlich erscheinende Vereinsmagazin "Borussia live" (4,50 DM), das mittlerweile an jedem Dorfkiosk zu haben ist. Gar nicht mehr erhältlich sind jedoch Dortmunder Fanzines. Die "Bude" hat den Geist aufgegeben, und auch von der "Fliegende Südtribüne" hat man lange nix mehr gehört. He! Ihr da in Dortmund, macht doch mal was! Ist doch gar nicht so schlimm, BVB-Fan zu sein! Wie dem auch sei, sollte mal wieder ein Heft auf den Markt kommen, so wird es mit Sicherheit nicht im Stadion zu erwerben sein. Diesbezüglich Interessierte wenden sich am besten ans Fanprojekt (Dudenstr. 4, 44137 Dortmund, Tel: 7214292, Mo-Fr 10-16h). **Stadionsprecher** Norbert Dickel, der vergötterte "Held von Berlin", hat sich mittlerweile vom simplen Stadionsprecher zum "Event Manager" hochmikrophont. **Essen** Dank der zahlreichen "Counter" (womit im neuen Westfalenstadion-Jargon größere Imbißbüdchen gemeint sind) ist die Verpflegung in allen Bereichen gesichert, die Wartezeiten halten sich einigermaßen in Grenzen. Die Bratwurst im Brötchen wandert für 3,50 DM über die Theke, daneben sind Bockwürstchen, Schnitzelbrötchen und Pizzastückchen (5 DM) zu haben. Eventuell wird dieses Angebot in Bälde aber noch durch exotischere Leckereien aufgepeppt. **Trinken** Der halbe Liter DAB kostet 5 DM, daneben gibt's die üblichen alkoholfreien Erfrischungsgetränke. Gemein: Im Gästebereich wird nur Leichtbier ausgeschenkt. Dafür schmeckt der Kaffee überall gleich gut, und der Dortmunder Glühwein gehört zu den besten Heißgetränken, mit denen man sich in deutschen Stadien aufwärmen kann. Da an allen "Countern" und sowieso überall im ganzen Stadionbereich Fernseher aufgehängt sind, verpaßt übrigens auch derjenige, der für seine Kumpels Bier holen geht, keine Minute vom Spiel. Es kann dann halt nur vorkommen, daß er es an der Bude gemütlicher findet und gar nicht mehr in seinen Block zurückkehrt. **Toiletten** Ausreichend vorhanden, auch für Damen. **Kneipen** Im Stadion selbst gibt's momentan leider nur noch zwei Räumlichkeiten, die Halb-VIPs und Mega-VIPs vorbehalten sind, im Zuge eines späteren Ecken-Ausbaus soll aber auch eine reine Fankneipe für den Normalo entstehen. Nach dem Spiel kann man sich aber noch ein Weilchen an den "Countern" aufhalten, um beim entspannenden "Bierchen danach" bzw. "Drink after" via TV-Monitor der Pressekonferenz zuzuschauen. In der rege frequentierten Kneipe der Reithalle ("Zum Reitstall", nur wenige Fußminuten vom Stadion entfernt) frönt man auch dem "echten" Fernsehfußball, großer Beliebtheit erfreuen sich ferner die Vereinsheime und Gartenlokale der Kleingartenvereine, die nicht weit vom Stadion entfernt (Richtung Hombruch) ans Schwimmbad angrenzen. Ansonsten ist in der näheren Umgebung wenig los, doch sind es ja nur wenige Minuten Fußmarsch gen City: Dort sind zahlreiche Etablissements anzutreffen, die an Spieltagen "Fußball total" bieten. Zu diesem Behufe geht der Fan zwischen den Hallen im Westfalenpark hindurch, überquert auf einer Fußgängerbrücke die B1 und läuft noch ein paar Schritte. Übrigens kann man auch schon auf dem Weg ins Zentrum in der ein oder anderen Schänke einkehren. Am Borsigplatz wiederum steht das mit allen nur erdenklichen schwarz-gelben Reliquien ausgestattete "Fanhaus" allen Fußballfreunden offen, und auch das jugendlich bis studentisch geprägte Kreuzviertel hat einiges zu bieten.

Das Westfalenstadion liegt neben der Westfalenhalle direkt an der **B1** (bzw. A40), dem **Westfalendamm**. Von hier aus geht es über die Beschilderung "Westfalenpark/Westfalenstadion" auf die Ruhrallee (**B54**) gen Hagen und von dort zu den (ebenfalls ausgeschilderten) Parkplätzen. Das **Herumkurven** nach versteckten Parkmöglichkeiten kann man sich schenken, da das Gelände an Spieltagen weiträumig **abgesperrt** wird. Spielt der BVB hingegen nicht, fährt man von der B54 gleich rechts in die Maurice-Vast-Straße und von dort weiter zur Strobelallee.

Von **Bremen**: Über die **A1** bis Kreuz Dortmund/Unna, dann auf die A44 Richtung Dortmund, die alsbald in die B1 übergeht (Rest s.o.).

Von **Berlin/Hannover**: Über die **A2** bis zum Kamener Kreuz, dort auf die A1 gen Köln und am Kreuz Dortmund-Unna auf die A44 (Rest s.o.).

Von **Duisburg/Essen**: Von der **A40** über das Kreuz Dortmund-West hinweg auf die B54 (Rest s.o.).

Von **Frankurt**: Über die **A45** bis zur Abfahrt **Dortmund-Süd**, auf die Ruhrallee (B54), ab hier ausgeschildert.

Von **Köln**: Über die A1 bis zum Westhofener Kreuz, dort auf die **A45** gen Dortmund und an der Abfahrt Dortmund-Süd auf die B54 (Rest s.o.).

Es sind zwar jede Menge gebührenpflichtige Abstellgelegenheiten vorhanden, doch hin und wieder reichen selbst diese nicht aus – vor allem bei gleichzeitig stattfindenden Aktivitäten in der Westfalenhalle und Messeveranstaltungen. Kein Wunder, daß man beim BVB mittlerweile über die Schaffung neuer Parkflächen sowie über ein gänzlich neues Verkehrskonzept nachdenkt.

Vom Hauptbahnhof geht es am schnellsten mit dem **Nahverkehrszug** (gen Iserlohn oder Schwerte) bis zum Haltepunkt Westfalenhalle, die Fahrt dauert nur fünf Minuten. Oder aber man benutzt die U-Bahnlinie **U45** bis zur Endhaltestelle Westfalenstadion. Vor und nach dem Spiel verkehren zusätzliche Sonderwagen. Außerdem läßt sich das Zielgebiet aus unterschiedlichen Richtungen mit den Straßenbahnlinien **406** und **408** sowie den Bussen **443** und **463** erreichen. Die Eintrittskarte schließt die **kostenlose** An- und Abreise per VRR ein, ansonsten kostet der Fahrschein 3,20 DM, die Gruppenkarte (max. fünf Personen) 10,80 DM.

DORTMUND: Stadion Rote Erde

Kapazität: 25.000
Stehplätze: 3.000
Sitzplätze: 22.000

Die Heimat der **BVB-Amateure**

Foto: Michael Seiß

Das am 6. Juni 1926 eingeweihte Stadion Rote Erde ist die alte Heimat von Borussia Dortmund und zugleich der gelungene (und gefeierte) Versuch, die verschiedenen Charaktere der Stadt baustilistisch zu vereinen. Der verantwortliche Stadtbaurat Hans Strobel kombinierte damals Natursteine und Stahlelemente zu einem Stadion, das lange Zeit als eines der schönsten der Region galt. Für den BVB, der gerade erst in die höchste Spielklasse Westfalens aufgestiegen war, war die 30.000-Plätze-Arena allerdings anfangs viel zu groß. Erst als er nach dem Krieg in die Elite des westdeutschen Fußballs vordrang, begannen sich die Ränge allmählich zu füllen.

Ihr Outfit änderte die Rote Erde hingegen kaum. Die während des Krieges erlittenen Beschädigungen wurden rasch ausgebessert, die ein oder andere Fliegerbombe entfernt, und bald sah sie wieder so aus wie immer. Mit Beginn der großen BVB-Ära in den 50er und 60er Jahren wurde die Mehrzweckarena dann allerdings zu einem Problem - mit ihren 30.000 Plätzen war sie zu klein. Zwar konnte das Fassungsvermögen später auf 40.000 aufgestockt werden, was die Um- oder gar Neubaugerüchte jedoch nicht stoppen konnte. Selbiges tat schließlich eine Kombination aus leeren Stadtkassen und einer sportlichen BVB-Talfahrt. Alles schien hoffnungslos, Dortmund für immer vom Traum einer intakten Großarena befreit, als plötzlich die Wende kam: Im Vorfeld der WM 1974 erteilte die Stadt Dortmund einem Neubau unmittelbar neben der Roten Erde grünes Licht. Nachdem der damalige Zweitligist BVB ins Westfalenstadion umgezogen war, mutierte die Rote Erde zu einem Leichtathletikzentrum, das hauptsächlich vom OSC Thier genutzt wurde. Nachdem die "kleinen Borussen" 1998 den Regionalliga-Aufstieg gepackt haben, rückt die Traditionsarena nun auch wieder ein Stückchen weit in den fußballerischen Blickpunkt.

Doch Vorsicht! Da die Heimspiele der Amateure hin und wieder auch auf dem im Norden Dortmunds gelegenen Mendespielplatz oder aber im Waldstadion zu Applerbeck ausgetragen werden, dann nämlich, "wenn der Busemann da trainieren muß" oder andere Leichtathletikveranstaltungen in der Roten Erde über die Bühne gehen, erscheint vor der Anreise ein kurzer Blick ins Fachmagazin RevierSport (erscheint sonntags!) oder in die einschlägigen Tageszeitungen ratsam. Anfahrt: siehe Westfalenstadion, dann von der B54 auf die Maurice-Vast-Straße und weiter durch auf die Strobelallee zum Stadion. Parkplatzsorgen existieren bei den Amateurspielen nicht.

DRESDEN: Rudolf-Harbig-Stadion

Foto: Burkhard Schulz

Kapazität: 30.000
Stehplätze: 19.479
Sitzplätze: 10.521

Dynamo Dresden, Lennéstraße 12, 01069 Dresden
Tel: 0351-439430, Fax: 0351-4394313
www.dynamo-dresden.de

Das Rudolf-Harbig-Stadion gehört zu den - freundlich ausgedrückt - "funktionalen" Stadien. Irgendein sonderlicher Charme geht von der inmitten eines innerstädtischen Naherholungsparks liegenden Mehrzweckarena nicht aus, architektonische Besonderheiten hat sie leider auch nicht zu bieten. Immerhin ist sie groß (fast 30.000 Plätze), hat Flutlicht und ist (bedingt) bundesligatauglich. Außerdem ist sie eine Stätte der Nostalgie, denn in ihr feierte Dynamo zahllose Erfolge: achtmal DDR-Meister, in den 70er Jahren faszinierende Europacupduelle gegen Bayern München, Benfica Lissabon oder den FC Liverpool, nach der Wende vier Jahre 1. Bundesliga.

Erbaut wurde das Harbig-Stadion Anfang der 20er Jahre, als städtische und private Mittel zusammenflossen, um der Elbestadt ein weiteres Stadion neben dem Ostragehege des DSC zu verschaffen. Weil ein gewisser Geheimrat Ilgen mit rund 1,5 Mio. Reichsmark den Löwenanteil beisteuerte, erhielt die am 13. Juni 1923 eingeweihte Arena prompt seinen Namen: "Ilgenkampfbahn". Rund 20.000 Zuschauer fanden seinerzeit auf den aufgeschütteten Erdhügeln Platz und schauten zumeist bei Veranstaltungen des lokalen Arbeitersportvereins DSV 1910 zu, der zwischen 1924 und 1927 viermal Deutscher Arbeiterfußballmeister (ja, so etwas gab es!) wurde.

Während des 2. Weltkriegs wurde die Arena wie so vieles in Dresden zerstört und blieb bis 1951 gesperrt, ehe sie als "Rudolf-Harbig-Stadion" wiedereröffnet wurde. Gebraucht wurde sie allerdings nur selten, denn erst als die Sportvereinigung Dynamo am 1. Januar 1957 die Trägerschaft übernahm, bekam sie einen Dauermieter: Oberligist SG Dynamo, der bis dato im Heinz-Steyer-Stadion am Rande des Stadtparks "Ostragehege" gekickt hatte – also just dort, wo heute Lokalrivale DSC daheim ist. Parallel zum bald darauf einsetzenden sportlichen Höhenflug der Dynamos wurde das inzwischen etwas betagt wirkende Harbig-Stadion Stück für Stück aufgepäppelt. 1962 konnte das Casino eröffnet werden, 1966 ein Mehrzweckgebäude und 1969 eine 570 Lux starke Flutlichtanlage. Der Grundriß des Stadions sowie die sanft ansteigenden Hänge wurden dabei allerdings nicht angetastet.

Erst mit Dynamos Sprung auf die europäische Bühne Anfang der 70er Jahre war eine Erweiterung fällig. Auf der Westgeraden entstand die noch heute dort vorzufindende Stahlrohrtribüne mitsamt des eigentümlichen Turms, womit die Arena rund 38.000 Plätze aufwies, was freilich bei zahlreichen legendären Dresdner Europacupauftritten vorne und hinten nicht ausreichte. 1971 war die Arena übrigens in "Dynamo-Stadion" umbenannt worden. Funktionäre hatten herausgefunden, daß der Namensgeber, der langjährige Weltrekordler über 400 und 800 Meter Rudolf Harbig, im 2. Weltkrieg Offizier gewesen war...

Zu DDR-Zeiten galt das Stadion als eine der stimmungsvollsten Arenen zwischen Kap Arkona und Erzgebirge. Insbesondere bei den prestigeträchtigen Duellen gegen den BFC Dynamo entstand regelmäßig eine aufgeheizte Atmosphäre, bei der auch die ungünstige und stimmungshemmende Architektur der Arena nicht verhindern konnte, daß das Dynamo-Stadion ein echter Hexenkessel wurde. Seinerzeit erfreute sich Dynamo nicht nur in Sachsen und Umgebung großer Beliebtheit, sondern war mit seinem sagenumwobenen "Dynamo-Kreisel" Zuschauermagnet Nummer 1 in der DDR.

Nach der Wende erhielt die Arena zunächst ihren früheren Namen "Rudolf-Harbig-Stadion" zurück und wurde anschließend anhand der DFB-Sicherheitsbestimmungen auf Herz und Nieren überprüft. Eine 1.200 Lux starke Flutlichtanlage kam, die Sitz- und Stehtraversen wurden ausgebessert, und das Fassungsvermögen auf knapp 30.000 gesenkt. Exakt 10.329 davon sind Sitzplätze, wovon wiederum ganze 221 überdacht sind - mithin das größte Manko des Rudolf- Harbig-Stadions.

Vier Bundesligaspielzeiten und einige Länderspiele - u.a. Rudi Völlers Abschiedsspiel - lang stand die Arena im Mittelpunkt, ehe Dynamos haarsträubende Finanzeskapaden zum Sturz in die Drittklassigkeit führten und statt Bayern und Dortmund nur noch Velten und Spandau kamen. Doch nicht nur deshalb ist in Dresden niemand so richtig glücklich mit dem Harbig-Stadion, das rein baulich keinen Grund zur Klage gibt. Es ist vielmehr das wenig augenschmeichelnde Ambiente, das den Verantwortlichen ein Dorn im Auge ist. Und auch atmosphärisch kommt angesichts der schon lange nicht mehr genutzten Laufbahn und den ziemlich flach ansteigenden Rängen nur in annähernd gefülltem Zustand Stimmung auf. Da das in der Regionalliga längst nicht mehr regelmäßig vorkommt, hat die Dynamo-Heimat viel von ihrem einstigen Schrecken eingebüßt.

Foto: Burkhard Schulz

Sitzplätze: 20 (15) DM
Stehplätze: 10 (6) DM
Gäste: Ostseite (Block C)

Von Europapokalfesten gegen Rom und Aberdeen zu Gruselspielen gegen Babelsberg und TeBe Amateure - der stolze Stern Dynamo ist abgestürzt. Mit ihm die schwarz-gelbe Fangemeinde, denn vier Jahre Regionalliga haben ihre Spuren hinterlassen. Aus der einst unüberschaubaren Masse schwarz-gelb Tragender ist ein übersichtlicher harter Kern geworden, der den Dynamos noch immer lautstark zur Seite steht. Unverändert gelten Dresdens Fans nicht nur als (positiv) fanatisch, sondern mitunter auch als gefährlich. Sie treffen sich in der Marathontorkurve in den Blöcken J-M und sind auswärts stets präsent.

Gästeanhänger begeben sich für gewöhnlich in den Kurvenblock C, von wo aus man trotz Entfernung eine durchaus ansprechende Sicht hat. Ein wenig Vorsicht beim An- und Abmarsch sei angeraten.

Fan-Shop Kick-Off, Lennéstr. 12, 01069 Dresden (am Eingang Blüherstraße, Tel: 4 39 43 50, Di und Fr 15.00-18.00 Uhr). **Lektüre** Dynamo Kreisel, 2 DM, A4, farbig. Modernes Layout, informative Texte und durchaus unterhaltsam geschrieben. Dennoch sind 2 Mark nicht gerade ein Pappenstiel. **Rolliservice** Rollstuhlplätze im Innenraum. **Essen** Verschiedene Würste. **Trinken** Alkoholhaltigeses Bier, Softgetränke. **Toiletten** Am besten vorher erledigen. **Kneipen** Dresdens Innenstadt ist keine zehn Fußminuten entfernt und bietet alles, was Leber und Magen begehren.

STADION: ⚽⚽ **STIMMUNG:** ⚽⚽⚽⚽ **SERVICE:** ⚽⚽⚽

Von der **A4** aus Richtung Chemnitz: Bis zur Ausfahrt **Dresden-Altstadt**, dann rechts auf die Meißener Landstraße (**B6**) Richtung Zentrum. An der ersten größeren Kreuzung links auf die Hamburger Straße, die ab Bahnhof Friedrichstadt Schäferstraße heißt. Nach den Bahngleisen rechts auf die Könneritzstraße Richtung Hauptbahnhof. An demselben vorbei geradewegs auf die Wiener Straße, die nach einigen 100 Metern links in der Gellertstraße mündet. Jene wird schließlich zur Lennéstraße. Von der **A4** aus Richtung **Görlitz**: Bis Dresden-Nord, dann weiter auf der **B170** (Radeburger Straße, Hansastraße, Großenhainer Straße) Richtung Zentrum/Altstadt. Hinter dem Bahnhof Neustadt geht es rechts auf die Antonstraße, der man - am Hauptbahnhof vorbei - einfach folgt, um direkt auf der Wiener Straße zu landen. Alles weitere s.o. **Parken:** Alles im weiteren Stadionumfeld gehört zu einem Naherholungsgebiet, einen Parkplatz zu finden ist somit keine einfache Übung. **Frühankommer** können es vor dem Deutschen Hygienemuseum versuchen (hinter dem Stadion links in die Hauptallee), ansonsten die Lennéstraße über den Straßburger Platz hinweg, um im rechts angrenzenden Wohngebiet sein Glück zu probieren.

Mit der Straßenbahn Nr. **9** bis zur Station **Lennéstraße** oder aber mit der 26 bis zum Rudolf-Harbig-Stadion. Wer sich die **2 DM** für den Fahrschein sparen will, kann das Stadion in knapp zehn Minuten **per pedes** erreichen. Aus dem Bahnhof rechts und der Wiener bzw. Gellertstraße folgen.

Foto: Hardy Grüne

Kapazität: 35.000
Stehplätze: 30.000
Sitzplätze: 5.000

Dresdner SC, Pieschener Allee 1, 01067 Dresden
Tel: 0351-4965377, Fax: 0351-4942202
www.iit-sports.de/dsc

Ach, wenn das Heinz-Steyer-Stadion doch erzählen könnte! So viele hochklassige und dramatische Fußballspiele hat das Areal inmitten des Ostrageheges schon erlebt, hochklassigen Fußballern wie Helmut Schön oder Richard Hofmann eine Heimstatt gegeben.

Ihren Geburtstag feierte die Arena am 12. Oktober 1919. Dieses Datum markierte gleichzeitig das Ende einer langjährigen Wanderschaft des DSC, der nur wenige Monate nach seiner Gründung im Jahre 1898 das Ostragehege hatte verlassen müssen. Über eine Wiese an der Lennéstraße (unweit des heutigen Dynamo-Stadions), Strehlen, Radrennbahn, Nossener Brücke und Schützenhof waren die Rot-Schwarzen schließlich zurückgekehrt und hatten ein für damalige Verhältnisse vorbildliches Stadion mit rund 20.000 Plätzen errichtet.

Die weitere Geschichte des vom Volksmund "Ostragehege" genannten Stadions ist ein turbulentes Auf und Ab. 1923 wurde es durch Hochwasser schwer beschädigt, ein Jahr später errichtete der DSC auf der Hauptgeraden eine kleine Tribüne mit 450 Sitzplätzen. 1925 wurden Teile der Gegengeraden mit einem Holzdach versehen, welches im Oktober 1928 gemeinsam mit dem Vereinsheim einem Feuer zum Opfer fiel. 1930 wurde anläßlich des Länderspiels zwischen Deutschland und Ungarn eine Gegengeradenüberdachung errichtet, die allerdings nach hinten offen war. Fünf Jahre später wurde das Ostragehege angesichts der zunehmenden Popularität des DSC in ganz Sachsen schließlich auf ein Fassungsvermögen von 65.000 erweitert.

Der vielzitierte 13. Februar 1945 sorgte auch in der innenstadtnahen DSC-Heimat für erhebliche Zerstörungen. Nach dem Krieg konnte die von Dynamo-Vorläufer SG Volkspolizei genutzte Arena peu à peu wieder hergerichtet werden, wobei es jedoch diverse Rückschläge gab. So beispielsweise 1951, als die gerade fertiggestellte Haupttribüne streichholzspielenden Kindern zum Opfer fiel. Wenig später wurde die Arena nach dem Antifaschisten Heinz Steyer benannt und erhielt ihre noch heute stehende Haupttribüne; gleichzeitig wurde die Überdachung der Gegengeraden ausgebessert und nach hinten geschlossen. Seinen größten Fußballtag erlebte das Heinz- Steyer-Stadion am 16. April 1969, als die DDR-Nationalelf in der WM-Qualifikation Wales sensationell mit 2:1 nach Hause schickte. Zwei Jahre später sank das Fassungsvermögen durch Ausbau der Leichtathletiklaufbahn und Anhebung des Spielfeldes um 50 Zentimeter (wegen Hochwassergefahr) auf 30.000. Fußballerisch wurde das Steyer-Stadion nach dem Umzug der SG Dynamo ins Harbig-Stadion auf die gegenüberliegende Innenstadtseite (1957) kaum noch genutzt. Zwar trug der FSV Lok seine Heimspiele im Ostragehege aus – er kickte jedoch mangels Zuschauerinteresse zumeist auf einem Nebenplatz. Daß der "neue" DSC, dessen Gründervereine FSV Lok und SC Einheit mit dem "alten" übrigens nichts gemein haben, die derzeit zwar 35.000 Menschen fassende, jedoch nur für 10.000 Besucher zugelassene Arena nun wieder ins Blickfeld rückt, ist somit unumwunden zu begrüßen. Schließlich handelt es sich um eine der traditionsreichsten Fußballstätten Deutschlands.

Rein namentlich ist der DSC ein Klub mit Riesentradition. Bei seinen Heimkicks ist davon allerdings nicht viel zu sehen, denn die Fanschar ist "überschaubar". Zugleich ist sie aber auch freundlich gesinnt, wenn auch sporadisch einige unliebsame Zeitgenossen auftauchen.

Davon abgesehen sollten Gästeanhänger kaum Grund zum Klagen haben. In den Gästeblöcken U, V, W ist Platz für alle, die Sicht ist lediglich durch die ausgedehnten Leichtathletikanlagen getrübt, und wenn das Spiel einmal schlecht ist, bleibt immer noch der wunderschöne Turm hinter der Haupttribüne, der an exotische Länder erinnert, aber doch nur das Wahrzeichen einer uralten Zigarettenfabrik ist.

Sitzplätze: 16 - 28 DM
Stehplätze: 6 - 12 DM
Gäste: rechts neben Tribüne

Fan-Shop Über Geschäftsstelle **Lektüre** Doppelpaß, kostet 2 Mark und darf als "gut" bezeichnet werden. **Rolliservice** Rollstuhlplätze am Spielfeldrand. **Essen** Wurst. **Trinken** alkoholfreies Bier, Cola, Fanta, Kaffee. **Toiletten** Funktionieren. **Kneipen** Casino in der Haupttribüne. Wesentlich größer ist das Angebot in der nahegelegenen Innenstadt (rund zehn Fußminuten bis zum Zwinger).

STADION: ⚽⚽⚽ **STIMMUNG:** ⚽⚽⚽ **SERVICE:** ⚽⚽⚽

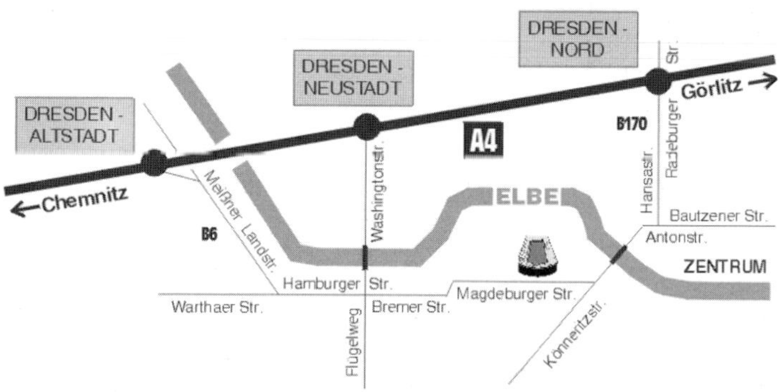

Die **A4** (Chemnitz/Bautzen) an der Abfahrt **Dresden-Altstadt** verlassen und auf der **B6** (Meißner Straße, heißt später Hamburger, Bremer bzw. Magdeburger Straße) stets weiter in Richtung Stadtmitte/Zwinger, wobei man automatisch am Stadion vorbeikommt. **Parken:** Die Pieschener Allee ein Stückchen weiter in Richtung Elbe fahren. Zwischen Rollsportstadion und Eissporthalle befindet sich ein Parkplatz, der für gewöhnlich **ausreichend** ist.

Vom Hauptbahnhof fährt man mit den Straßenbahnlinien **8**, **11** oder **26** bis zur Maxstraße, von wo aus es noch rund fünf Gehminuten sind. Alternative: Nr. **74** (Richtung Schlachthof) bis zur Eissporthalle.

DUISBURG: Wedaustadion

Foto: Michael Seiß

Kapazität: 30.128
Stehplätze: 20.424
Sitzplätze: 9.704

MSV Duisburg, Westender Str. 36, 47138 Duisburg
Tel: 0203-429240, Fax: 0203-4292444
www.msv-duisburg.de

“Im veralteten Wedaustadion kann sich kein Mensch wohlfühlen.” In den harten Worten von MSV-Trainer Friedhelm Funkel stecken derart viele Körnchen Wahrheit, daß sich Ex-Coach Ewald Lienen daraus ein opulentes Frühstück bereiten könnte. Seit vielen Jahren präsentiert sich die Heimstatt der Zebras in einem heruntergekommenen Zustand, einen wie auch immer gearteten zuschauerfreundlichen Komfort muß man mit dem Elektronenmikroskop suchen. Auch architektonisch ist mit dem langweiligen und atmosphärearmen Wedaustadion nicht viel Staat zu machen – doch bald gibt's ja was Neues. Zunächst aber wollen wir einen kurzen Blick in die Stadiongeschichtsbücher werfen: Der Grundstein zur Errichtung eines Stadions im Duisburger Süden wurde bereits im Jahre 1920 gelegt – das Gelände hatten die Krupp-Werke zur Verfügung gestellt. Die Arbeiten gingen angesichts der schweren Nachkriegszeit jedoch nur schleppend über die Bühne, das Richtfest fand erst am 25. Juli 1926 statt. In der Folgezeit ging in der für 31.000 Zuschauer konzipierten Mehrzweckarena so manches Sportfest und Länderspiel über die Bühne, doch so richtig interessant wurde es im Wedaustadion erst, als einige Cleverles anno 1963 die Einführung der Bundesliga durchsetzten. Da auch der Meidericher SV mitmachen durfte, wurde ein Ausbau fällig: Zur Saison 64/65 erstrahlte die neue Haupttribüne im stolzen Glanz der ersten Flutlichtanlage. Zwar zog die WM-Karawane '74 aufgrund der leeren Stadtsäckel an Duisburg vorüber, doch im Jahr zuvor gönnte man sich eine neue Tartanbahn und helleres Flutlicht. Von 1981 bis 1990 wurde das Wedaustadion dann Stück für Stück renoviert, was insgesamt über 15 Mio. DM verschlang: Zunächst wurden Nord- und Südkurve abgerissen und erneuert, danach machte man sich an die Generalüberholung der Gegengeraden. Anläßlich der 1990er Universiade erhielt das Wedaustadion u.a. eine elektronische Anzeigetafel, eine auf 1.288 Lux aufgemotzte Flutlichtanlage sowie eine aufgepeppte Haupttribüne, die seit der Neugestaltung nunmehr knapp 9.700 Zuschauer aufzunehmen vermag: 6.422 sitzen auf Plastikschalen und haben ein Dach über dem Kopf, die übrigen 3.282 auf der Vortribüne sollten bei schlechtem Wetter zumindest an einen Knirps denken.

Dieser wird jedoch in Bälde gänzlich überflüssig sein, denn im Rahmen des “MultiCasa”, einem Bauvorhaben auf dem ehemaligen Güterbahnhof, das ein bisserl an das – mit Verlaub – gräusliche Oberhausener CentrO erinnert, soll und wird Duisburg auch ein neues Fußballstadion erhalten. Lange hatte es eher nach einer multifunktionalen Arena mit Schiebedach und Schieberasen ausgesehen, die zudem auch den FIFA-Anforderungen an ein WM-gerechtes Stadion (36.000 Zuschauer, 0 Stehplätze) gerecht geworden wäre. Doch im Juni 1998 zog man die WM-Bewerbung zurück, nicht zuletzt aufgrund der horrenden Anzahl an erforderlichen VIP- und Medienplätzen. Das "Arena"-Konzept scheint mittlerweile vom Tisch. Statt dessen taucht im Bebauungsplan nun ein reines und komplett überdachtes Fußballstadion auf, an dessen Finanzierung sich Hauptnutzer MSV wohl auch beteiligen würde. Und reißen alle Multi-Casa-Stricke, wonach es derzeit allerdings nicht aussieht, dann existieren bereits Pläne, das Wedaustadion in einen modernen (und besser zu vermarktenden) Fußballtempel zu verwandeln. Irgendetwas wird sich in den nächsten Jahren also irgendwie auf alle Fälle tun, allerdings gilt sowohl für Stadt als auch Verein: Nichts genaues weiß man nicht.

Auf der Haupttribüne versammelt sich das wahrscheinlich kritischste Publikum des Universums - gäbe es internationale Wettbewerbe für die schnellsten, lautesten und unbarmherzigsten Unmutsäußerungen, der Trophäenschrank des MSV würde aus allen Nähten platzen. Ein wenig behutsamer geht hingegen der immer größer werdende Zebra-Fanblock in der Nordkurve mit seinen Lieblingen um, wovon man sich beispielsweise in den legendären Pokalspielen der letzten Jahre überzeugen konnte. Diese haben der Nordkurve nicht unerheblichen Zuwachs beschert, wenngleich der harte Kern auch zu Oberligazeiten in Baesweiler oder Bad Honnef dabei war.

Sitzplätze: 25 - 55 DM
Stehplätze: 12 (9) - 16,50 (12,50) DM
Gäste: Südkurve (Ost)

Auswärtsfans gehören gegenüber in die Südkurve (Ost), in der sie mit allerlei Widrigkeiten zu kämpfen haben (s.u.) – die Sichtverhältnisse gehören noch nicht einmal unbedingt dazu. Bei Fragen im Vor- oder Umfeld der Partie kann man sich übrigens seit neuestem an das "Fan-Call-Center" wenden, dort ist Sigrun unter 4292425 (Di-Mi 10-15h, Do 14-19h) erreichbar. Eventuell erhält das vereinsunabhängige Fanprojekt auch bald einen Infowagen, der dann an Spieltagen öffnet - dies war bis zuletzt aber noch nicht hundertprozentig wickelfest in trockenen Tüchern. Aber auch an anderen Fronten ist die Duisburger Fanszene hochgradig aktiv: Seit geraumer Zeit existiert die IGF, die Interessengemeinschaft der Fanclubs und nichtorganisierten Fans, die bei den MSV-Anhängern gut ankommt und auch Rückendeckung vom Verein erhält. Und im Januar 1999 gründeten die fleißigen Streiter für die Zebra-Sache die F.i.f.A. (Faninitiative fangerechte Arena), die sich jeden Montag um 18 Uhr im Fanprojekt trifft, um Vorschläge zur Gestaltung der neuen Arena zu diskutieren und die Interessen der Fans zu wahren. Jedermann ist eingeladen, mitzuwirken.

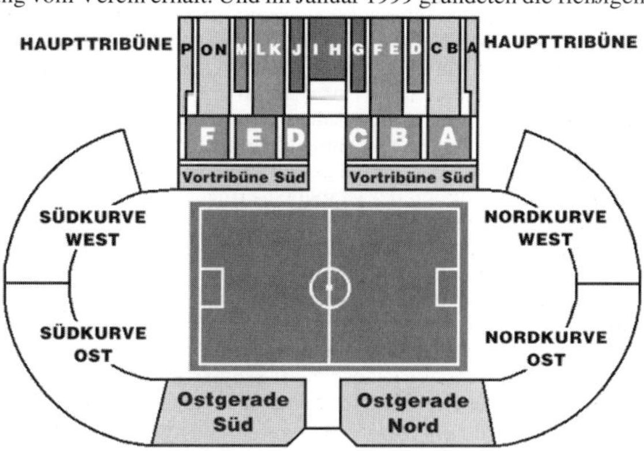

Preise Schwerbehinderte, Schüler, Studenten, Azubis, Zivis, Soldaten und Kinder bis 14 erhalten billige Karten, für Behinderte (ab 50%) stehen diverse ermäßigte Sitzplatzbereiche zur Verfügung. Kinder bis 14 Jahre müssen für den Kurvenstehplatz nur faire 4,50 DM abdrücken, für den Vortribünenblock F existiert ferner das Angebot einer Familienkarte (ein Erwachsener und ein Kind) für 33 DM - jedes weitere Kind zahlt 4,50 DM. **Rolliservice** Das ist wirklich mal nett -

Rollifahrer genießen mitsamt Begleiter freien Eintritt und können das Spiel von der Laufbahn aus verfolgen. Für weitere Fragen steht ein eigens abgestellter Fanbeauftragter für Behinderte (Tel: 0177-4810345) bereit. **Fanshop** Neben einigen kleineren Ständen an Haupttribüne und Nordkurve sowie dem Fanshop-Karavan, der auch auswärts öfters dabei ist, wartet in erster Linie der Zebra-Shop an der Westender Str. 36 (Tel: 4292430, Fax: 41558) mit allen wichtigen MSV-Memorabilia auf. **Lektüre** Das "Zebra Magazin", die durchschnittlich 40 bis 50 A4-Seiten starke Stadionzeitung des MSV, wartet mit allen wichtigen Infos zu Spiel und Gegner sowie lesenswerten Rubriken, die über das übliche Bundesliga-Geschreibsel hinausgehen, auf. Das 2 DM teure Heft gehört zweifellos zu den besten Stadiongazetten der Liga und könnte mittlerweile eigentlich auch mal wieder mit einem Preis (wie schon 1991 und 1992) ausgezeichnet werden. Als Alternative stehen ferner das vom Fanclub "Die Zebras" herausgebrachte "Fan-tastisch" (Westender Str. 36, 41738 Duisburg - 4x pro Saison, gegen Spende) sowie "Dat Ruhrpott-Zebra" (Markgrafenstr. 33, 47166 Duisburg) zur Verfügung, das für 2 DM an den Stadiontoren verkauft wird, aber natürlich ebenso wie das "Fan-tastisch" auch postalisch angefordert werden kann (Porto nicht vergessen). Dagegen ist die "Blutgrätsche" momentan nur im Internet zu bewundern (www.graetsche.de), es kann aber auch sein, daß das Heft bald wieder einmal "normal" herauskommt. Interessenten wenden sich diesbezüglich am besten ans Fanprojekt (Steinsche Gasse 32a, 47051 Duisburg, Gerd Dembowski und Uwe Bauer, Tel: 288361/2, Mo+Di 10-12h, Mi-Fr 15-19h). **Stadionsprecher** Bülent "Mr. Action" Aksen ist zugleich der Haupt-Fanbeauftragte des MSV und präsentierte das Rahmenprogramm einst derart unterhaltsam, daß er 1998 von den "Wedaustürmern Mülheim" mit einem vergoldeten Mikro bedacht wurde. Doch mittlerweile haben seine Aktionen an Pep verloren und sind teilweise schon fast peinlich - von einigen Fans erhielt Aksen bereits den Beinamen "Phrasengott". Wer "Mr. Action" im Vorfeld einer Partie mit speziellen Musikwünschen belästigen will, kann ihn ja mal beim Verein anrufen: 0203-4292425. **Essen** Sagen wir's mal so: Es ist sicherlich nicht verkehrt, entweder gut gesättigt oder aber mit ein paar herzhaften Stullen im Marschgepäck vor Ort zu erscheinen. Erfahrene MSV-Besucher verdrücken noch schnell an den Büdchen vor dem Stadion (Parkplatzseite) ein paar Bissen, bevor sie sich in die Arena wagen. Denn ist man erst einmal drinnen, vergeht einem zumeist schnell der Appetit. Besonders ärgerlich: Während sich Tribünenbesucher noch auf einen ordentlichen Hamburger (mit viel Röstzwiebeln) und Pommes (mit viel Fett) freuen dürfen, wird der Nordkurvengänger mit einer Bratwurst und 5 DM teuren Pizzastückchen abgefertigt. Dies magere Angebot präsentiert sich im Gästebereich in Form einer schlappen Bockwurst noch unansehnlicher als auf der gegenüberliegenden Seite. Aber ab dem 1. Januar 2000, dem Tag, dem Abertausende von abgemagerten Wedaustadiongängern seit geraumer Zeit entgegenfiebern, wird ja (hoffentlich) alles anders: An diesem Tag läuft nämlich der Vertrag mit der Bratwurst-Firma aus und der MSV kann die Sache selbst in die Hand nehmen. **Trinken** Das Bier für Gäste ist nicht nur teuer, sondern auch alkoholfrei, in den seltensten Fällen wirklich kalt und schmeckt dementsprechend. In der größten Not wird man zwar vor dem Stadion fündig, braucht dann aber eine Menge Überredungskunst, um wieder in den Block gelassen zu werden. Ansonsten kann man seinen Durst mit Cola, Fanta und Wasser stillen: Mundet normal, ist aber ebenfalls nicht gerade preiswert. In der Nordkurve hingegen gibt's echtes Köpi (außer bei Risikospielen). **Toiletten** Die meisten Anlagen sind OK. Auf der Gegengeraden regnet's jedoch rein, und das kleine Klo in der Gästekurve entpuppt sich schon bei halbwegs milden Außentemperaturen als finnische Sauna. **Kneipen** Hinter dem Stadion findet sich auf der Marathontorseite ein gemütlicher Biergarten (Kostenpunkt: 7 DM incl. 2 DM Pfand) mit einer kleinen Bühne sowie einer großen Videoleinwand. Dieser Bereich steht für alle Fans offen – d.h., falls die Fangruppen von "Risikogegnern" begleitende Polizei nichts dagegen hat. Ansonsten kann man sich im "Haus Eintracht" (Parkplatzseite) oder dem "Sportler-Treff" (Sportschule Wedau, rechts vom Stadion) verlustieren. Hinter der Gegengerade findet sich ferner die Vereinskneipe der DSV 98-Wassersportler und das Chinarestaurant an der Regattabahn. Nicht zu vergessen natürlich auch die "Blaue Bude", ein beliebter Stammtreff (mit Biergarten), der etwa acht Fußminuten vom Stadion entfernt an der Düsseldorfer Straße (Nähe Haltestelle Grunewald) liegt.

STADION: ⚽⚽⚽ **STIMMUNG:** ⚽⚽⚽ **SERVICE:** ⚽⚽

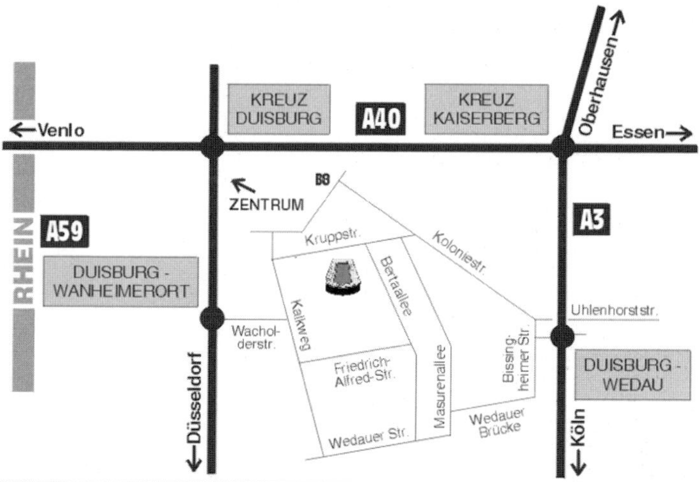

Von **Dortmund**: Über die A40 bis Kreuz Kaiserberg, dort auf die **A3** gen Köln und an der Abfahrt **Duisburg-Wedau** heraus. Danach links auf die Bissingheimer Straße, rechts auf die Wedaubrücke und links über die Masurenallee auf die Wedauer Straße. Nun rechts in den Kalkweg und geradeaus durch bis zu den **Parkplätzen** an Wedaustadion und Eissporthalle (ist auch ab der Ausfahrt ausgeschildert). Oder aber weiter auf der A40 bis zum Kreuz Duisburg, dort auf die A59 Richtung Düsseldorf und an der Abfahrt **Duisburg-Wanheimerort** heraus. Links über die Wacholderstraße unter der Grunewaldbrücke hindurch auf den Kalkweg zu den Parkplätzen. Ebenfalls schon ab der Autobahn gut ausgeschildert.
Von **Köln**: Über die **A3** gen Oberhausen bis Abfahrt Duisburg-Wedau (Rest s.o.).
Von **Hannover**: Über die A2 Richtung Oberhausen bzw. ab dem Kreuz Oberhausen über die A3 Richtung Köln und an der Abfahrt Duisburg-Wedau heraus (Rest s.o.).
Von **Bremen**: Über die A1 Richtung Köln bis zum Kamener Kreuz, dort auf die A2 gen Gelsenkirchen, ab Kreuz Oberhausen über die A3 bis zur Abfahrt Duisburg-Wedau (Rest s.o.).
Bei **frühzeitiger Anreise** ergeben sich keine Parkprobleme, befinden sich vor dem Wedaustadion doch knapp 4.000 Stellplätze - zur Not versucht man es an der Bertaallee oder der Friedrich-Alfred-Straße. Von der Zufahrt beim Regattaverein sollte man sich allerdings fernhalten: Hier wird rigoros abgeschleppt.

Vom Hauptbahnhof fährt man mit der **S-Bahnlinie S1** eine Station in Richtung Düsseldorf bis zur Haltestelle **Duisburg-Schlenk**, von dort sind es noch ca. fünf Minuten Fußweg. Oder aber mit den jeweils alle 20 bis 30 Minuten verkehrenden **Buslinien 934** (Richtung Großenbaum/Buscher Straße) und **944** (Richtung Großenbaum/Bahnhof) bis zur Haltestelle Stadion/Wacholder Straße sowie mit der Linie **936** (Richtung Städtische Kliniken) bis zur Station Sportpark Wedau. Die Eintrittskarte berechtigt zur Nutzung der öffentlichen Verkehrsmittel. Ansonsten kostet der Fahrschein 2,80 DM, die Gruppenkarte für maximal fünf Personen ist ebenso wie das Viererkärtchen für acht Mark zu haben.

DÜSSELDORF: Rheinstadion

Foto: Michael Seiß

Kapazität: 55.850
Stehplätze: 12.410
Sitzplätze: 43.440

Fortuna Düsseldorf, Flinger Broich 87, 40235 Düsseldorf
Tel: 0211-238010, Fax: 0211-232771
www.fortuna95.de

Mit zehnjähriger Verspätung begann man im Jahre 1924 mit der Errichtung des Düsseldorfer Hufeisenstadions, in dem nach Fertigstellung 48.000 Leute den absonderlichsten Sportveranstaltungen (u.a. Fußball) beiwohnen konnten. In den 60er Jahren reiften erste Pläne, das Stadion umzubauen, die durch die WM 1974 jedoch vollkommen über den Haufen geworfen wurden. Anstatt der zaghaften Erweiterung auf 10.000 Sitze entstand für 53 Mio. DM ein völlig neues Stadion, das satte 69.600 Zuschauer aufzunehmen vermochte. Die elegante Konstruktion mit ihren 62 umlaufenden Masten geht übrigens auf einen Plan des Architekten Friedrich Tamms zurück, der auch drei Düsseldorfer Rheinbrücken konzipierte – von der ursprünglichen Arena ist heute nichts mehr zu erkennen.

Damit erhielt Düsseldorf das für lange Zeit modernste deutsche Allround-Stadion, das sich jedoch nur in komplett gefülltem Zustand und bei entsprechender Laune des Publikums als Fußball-Tempel erweisen sollte. Anläßlich der EM '88 paßte die Stadt das Rheinstadion den gestiegenen Sicherheitsanforderungen und Komfortbedürfnissen an. In der Saison 91/92 erhielt die Arena eine Video-Anzeigetafel, während gleichzeitig immer mehr Stehbereiche in Sitzplätze umgewandelt wurden, schließlich auch die offenen Kurvenblöcke A bis X - mehr als fünf Zuschauer wurden dort jedoch zuletzt im Dezember '95 gesichtet, als das Stadion beim Kick gegen die Bayern erstmals seit der WM wieder bis auf den letzten der 55.850 Plätze ausverkauft war.

Bei einer weiteren WM in Deutschland wird die Arena abermals umgerüstet werden. Geht es nach den Fans, sind die Tage des Rheinstadions jedoch gezählt – zumindest als Spielstätte für die Fortuna. Kurz nach dem letzten Abstieg gründeten sie die Initiative "Fortuna, Stimmung, Flinger Broich", die einen Umzug in die geliebte Arena in Flingern, dem Geburtsort der Fortuna, anstrebt. Auch Teile des Vorstandes zeigen sich durchaus bemüht, das "Paul-Janes-Stadion" herzurichten. Momentan ist es für ca. 10.500 Zuschauer (davon 2.500 Sitzplätze) zugelassen, und obwohl der WFV einer Austragung der Spiele am Flinger Broich bereits zugestimmt hat, wäre noch einiges zu tun. So müßten die nach dem Verkauf des Stadions an die Stadt zugeschütteten Stehwälle wieder ausgebaggert und saniert werden – wieviel das kosten soll, weiß derzeit kein Mensch. Auch die Stadt nicht, die die Fortuna natürlich lieber am Rhein halten will. Vorläufiges Fazit: Emotional wird der Umzug unterstützt, doch betriebswirtschaftlich stellt er ein nahezu unmögliches Unterfangen dar. Leider.

Die Fortuna-Fans, die in den letzten Jahren ja wirklich allerhand erlebt haben, tragen ihr Schicksal mit Fassung – ein Großteil von ihnen ist auch bei der "Tour über die Dörfer" wieder mit von der Partie. Im Rheinstadion versammeln sie sich für gewöhnlich in den Blöcken 36 bis 39, oben in Block 38 macht eine Art Altpunk namens "Randale" mit seiner herrlich gräßlichen Trompete auch den miesesten Kick zu einem echten Vergnügen. Vor dem Fanblock steht der Fan-Container, den Vorstandsmitglied Heinz Heßling noch zu glorreichen "Fortuna will wieder in die Bundesliga"-Zeiten spendierte und der den Haupttreffpunkt für die organisierten Fans darstellt. Als zweite Anlaufstelle fungiert das Fan-Café im Haus der Jugend, in dem das Fanprojekt seine Zelte aufgeschlagen hat, das neben den allwöchentlichen Fernsehabenden u.a. auch Konzerte organisiert. Musik, speziell Punkrock, gehört bei der Fortuna ja sowieso unbedingt dazu. Im Herbst '93 waren es die Spenden der "Toten Hosen", die das Entstehen des sFanprojekts überhaupt ermöglichten, für den "Fortuna-Verherrlichungsabend" im Mai '97 spielten noch einmal die legendären "Stunde X" auf und – last but not least – hatte Ex-Trainer Klaus Allofs in seinem Partykeller einmal einen Elton-John-Flipper stehen. Aber das nur am Rande.

Sitzplätze: 18 - 45 DM
Stehplätze: 14 (8) DM
Gäste: Block L

Im letzten Stehplatzbereich der Seitentribüne (Block L), der ungetrübte Sicht verspricht, bringt man in Düsseldorf die Gästefans unter - doch schon bei leicht schräg einfallendem Regen werden die vorderen Reihen schnell naß. Wer unter solchen Umständen lieber sitzt, möge die Ordner ausdauernd nerven, um vielleicht auf die oberen

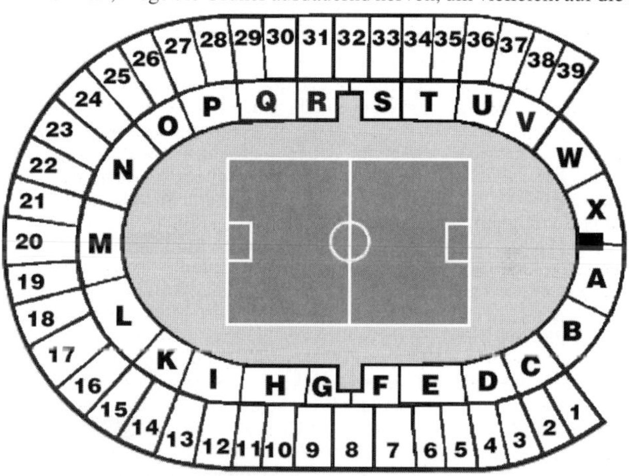

STADION: ⚽⚽⚽ **STIMMUNG:** ⚽⚽⚽ **SERVICE:** ⚽⚽⚽

Preise Ermäßigungsberechtigt sind Schüler, Studenten, Azubis, Schwerbeschädigte, Jugendliche und Rentner, Kinder bis sechs Jahre erhalten freien Eintritt. Für die Blöcke 29 bis 35 existiert ferner das Angebot einer Zweier- bzw. Dreier-Familienkarte (1-2 Elternteile mit 1-2 Kindern bis 12 Jahre), Kostenpunkt: 25 bis 40 DM. **Rolliservice** Rollstuhlfahrer kommen mit einer Begleitperson im Schlepptau umsonst ins Rheinstadion. Da auf der Laufbahn (am Marathontor) ausreichend Platz zur Verfügung steht, ist keine Vorreservierung notwendig. Mit der Sonderparkkarte für Schwerbeschädigte oder einem Parkausweis, der gratis bei Fortuna (Kopie des Behindertenausweises nicht vergessen) angefordert werden kann, parkt man am besten auf dem Parkplatz P13 (direkt am Stadion), den man freilich nur über Freiligrathplatz und Beckbuschstraße erreicht. **Fanshop** Im Stadionumfeld finden sich draußen wie drinnen kleinere Verkaufsstände, das komplette

Sortiment hält der Fortuna Fan-Shop (Berliner Allee 8, 40212 Düsseldorf, Tel: 161095) bereit. **Lektüre** Die Stadionzeitung "Fortuna Aktuell" kommt seit einiger Zeit in neuem Outfit und mit stark verbessertem Inhalt auf den Markt, was nicht zuletzt in der Tatsache begründet liegt, daß zwei ehemalige "Come Back"-Mitarbeiter die Redaktion verstärken und der Gazette nun den lange vermißten Pep verleihen. Die 2 DM sollten auch Nicht-Fortuna-Fans (soll's ja geben) investieren – ein rundum gelungenes Heft, das auch jedem Bundesligaverein gut zu Gesicht stehen würde. Ähnliches gilt auch für das neue Fanzine "Nimm mich volley!" (2 DM + Porto an: Kreuzbergstr. 7c, 40489 Düsseldorf), das sich als Erbe des genialen "Come Back" versteht, das nach redaktionsinternen Streitigkeiten leider den Löffel bzw. Griffel abgegeben hat (Auszüge aus alten Heften können derzeit noch im Internet unter www.duesseldorf.com/ComeBack bestaunt werden). Das vereinsverherrlichende Nachfolgeblatt mit dem reichlich beknackten Titel ähnelt zwar inhaltlich dem "Come Back", erreicht jedoch noch längst nicht dessen Klasse. Kann aber wohl noch kommen. Und sonst? Während die "Dießem News" bereits seit längerer Zeit eingestellt sind, kann der interessierte Fan nach wie vor den "Fortuna Specht" bestellen, an der Qualität des Heftchens ("specht wie immer") hat sich jedoch nicht viel geändert (2 DM + Porto an: Postfach 100520, 41405 Neuss). Alle Zines (auch von anderen Vereinen) sind am Fan-Container hinter der Fortuna-Kurve zu haben. **Stadionsprecher** Seit Äonen bzw. seit dem Ende der 60er Jahre sitzt Dieter "The Voice" Bierbaum, der bei einem dieser beliebten "Erkenne-die-Sorte-mit-verbundenen-Augen"-Wettbewerbe vor kurzem den Titel des "Altbierkönigs" errang (dies nur am Rande), am Düsseldorfer Mikro. Seine sonore Stimme vermag den Fortunen auch noch nach dem vierten Gegentor aufzurichten. **Essen** Die Bratwürstchen sind gerade exorbitant fettig und in den seltensten Fällen gut durch, was sich allerdings mit Unmengen von frei portionierbarem und qualitativ hochwertigem Senf (im wahrsten Sinne des Wortes) übertünchen läßt. Ein wenig besser kommt da schon die Bockwurst daher, während das Ding, das sich "Currywurst" nennt, weiterhin "breiig in chemischer Soße schwimmt", um den unsterblichen Bernd Imgrund einmal zitiert zu haben. Gelegentlich, aber nicht bei jedem Spiel, gibt es mit Reibekuchen, Spießbratenbrötchen und Pizza Leckereien, die den Würsten deutlich vorzuziehen sind. So richtig hundertprozentig lecker ist eigentlich nur das Eis, das die fliegenden Verkäufer zuverlässig in die Blöcke tragen. **Trinken** Das Bier heißt Schlösser Alt, schmeckt jedoch aus unerfindlichen Gründen so schlecht, daß viele Menschen immer noch glauben, es handele sich um alkoholfreien Gerstensaft. Dem ist nicht so. Der 0,3-Becher wandert übrigens für 3,50 DM über die Theken der blockweise verteilten Büdchen, die selbstverständlich auch allerlei Softdrinks anbieten. Hin und wieder werden auch Zelte aufgebaut, im Eingangsbereich des Fortuna-Fanblocks steht eigentlich immer eins herum. Wenn es der Spielplan erlaubt, sollte man das Rheinstadion im Winter besuchen: Dann nämlich kommt man in den Genuß, einmal diesen wirklich großartigen Grog zu goutieren. **Kneipen** In der näheren Umgebung absolut tote Hose. Was Wunder, daß viele Fortuna-Fans bei der An- bzw. Abreise an der letzten Haltestelle vor dem Rheinstadion aus der U78 huschen, um sich an der dortigen Tankstelle zu treffen und mit Proviant einzudecken. Einen weiteren beliebten Treffpunkt stellt die Pommesbude unter der Theodor-Heuss-Brücke dar, nach deren Frequentierung man dann ebenfalls mit der Bahn weiterfährt. Ob nach dem Kick das "Fan-Café" im Haus der Jugend (Lacombletstr. 10, Tel: 627058 – mit der U78 bis Theodor-Heuss-Brücke, dann Bus 834 bis Heinrichstraße) seine Pforten öffnet, läßt sich am Fan-Container (s.o.) in Erfahrung bringen. Das Café des Fanprojekts bietet neben Erfrischungsgetränken auch Fanzines, Fanartikel, Fortuna-Tonträger, Kicker, Billard und Fernsehfußball via Großbildleinwand an. Falls dort nix los ist, gibt es aber natürlich auch Alternativen: Bewegt man sich auf der Rheinuferstraße gen Süden, taucht bald auf der rechten Seite mit den "Rheinterrassen" ein netter Biergarten auf. Von hier ist es auch nur noch ein Katzensprung in die Altstadt, die jeder, der noch nie da war, zumindest einmal gesehen haben sollte - wird allerdings meist recht teuer. Richtig schöne Brauhäuser mit Stil und Charme sind z.B. das "Füchschen" oder das "Uerige".

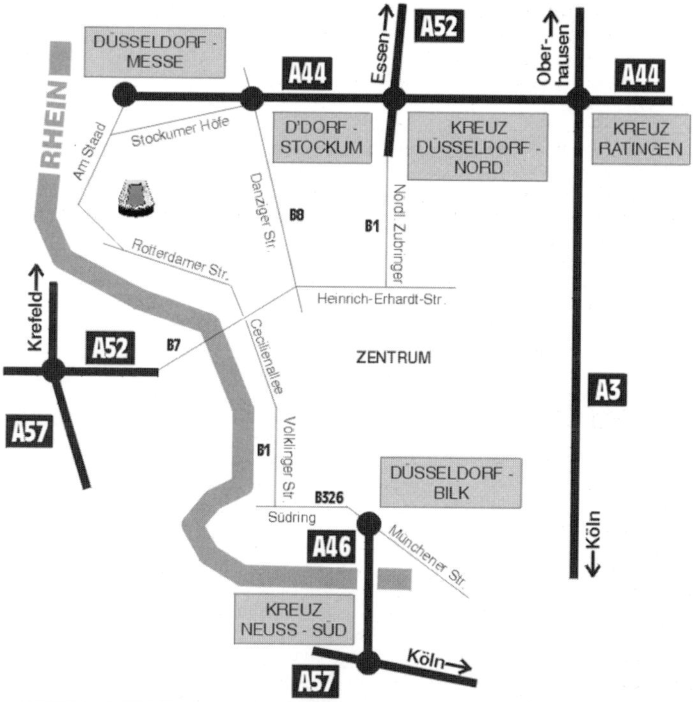

Das Rheinstadion ist an und für sich nicht zu verfehlen: Von allen Autobahnen führen die extrem zahlreichen Schildchen "Messe/Stadion" zur Abfahrt **Düsseldorf-Messe/Rheinstadion**. Wer sich dennoch verfranst hat (soll ja mal vorkommen), muß eigentlich nur die **A44** suchen (und dann natürlich auch finden). Diese sagt am Kreuz Ratingen der A3 und damit allen Autofahrern aus Richtung Oberhausen und Köln Guten Tag, empfängt am Kreuz Düsseldorf-Nord die A52 nebst den Fußballreisenden von Essen her und führt über besagte Ausfahrt schließlich am Flughafen vorbei zum Ziele.

Autofahrer aus Richtung **Köln** können auch über die **A57** bis Kreuz Neuss-Süd und von dort über die **A46** bis Düsseldorf-Bilk fahren. Über die Münchener Straße geht es dann links ab auf den Südring (B326) und an der nächsten größeren Kreuzung rechts auf die Völklinger Straße. Nun immer schön am Rhein entlang, bis die letzten Hinweisschilder zum Rheinstadion bzw. zur Messe aufgetaucht sind – dann nämlich sollte man langsam auf einen der **Parkplätze** fahren. Hier sind selbst bei Spitzenspielen immer genug Stellplätze (2-3 DM Unkostenbeitrag) vorhanden. Von den Parkwächtern sollte man sich übrigens nicht verarschen lassen: Wer sich nämlich als Nicht-Fortune zu erkennen gibt, wird ganz gerne schon mal auf den mit (im wahrsten Sinne des Wortes) Abstand weitentferntesten Parkplatz geschickt. Nach dem Abpfiff sind kleinere Staus in alle Richtungen leider nicht zu umgehen.

Vom Hauptbahnhof fährt die **Stadtbahnlinie U78** bis Messe/ Rheinstadion, im Normalfalle dauert dies 16 Minuten. An Heimspieltagen werden zusätzlich alle vier bis sechs Minuten **Sonderbahnen** (Aufschrift "E") eingesetzt. Die Eintrittskarte gilt leider nicht mehr als Fahrausweis, daher muß für ein Ticket 3,20 DM, für eine Tageskarte (max. fünf Personen) 10,80 DM hingeblättert werden.

EISENHÜTTENSTADT: St. der Hüttenwerker

Foto: Uwe Krüger

Kapazität: 10.000
Stehplätze: 7.150
Sitzplätze: 2.850

EFC Stahl, Waldstr. 1, 15890 Eisenhüttenstadt
Tel: 03364-375051, Fax: 03364-372071
www.regionalliga.com/efc

Das heutige Konglomerat aus Rasen- und Hartplätzen wird seit 1928 für sportliche Aktivitäten genutzt, das eigentliche Stadion, der "Sportplatz der Hüttenwerker", entstand jedoch (wie eigentlich fast alles in Eisenhüttenstadt) erst anfangs der 50er Jahre: Die damalige BSG Stahl Fürstenberg versah das nahe der imposanten Stahlwerke gelegene Areal mit einer kleinen Sitzplatztribüne sowie einer Handvoll Stehtraversen und fertig war das erste bescheidene Stadion. Nachdem der Klub 1969 endlich den lange anvisierten Aufstieg in die Oberliga geschafft hatte, wurde die Spielstätte umgerüstet und erweitert. Im Zuge des Umbaus stieg die Kapazität auf immerhin 14.000 Zuschauer, von denen sich 3.200 auf gemütliche Holzbänke pflanzen konnten. Sehr viel Erbauliches bekamen sie dort aber nicht zu sehen, denn "Hütte" verschwand schon bald wieder in der Zweitklassigkeit. 1984 wurde die marode Tribüne durch eine (für damalige Verhältnisse) moderne Variante ersetzt, ferner installierte man eine elektronische Anzeigetafel. Fünf Jahre später, die BSG hatte es wieder in die Oberliga geschafft, erweiterte man die Stehtraversen und spendierte der Tribüne neue Sitzschalen sowie dem gesamten Stadion einige farbkosmetische Korrekturen.

Seitdem ist in der nach wie vor mit einer Laufbahn versehenen Arena, die im September '91 mit der Partie gegen Galatasaray Istanbul ihre internationale Feuertaufe bestand, nicht mehr viel geschehen. Bei der damaligen 1:2-Schlappe verloren sich übrigens nur 3.420 Zuschauer im bis auf den letzten Platz ausverkauften Stadion - eine türkische Agentur hatte sich ein wenig verspekuliert. Aufs nächste Europacupspiel werden die "Sportanlagen" wohl noch ebenso lange warten müssen wie auf eine Flutlichtanlage, welche die schnuckelige Tribüne mit ihren 250 Plätzen gewiß in ein hübsches Licht tauchen würde.

Die heimischen Anhänger, allen voran der sehr aktive EFC-Fanclub Oder-Spree, versammeln sich auf der Gegengeraden (Block E), während Gäste, die bei Risikospielen ein wenig aufpassen sollten, in die Hintertorkurve gehören - dort herrschen aufgrund von Entfernung und Zaun nur mäßige Sichtverhältnisse.

Preise Rentner, Arbeitslose und Kinder stehen billiger. **Rolliservice** Plätze am Spielfeldrand. **Lektüre** Der anzeigenlastige EFC-Kicker (1 DM) könnte mal überarbeitet werden. Am Fanzine Stahlhart gibt es jedoch nichts auszusetzen: erhältlich für 1 Mark + Porto über die Geschäftsstelle (Zimmer 213). **Essen** Drei Imbißstände bieten Bock- und Bratwurst an, die für 2 bis 2,50 DM über die

EISENHÜTTENSTADT: Stadion der Hüttenwerker

Theke wandern. Und außerdem gibt's ja noch das Clubkasino Live. **Trinken** Im Bier ist Alkohol, außer bei Problemspielen. Ferner Softdrinks und passabler Glühwein. **Kneipen** Neben dem Clubkasino im Haus des Sports kann man es auf der Beeskower Straße versuchen, sonst bleibt nur der Weg gen Lindenallee und City-Center.

Stehplätze: 10 (5) DM
Sitzplätze: 20 DM
Gäste: Kurve

STADION: ⚽⚽ **STIMMUNG:** ⚽⚽ **SERVICE:** ⚽⚽

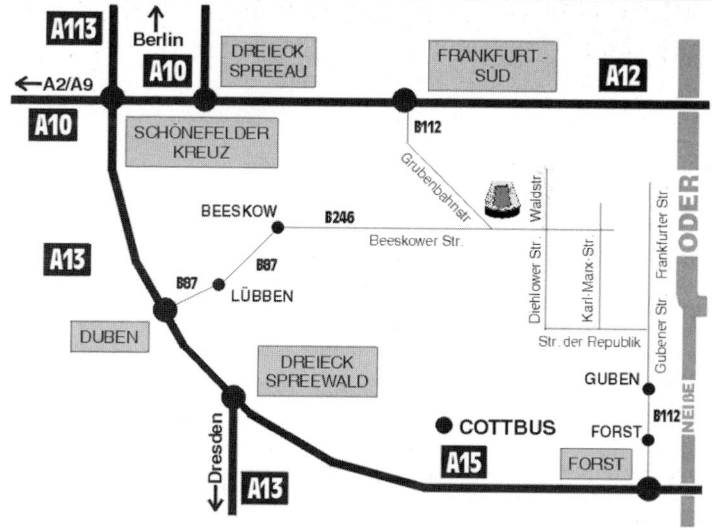

Von **Dresden**: Über die **A13** bis zum Dreieck Spreewald, dort auf die **A15** gen Cottbus und an der Abfahrt **Forst** heraus. In Forst auf die **B112** gen Guben bzw. Eisenhüttenstadt - nach geschlagenen 55 km erreicht man die Stadt der Hüttenwerker auf der Gubener Straße. Nur unwesentlich kürzer ist die Fahrt durch Cottbus (Abfahrt Cottbus-West, dann B169 und B97) nach Guben. Wie dem auch sei, von der Gubener Straße geht es links ab auf die Straße der Republik, nach der Überquerung des Kanals rechts in die Karl-Marx-Straße und schließlich links auf die **Beeskower Straße**. In Höhe der Waldstraße kann man sich dann nach einem Parkplatz umschauen.

Von **Berlin, Hannover** etc.: Wahlweise über die **A10** bzw. ab Dreieck Spreeaue über die **A12** nach Frankfurt/Oder und an der Abfahrt **Frankfurt/Oder-Süd** auf die **B112** gen Eisenhüttenstadt. Nach etwa 25 km erreicht man auf der Grubenbahnstraße schließlich das Zentrum und stößt kurz vor der Kreuzung mit der Beeskower Straße (**B246**) linkerhand auf das Stadion. Landschaftlich reizvoller ist die komplette Fahrt ab der A12/A13 über die B246 (Storkow, Beeskow) – das dauert dann aber auch schon ein paar Minütchen länger. Alternativ dazu kann man von der A13 (ab Kreuz Schönefeld) auch die Abfahrt **Lübben/Duben** wählen, über die **B87** nach Beeskow fahren und ab dort über die B246 zum Ziel tuckern.

Der **Parkplatz** an der Waldstraße hält in der Regel genügend Stellplätze bereit. Ausweichmöglichkeiten finden sich jenseits der Beeskower Straße.

Vom Bahnhof Glashüttenstraße geht es mit der **Buslinie 2** bis zum Busbahnhof, von dem aus es noch etwa fünf Minuten bis zum Stadion sind. Die gleiche Entfernung ist nach einer Fahrt mit der **Buslinie 8** zurückzulegen, die den Bahnhof Vorplatz mit der Haltestelle ZOB/Werkstraße verbindet.

ELVERSBERG: Waldstadion an der Kaiserlinde

Foto: Dirk Schulz

Kapazität: 5.000
Stehplätze: 4.750
Sitzplätze: 250

SpVgg Elversberg, Postfach 400 151, 66057 Saarbrücken
Tel: 06805-9292162, Fax: 06805-929288
www.sv07elversberg.de

Elversbergs erste Fußballbühne liegt begraben unter der heutigen Friedrich- Ludwig-Jahn-Siedlung im Zentrum der kleinen Gemeinde. Anno 1925 gab die seinerzeit in der Kreisliga kickende SV, die neben 15 Fußballmannschaften übrigens auch drei Damen-Tamburin-Teams unterhielt, den dortigen Sportplatz auf und pachtete ein Waldgelände südlich der sogenannten "Kaiserlinde". Im Lauf der Jahre entstand dort eine Sportanlage, wie sie für einen Verein der Größe und Bedeutung der Sportvereinigung Elversberg üblich und ausreichend war. Immerhin 3.500 Zuschauer wohnten am 1. Mai 1948 dem Gastspiel von Fortuna Düsseldorf (1:5) bei und stellten einen lange bestehenden Rekord auf. 1980 erreichte Elversberg mit dem Aufstieg in die Oberliga Südwest den bis dato größten Vereinserfolg - und die Platzprobleme begannen. Mit den Schlagern gegen Neunkirchen und Mainz konnte die komfortarme Kaiserlinde noch so gerade eben fertig werden – für das Pokalspiel gegen den BVB wich man dann aber doch lieber nach Saarbrücken aus.

Nach dem Wiederaufstieg in die Regionalliga machte man in Elversberg dann endlich Nägel mit Köpfen und baute das "Loch an der Kaiserlinde" 1998 in ein richtiges Stadion aus. Mit der 40 Meter langen überdachten Tribüne, den renovierten Stehtraversen und nicht zuletzt den neuen Sanitäranlagen befindet sich der ehemalige Sportplatz auf dem Weg zur Regionalligareife – fehlt nur noch ein entsprechender Zuschauerzuspruch.

Eine"Fanszene" in dem Sinne gibt's in Elversberg eigentlich nicht. Sieht man von ein paar älteren Semestern ab, die verbal einiges zu bieten haben, ist Fußball an der Kaiserlinde eine ruhige und gemütliche Sache - auch für die im eigens errichteten Gästeblock neben der Tribüne stehenden auswärtigen Anhänger. Lediglich bei Risikospielen sollte man ein wenig aufpassen.

Preise In den Genuß des ermäßigten Eintritts gelangen leider nur Frauen und Vereinsmitglieder. **Rolliservice** Ermäßigter Preis. Der Weg ist zwar ein bißchen holprig, aber "mit etwas Hilfe kommt jeder hoch". Immerhin besteht die Möglichkeit, mit dem Auto direkt vors Stadion vorzufahren. **Fanshop** Auf dem Vorplatz gibt es einen sog. "Aus-dem-Auto-raus-Verkauf", ansonsten wende man sich schriftlich an M. Schommer, Mutterbachweg, 66583 Spiesen-Elversberg. **Lektüre** Das Beste am Stadionprogramm "Kopfball" ist neben dem Namen der Preis – das Ding kostet nämlich nichts. Als Hinternschoner ungeeignet, da im A5-Format, durch den Umfang (40 Seiten) jedoch mit wenigen Handgriffen zu Konfetti umfunktionierbar. **Essen** Die Rostwürste und Frikadellen sind recht schmackhaft bzw. "100 Prozent lecker" und kosten je 3 DM. **Trinken** Alle handelsüblichen alkoholischen und nichtalkoholischen Getränke werden in hübschen Pappbecherchen mit Vereinslogo (Souvenir, Souvenir) zu je drei Mark verkauft. **Kneipen** Erste Anlaufstelle ist das Sportheim SVE in der Lindenstraße, das nur 200 Meter Luftlinie vom Stadion entfernt ist. Im Ortskern kann man ferner mal in der Spielerkneipe K2 vorbeischauen.

Sitzplätze: 25 (20) DM
Stehplätze: 12 (10) - 18 (16) DM
Gäste: neben Tribüne

STADION: ⚽⚽ **STIMMUNG:** ⚽ **SERVICE:** ⚽⚽

Aus Richtung **Luxemburg**: Über die **A8** und das Dreieck Saarlouis in Richtung K'lautern bis zur Ausfahrt **Elversberg** (21), dort rechts auf die **Lindenstraße** und gleich einen Parkplatz suchen – das Waldstadion liegt nach wenig mehr als 200 Metern auf der linken Seite.
Aus Richtung **Trier**: Über die **A1** und das Dreieck Nonnweiler bis zum **Dreieck Saarbrücken**, dort auf die **A8** gen Zweibrücken bis Ausfahrt Elversberg (Rest s.o.).
Aus Richtung **K'lautern**: Über die **A6** bis zum Kreuz Neunkirchen, dort auf die **A8** gen Saarlouis und an der Ausfahrt **Neunkirchen-Spiesen** (23) abfahren. Links auf die Neunkircher Straße, unter der Autobahn hindurch und geradeaus, bis kurz vor dem Ortsausgang rechterhand das Stadion auftaucht. Alternativ dazu geht es auch zwei Ausfahrten weiter bis Elversberg – tut sich aber nichts.
Aus Richtung **Saarbrücken**: Je nach Ausgangslage über die A1 oder die A623 bis zum Kreuz Saarbrücken oder Dreieck Frankenthal, dort auf die A8 und in Richtung K'lautern bis zur Ausfahrt Elversberg (Rest s.o.).
Auf beiden Seiten der Lindenstraße existieren **Parkmöglichkeiten**, direkt gegenüber des Stadions findet sich zudem ein bzw. der **Waldparkplatz**. Falls das alles nicht ausreicht: einfach ein Stückchen weiter in den Ort hineinfahren und einen geeigneten Abstellplatz suchen.

Vom nächstgelegenen Bahnhof **Friedrichsthal** nehme man die **Buslinien 15** (gen Spiesen Markt) oder **16** (gen Spiesen Am Beckerwald) bis zur Haltestelle Elversberg Turnhalle – beide Busse halten übrigens auch in Saarbrücken (Haus der Zukunft, Fahrtzeit 35 Minuten). Die Linien **45** und **55** von bzw. nach Saarbrücken- Hauptbahnhof fahren hingegen nur höchst selten. **Zu Fuß** sind es vom Bahnhof Friedrichsthal über Saarbrücker, Heinitzer und Lindenstraße übrigens wenig mehr als zwei Kilometer.

Foto: Hans-Georg Wahl

Kapazität: 23.000
Stehplätze: 17.000
Sitzplätze: 6.000

Rot-Weiß Erfurt, Arnstädter Str. 55, 99096 Erfurt
Tel: 0361-347660, Fax: 0361-3476628
www.rot-weiss-erfurt.de

Die Wurzeln des Erfurter Fußballs reichen bis zum 25. Mai 1895 zurück – an diesem Tage wurde der Erfurter Kricket Club gegründet, der sich bald darauf in Sport-Club Erfurt umbenannte und mit der Mitteldeutschen Meisterschaft in der Saison 1908/09 seinen ersten großen Erfolg feiern konnte. Ein Jahr später konnten sich die Erfurter Kicker dann auch über ihren ersten Sportplatz freuen, der unterhalb der Cyriaksburg auf dem heutigen Gelände der EGA gelegen war und Anfang der 20er Jahre zu so etwas ähnlichem wie einem richtigen Stadion mit überdachter Tribüne ausgebaut wurde. Als anläßlich des 25jährigen Vereinsjubiläums der FTC Budapest seine Visitenkarte abgab, waren für damalige Zeiten sensationelle 6.000 Zuschauer dabei.

Im Jahre 1927 begannen indes die ersten Arbeiten an einer neuen, zunächst "Daberstädter Schanze" genannten Arena, die am 17. Mai 1931 mit dem Spiel Mitteldeutschland gegen Brandenburg (3:0) eingeweiht wurde und schon kurz darauf in "Mitteldeutsche Kampfbahn" umgetauft wurde. Für rauschende Fußballfeste war das Stadion damals eigentlich weniger geeignet, befand sich doch zwischen der 500 Meter langen Laufbahn und dem Spielfeld obendrein noch eine acht Meter breite Rasenbahn für Reitturniere. Immerhin erhielt die Arena 1934 eine hölzerne Tribüne, die fast 60 Jahre gute Dienste leisten sollte, und elf Jahre später den etwas freundlicher klingenden Namen "Erfurter Stadion".

Doch die nächste Umbenennung stand bereits vor der Tür: Ab dem 23. April 1950 ging Erfurt im nunmehr nach dem ehemaligen bulgarischen Ministerpräsidenten Georgi Michailowitsch Dimitroff benannten Mehrzweckstadion auf Rekord- bzw. Torejagd – das "Michailowitsch" ließ man netterweise unter den Tisch fallen. Ein knappes Jahr später, am 1. April 1951, wurde beim Punktspiel Turbine Erfurt gegen Chemie Leipzig mit 47.390 Besuchern auch der offizielle Zuschauerrekord aufgestellt.

Ende der 60er Jahre erhielt das Stadion eine mittlerweile übliche 400-m-Tartanbahn, kurz darauf folgte eine erstklassige Flutlichtanlage (1000 Lux) sowie ein paar Jahre später die heutige Anzeigetafel. Danach geschah bis zur vorläufig letzten Umbenennung (1990) nicht mehr allzuviel - allein die antike Tribüne aus dem Jahre 1934 wurde hin und wieder ausgebessert. Nachdem Erfurt jedoch 1992 den Zuschlag zur nationalen Leichtathletik-Meisterschaft erhalten hatte, rollten die Bagger an, um das einsturzgefährdete und zuletzt 1.270 Sitze aufbietende Gebilde abzureißen und an seiner Stelle eine komplett neue Haupttribüne hochzuziehen. Das futuristische Bauwerk bietet 4.000 sitzenden Menschen Platz, vermag diese jedoch nur bedingt vor den Launen des Wetters zu bewahren. Die vorerst letzte Neuerung betraf dann das Flutlicht: Nachdem der TÜV erhebliche Mängel festgestellt hatte, mußte die Anlage im Sommer 1999 für rund zwei Mio. DM renoviert werden - an der hübschen Form soll sich aber nichts ändern.

Öffnen rund zwei Stunden vor dem Anpfiff die Stadiontore, strebt das Gros der bemützten und beschalten RWE-Fans in den Block 3, wohingegen Auswärtsreisende in die Blöcke 1 und 2 wandern (Eingang auf der Stadtparkseite). Die Sichtverhältnisse sind den Laufbahnverhältnissen entsprechend bescheiden, und auch um die Akustik könnte es besser bestellt sein: Gesänge verhallen jenseits der Ränge über den Erfurter Dächern. Dennoch gibt die mittlerweile recht ansehnliche Größe erreichende RWE-Fanschar stets ihr Bestes, und wenn man sie schon nicht immer hören kann, so sind sie doch (auch auswärts) aufgrund der imposanten Zaunbeflaggung und der regelmäßigen Klopappes-Aktionen nur schwerlich zu übersehen. Wie (leider, leider) in nahezu allen Stadien der neuen Länder gilt auch in Erfurt die Faustregel: Im Umfeld der Arena möglichst neutral verhalten – vor allem natürlich bei den Derbys. Wer jedoch friedliche Kontakte zur ansässigen Fanszene sucht, kann vor oder nach dem Kick das Fanhaus in der ehemaligen “Ehlert-Baracke” (Haupteingang) besuchen oder sich gleich an das Fanprojekt (Adresse: s. Verein) wenden.

Sitzplätze: 18 (12) - 25 DM
Stehplätze: 9 (6) - 12 (9) DM
Gäste: Block 1 + 2

Preise Ermäßigte Karten erhalten Studenten, Jugendliche (bis 14), Arbeitslose, Schwerbeschädigte, Zivis, Azubis, Sozis und Wehrpflichtige. Kinder bis zum Alter von sechs Jahren kommen umsonst rein, das Familienangebot gibt’s leider nur noch als Dauerkarte. **Rolliservice** Rollstuhlfahrer zahlen incl. ihrer Begleitperson 6 DM, auf der Laufbahn stehen ausreichend Plätze bereit. Im Zuge der Umgestaltung des Stellraumes an der Thüringenhalle existieren nunmehr auch Behindertenparkplätze. **Fanshop** Unter der Haupttribüne befindet sich mit dem RWE-Stand die erste Anlaufstelle, die nach dem Abpfiff auch für jedermann zugänglich ist. Ansonsten kann man im Sporteck, das mit Armin Romstedt übrigens einer der Eckpfeiler des einstigen Zaubersturms Heun-Busse-Romstedt führt und in der Tschaikowskistr. 37 zu finden ist, fündig werden oder aber sich direkt an den Verein wenden. **Lektüre** Die offizielle Stadionzeitung, der RWE Express, ist mit 2,50 DM jetzt noch teurer geworden. Die Macher geben sich zwar ordentlich Mühe, der Preis kann jedoch nur als direkte Aufforderung zur Spende verstanden werden. Preiswerter kommt da schon das mehr oder weniger inoffizielle Stadionprogramm, die Rot-Weiße, daher: Eigentlich erscheint das 1 DM teure Blatt nur bei Kicks, bei denen kein offizielles Programm angeboten wird (z.B. Landespokal), es kann aber auch schon mal vorkommen, daß bei regulären Ligaspielen zwei Stadiongazetten zu haben sind. Bezugsadresse: Olaf Schwertern, Str. der Jugend 41, 99706 Sonderhausen. Darüber hinaus existiert mit dem Kick Off aber auch noch ein “echtes” Fanzine, das auch bundesweit zu den besten Vertretern dieser Spezies gehört, schon mehrere Preise eingeheimst hat und für 3 DM (+ Porto) bestellt werden kann bzw. sollte (Glockengasse 12, 99084 Erfurt). **Stadionsprecher** Seit zwei Jahren sitzt Thorsten Jäger von der Landeswelle Thüringen am Mikro und wenn’s nach den Fans geht, kann er dies auch noch 20 weitere tun. **Essen** Im Stadion selbst gibt’s mit der obligaten Thüringer Rostbratwurst, Steaks und belegten Brötchen ein leidlich zufriedenstellendes Standardprogramm. Vor dem Haupteingang des Steigerwaldstadions (rechts) wartet aber das Fanhaus des Fanprojektes mit wesentlich ergiebigeren und jahreszeitspezifisch variierenden Gaumenfreunden auf, so z.B. “richtiger”, also frischer und nicht etwa (wie im Innenraum vorgeschrieben) vorgebrühter Rostbratwurst - desweiteren Fischbrötchen, Mettbrötchen, Bockwurst und was den Leuten da halt sonst noch so alles einfällt. Große Klasse! **Trinken** Wer sich im Besitz einer Tribünenkarte befindet, dem bieten fliegende Händler in Form von jungen Damen neben den üblichen Erfrischungsgetränken auch echten Gerstensaft an – ein netter Service, der für die Kurvenbereiche jedoch leider nicht gilt. Die dortigen Büdchen führen von Spiel zu Spiel (je nach Brisanz) alkoholhaltiges und -freies Bier, welches so oder so nicht allzu besonders schmeckt, sowie Cola, Limo und Wasser. Im bzw. am Fanhaus sind neben dem heimischen Braugold auch Kaffee, Tee und andere alkoholfreie Drinks zu haben. **Kneipen** Das Fanhaus am Haupteingang öffnet zwei Stunden vor dem Anpfiff seine Pforten, neben den bereits erwähnten kulinarischen Genüssen kann sich der Besucher dort auf ergiebige Fachgespräche und zünftigen Fernsehfußball freuen – jedermann ist willkommen. Ein bißchen elitärer geht es in der ebenfalls mit einem TV-Apparat ausgerüsteten Vereinskneipe Zum Schnitzelheinz zu, die im Roten Schloß, der ehemaligen Geschäftsstelle, auf der Arnstädter Straße (Richtung Innenstadt) gelegen ist. Wandert man die Arnstädter Straße die entgegengesetzte Richtung hoch bzw. runter, stößt man nach wenigen Metern auf die nahe der Thüringenhalle gelegene Sportlerklause. Wenn der Magen knurrt: Gleich gegenüber des Haupteingangs findet sich ein guter Chinese. Wem dies alles noch nicht reicht, sollte sich in die Innenstadt begeben und den Domplatz ansteuern - dort dürfte ein jeder seine passende Kneipe finden.

STADION: ⚽⚽⚽ **STIMMUNG:** ⚽⚽⚽ **SERVICE:** ⚽⚽⚽

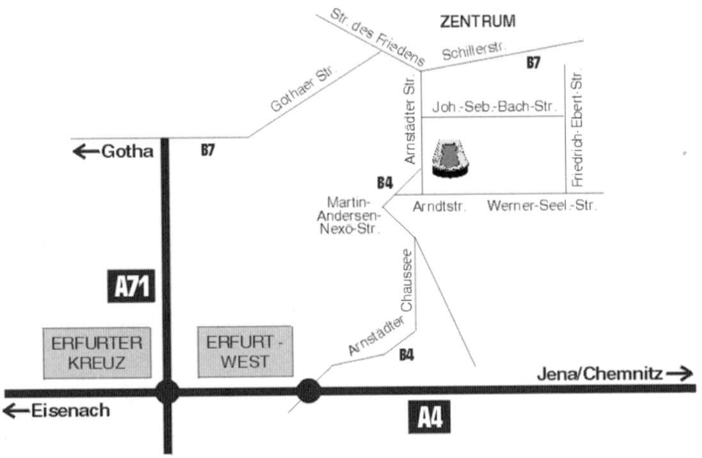

Das Steigerwaldstadion liegt im Süden Erfurts am Fuße des – man ahnt es schon – Steigerwaldes und wird aus allen Richtungen über die **A4** angesteuert. An der Ausfahrt **Erfurt-West** (46) geht es heraus, dann weiter auf der **B4** (Arnstädter Chaussee) in Richtung Erfurt fahren. Nach etwa sieben bis acht Kilometern trifft man dann – mittlerweile die Martin-Andersen-Nexö-Straße befahrend – auf die **Arnstädter Straße**, an welcher die Erfurter Arena gelegen ist. Kostenlos **parken** kann man auf dem Park+Ride-Platz an der **Thüringenhalle**, die man in der Werner-Seelenbinder-Straße nahe des **Schützenplatzes** findet. Ist dieser voll, wird's allerdings schwer: Versteckte Parkmöglichkeiten sind nämlich kaum vorhanden.

Vom Hauptbahnhof fährt die **Straßenbahnlinie 4** Richtung Thüringenhalle, Tribünenbesucher steigen an der Johann-Sebastian-Bach-Straße aus, der Rest fährt eine Station weiter bis zur Endhaltestelle. Der Weg ist jedoch auch **zu Fuß** zu bewältigen: Hinter dem Bahnhof rechts auf die Schillerstraße, am Stadtpark vorbei und dann links über Semmelweis- oder Arnstädter Straße zum Steigerwaldstadion (Eingang Südpark bzw. Beethovenplatz).

ESSEN: Georg-Melches-Stadion

Foto: Hans-Georg Wahl

Kapazität: 25.250
Stehplätze: 20.800
Sitzplätze: 4.450

Rot-Weiß Essen, Hafenstr. 97a, 45356 Essen
Tel: 0201-861440, Fax: 0201-8614444
www.rot-weiss-essen.de

Die Geschichte von Rot-Weiß Essen ist schon seit Anbeginn der Zeit eng mit dem Namen "Melches" verbunden. Heinrich Melches, der Betriebsführer der Zeche Emscher in Essen-Vogelheim, aus deren Reihen die ersten RWE-Kicker stammten, fungierte bereits in den Gründerjahren als Mäzen. Er stiftete 1907 den ersten Lederball und war auch beim Erwerb des "Sportplatz Phönixstraße" behilflich, aus dem später das nach seinem Sohn benannte "Georg-Melches-Stadion" entstehen sollte. Dieser Georg wiederum, eine schillernde Persönlichkeit, wie sie wohl nur das Ruhrgebiet hervorbringen kann, war dafür verantwortlich, daß RWE nach 1945 wieder auf die Beine kam. Das Stadion an der Hafenstraße war im Zweiten Weltkrieg dem Erdboden gleichgemacht worden, nach Kriegsende mußten die ersten Begegnungen auf wechselnden Wiesen stattfinden - beim Start der Oberliga West war RWE mangels Spielstätte nicht mit von der Partie. Doch der unermüdliche Melches ließ sich nicht unterkriegen, dirigierte die Aufräumungsarbeiten und besorgte das nötige Baumaterial - was damals beileibe nicht einfach war. So entstand schon bald ein neues vereinseigenes Stadion, das Anfang der 50er eine überdachte Haupttribüne und im April 1956 sogar die erste Flutlichtanlage Deutschlands erhielt. Seit 1964 schließlich trägt die im Laufe der 70er Jahre erweiterte Arena, die zu Spitzenzeiten 40.000 Fans aufzunehmen vermochte, den Namen ihres größten Förderers, der am 24. März 1963 nach langer und schwerer Krankheit verstorben war.

Doch wie lange noch? Schließlich planen RWE und Essener Moskitos (auch TUSEM und der ETUF zeigen Interesse) gemeinsam den Bau eines 30.000 Zuschauer fassenden Mehrzweck-Stadions incl. Schiebedach und ausziehbarem Rasen, das direkt neben dem Georg Melches gebaut werden soll. Dieses wiederum soll abgerissen werden, damit die Besucher der künftigen "Essen-Arena" auch genügend Parkraum vorfinden. Die Kosten des 200 Mio. DM schweren Projektes (Vorbild: der Arnheimer Gelredome) sollen sich private Investoren und die öffentliche Hand teilen. Läuft alles nach Plan, öffnet die "Essen-Arena" Ende 2002 ihre Pforten. Die Betonung in den drei letzten Sätzen liegt übrigens eindeutig auf "soll" - in NRW sind bald Kommunalwahlen...

Und zuvor stehen an der Hafenstraße noch etwas profanere Umbauarbeiten an: Um endlich das Loch in der Westkurve zu stopfen, soll eine Stahlrohrtribüne mit Platz für 1.000 sitzende Zuschauer errichtet werden. Wann dies genau so weit sein wird, war allerdings bis Redaktionsschluß noch nicht raus.

ESSEN: Georg-Melches-Stadion

Die treue und oberligagestählte rot-weiße Fanschar steht auf der Nordtribüne, wo Lothar Dohr nach zwei Jahren Pause wieder sein gewohntes “Wer ist der Schreck vom Niederrhein?” erschallen läßt - auch der “Roller-Rainer” ist immer noch dabei. Den Gästefans ist die Osttribüne vorbehalten und da es in Essen ein Potential an C-Fans gibt, sei ihnen angeraten, den Weg dorthin relativ zügig anzutreten und nicht etwa längere Zeit gelangweilt am Haupteingang umherzuschlendern.

Sitzplätze: 25 - 30 DM
Stehplätze: 12 (6) DM
Gäste: Osttribüne (O-S)

Hat der Fan seinen Platz dann aber erreicht, kann er sich ganz auf das Spiel freuen: Sicht, Akustik, Stimmung – alles wunderbar. Fußball in Essen ist ein Genuß! Apropos Fußball: Das Essener Fanprojekt, dessen Büro sich an der Rückseite der Haupttribüne befindet (an Spieltagen zwei Stunden vor Spielbeginn bis eine Stunde nach Abpfiff geöffnet), freut sich über jede Hobbymannschaft, die sich auf einen fairen sportlichen Vergleich mit seiner Fußballtruppe einläßt. Aber Vorsicht: die trainieren regelmäßig! Auch auf einen simplen Kaffee kann man übrigens gerne mal vorbeischauen. Ansprechpartner: Claudia Wilhelm und Roland Sauskat.

STADION: ●●●● **STIMMUNG:** ●●●● **SERVICE:** ●●●

Preise Jugendliche, Schwerbehinderte, Schüler und Studenten zahlen den ermäßigten Preis, diese Karten sind jedoch nur an der Tageskasse zu haben. Schwerbehinderte müssen für den überdachten Sitzplatz (Block A) nur 15 DM löhnen, weitere Infos sind beim RWE-Ticketservice (Tel: 8614410) erhältlich. **Rolliservice** Fahrer und eine Begleitperson entrichten einen Obolus von 15 DM und können anschließend ihre Plätze am Spielfeldrand (vor der Haupttribüne) einnehmen. Was behindertengerechte Parkplätze anbelangt, so sind derzeit (noch) keine vorhanden. Wer frühzeitig anreist, kann aber eventuell auf dem Stellplatz direkt neben dem Stadion fündig werden. **Fanshop** In Essen kommen Fanartikeljäger wahrlich auf ihre Kosten. Neben dem Fanshop in der Haupttribüne bieten ein Fanartikelcontainer (hinter der Nordtribüne), das Fanmobil (vor dem Haupteingang) sowie mehrere kleinere Fanartikelstände im gesamten Stadionbereich ein recht abwechslungsreiches Sortiment an. **Lektüre** Seit Äonen heißt die Stadionzeitung der Rot-Weißen “kurze fuffzehn” (so nannten die Bergleute früher ihre kurzen Arbeitspäuschen), und seit dem Aufstieg kommt sie nun auch in einer etwas professionelleren Aufmachung daher. Die zwei Mark Unkostenbeitrag sind auch für Gästefans gut angelegt. Für den gleichen Preis ist auch “Der Rote Baron” zu haben – wer sich das Fanzine zukommen lassen will, wende sich an das Essener Fanprojekt (Hafenstr. 97a, 45356 Essen, Tel: 8614431). **Essen** Auch in diesem Bereich hat sich nach einem neuen Vertragsabschluß mit einem Imbißspezialisten einiges getan. Neben der unverzichtbaren Bratwurst, die für erstaunliche 2,50 DM über die Theke wandert, kann man sich an Krakauern, Frikadellen, Pommes sowie Kraut- und Kartoffelsalat versuchen. An der Haupttribüne werden an einem Extrastand der Jugendabteilung auch Bockwurst und Kuchen verkauft, darüber hinaus ziehen fliegende Eishändler ihre Runden. Insgesamt gesehen kann man in Essen wirklich gut und halbwegs preiswert ess... schmausen. Dennoch fällt ein kleiner Wermutstropfen in den RWE-Gastro-Becher: Den kultigen Kokosnußverkäufer hat man vor geraumer Zeit abserviert - die Qualität seiner Nüsse wurde dem Mann zum Verhängnis. **Trinken** Auflagenbedingt trinkt man im Georg-Melches-Stadion nur alkoholarmes Bier (Veltins), daneben Sprite, Fanta, Cola (auch light), Wasser und Eistee – der 0,3-Becher kostet 3 DM. Im Winter bieten mobile Verkäufer ferner heißen Tee an. **Toiletten** In diesem Bereich besteht noch ein gewisser Nachbesserungsbedarf. **Kneipen** Echte Tuchfühlung mit der Fan-Basis erhält der geneigte Fußballfreund vor oder nach dem Spiel in der in der Haupttribüne integrierten RWE-Vereinsgaststätte (täglich ab 15 Uhr geöffnet), daneben kann man sich aber auch vor dem Stadion an einem der zahlreichen Bierstände umtun. Ansonsten in der näheren Umgebung bis auf ein paar Trinkhallen erlebnistechnisch nicht allzu viel los, gerade im Sommer können sich Auswärtsreisende aber einmal nach dem mit Biergarten ausgestatteten “Efeuhaus” (Nähe Frintroper Straße) durchfragen oder aber gleich die Rüttenscheider Straße ansteuern, um in die Essener Kneipenszene einzutauchen.

Über die **A42**: Aus Richtung **Herne** am **Kreuz Essen-Nord** auf die Gladbecker Straße (**B224**) gen Essen-Zentrum, nach ca. 1,5 km an der zweiten Ampel rechts in die Vogelheimer Straße und an der nächsten großen Kreuzung links in die Hafenstraße, auf der nach 200 Metern rechtes das Stadion auftaucht. Von **Westen** kommend wählt man die Abfahrt **Bottrop-Süd**, fährt über Borbecker und Bottroper Straße ca. 3,5 km gen Zentrum/Stadthafen und folgt der Beschilderung.

Über die **A40**: Sowohl von **Dortmund** als auch von **Duisburg** aus geht es bis zur Abfahrt **Essen-Zentrum**, dann der Beschilderung Dorsten folgen und auf der **B224** geradeaus. Hinter dem Autohaus Lueg (rechts) weiter auf der Hans-Böckler-Straße bis zur Kreuzung Bottroper Straße auf Höhe der Uni und auf der zweiten linken Abbiegerspur nach links. Nach knapp 2,5 km dann an der dritten Kreuzung rechts in die Hafenstraße. **Alternative** aus Richtung **Duisburg**: An der Abfahrt Mülheim-Winkhausen auf die Aktienstraße, Richtung Essen-Bergeborbeck/Altenessen halten und der Beschilderung folgen.

Über die **A2**: Von Hannover aus bis Abfahrt **Essen/Gladbeck** und auf der **B224** etwa acht km geradeaus, dann rechts in die Vogelheimer Straße (Rest s.o.).

Über die **A52**: Von der Abfahrt **Essen-Rüttenscheid** in Richtung Dorsten/Uni auf die **B224** (Alfredstraße), Grugastadion (rechts) passieren und geradeaus (am neuen Hotel halblinks halten) auf der B224 bis zur Bottroper Straße, diese links (Rest s.o.).

Was das **Parken** angeht, so können einige wenige Privilegierte mit entsprechendem Parkausweis ihren Wagen direkt am Stadion abstellen (P1+2) – für den Rest bleiben nur die umliegenden Straßen, was mitunter zu Problemen führen kann. Samstags und sonntags steht jedoch der Karstadt-Parkplatz (P3, Einfahrt von der Krablerstraße) zur Verfügung, Tagesparker zahlen hier **drei DM**.

Vom Hauptbahnhof benutze man die **Buslinien 166** (Richtung Essen Dellwig Bf.) , **196** (Richtung Essen Stadthafen) oder **D16** (Richtung Bottrop ZOB Berliner Platz) bis zur Station Hafenstraße oder aber – vom S-Bahnhof Essen-Borbeck, hier hält die S9 - die Linien **150** (gen Kray-Nord Bf.) und **170** (gen Essen-Steele Bf.) bis zur Lüschershofstraße. Mit der **S-Bahn-Linie 2** (Duisburg-Dortmund, hält nicht am Essener Hbf.) bis Haltestelle Essen-Bergeborbeck, von dort kurzer Fußmarsch über die Hafenstraße. Außerdem setzt die EVAG zu den meisten Spielen **Sonderbusse** ein. Die Eintrittskarte berechtigt zur kostenlosen ÖPNV-Benutzung, sonst kostet ein Einzelticket 3,20 DM.

FRANKFURT: Stadion am Bornheimer Hang

Foto: Dirk Schulz

Kapazität: 25.000
Stehplätze: 22.500
Sitzplätze: 2.500

FSV Frankfurt, Am Erlenbruch 1, 60386 Frankfurt
Tel: 069-4208980, Fax: 069-42089829
www.frankfurt-business.de/fsv

Bereits 1908 erhielten die "Schwarzen Teufel" aus Frankfurt-Bornheim eine eigene Spielstätte, den "Sportplatz an der Seckbacher Landstraße", nachdem man das Leder zuvor auf der leicht abschüssigen Wiese "Prüfling" hatte laufen lassen. Doch auf ein richtiges Stadion mit überdachter Tribüne mußten die FSV-Kicker noch bis zum 11. Oktober 1930 warten – da nämlich weihte man den Bornheimer Hang ein. Im Krieg hatte das Stadion unter schweren Bombenangriffen zu leiden, der Wiederaufbau zog sich bis 1953 hin. Bis zu diesem Zeitpunkt war der FSV in Frankfurt übrigens klar die Nummer 1, dann jedoch übernahm die Eintracht die Macht am Main. Mit dem FSV ging's abwärts - Mitte der 60er Jahre mußten die Bornheimer sogar ihr geliebtes Stadion an die Stadt verkaufen. Und auch der bislang letzte Versuch, in der Zweiten Liga Fuß zu fassen, scheiterte 94/95 recht kläglich. Immerhin befindet sich der "Hang" seit 1997 wieder im Besitz des FSV, der dabei ist, die Arena aufzupäppeln, ohne ihr den antiquierten Charme zu nehmen. Die Hauptattraktion stellt nach wie vor die überdachte Tribüne dar, auf der man moderne Sitzschalen installiert hat. Auf den billigen Plätzen hingegen mühen sich freiwillige Helfer alljährlich mit dem Unkraut ab, das zwischen den Stufen des traditionsreichen Gemäuers scheinbar hervorragend gedeiht.

Die breitgefächerte FSV-Fanszene postiert sich im Block J - die Leute dort sind freundlich und größtenteils auch recht lustig. Die "Bembelschwenker" führen nach wie vor ihren Kanister Ebbelwoi mit sich und geben netten Menschen gegen kleines Geld auch gerne was ab. Gästefans genießen aus "ihrer" Bornheimer Eck genannten Kurve (am Haupteingang, Blöcke N-P) einwandfreie Sicht – normalerweise herrscht aber kein Blockzwang.

Preise So ziemlich jeder, der was vorzuweisen hat, erhält das billigere Ticket, sollte dann aber auch einen gültigen Ausweis zur Hand haben. Will man die Frauen kicken sehen, kostet die Tribüne 15 (10), der Stehplatz 10 (5) DM. **Rolliservice** Der Fahrer kommt zum ermäßigten Preis, der Begleiter ebenfalls oder ganz umsonst rein – ist Ermessenssache des Kassierers. **Fanshop** Hinter der Haupttribüne wartet ein Fanartikelstand mit allerlei Souvenirs auf. **Lektüre** Das Stadionheft heißt nun "Der FSV", ist aber immer noch kostenlos. Und recht gelungen. Richtig klasse ist dagegen der "Schwarz-Blaue Götterbote", das Fanzine ist für drei DM (incl. Porto) bei C. Hinkel, Erich-Kästner-Str. 2, 60388 Frankfurt zu haben. **Essen** An den zahlreichen Buden werden Brat- und Rindswurst sowie Steaks angeboten, hinter der Haupttribüne auch Fritten. In der (für alle zugänglichen) Sport Nation an der Haupttribüne sind überdies Hamburger, Chicken Wings, Schnitzel und vieles andere mehr zu haben. **Trinken** Der Becher Henninger (mit) kostet je nach Größe zwischen 3 und 4 DM, der Ebbelwoi wandert für 3 DM über die Theke. Ferner kann man sich auch an Cola, Wasser, Limo und Kaffee versuchen. **Kneipen** In der in "Sport Nation" umbenannten Stadionkneipe kann man nicht nur ein Bierchen schluppen oder sich besinnungslos essen, sondern auf ungefähr 500 Fernsehern, Monitoren und Videoleinwänden Sport bzw. Fußball gucken. Wem dies dort alles zu modern und trendy ist, geht einfach um die Ecke in die FSV-Kneipe "Binding Eck" (Burgstr. 91).

Sitzplätze: 25 (20) DM
Stehplätze: 12 (9) DM
Gäste: Bornheimer Eck

STADION: ⚽⚽ **STIMMUNG:** ⚽⚽⚽ **SERVICE:** ⚽⚽⚽

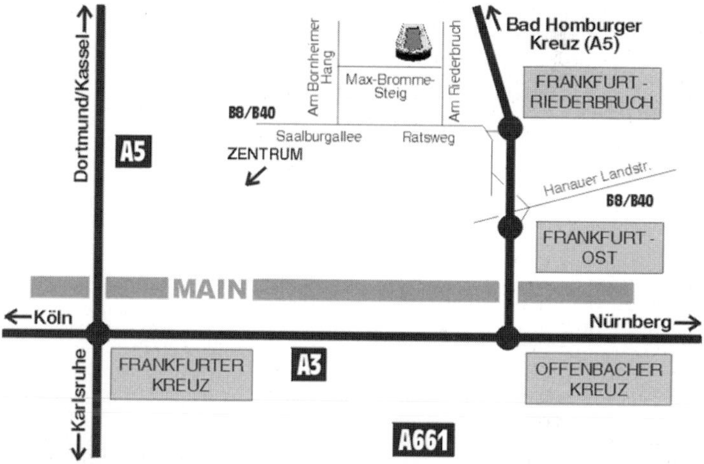

Von **Köln** oder **Nürnberg**: Über die **A3** bis zum Offenbacher Kreuz, dort auf die **A661** gen Frankfurt, über den Main und an der Abfahrt **Frankfurt-Ost** (Bornheim, Eissporthalle) (14) heraus. Nach der Ausfahrt links unter der Brücke hindurch nach Bornheim fahren und an der dritten Ampel rechts vom Ratsweg auf die Straße Am Riederbruch bis zum FSV-Stadion bzw. den (kostenlosen) **Parkplätzen** an der Eissporthalle. Wer zehn Mark zuviel in der Tasche hat, kann seinen Wagen auch direkt am Stadion hinter der Haupttribüne abstellen. Alternative bei Spitzenspielen: Ostparkstraße (vom Ratsweg aus links rein).
Von **Karlsruhe**: Über die **A5** bis Frankfurter Kreuz, dann (bzw. via Umleitung) auf die A3 gen Würzburg bis zum Offenbacher Kreuz (Rest s.o.).
Von **Kassel/Dortmund**: Über die **A5** bis zum Bad Homburger Kreuz, dort auf die A661 gen Darmstadt bis zur Abfahrt Frankfurt-Riederbruch (13), gleich rechts auf den Ratsweg und wieder rechts auf die Straße Am Riederbruch und drin der Fisch.

Vom Hbf. mit den **U-Bahnlinien U4** (Richtung Seckbacher Landstraße) und **U5** (Richtung Preungesheim) bis zur Station Konstablerwache, ab dort mit der gegenüber abfahrenden **U7** (Richtung Enkheim) bis zur Haltestelle Johanna-Tesch-Platz. Vom Südbahnhof in Sachsenhausen geht es mit der **U1** bis zur Station "Hauptwache" oder aber mit den S-Bahnlinien S3, S4, S5, S6 oder S8 bis zur Konstablerwache, dort in die U7 umsteigen. Der Fahrschein kostet 2,90 DM, die Tageskarte 6,60 DM und das Gruppenticket für fünf Leute 8,- DM.

Foto: Hardy Grüne

Kapazität: 60.659
Stehplätze: 30.600
Sitzplätze: 30.059

Eintracht Frankfurt, Am Erlenbruch 25, 60386 Frankfurt
Tel: 01805-7431899, Fax: 069-42097059
www.eintracht-frankfurt.de

Das Waldstadion entstand mit gehöriger Verspätung: Pläne, im Süden der Stadt einen öffentlichen Sportkomplex zu errichten, existierten bereits kurz nach der Jahrhundertwende, konnten jedoch erst nach dem Ersten Weltkrieg in die Tat umgesetzt werden. Für ca. 4,5 Mio. Goldmark entstand damals ein Stadion für 35.000 Leute, dessen Richtfest man am 21. Mai 1925 feierte. Bis 1955 rüstete man die Arena auf solide 87.000 Plätze hoch, freilich ging sieben Jahre später ein Teil der Stehränge durch die Umwandlung in Sitze wieder drauf - nun paßten nur noch 70.000 Zuschauer ins Rund.

Anläßlich der WM 1974 wurde das Waldstadion modernisiert, wobei sträflicherweise auch die wunderschöne alte Haupttribüne den Arbeiten zum Opfer fiel - da hatte der Denkmalschutz leider wieder mal gepennt. Seitdem vermag die Arena knapp 61.000 Zuschauer aufzunehmen, fast genau die Hälfte von ihnen darf sich hinsetzen und 20.364 haben ein Dach über dem Kopf. Mit dem Umbau zur EM 1988 paßte man das Waldstadion schließlich auch den sicherheitstechnischen Anforderungen der Fußballverbände an: Das Stadion erhielt neue Fluchttore, die Vortribüne 4.000 Schalensitze, die Stehblöcke eine neue Unterteilung und die Polizei eine neue Überwachungsanlage. Rund 18,5 Mio. DM wurden damals investiert, allein zwölf davon verschlang die Installation der riesigen Anzeigetafel.

So weit, so gut. Nun machen aber schon seit geraumer Zeit die unterschiedlichsten Konzepte zur Errichtung einer gänzlich neuen Arena die Runde. Vor allem das politische Hin und Her um die Zukunft des Waldstadions, das mittlerweile ins siebte Jahr geht, ist kaum noch nachzuvollziehen. Da die Stadt Frankfurt, die natürlich bei einer eventuellen WM 2006 in Deutschland dabei sein will, die Kosten scheute, das Waldstadion FIFA-gerecht herzurichten, befürwortete sie zunächst den Bau des 456 Mio. DM teuren "Skydomes" durch private Investoren. Pünktlich zum Jahr 2000 sollte die Schiebedach-Arena fertig sein, doch der Investor sprang wieder ab. Nachdem auch das abgespeckte Projekt "Maindome" relativ kläglich scheiterte, stehen sich nun mit dem "Eintracht-Modell" und dem "modifizierten Hochbauamt-Modell" zwei Konzepte gegenüber – zumal sich die Geschichte mit dem "Messestadion", das sich im Zentrum des von der Deutschen Bank geplanten neuen Stadtviertels auf dem Gelände des ehemaligen Güterbahnhofs befunden hätte, ja ebenfalls erledigt hat. Wie es derzeit aussieht, ist das Modell der Eintracht, das ein reines Fußballstadion für 50.000 bzw. 57.000 Zuschauer (7.000 Stehplätze!) auf dem Gelände der Radrennbahn vorsah, vom Tisch. Kommt nun also das "modifizierte Hochbauamt-Modell" (Waldstadion-Umbau in reine Fußball-Arena mit 45.810 bzw. 51.230 Plätzen - davon 10.840 zum Stehen!)? Keine Ahnung. Denn neulich überraschte der neue hessische Ministerpräses Koch die Frankfurter mit der Wiederaufbereitung des "Skydome"-Projektes. Was auch immer passieren mag, es bleibt zu hoffen, daß die sowohl beim Sportdezernat als auch beim Verein anerkannte und angesehene "IRF" (Initiative Reines Fußballstadion) der SGE-Fans ihre Ideen und Gedanken mit einbringen kann. Bei welchem Stadion auch immer.

Während sich die meisten der jüngeren Fahnenschwenker der Eintracht im altbekannten G-Block treffen und auch bereits Teile des H-Blocks vereinnahmt haben, halten sich in den nebenstehenden Bereichen J bis L die etwas gesetzteren Semester auf, die zwar ebenfalls stehen wollen, aber dem Jungvolk von nebenan bewußt aus dem Wege zu gehen gedenken. Wiederum andere, darunter eine wachsende Anzahl von Mitgliedern der Uralt-Fanclubs, haben sich mittlerweile auf dem Oberrang der Gegentribüne in den Blöcken 30 bis 33 niedergelassen. Für die darunterliegenden Blöcke 34 bis 36 bietet die Eintracht mittlerweile verbilligte Karten für die über 250 Fanclubs (die meisten stammen übrigens aus dem Umland) an – der Trend scheint eindeutig in Richtung Gegentribüne zu gehen. Davon unbeeindruckt versammeln sich Gästefans nach wie vor in den Kurvenblöcken A und B (bei Bedarf auch C - wer sitzen will, findet im angrenzenden Block 12 der Haupttribüne ein Plätzchen). Übrigens können auswärtige Anhänger bei Problemen welcher Art auch immer ("Finde meinen Block nicht!", "Wo iss'n hier dat Klo?", "Bin gerade verhaftet worden!") via Handy Kontakt mit dem Frankfurter Fanprojekt (0170-2911347) aufnehmen. Das ist ja wirklich mal nett.

Sitzplätze: 20,90 - 167,20 (!) DM
Stehplätze: 8,80 - 26,40 DM
Gäste: Block A + B (+ C)

Die Sichtverhältnisse sind für ein Laufbahnstadion verhältnismäßig gut, ein wenig nervig ist dagegen die Tatsache, daß man zum Erwerb bzw. Ablaß von Flüssigkeiten stets aus dem Block heraus muß - also niemals die Eintrittskarte vergessen!

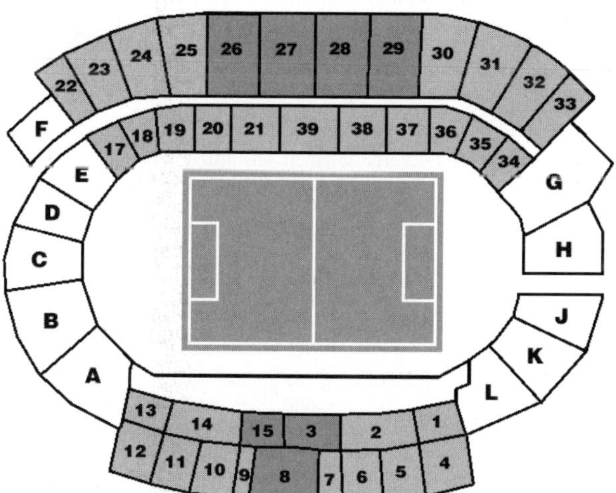

Preise Hochgradig kompliziert, da die Heimspiele in drei Kategorien (je nach vermeintlicher Güteklasse des Gegners) unterteilt werden. Doch wie dem auch sei, die Ermäßigungen im Sitzplatzbereich gelten für Rentner, Schwerbeschädigte und Kinder bis 14 Jahre, wohingegen in den Genuß eines verbilligten Stehplatzes neben Rentnern und Schwerbeschädigten auch Schüler, Stu-

denten sowie Zivil- und Wehrdienstleistende gelangen. Für weitere Infos wende man sich an das Fan-Store (an der Geschäftsstelle, Tel: 01805-7431899, Mo-Fr 9-17h). **Rolliservice** Rollstuhlfahrer zahlen 11 DM (z.B. Haching) bzw. 18,70 DM (z.B. Hertha) bzw. 24,20 DM (Bayern), etwaige Begleiter den ermäßigten Preis. Die Plätze befinden sich hinter Block 20 (Gegentribüne), größere Gruppen können aber auch schon einmal in den Innenraum (ausnahmsweise – einfach die zuständigen Ordner fragen). Wer der Eintracht eine Kopie der Sonderparkkarte für Schwerbehinderte zukommen läßt, erhält zudem einen Parkschein für den Bereich hinter Block C, den man direkt von der B43/B44 aus erreichen kann. **Fanshop** Im Stadionumfeld finden sich zahlreiche Buden mit Eintracht-Souvenirs, das komplette Sortiment gibt's beim Fan-Store (s.o.) oder im Eintracht-Shop (Bethmannstr. 19, Tel: 283010). **Lektüre** Die Stadionzeitung von Eintracht Frankfurt trägt den einfallsreichen Namen Eintracht und beinhaltet in erster Linie jede Menge Infos über – man mag es kaum glauben - Eintracht Frankfurt. Der 2 DM teuren Gazette, eine Art Bravo-Sport für Eintrachtler, stünde ein kleiner Schuß FAZ-Sportteil sicherlich nicht schlecht zu Gesicht. Auswärtsreisende sollten sich ihr Kleingeld besser für das Frankfurter Vorzeige-Fanzine "Fan geht vor" aufheben, das seit 1993 mit geradezu erschreckender Regelmäßigkeit erscheint und sich als offizielles Organ der Fanclubs versteht, aber auch für Nicht-Frankfurter lesenswert ist. Nachdem das Stadionverkaufsverbot vom Verein, mit dem die Fgv-Macher vor nicht allzu langer Zeit schwer im Clinch lagen, wieder aufgehoben wurde, kann das Heft am Haupteingang, an der Brücke Waldparkplatz, am roten Fanmobil (Parkplatz Bahnhof Sportfeld) sowie in der Halbzeitpause vor den Blöcken 30-33 erworben oder aber postalisch beim Fanprojekt (Hanauer Landstr. 18H, 60314 Frankfurt) angefordert werden. Kostenpunkt: 2 DM (+ 1,50 DM Porto). Neben zwei reinen Internet-Zines ("5:3" und das englische "3:7" -) existiert dann ferner noch das von den Ultras herausgegebene "De Babbedeggel" (3 DM). **Essen** Die Auswahl (Fleischküchle, diverse Würste, Döner, Brezeln etc.) ist zwar ganz beachtlich, aber sowohl die Qualität als auch der Preis der angebotenen Waren lassen nach wie vor stark bis extrem zu wünschen übrig – allein mit dem Dönerstand kann man relativ zufrieden sein. Da jedoch der Vertrag mit der Catering-Firma bald ausläuft, wird sich in diesem Bereich mit Sicherheit etwas ändern. Wird auch langsam Zeit. **Trinken** Die saftigen Preise für Bier oder Cola/Limo lassen heiße Spieltage zu einer kostspieligen Unternehmung werden, allein Wasser, Kaffee und Ebbelwoi bieten Einsparungsmöglichkeiten im Pfennigbereich. Hoffentlich tut sich auch hier etwas.
Toiletten halbwegs akzeptabel. **Kneipen** Wer mag, kann nach dem Kick in der Stadionkneipe (Haupttribüne) vorbeischauen, ansonsten ist im weiteren Umfeld der Arena absolut nichts los. Aus den Plänen, neben der Erweiterung des VIP-Bereichs auch einen für jedermann zugänglichen Biergarten einzurichten, ist bislang leider noch nix geworden. Wie ein Magnet wirkt jedoch weiterhin das per Bahn leicht und fix zu erreichende Ebbelwoi-Viertel Sachsenhausen, in dem mehr und mehr gute Kneipen ihr feuchtfröhliches Dasein fristen.

STADION: ⚽⚽⚽ **STIMMUNG:** ⚽⚽⚽ **SERVICE:** ⚽⚽

Von **Kassel** bzw. **Karlsruhe**: Über die **A5** bis zur bzw. um die Baustelle Frankfurter Kreuz (bis 2001!) herum, dann auf die **A3** gen Würzburg und an der Ausfahrt **Frankfurt-Süd** (51) gleich wieder runter. Nun auf die Mörfelder Landstraße (**B44**) und schon nach knapp einem Kilometer taucht linker Hand das Waldstadion auf, das nebenbei auch gut ausgeschildert wird. Vorsicht: An der Einfahrt zum Waldparkplatz kann man sehr leicht vorbeidüsen! Aus Richtung Kassel bzw. Dortmund anreisende Fans können – auch um das Frankfurter Kreuzerl zu vermeiden- bereits die Ausfahrt **Westhafen** (20) wählen und befahren dann die Gutleutstraße am Main entlang bis zum Baseler Platz. Nun rechts über die Friedensbrücke, hinter dem Fluß gleich wieder rechts auf den Theodor-Stern-Kai und diesen durch bis zur Uni-Klinik. Hier (hinter der Brücke) links in die Deutschordenstraße

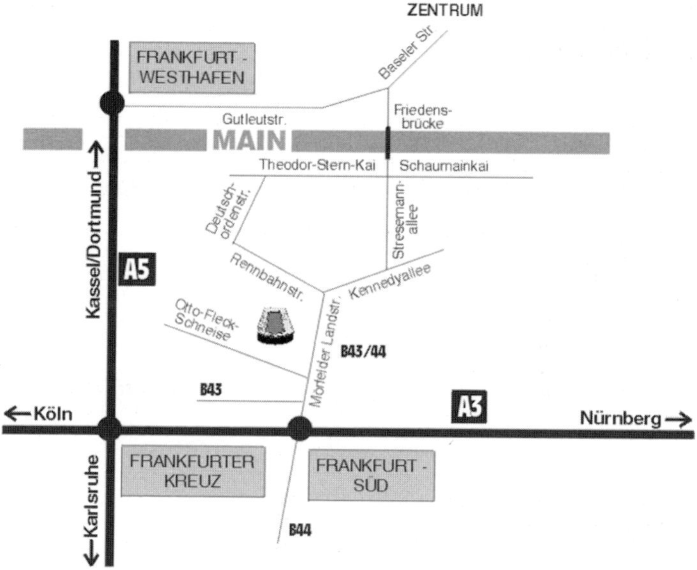

und über Rennbahnstraße und Schwarzwaldstraße auf die Mörfelder Landstraße zum Stadion. Ab Höhe **Galopprennbahn** kann man sich auch schon einmal nach einem **Parkplatz** umschauen – an Spieltagen sind die Straßen zu den umliegenden Wohngebieten für den Durchgangsverkehr gesperrt.

Von **Köln** oder **Nürnberg**: Über die **A3** bis zur Abfahrt **Frankfurt-Süd** (Rest s.o.). Wer aus der **Innenstadt** anreist, sollte nicht den **Fehler** machen, ab der Kennedyallee über die Mörfelder Landstraße zu tuckern, sondern bereits nach der S-Bahn-Unterführung rechts in die Niederräder Landstraße fahren und sich dort nach einem Parkplatz umsehen. Überhaupt das **Parken**: Der Waldparkplatz, von dem ein Fußgängerbrückchen direkt hinter Block A führt, kommt mit 5,- bis 10,- DM relativ teuer, von den etwas weiter entfernten (offiziellen) Abstellplätzen sind mitunter sehr lange Fußwege zurückzulegen und auch das Umherkurven nach versteckten Parkmöglichkeiten auf irgendwelchen kleinen Waldwegen kann man sich getrost schenken: Ist man (eventuell) endlich fündig geworden, kann man später seinen Wagen um so länger suchen - der ist dann nämlich abgeschleppt. Frühzeitig anreisende Fans finden im Umkreis der Galopprennbahn ihr Plätzchen.

Vom Hauptbahnhof geht es mit der Straßenbahnlinie **19** oder den Sonderzügen mit der Aufschrift **V** (fahren aus der ganzen Stadt, halten alle am Hbf.) bis zum Waldstadion. Ansonsten mit den S-Bahnlinien **S8**, **S14** (hält auch am Südbahnhof) und **S15** bis zur Station Bahnhof Sportfeld, die an der Westseite des Stadions liegt und sich von daher v.a. für Zuschauer der Gegentribüne und der Blöcke H-K anbietet. Für die Haupttribüne und alle anderen Blöcke ist es mit der Straßenbahn näher, außerdem hält diese direkt beim “Bratwurst-Walter”. Zwischen Flughafen und Südbahnhof verkehrt ferner die Buslinie **61**, die gleich zweimal (Schwimmbad, Kunsteisbahn) in der Nähe des Waldstadions hält. Schließlich kann man auch noch die Regionalbahn (Linie 70, Mannheim-Frankfurt) nutzen, die “**Riedbahn**” fährt jedoch nicht ganz so häufig (bis Sportfeld). Auch in Frankfurt gilt die Regel “Eintrittskarte = Fahrausweis”, wer noch keine besitzt: Der Fahrschein kostet 2,90 DM, die Tageskarte 6,60 DM, eine Gruppenticket (fünf Leute) 8,- DM.

Foto: Hardy Grüne

Kapazität: 25.000
Stehplätze: 10.500
Sitzplätze: 14.500

SC Freiburg, Schwarzwaldstr. 193, 79117 Freiburg
Tel: 0761-385510, Fax: 0761-3855150
www.scfreiburg.de

Für die einen ist es ein "Erlebnispark", für die anderen eine "geschlossene Gesellschaft". Es kommt eben ganz auf die Perspektive an, und die heißt im Falle des Freiburger Dreisamstadions schon seit einigen Jahren "Eintrittskarte - ja oder nein?" Ganz klar: Das Dreisamstadion ist zwar ein durch und durch stimmungsförderndes Bauwerk, aber eben auch viel zu klein. Daß weiß man auch beim Sportclub, dessen Trainer Volker Finke schon seit Ewigkeiten unaufhörlich fordert, endlich etwas in Sachen Stadion zu tun, um nicht eines Tages endgültig den finanziellen Anschluß zu verpassen. Die Frage war und ist noch immer, was? Während eine Fraktion für den behutsamen Ausbau des Dreisamstadions plädiert, fordert eine andere einen völligen Neubau an anderer Stelle. Dabei machen sowohl das "Oststadion" als auch das "Weststadion" regelmäßig die Gerüchterunde - bislang ergebnislos. Die Vorteile eines Neubaus sind nicht ganz von der Hand zu weisen, denn zweifelsohne hat das Dreisamstadion nicht nur ein Platzproblem, sondern zudem "schwierige" Infrastrukturverhältnisse. Die u.a. zum wunderschönen Titisee führende Schwarzwaldstraße neigt nicht nur bei SC-Heimspielen zur Staubildung, Parkplätze sind so rar wie sonst nirgendwo in der Fußballrepublik, und die Anwohner sind schon seit Jahren ziemlich genervt vom Sportclub, dem sie doch eigentlich die Daumen drücken sollten.

Die Arena in Freiburgs Osten war eben nie für "großen Fußball" konzipiert. Wie auch der Sportclub vor einer guten Dekade noch kaum davon geträumt haben dürfte, den einst führenden Lokalrivalen FFC einmal derart in den Schatten zu stellen. Jahrzehntelang schlummerte die reine Fußballarena mit dem lange Zeit wohl schönsten aller Ausblicke insofern gemächlich vor sich hin und freute sich schon, wenn die Zuschauerzahl mal auf 5.000 kletterte. Das war, bevor ein gewisser Volker Finke kam, den SC Freiburg weckte, ihn in die Bundesliga führte und dafür sorgte, daß plötzlich ganz Südbaden das Dreisamstadion von innen sehen wollte.

Kaum war die Freude über den im Sommer 1993 vollzogenen Sprung in die Eliteliga vorbei, begann der Ärger: Seinerzeit paßten nämlich nur knapp 15.000 Menschen in die "Sardinenbüchse" Dreisamstadion - allein an Dauerkarten hätte der Sportclub wohl locker das doppelte absetzen können. Es mußte ganz schnell gehandelt werden - und es wurde schnell gehandelt. Nachdem schon im Verlauf der Aufstiegssaison eine Anzeigetafel aufgestellt worden war, rollten in der Sommerpause erneut Bagger an und schufen auf der Ostgeraden eine überdachte Tribüne mit 1.580 Sitz- und rund 8.000 Stehplätzen. Wenige Wochen später wurden die ersten abknickbaren Flutlichtmasten Deutschlands aufgebaut; im Sommer 1994 konnte nach langen Verhandlungen wegen Licht-, Lärm- und sonstiger Auflagen mittels eines Fertigbausatzes die Hauptgerade erweitert werden, ehe der Ausbau ein Jahr später mit der neuen Hintertortribüne auf der Südseite (Schwarzwaldstraße) abgeschlossen wurde. Auf deren Dach produzieren Solarzellen übrigens rund 100.000 Kilowattstunden umweltfreundlichen Strom, was bestens zum SC-Mythos als "der etwas andere Verein" paßt. Mit rund 22.500 Plätzen war das Dreisamstadion freilich noch immer zu klein, was sich wohl auch nach dem Bau der überdachten Hintertortribüne auf der Nordseite (1999) kaum verändert haben wird. Zwar faßt die Arena seither rund 25.000 Menschen - doch zur Saison 1999/2000 ging der Sportclub alleine von 20.000 Dauerkarten aus.

Angesichts dieser rasanten Entwicklung waren die vorangegangenen 40 Jahre Stadiongeschichte gelinde gesagt "langweilig". 1953 war der Sportclub auf das nahe der Dreisam gelegene Gelände umgezogen, nachdem er bis 1935 im Winterer-stadion (mußte dem Flugplatzbau weichen) und anschließend auf dem benachbarten Gelände der FT 1844, mit der er bis 1945 in einer Art "Sportgemeinschaft" verbunden war, gespielt hatte. Angesichts der sportlichen Bedeutungslosigkeit der Rot-Weißen in den sechziger und siebziger Jahren blieb das Dreisamstadion freilich ein besserer Sportplatz. Erst 1970 entstand eine kleine Sitzplatztribüne (480 Plätze), die mitsamt den seinerzeit ganzen drei Stehplatztraversen auf der Gegengeraden Platz für knapp 10.000 Menschen bot.

Die Arena war also alles andere als profifußballgeeignet, als der Sportclub 1978 den Sprung in den bezahlten Fußball schaffte. Interimsweise mußten die Rot-Weißen somit im Möslestadion des noblen Nachbarn FFC kicken, ehe sie 1979 ins ausgebaute Dreisamstadion zurückkehren konnten.

Fünfzehn Stehtraversen auf der Gegengeraden und deren fünf auf der Nordseite wies die schmucke reine Fußballarena nunmehr auf, bei knapp 5.000 Seelen, die sich durchschnittlich Sportclub-Heimkicks anschauten, allemal genug. Im September 1980 wurde mit dem Bau der Haupttribüne begonnen, deren Vollendung sich aus finanziellen Gründen allerdings geschlagene elf Jahre hinzog. Wenige Monate nach ihrer Einweihung im Feburar 1991 kam Volker Finke, und das Freiburger Fußballwunder nahm seinen Lauf.

Foto: Hardy Grüne

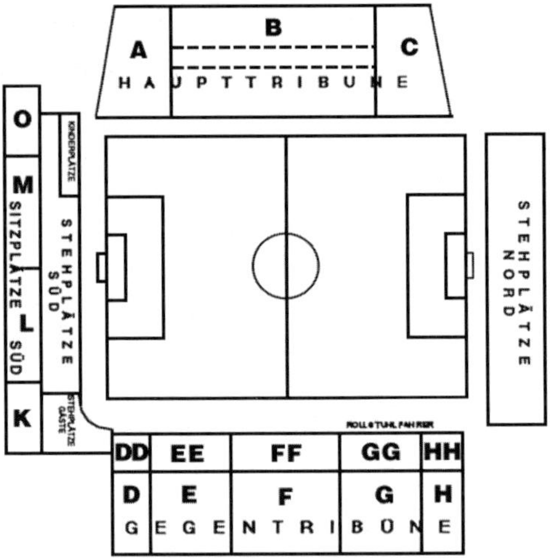

Sitzplätze: 45 - 65 DM
Stehplätze: 16 (13) - 30 DM
Gäste: Nordtribüne

Foto: Hardy Grüne

Es gibt wohl keine zweite Fußballarena in Deutschland, in der so viele Brillenträger gezählt werden können, wie im Dreisamstadion. Und zwar keineswegs Fielmann-Massenprodukte, sondern Designergestelle. Neben dem ungewöhnlich hohen Anteil an "Intellektuellen" (oder solchen, die sich als solche geben) weist der SCF einen für Bundesligaverhältnisse erwähnenswert großen Stammpublikumsanteil an Frauen auf. Doch ganz so toll, wie Freiburg zumeist dargestellt wird, ist es längst nicht mehr. Stimmungstechnisch hat sich einiges zum Negativen geändert, und außer rhythmischem Klatschen ist häufig nicht viel drin - darüber täuschen auch solch nette Aktionen wie "Kobiaschwili, Finkewilli etc." nicht hinweg. Freilich ist die Mischung, insbesondere auf der stets rappelvollen Nordgeraden, **dem** Stammplatz der SCF-Fans, bemerkenswert. Kuttenträger stehen neben Uralt-Fans, dazwischen die oben erwähnte Denker-Spezies - das kann schon mal amüsant werden. Weniger amüsant allerdings das permanente Gedränge und Geschiebe auf den regelmäßig überfüllten Traversen. Insbesondere kleinere Mitmenschen müssen fast ständig auf Zehenspitzen stehen, um fürs Eintrittsgeld auch ein wenig Fußball sehen zu können. Da kann einem schon mal der Spaß vergehen.

Gästefans haben ebenfalls wenig Spaß im Dreisamstadion. Eingepfercht in ein winziges Eckchen am unteren Rand der Nordtribüne ist die Sicht schlecht und die Stimmungsmöglichkeiten sind beschränkt. Dafür ist das Gefahrenpotential in Freiburg nahezu gleich Null.

Fan-Shop In der Geschäftsstelle (Mo-Fr 10.00-13.00 u. 14.00-17.00 Uhr) oder Fan-Shop, Augustinerplatz 2, 79098 Freiburg (Tel: 281561, Mo-Fr. 10.00-18.30, Sa 10.00-16.00, lg. Do bis 20.30), **Lektüre** Heimspiel, 1 DM, A4, farbig, unterhaltsam, informativ: sehr gut. Fanzines: Nachdem sowohl der Fan-Man (wegen Abwerbung der Redakteure zu einer Lokalzeitung) als auch der Charly (wegen Verbot nach einigen unliebsamen Artikeln) eingeschlafen sind, bevölkert seit kurzem ein hoffnungsvolles Heftchen mit dem Namen “Ja Gut, ich sach ma...” die Fanzinewelt. Das hervorragend layoutete und zudem überaus lesenswerte Heft (so zumindest die Premierennummer) gibt es für 2 Mark zu kaufen. Wenn nicht am Stadion, dann unter Schwarzwaldstr. 150, 79117 Freiburg.
Rolliservice Es gibt nur eine geringe Anzahl Rollstuhlplätze, für die eine gewöhnliche Eintrittskarte notwendig ist. Da die schwer genug zu bekommen ist, empfiehlt sich frühzeitige Anmeldung und auch frühzeitiges Erscheinen. **Essen** Reichhaltig und gut. Neben dem üblichen gibt es u.a. Döner, Pizza und Fleischkäse. Auch Vegetarier werden auf dem tollen “Freßgässl” unterhalb der Gegengeraden bestens versorgt. Vorbildlich! **Trinken** Alkoholisches Bier, Cola, Fanta, Wasser, Kaffee. **Toiletten** Neu und entsprechend gut in Schuß. **Kneipen** Gaststätte Schwarzwaldblick direkt neben dem Stadion. Dort gibt es auch ein Fan-Zelt, in dem sich die Heimfans nach dem Spiel auf ein Bier treffen. Desweiteren: Post-Jahn-Gaststätte (Schwarzwaldstraße stadteinwärts).

STADION: ⚽⚽⚽⚽ **STIMMUNG:** ⚽⚽⚽ **SERVICE:** ⚽⚽⚽⚽⚽

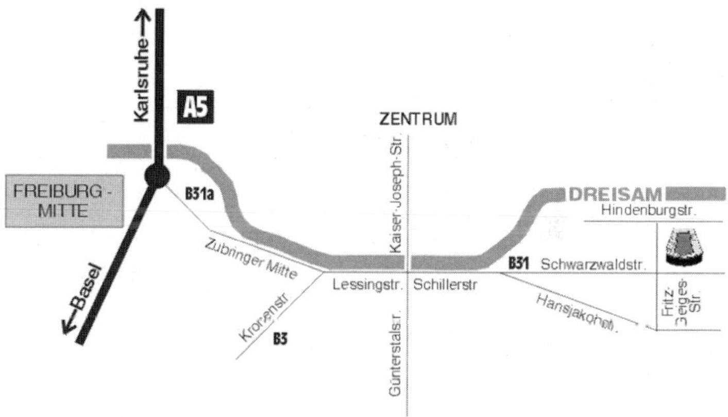

Die **A5** (Karlsruhe/Basel) an der Abfahrt **Freiburg-Mitte** verlassen und weiter in Richtung Freiburg-Stadtmitte, Donaueschingen folgen. Im Zentrum angekommen stets der Beschilderung **B31a**, Titisee-Neustadt, die am Stadion vorbei führt, folgen. **Parken:** Ein Alptraum. Wer ganz früh kommt, kann irgendwo am Straßenrand noch ein Plätzchen erwischen (Achtung: Viele Anwohnerstraßen werden zwei bis drei Stunden vor dem Spiel abgesperrt). Wenn keine Messe ist, bietet der **Messeplatz** an der **B31** Entlastung (Fußweg zum Stadion rund zehn Minuten), ansonsten am besten den angebotenen und ausgeschilderten Park & Ride-Verkehr nutzen.

Mit der Straßenbahn Nummer **1** (Richtung **Littenweiler**) vom Bahnhof bis zur Station Römerhof, von wo aus es noch drei Minuten Fußweg durch allerfeinste Wohngegend sind, was für Ortsunkundige ziemlich **verwirrend** sein kann. Die Eintrittskarte berechtigt zur **kostenlosen** ÖPNV-Benutzung.

SG Quelle

FÜRTH: Gustav-Schickedanz-Sportfeld

Foto: Hardy Grüne

Kapazität: 7.000
Stehplätze: 7.000
Sitzplätze: -

SG Quelle im TV Fürth 1860, Coubertinstr. 15, 90768 Fürth
Tel: 0911-720120

Auf den ersten Blick mag man den Eindruck gewinnen, das Gustav-Schickedanz-Sportfeld sei ein nach rein funktionalen Aspekten angelegtes Mehrzwecksportgelände ohne jegliche Tradition. Doch Vorsicht: Seit 1918 wird in Fürth-Dambach schon Sport getrieben, darunter auch Fußball! Von den in den zwanziger Jahren in mühsamer Handarbeit entstandenen Schönheiten ist heute allerdings nichts mehr zu sehen. Die wunderschöne Holztribüne Marke "Stuttgart-Degerloch, 1912" mußte in den sechziger Jahren Dusch- und Umkleideräumen weichen, was dem Großverein TV Fürth 1860 aus praktischen Erwägungen vermutlich gut tat, dem Schickedanz-Sportfeld jedoch seine Seele nahm. Immerhin: Wer sich in den Kurven und auf der Gegengerade intensiv auf die Suche macht, kann dort noch ein wenig Tradition schnuppern, denn die dortigen Traversen haben seit gut vierzig Jahren nicht viel mehr als liebevolle Pflege erfahren.

Das ein wenig fußballfeindliche Ambiente macht durchaus Sinn, denn die TV 1860, deren Fußballabteilung 1973 mit der einst von Quelle-Boß Gustav Schickedanz aufgebauten "BSG Schickedanz" zur "SG Quelle" fusionierte, braucht eben kein fußballhöllengeeignetes Stadion, um Zuschauer aufzunehmen, sondern praktische Sportanlagen, um seinen zahlenden Mitgliedern möglichst viel Platz und Gelegenheit zum Austoben zu geben. Daß die 1860er dabei erfolgreich sind, belegt ein Blick auf ihre Mitgliederlisten: Imposante 5.000 sind da verzeichnet!

Folglich herrscht auf dem Schickedanz-Sportfeld ein ständiges Kommen und Gehen. Die Leichtathletikanlagen sind nahezu rund um die Uhr belegt, die große Turnhalle erfreut sich allergrößter Beliebtheit, und mitunter wird sogar Fußball gespielt! Der allerdings fristet ein Schattendasein. Wenn sich nämlich am Sonntagnachmittag die Kicker der SG Quelle vor ihren Kicks warmlaufen, müssen sie häufig Slalom laufen, weil ihre Kollegen von der LAC Quelle die Zeit bis zum Anpfiff der Spiele nutzen, um die Tartanbahn buchstäblich bis zur allerletzten Sekunde für ihre Übungen zu nutzen. Es sei ihnen ja vergönnt, doch Fußballatmosphäre kommt unter diesen Umständen wahrlich nicht auf.

Durchschnittlich 120 Heimspielbesucher, die meisten davon in einem Alter, in dem man gemeinhin nicht mehr aktiv Sport betreibt: Die SG Quelle fristet, wie schon erwähnt, ein Schattendasein auf den Schickedanz-Sportanlagen - von "Fans" der SG Quelle zu sprechen erübrigt sich somit. Anhängern der Gäste steht ein gemütlicher Nachmittag bevor, der allenfalls von Langeweile bedroht sein kann.

FÜRTH: Gustav-Schickedanz-Sportfeld

Bei "gewöhnlichen" Spielen darf man sich auf dem nach offiziellen Angaben 7.000 Plätze bietenden "A-Platz der Gustav-Schickedanz-Sportanlage" nach eigenem Gutdünken bewegen. Zu Schlagerspielen jedoch werden Gästefans auf der Gegengerade gruppiert - so die SG Quelle dann nicht ohnehin ins Nürnberger Frankenstadion ausweicht. Diesbezüglich also besser zuvor die Tagespresse konsultieren.

Sitzplätze: ca. 15 DM
Stehplätze: ca. 8-10 DM
Gäste: egal

Fan-Shop Was ist das? **Lektüre** Fußball News, A4, kostenlos, viele Zahlen, wenig Text, kaum Infos. **Essen** Bratwurst. **Trinken** Alkoholisches Bier, Fanta, Cola, Wasser. **Toiletten** In der Sporthalle, akzeptabel.
Kneipen Nächste (und zudem einzige in der Nähe) Verköstigungsmöglichkeit ist das Vereinsheim rechts vom Sportplatzeingang.

STADION: ⚽ **STIMMUNG:** - **SERVICE:** ⚽⚽

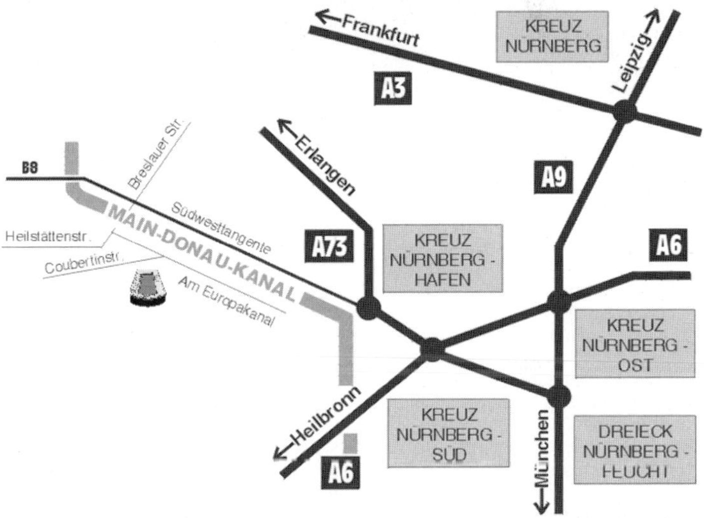

Von der **A6** (Heilbronn/Amberg) am Kreuz **Nürnberg-Süd** auf die **A73** (Südwesttangente) Richtung Fürth. Über das Kreuz Nürnberg-Hafen hinweg weiter auf der Südwesttangente Richtung Zirndorf bzw. Neustadt/Aisch bis zur Graf-Stauffenberg-Brücke (Beschilderung: "TV 1860"). Dort links und sogleich wieder links in die Straße "Am Europakanal", die direkt zum Stadion führt. Von der **A9** aus Richtung **München** bis zum Dreieck Nürnberg-Feucht, dann auf die A73 (Südwesttangente) und weiter wie oben. Von der **A73** aus Norden: bis zur Ausfahrt Fürth-Poppenreuth, durch die Stadtmitte in Richtung "Zirndorf/Oberschieberg" (wird zur Würzburger Straße, **B8**) bis unmittelbar vor den Main-Donau-Kanal, wo es links auf die Südwesttangente Richtung Nürnberg geht. An der nächsten Abfahrt ("TV 1860") runter und links über "Am Europakanal" zum Stadion. **Parken:** Ein größerer Parkplatz befindet sich gegenüber der Sportanlage, darüber hinaus ist an den Straßenrändern ausreichend Platz.

Mit der Buslinie **174** (Richtung **Dambach**) kommt man bis auf ca. 400 Meter in Stadionnähe (**Stauffenberg-Brücke** aussteigen und dann links "Am Europakanal" gen Stadion).

FÜRTH: Playmobil-Stadion

Foto: Michael Seiß

Kapazität: 15.000
Stehplätze: 6.000
Sitzplätze: 9.000

SpVgg Greuther Fürth, Laubenweg 60, 90765 Fürth
Tel: 0911-7910150, Fax: 0911-79101515
www.greuther-fuerth.de

Ronhof, was tat man Dir an! Binnen weniger Monate wurde aus einem der geschichtsträchtigsten Stadien Deutschlands ein multifunktionales und etwas seelenloses Konglomerat aus einer Handvoll historischer Reste und ganz viel schnell angerührten Beton-/Plastikmischungen. Passenderweise gab man dem wohlwollend als "kontrastreich" zu charakterisierenden Gebilde dann auch gleich einen neuen Namen, der mit "Playmobil-Stadion" irgendwie treffend ausfiel.

Natürlich war eine Renovierung des uralten Ronhofs mehr als überfällig, zumal die ruhmreiche Spielvereinigung im Sommer 1994 bereits auf gepackten Koffern saß, um in eine völlig neue Arena umzuziehen. Ein Wohnblock sollte dort hinkommen, wo die Kleeblätter in den zwanziger Jahren ihren berühmten Fußball zelebriert und die Fans in eine Mischung aus Begeisterung und Verzweiflung gestürzt hatten. Während Nachbar Nürnberg seinerzeit durch zweckmäßigen Reißbrettfußball einen Titel nach dem anderen eingefahren hatte, hatten sich die Fürther regelmäßig durch zwar herrlich anzuschauenden, zu häufig aber erfolglosen Spielrausch selbst um den Erfolg gebracht.

Als der Ronhof anno 1910 eingeweiht wurde, war er eine der größten Sportanlagen Deutschlands. Sogar eine kleine Holztribüne wies die von Stehwällen umgebene Anlage auf - seinerzeit eine vielbestaunte Seltenheit. Schon 1913 mußte die Tribüne angesichts des steigenden Zuschauerinteresses vergrößert werden, ehe sie 1920 wegen der unverändert steigenden Besucherzahl einem größeren Neubau Platz machen mußte. Bei dieser Gelegenheit wurden auch die umlaufenden Stehtraversen erweitert. Im 2. Weltkrieg fiel die Tribüne Flammen zum Opfer, woraufhin zunächst ein Provisorium aufgebaut wurde, ehe am 11. Februar 1951 die noch heute als beinahe letztes Relikt des "alten Ronhofs" stehende, rund 2.000 Sitzplätze bietende und atemberaubend wuchtig wirkende Tribüne eingeweiht wurde. Tip: Bis hoch auf die letzte Reihe klettern und den sagenhaften Blick genießen!

Bis zu 30.000 Menschen konnten sich anschließend im Ronhof drängeln, dessen flach ansteigende Stehtraversen nach altem Muster mit Sand und Steinen ausgefüllt waren. Mitunter reichte selbst das nicht und einige Fans mußten draußen bleiben, wenn Torjäger Helmut Schade und seine Mannschaftskameraden auf

Torejagd gingen. Obwohl es sich um eine kombinierte Leichtathletik- und Fußballanlage handelte, galt der Ronhof als stimmungsfördernd, was den noch in den fünfziger Jahren einsetzenden schleichenden Abgang der Spielvereinigung jedoch nicht verhindern konnte. Ab den späten Sechzigern, als die Kicker aus der Kleinstadt endgültig den Anschluß an die große Fußballwelt verloren, gingen Spielvereinigung und Ronhof sogar regelrecht schweren Zeiten entgegen. Schon 1971 mußte der im Regionalligamittelmaß dümpelnde und von den Fans im Stich gelassene Klub einen Teil des Geländes verkaufen, ehe 1983 auch der Rest den Besitzer wechselte, um das drohende Aus der Kleeblätter zu verhindern. Für 12 Mio. DM bekam Spielzeughersteller "Playmobil", der auf dem Traditionsgelände einen Wohnblock errichten wollte, den Zuschlag. Die Stadt Fürth plante derweil, die wenig später bis in die Viertklassigkeit abrutschende Spielvereinigung in ein noch zu bauendes 12.000-Plätze-Domizil nahe des Frankenschnellweges zu verfrachten, das eigentlich 1994 - pünktlich zum Ende des Pachtvertrages für den Ronhof - seine Pforten hätte öffnen sollen.

Dann aber fehlte plötzlich das Geld, woraufhin der Pachtvertrag für den Ronhof bis zum Jahre 2004 verlängert werden mußte. Was auf den ersten Blick wie ein herausgezögerter Tod aussah, erwies sich als Glücksfall, denn es war letztendlich die Rettung der Traditionsarena am Laubenweg. Dazu kam die sportliche Wiedergeburt. 1991 klappte es endlich mit der Rückkehr in die Bayernliga, in der die Grün-Weißen auf Anhieb Rang 3 belegten. 1996 kam es zur Kooperation mit Teegigant Vestenbergsgreuth, woraufhin der Abriß des Ronhofs endgültig zu den Akten gelegt und stattdessen ein Umbau auf die Tagesordnung kam. Ein Jahr später kehrte Fürth zurück auf die Landkarte des Profifußballs, und der Umbau wurde Realität. Seither heißt der Ronhof "Playmobilstadion".

Trotz der erstaunlichen Entwicklung der letzten Jahre bleibt, bei aller Freude über die Rettung des Ronhofs, ein schaler Beigeschmack, denn die Traditionsarena bietet nunmehr einen etwas eigentümlichen Anblick. Zwei neue Tribünen stehen zwei alten gegenüber, der Name ist für traditionsbewußte Fans eine Zumutung, und vieles hat den Anstrich eines Provisoriums. Für die Heimfans beispielsweise wurde eine lieblos wirkende Hintertortribüne gebaut, die eines Tages überdacht werden soll; derweil die gegenüberliegende Seite noch immer eine Kurve im eigentlichen Sinne ist und eine Handvoll mit Sand ausgelegte, ausgelatschte und unfallträchtige Traversen aufweist.

Nach dem verpaßten Aufstieg in die 1. Bundesliga müssen die dort stehenden Gästefans wohl noch ein wenig warten, ehe die Unbillen beseitigt werden. War nämlich für den Fall des Aufstieges geplant, die Kurve auszubauen und das Playmobilstadion damit endgültig zu einer reinen Fußballarena zu machen, liegen diese Pläne nunmehr auf Eis. Erstmal gucken, wohin der Weg der Greuther führt.

Foto: Hardy Grüne

FÜRTH: Playmobil-Stadion

Bezüglich der Fan-Szene hat sich in Fürth erdrutschartiges getan. Während jahrelang nur ältere Herren, Nostalgiker und vehemente FCN-Hasser den Weg in den Ronhof fanden, versammelt sich seit Beginn des Aufschwunges erfreulich viel junges und kreatives Publikum auf der steil aufragenden Nordkurve des Playmobil-Stadions. Mit den "Kleeblatt-Mädels" gibt es sogar einen reinen Frauen-Fan-Klub! Ebenfalls erwähnenswert ist das professionell gemachte Fanzine "Dounern hald nai!", dessen einziges Problem die für einen Nicht-Franken nahezu unmöglich erscheinende korrekte Aussprache ist. Das Heft selbst ist aber in Hochdeutsch geschrieben und kann für 1,50 Mark am Stadion bzw. im Fan-Shop "Greuther Teeladen" erworben werden. Die Kleeblätter haben sich zweifelsohne als attraktive Alternative zum Nürnberger Club herausgeschält und locken inzwischen Anhänger auch von weither an. Bemerkenswert auch die Reisekultur der Kleeblatt-Fans, die 1999 beim Auswärtskick bei den Stuttgarter Kickers einen neuen Höhepunkt erreichte, als gut 1.000 grün-weiß Tragende die Greuther anfeuerten.

Gästeanhänger dürfen auf der Südkurve stehen, in der noch immer Relikte des alten Ronhofs zu erblicken sind und auf deren neun stolperfallengeeigneten Stehtraversen auch größere Gruppen ausreichend Platz finden sollten. Die Sicht ist wegen der Entfernung, der eher geringen Höhe und vor allem wegen des Zauns ein wenig eingeschränkt.

Sitzplätze: 22 - 40 DM
Stehplätze: 15 (12) DM
Gäste: Südkurve, Block 5 + 6

Foto: Michael Seiß

Fan-Shop Bei ihm dürfte es sich um den wohl kultigsten Fußball-Fan-Shop zwischen Ostsee und Alpen handeln: Den "Greuther Teeladen". In die Stadiontribüne integriert, bekommt man in den wohlriechenden Gemäuern sowohl Gesundheitstees als auch aufputschende Schwarzkräutergemische – und eben Suchtbefriedigungsmittel für den Souvenirsammler. Das ganze wird gekrönt von einem ungemein netten und hilfsbereiten Personal. Ganz klar: Note 1! Auch was die Gestaltung der Souvenirs betrifft, die durchaus liebevoll ausgefallen ist (Adresse: Laubenweg 60, 90765 Fürth, Tel: 9 79 40 55, Fax: 9 79 40 56, Mo-Fr 9.00-18.30 und Sa 9.00-14.00 Uhr).

Lektüre Kleeblatt Magazin, A4, zwei DM, bunt, unkritisch, aber immerhin informativ. **Rolliservice** Rund 100 Rollstuhlplätze am Spielfeldrand. Gezahlt werden müssen zwar vier DM, aber dafür kommt ein Begleiter mit hinein.
Essen Bratwurst, Brezeln. **Trinken** Alkoholisches Bier, Fanta, Cola, Wasser, eine Mark Becherpfand. **Toiletten** In einem akzeptablen Zustand.
Kneipen Gegenüber des Stadions lockt eine Pizza-Bude die Ausgehungerten an, für den Durst hingegen wähle man den Biergarten neben der alten Tribüne. Ansonsten ist die Umgebung eher zum Langweilen geeignet: Wohngebiet.

STADION: ⚽⚽⚽ **STIMMUNG:** ⚽⚽⚽⚽ **SERVICE:** ⚽⚽⚽

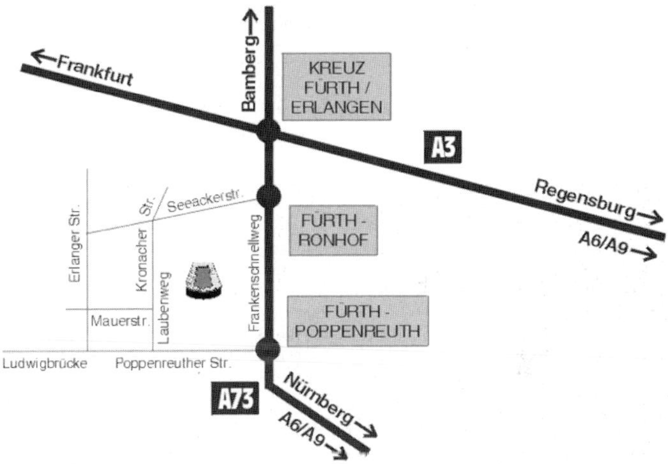

Von der **A6** (Heilbronn/Amberg) am Kreuz **Nürnberg-Süd** auf die **A73** (Frankenschnellweg) Richtung Fürth. Alsdann bis zur Ausfahrt Fürth-Poppenreuth, dort ein kurzes Stückchen weiter auf der **Kronacher Straße** (Richtung Hafen, Stadtmitte), und kurz nach Überquerung der Brücke rechts in den Laubenweg zum Stadion. Von der **A9** aus Richtung **München** bis zum Dreieck Nürnberg-Feucht, dann auf die A73 (Frankenschnellweg) und weiter wie oben. Von der **A3** (Würzburg/Regensburg): bis zum Kreuz **Fürth-Erlangen**, weiter auf der A73 (Frankenschnellweg) Richtung Fürth. An der Ausfahrt Fürth-Ronhof verlassen, rechts Richtung Stadtmitte und an der nächsten Ampel links in den Laubenweg. **Parken:** Miserabel! Langes Suchen einplanen oder möglichst früh kommen. Alternativen à la Park&Ride gibt es leider **nicht**.

Vom **Bahnhof** Fürth fährt die Buslinie **179** direkt zum **Ronhof** (aussteigen bei Sportpark Ronhof direkt vor der Tribüne).

Foto: Dirk Schulz

Kapazität: 12.409
Stehplätze: 10.586
Sitzplätze: 1.823

Borussia Fulda, Johannisstraße, 36041 Fulda
Tel: 0661-73836, Fax: 0661-73836

Landschaftlich betrachtet zählt das "Stadion der Stadt Fulda" zweifelsohne zu den schönsten der Republik. Eingebettet im Flußbett der Fulda, umgeben von weiteren Sport- und Erholungsanlagen, liegt es inmitten einer regelrechten "grünen Lunge".

Im Stadion selbst verdirbt ein Anblick, der zu den langweiligsten des Landes gezählt werden muß, die Laune. Nicht nur, daß man ob der Leichtathletikanlagen ziemlich weit entfernt vom Geschehen ist - die auf der Gegengerade vorzufindenden völlig unnützen Büsche verleihen der Arena einen ziemlich provinziellen Charakter. Auch die Haupttribüne - errichtet im funktional-nüchternen Baustil der sechziger Jahre - mitsamt des ästhetisch nicht gerade gelungenen knallgelben Ansageturms können die Enttäuschung nicht mindern.

Immerhin hat die am 2. Juni 1923 eingeweihte und vom Volksmund stets "Johannisau" genannte Arena inzwischen diverse Liftungen hinter sich und präsentiert sich somit zumindest technisch in einem ausgezeichneten Zustand. Die vierzehn Stufen gewaltige und sanft ansteigende Gegengerade wurde erst kürzlich renoviert und mit Sitzschalen ausgelegt, womit sich lediglich die Kurvenbereiche noch im Zustand früherer Tage befinden, denn auch die zehnreihige überdachte Tribüne verfügt inzwischen über komfortable Sitzschalen, auf denen man bequem den ausgezeichneten Ausblick genießen kann.

Frischeste Neuerungen sind Blockabtrennungen, die der ganzen Arena einen etwas skurrilen Anblick verpaßt haben. Insgesamt präsentiert sich das Stadion der Stadt Fulda als intakte, aber seelenlose Arena, die freilich mit ein bißchen Mühe allemal zweitligatauglich gemacht werden könnte.

Bis vor ein paar Jahren mußte man Borussia-Fans noch mit der Lupe suchen. Die jahrzehntelange sportliche Talfahrt mit dem Tiefpunkt Bezirksliga (Ende der 70er Jahre) hatte die Fankultur in der Barockstadt fast völlig zum Erliegen gebracht. Seit die Schwarz-Roten wieder auf dem aufsteigenden Ast sind, hat sich jedoch eine Menge getan. Neben dem Uralt-Fan-Club "Harter Kern" gibt es inzwischen einige andere Fangruppierungen, die in der Regel auf der Südkurve Platz nehmen und auch auswärts vertreten sind. Angesichts der jüngeren turbulenten Vergangenheit muß einem allerdings ein wenig angst und bange werden um Fuldas Fan-Szene, die inzwischen wieder deutlich geschrumpft ist.

Gästeanhänger werden auf der Hintertortribüne am Haupteingang untergebracht. Die Sicht von dort ist mäßig, bei Regen heißt es "Schirm auf", und vor dem häufig überfordert wirkenden Ordnungsdienst nimmt man sich besser in acht. Schon mehrfach wurden auswärtige Kuttenfans in Fulda wie Schwerverbrecher behandelt, während Hools fröhlich von einem Block zum anderen spazieren konnten.

Sitzplätze: 17 - 25 DM
Stehplätze: 13 (7) DM
Gäste: Nordkurve (B)

Fan-Shop Über Geschäftsstelle. Beim Karstadt-Sporthaus am Universitätsplatz gibt es eine begrenzte Auswahl. **Lektüre** Borussen-Express, A4 und kostenlos, was angesichts des mäßigen Inhalts auch besser ist. **Rolliservice** Behindertengerechte Zugänge, Rollstuhlplätze auf der Laufbahn. **Essen** Beste Bratwurst im Fuldaer Land. **Trinken** Alkoholisches Bier, Cola, Fanta, Wasser. **Toiletten** Sauber. **Kneipen** In der Stadionkneipe kann man zum Bier "Premiere" genießen. Kneipentechnisch sucht man am besten die Innenstadt auf, Eßlokalitäten gibt es am Löhertor (u.a. ein Burger King).

STADION: ⚽⚽ **STIMMUNG:** ⚽⚽ **SERVICE:** ⚽⚽

Von der **A7** aus Richtung Frankfurt bis zur Ausfahrt **Fulda-Süd**, dann weiter auf der **B27** Richtung Fulda. Nach ca. sieben Kilometern auf die B254 in Richtung Bronnzell/Stadtmitte wechseln. Nach einigen Kilometern geht es auf der **B254** (Frankfurter Straße) links Richtung Alsfeld. An der nächsten Ampel wieder links und der Straße über die Brücke hinweg in die Johannisau folgen. Von der **A7** aus Richtung Kassel: Abfahrt Fulda-Nord, dann auf der **B27** Richtung Zentrum und der Beschilderung "**Fußball**" folgen (im Zentrum rechts auf die Petersberger Straße, die Innenstadt in Richtung Alsfeld durchqueren und schließlich links in die Johannisstraße). **Parken:** Vor dem Stadion gibt es zwar einen größeren Parkplatz, dennoch kommt es immer wieder zu **Engpässen**. Da hilft dann nur geduldiges Suchen am Straßenrand.

Mit der Buslinie **1B** (Richtung Sickels/Niederrode) kommt man vom Fuldaer Stadtzentrum zur Johannisau (aussteigen Haltestelle **Stadion**). Vom Bahnhof aus gibt es keine direkte Verbindung, bei Spitzenspielen werden jedoch **Sonderbusse** eingesetzt.

GELSENKIRCHEN: Parkstadion

Foto: Stadt Gelsenkirchen

Kapazität: 62.000
Stehplätze: 17.000
Sitzplätze: 45.000

Schalke 04, Kurt-Schumacher-Str. 284a, 45891 Gelsenkirchen
Tel: 0209-700870, Fax: 0209-7008750
www.schalke04.de

Läuft alles nach Plan, wird das Parkstadion ab dem August 2001 nur noch Geschichte sein – zumindest, was Bundesliga-Fußball anbelangt. Die klobige Festung auf dem Berger Feld, das nun wirklich langsam mal in "Schalker Feld" umgetauft werden könnte, wird mit der Inbetriebnahme der multifunktionalen "Arena auf Schalke" jedoch nicht abgerissen, sondern als Trainingsstätte und zugleich als Denkmal eines klassischen 70er-Jahre-Stadions vom Typ A herhalten.

Dieses wurde anläßlich der WM 1974 für 56 Mio. DM aus dem Boden gestampft und vier Jahre nach dem ersten Spatenstich am 4. August 1973 mit dem Schalke-Kick gegen Feyenoord (1:2) eingeweiht. Später fanden in der unpersönlichen und komfortarmen Mehrzweckschüssel u.a. auch Spiele der EM 1988, Titelkämpfe der Leichtathleten, Rockkonzerte, evangelische Kirchentage und katholische Papstbesuche statt. Durch die Umwandlung von Steh- in Sitzplätze sank die Kapazität des Parkstadions in den letzten Jahren von 71.000 auf 62.000 Zuschauer - exakt so viele Menschen sollen auch im direkt nebenan gelegenen neuen Stadion Platz finden. Dieses wurde den Fans schon zu Beginn der 90er Jahre vollmundig versprochen (Präses Eichberg: "Am 30. Juni 1994 wird unser Schmuckkästchen fertig."), doch seit Mitte November 1998 ist die ganze Arena-Geschichte tatsächlich in trockenen Tüchern: Auf der Aussichtsplattform nahe der zukünftigen Südkurve kann sich jedermann vom Fortschreiten der Bauarbeiten überzeugen. Nachdem der Kampfmittelräumdienst auf dem Berger Feld acht Bomben aus dem Zweiten Weltkrieg entsorgt hatte, begann man mit dem Ankippen der Waschberge: Insgesamt 1,2 Mio. Tonnen dieses Bergbau-Nebenprodukts mußten zu einem 10 m hohen Hügel aufgeschüttet werden, um der Arena ein stabiles Fundament zu verleihen. Im Juni 1999 starteten dann auch die Arbeiten am Rohbau - als erstes kam die Westtribüne, die zukünftige Haupttribüne an die Reihe. Zur Jahresmitte 2001 soll das insgesamt 358 Mio. DM teure und weitgehend privat finanzierte High-Tech-Stadion mit Schiebedach und herausfahrbarem Rasen fertiggestellt sein. Bei 20.000 der 62.000 Plätze (internationale Spiele: 52.000) wird es sich um Stehplätze (davon 3.000 für Gäste) handeln, deren Preise im Gegensatz zu den Sitzen wohl um drei Mark erhöht werden. Angesichts der genialen Sichtverhältnisse sowie des neugewonnenen Komforts, der jedoch glücklicherweise nicht in allen Bereichen zu Lasten der Bodenständigkeit gehen soll (Erbsensuppe bleibt!), sollte dies aber zu verkraften sein.

Die Schalke-Fans versammeln sich in den letzten verbliebenen Stehblöcken (Rest variabel) der Nordkurve, wohingegen Auswärtige in ihren Südkurvenblöcken 8 bis 10 mittlerweile sitzen müssen – für Block 8 wir jedoch lediglich der Stehplatzpreis berechnet. Aufgrund der großen Entfernung zum Spielfeld sollten in diesen Bereichen dann eigentlich auch Operngläser auf den Sitzschälchen liegen. Zur Stimmung auf Schalke muß man eigentlich nicht mehr viel sagen: Sowohl der "Attacke"-Schrei als auch die "Steh auf ..,"-Hymne hatten in der Nordkurve ihren Ursprung, und wenn die Königsblauen einen guten Tag haben, dann erbebt das Parkstadion, das von seinen atmosphärischen Voraussetzungen ja eigentlich alles andere als hexenkesseltauglich erscheint, in seinen Grundfesten. Vor der Schalker Kurve versuchen zwar einige Trommler (die wie bezahlte Schergen wirken), die Stimmung weiter anzuheizen, doch nach wie vor geben Willi, der Trompetenmann, und "Catweazle" den Takt vor.

Sitzplätze: 20 - 75 DM
Stehplätze: 12 (8) DM
Gäste: Südkurve, Block 8-10

Überhaupt die Schalker Fans. Gleich vier voneinander unabhängige Organisationen kümmern sich um das Wohlergehen der königsblauen Anhängerschaft: Das ist zum einen das vom FC Schalke hervorragend unterstützte Fanprojekt (Tel: 468846, Fax: 4082477), das sich der Betreuung gewaltbereiter Fans, vor allem aber auch diversen gewaltvorbeugenden Maßnahmen (Aktionen in Schulen, Freizeitangebote, "Mitternachtskick", "Schalke-Kids on tour") verschrieben hat. Während sich der Dachclubverband (Tel: 958860, Fax: 9588625) um die über 20.000 Mitglieder der Fanclubs und etwa 17.000 weitere unorganisierte Fans sorgt und in erster Linie ein umfangreiches Service-Angebot (Auswärtsfahrten, Fankneipe, "Fancard" etc.) bereitstellt, setzt sich der "Supporters Club" für die Vereinsmitglieder ein, da man glaubt, daß ihre Interessen nicht ausreichend vom FC Schalke 04 vertreten werden. Gelten die "Supporters" bislang als das "Nesthäkchen" in der königsblauen Fanszene, so stellt die "Schalker Faninitiative e.V. (Schalker gegen Rassismus)" so etwas wie die "arme Sau" dar. Die Faninitiative (www.community.de/schalfi) engagiert sich vor allem im politischen und kulturellen Bereich und agiert, da sie sich in verschiedenden Dingen gerne auch schon einmal etwas kritischer äußert, weitgehend ohne finanzielle Unterstützung. So muß sie ihren einzigartigen "Fanladen" in der Innenstadt, eine Art Mischung aus Fanshop, Kneipe, Szenetreff und Politbüro (Hansemannstr. 23, 45879 Gelsenkirchen, am Hauptmarkt, Haltestelle Musiktheater, Tel: 24104, Fax: 24204, Hotline 24214) in Eigenregie unterhalten, was nun schon drei Jahre lang gutgegangen ist. Immerhin gestattet der Verein den Verkauf von offiziellen Fanartikeln - ist ja auch was wert. Eine weitere wichtige Einnahmequelle stellt das begnadete Fanzine "Schalke unser" (s.u.) dar. Wer sich für die Arbeit der Faninitiative interessiert oder aber einfach ein schickes Schalke-T-Shirt kaufen will, kann ja mal reingucken - Öffnungszeiten: Di-Fr 10-19h, Sa (Heimspiele) 10-14 + 18-20h. Glückauf!

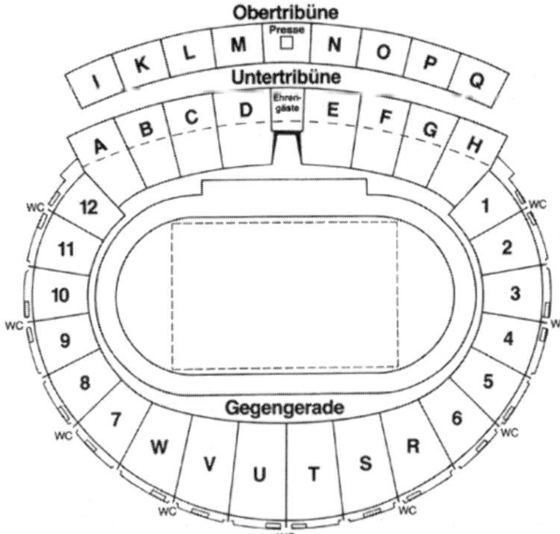

STADION: STIMMUNG: SERVICE:

GELSENKIRCHEN: Parkstadion

Preise Gegen den BVB und Bayern erhöhen sich die Preise um 5 (Steh-) bzw. 10 DM (Sitzplatz). Bei diesen beiden Spielen gibt es auch leider keine verbilligten Familienkarten für Untertribüne und Gegengerade (20-30 DM, kein Vorverkauf, pro Erwachsener mindestens ein Kind), bei "normalen" Kicks kommen Kinder bis sechs Jahre in Begleitung eines Erwachsenen umsonst rein, haben jedoch keinen Anspruch auf einen Platz (dann geht's halt auf den Schoß). Weitere Infos beim Kartenversand (Tel: 53686) oder Karten-Center (Tel: 7008711). Übrigens hat der FC Schalke seine Preise seit Jahren nicht mehr erhöht. Weiter so! Oder vielmehr: Immer so! **Rolliservice** Rollifahrer zahlen incl. eines Begleiters 10 DM, die Karte kann über den Fanshop (s.u.) angefordert werden. Vor der Untertribüne stehen ungefähr 100 Plätze bereit, dennoch sollte man bei großen Spielen mindestens eine Stunde vor Anpfiff vor Ort sein. Für den Parkplatz ist ein Durchfahrtsschein erforderlich, den man kostenlos beim FC Schalke ordern kann. **Fanshop** Fanartikeljäger werden bei den verschiedenen Kleinhändlern vor oder im sowie beim offiziellen "S04-Shop" am Parkstadion fündig. Im Fanladen (s.o.) sind neben offiziellen auch alternative Fanartikel sowie CDs, Bücher, Fanzines etc. erhältlich. Unbedingt mal reinschauen! **Lektüre** Der "Schalker Kreisel" (2 DM) hat nach einer leichten Schwächeperiode wieder an Qualität gewonnen und gehört zu den besten und informativsten Stadionblättern im Lande - auch für Auswärtige lesenswert. Nach wie vor eine Freude: Der "Nordkurwen-Kommentar" des großen Erwin Koslowski. Was die Fanzines angeht, so thront das phänomenale "Schalke unser" (2 DM + Porto an: Postfach 102411, 45824 Gelsenkirchen), die auflagenstärkste und für viele auch beste unabhängige Fanzeitung der Republik über allen anderen Heftchen - von denen es nebenbei bemerkt auch gar nicht mehr allzu viele gibt. Beim "Sprachrohr" (2 DM, Horster Str. 304, 45899 Gelsenkirchen) handelt es sich eher um eine Info-Broschüre des Dachverbandes, "The Boys in Blue" (3 DM, C. Lavery, Auf der Böck 47, 40221 Düsseldorf) ist seit Mitte '98 nicht erschienen und den "Ballermann" gibt's definitiv nicht mehr, was aber auch nicht weiter tragisch ist. Neue Zines sind angeblich in Planung. **Stadionsprecher** Außer "Hallo Nordkurve" kommt da nicht viel. **Essen** Ebenso wie die Eintrittspreise blieben bislang auch die Ablösesummen für die Gaumenfreuden im Parkstadion erfreulich stabil und dabei zivil. Das überaus vielfältige und geschmacklich durchaus zufriedenstellende Angebot reicht von der normalen Bratwurst über Frikadellen, Zwiebelfleisch, Koteletts, Schnitzel, Fischbrötchen, Pizza, Hamburger und belegte Brötchen bis hin zu der kultigen Erbensuppe - vor allem der Bereich hinter der Gegengeraden dürfte ausgehungerten Fans wie das Schlaraffenland erscheinen. Komplettiert wird die ganze Geschichte natürlich durch Eis. **Trinken** Das Bier (Veltins, der Becher 4 DM) enthält mittlerweile wieder Alkohol und ist manchmal bis meistens auch schön kalt. Gleiches gilt für Limo und Wasser, im Sommer ist letzteres an den Büdchen (an denen v.a. in der Nordkurve oft unerträglich lange Wartezeiten entstehen) allerdings auch schon mal zur Halbzeit alle. Im Winter kann sich der Fan u.a. an Kaffee, Glühwein oder Tee mit Rum erwärmen. **Toiletten** Naja. Gibt ja bald ein neues Stadion. Schwamm drüber. **Kneipen** Hat sich der Fußballfreund nach Abpfiff aus dem Stadion gekämpft, was bei Spitzenspielen durchaus einige Minuten in Anspruch nehmen kann, sieht er sich einer trostlosen Einöde gegenüber. Doch das "Ruhrpott" ist ja glücklicherweise nur fünf Fußminuten entfernt: Die relativ neue Kneipe, das ehemalige "Café Gauloises" (Ecke Hei-/Neustraße, Richtung Erle), macht ihrem Namen wahrlich alle Ehre und bietet mit all den Accessoires Bergmannsambiente im neuen Stil. Auch im Fanladen (s.o.) können Auswärtige vor und nach dem Kick durchaus mal vorbeischauen und sich bei einem Bierchen oder einem Köpken Kaffee auf ein fundiertes Fachgespräch einlassen oder aber einfach mit den anderen vor die Glotze hocken. Im Stadtteil Schalke finden sich nahe der Glückaufkampfbahn schließlich das Kultlokal "Bosch" (Kurt-Schumacher-Straße, mit der 302 zu erreichen, Haltestelle "Ernst-Kuzorra-Platz") und das "Auf Schalke" (Uechtingstr. 98), die Stammkneipe des Dachverbands, in der sich wirklich alle Fans gefahrlos treffen können – gibt nie Theater. Wer mag, kann am Bahnhof auch mal das "Café Central", das Domizil des Supporters Club, ausprobieren.

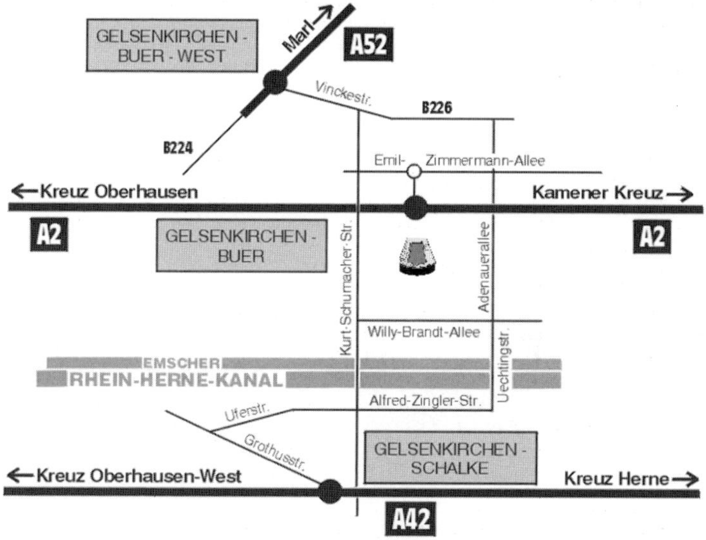

Über die **A2** (Hannover, Oberhausen etc.): Von der Abfahrt **Gelsenkirchen-Buer** (6) geht es sogleich auf eine Art Kreisel, den man an der zweiten Möglichkeit – also quasi auf neun Uhr - zugunsten der Emil-Zimmermann-Allee wieder verläßt. Gleich wieder links auf die **Kurt-Schumacher-Straße**, über die Autobahn hinweg, rechts ab und den Schlenker zu den Plätzen an der sinnigerweise Parkstadion titulierten Arena mitmachen. Ist einfach und auch ausgeschildert.
Über die **A42** (Emscherschnellweg): Von der Abfahrt **Gelsenkirchen-Schalke** (16) links auf die Grothusstraße in Richtung Horst fahren und der weiteren Beschilderung "Parkstadion" folgen: Nach etwa einem Kilometer rechts in die Uferstraße, ein Stückchen am Kanal entlang und dann links die Kurt-Schumacher-Straße hinauf zu den Parkplätzen.
Über die **A52** (von Marl): Von der Abfahrt **Gelsenkirchen-Buer-West** (12) auf die Vinckestraße (**B226**) und nach etwa zwei Kilometern rechts in die Kurt-Schumacher-Straße (Rest s.o.).
Versteckte **Parkmöglichkeiten** sind eigentlich nicht, offizielle dafür im Normalfalle ausreichend vorhanden. **Busse** können den gesonderten Busparkplatz anfahren und etwas zeitiger gen Heimat düsen. Nach nahezu jedem Spiel ist die Abfahrt mit erheblichen Wartezeiten verbunden, sowohl was das Verlassen der Parkplätze als auch das Befahren der Autobahn angeht. Bei **Abendspielen** sollte man sich zudem den Standort seines Gefährtes gut einprägen oder aber ein Nachtsichtfernglas im Gepäck haben: Die Beleuchtung der Parkplätze läßt ein wenig zu wünschen übrig.
Von Hauptbahnhof fährt man in einer Viertelstunde mit der Straßenbahnlinie **302** (gen Gelsenkirchen-Buer Rathaus) direkt bis zum Parkstadion, ferner kann man auf die Buslinien **380** (Richtung Gelsenkirchen-Buer/Rathaus) oder **381** (Gelsenkirchen/Am Markt) zurückgreifen und den anfallenden Rest zu Fuß zurücklegen. An Heimspieltagen werden außerdem zahlreiche Bogestra-**Sonderwagen** eingesetzt. Die **Eintrittskarte** berechtigt zur Benutzung aller Busse und Bahnen im Gesamtgebiet des Verkehrsverbundes Rhein-Ruhr, ansonsten kostet der Fahrschein (Stufe A) 3,20 DM, eine Tageskarte (für fünf Leute) 10,80 DM.
Stehen brisante Paarungen auf dem Spielplan, wird für Gästefans ein von der Polizei eskortierter **Buspendeldienst** Bahnhof-Stadion und zurück eingerichtet.

Foto: Hardy Grüne

Kapazität: 18.000
Stehplätze: 13.000
Sitzplätze: 5.000

Göttingen 05, Schützenanger 1, 37081 Göttingen
Tel/Fax: 0551-31480, Tel. Jahnstadion: 0551-76564

Das Jahnstadion liegt inmitten Göttingens "grüner Lunge" und ist daher prädestiniert für einen erholsamen Nachmittag. Mit seiner architektonisch gelungenen Tribüne - die übrigens Modell stand für den Karlsruher Wildpark und das Stuttgarter Daimlerstadion - gilt es zudem als eine der schönsten Arenen im Norden und ist mit rund 18.000 Plätzen auch für den Spielbetrieb in höheren Ligen geeignet. Doch um allzu euphorischen Schwärmereien gleich vorzubeugen: Es handelt sich um eine klassische Leichtathletikanlage, die wenig zur Schaffung einer Fußballhölle beiträgt. Man beachte beispielsweise die Plazierung der Sprecherkabine: Nicht auf Höhe der Mittellinie befindet sich der Glaskasten, sondern auf Höhe der 100-m-Linie - und das, obwohl Göttingen nie eine Leichtathletikhochburg war. Der bauliche Ausdruck der Arena ist vielmehr das Ergebnis eines kommunalpolitischen Desasters.

Ohnehin ist die Geschichte des Jahnstadions vor allem die des Maschparks - und die ist eine tragische. Heimat der 05er seit 1905, mußte die einst hinter dem Bahnhof befindliche Traditionsstätte 1968 einem Schulkomplex weichen und lebt heute nur noch in den Heldensagen des Göttinger Fußballs weiter. 05 kickt seither im Jahnstadion und fühlt sich irgendwie heimatlos, denn der Anfang der 70er Jahre an anderer Stelle eröffnete und heute schon wieder marode "neue" Maschpark wurde nie als Ersatz akzeptiert.

Kurz zu den Jahnstadion-Daten: 1913 als Sportfeld eröffnet und 1926 mit Zuschauerrängen versehen, darf es sich seit einer allumfassenden Erweiterung im Jahre 1955 "Stadion" nennen. Zwischen 1974 und 1977 sowie 1980/81 sah die damals tribünenlose Arena Zweitligafußball. 1978 entstand die Gegengerade mit Umkleidetrakt und Gastronomiebetrieb, 1986 gab es nach unsäglichen Streitereien (Hauptfrage: Ausbau des Jahnstadions oder des damals rund 10.000 Plätze bietenden "neuen" Maschparks) die überdachte Tribüne, die mit ihren etwas mehr als 5.000 Sitzschälchen als "zu groß" für Hauptnutzer 05 bezeichnet werden muß. Beide Kurvenbereiche befinden sich noch im 1955er Urzustand, und sind bei entsprechendem Wetter bestens zum gemütlichen Sonnenbaden/Fußballgucken geeignet.

Manchmal muß man kurz vor dem Tod stehen, um aufzuwachen. So geschehen mit der Göttinger Fanszene, die vor wenigen Jahren nur noch in rudimentären Resten vorhanden war. Erst als 05 1998 mit Pauken und Trompeten aus der Regionalliga abstieg und nur um Millimeter am Konkurs vorbeischlitterte, rappelte sie sich endlich auf und entwickelte eine mit Trotz zu umschreibende Eigenart, die mit dem Fanzine "Der Schlafende Riese" ihre lesenswerte Stimme hat. In der Oberligasaison 98/99 schwoll die Schar der mitreisenden Schwarz-Gelben auf mitunter 400 Köpfe an, und auch im Jahnstadion entsteht seither durchaus Fußballatmosphäre. Diejenigen, denen die Heimelf am Herzen liegt, plazieren sich auf der Gegengeraden, derweil Gästefans die Kurve am Haupteingang zugewiesen wird. Die Sichtverhältnisse sind grundsätzlich gut, Minuspunkte gibt es für die Entfernung zum Spielfeld. Obwohl fröhlicher Gesang und Tanz groß geschrieben werden, finden mitunter auch finstere Zeitgenossen den Weg ins Jahnstadion, was kleineren Gästegruppen unangenehme Begegnungen bescheren könnte.

Sitzplätze: 20 (18) DM
Stehplätze: 13 (11) DM
Gäste: Kurve Haupteingang

Lektüre "05-Aktuell", kostenlos und in beinahe jeglicher Hinsicht verbesserungswürdig. Das Fanzine "Der Schlafende Riese" kostet je nach Ausgabe 1-2 Mark und ist zu beziehen über: Heinrich-Heine-Str. 6, 37083 Göttingen. **Rolliservice** Kostenlose Rollstuhlplätze am Spielfeldrand. **Essen** Gute Bratwurst. **Trinken** Alkoholisches Bier, Cola, Fanta, Wasser. **Toiletten** Funktional. **Kneipen** Das Sportpark-Restaurant bietet nicht nur Gelegenheit für ein Bier nach dem Spiel, sondern zudem leckere gutbürgerliche Küche. Alles weitere findet sich in der Innenstadt, die rund 15 Fußminuten entfernt ist.

STADION: ⚽⚽⚽⚽ **STIMMUNG:** ⚽⚽⚽ **SERVICE:** ⚽⚽

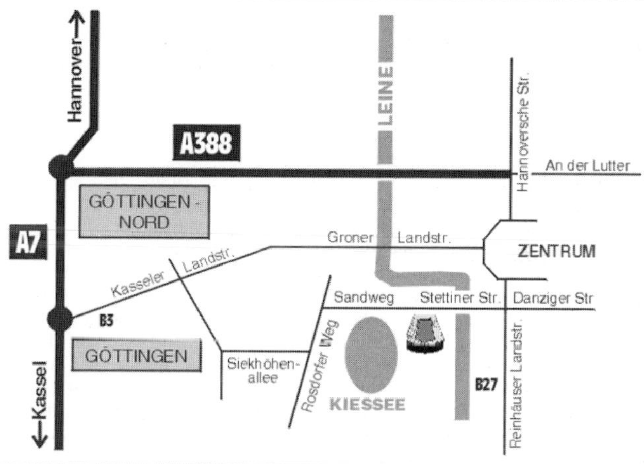

Die **A7** bei **Göttingen/Dransfeld** verlassen und weiter in Richtung Göttingen. Nach ungefähr 800 Metern rechts Richtung Rosdorf/Göttingen. Nach rund zwei Kilometern an der **Ampel** an der T-Kreuzung links Richtung Rosdorf/Göttingen und an der nächsten Ampel rechts (Vorsicht: kontrollierte Tempo 30-Zone!) zum Stadion. **Parken:** Ein Alptraum! Wenn das Wetter schön ist, darf das Flutgebiet des Leinekanals benutzt werden (unmittelbar nach dem See rechts), ansonsten bleibt nur mühsame Sucherei. Tips: Am Jahn- und SVG-Stadion vorbei und es auf dem Schotterweg rechter Hand versuchen, oder aber im angrenzenden Wohngebiet suchen.

Die **Bahnhof** und **Stadion** miteinander verbindende Buslinie **15** (Bussteig "k", Richtung Rosdorf) fährt samstags und sonntags nur zu fußballungünstigen Zeiten. **Alternativen:** Linie **14** (hält direkt vor dem Stadion) oder **4** (hält am nahegelegenen "Freizeitbad"). Beide fahren ab Kaufhaus Carré. Grobe Richtung: Aus Bahnhof raus und Richtung Innenstadt, in der Fußgängerzone links.

GÜTERSLOH: Heidewaldstadion

Foto: Michael Seiß

Kapazität: 12.500
Stehplätze: 11.350
Sitzplätze: 1.150

FC Gütersloh, Schalückstr. 5, 33330 Gütersloh
Tel: 05241-1830, Fax: 05241-1839

Bis zum Beginn der 70er Jahre dümpelte das kurz nach dem Zweiten Weltkrieg errichtete Heidewaldstadion mehr schlecht als recht vor sich hin. Dann jedoch versah man das Sportgelände mit einer damals wohl recht schicken überdachten Haupttribüne, die auch heute noch einen zumindest soliden Eindruck hinterläßt, und erweiterte die Stehränge zuungunsten der überflüssigen Aschenbahn, so daß urplötzlich ein reines und feines Fußballstadion mit einer Kapazität von 20.000 Zuschauern entstanden war. Angesichts der sportlichen Achterbahnfahrt der konkurrierenden Vereine DJK und SVA, die sich 1978 zum FC Gütersloh zusammenschlossen, mochte dies vielleicht übertrieben erscheinen, doch immer dann, wenn es gut lief, strömten die begeisterungsfähigen Ostwestfalen in Scharen in ihre heimelige Arena.

Bis 1996 bekamen sie dort jedoch ausschließlich dritt- oder gar viertklassigen Ligafußball zu sehen. Nach dem Durchmarsch des FCG in die Zweite Liga wurde das Stadion dann einer notdürftigen Generalrenovierung unterzogen, wodurch das Fassungsvermögen auf 12.500 Zuschauer sank. Als die Elf von Trainer Linßen im Frühjahr 1998 jedoch gar vehement ans Tor zur Bundesliga klopfte, entbrannten hitzige Diskussionen um einen kompletten Um- oder gar Neubau ("Ostwestfalen-Stadion") an anderer Stelle. Eine Sicherheitskommission des DFB unter Beteiligung der Gütersloher Polizeibehörde war damals zu dem Ergebnis "Bundesligafußball ist hier schlicht und einfach nicht durchführbar" gekommen. Allein der Sicherheitsdienst im Heidewaldstadion und der Geschmack der Bratwurst hielten den Ansprüchen stand - aber das mit dem Ausweichen nach Bielefeld, Dortmund oder gar Hannover hat sich ja nun fürs Erste erledigt. Immerhin verfügt die Arena seit Oktober 1998 über eine Flutlichtanlage. Fragt sich mittlerweile nur, was sie erhellen soll.

Der Stammplatz der FCG-Fans ist die Westkurve neben dem Haupteingang, der stets ordentlich gefüllt und auch beflaggt ist. Im Gästeblock IV (Ostkurve, gesonderter Eingang!) haben rund 2.500, bei Bedarf auch 5.000 Leute Platz.

Preise Schüler, Studenten, Azubis, Renter und Behinderte stehen und sitzen billiger. Kinder bis 14 Jahre zahlen für den Stehplatz nur 5 DM.
Rolliservice Rollifahrer zahlen den ermäßigten Preis (Begleitperson frei) und können bei rechtzeitigem Erscheinen direkt am Eingang parken. Plätze wahlweise am Heim- oder Gästeblock oder aber auf der Tribüne (Block A, Reihe 1).
Fanshop Der FCG-Fanshop (Friedrich-Ebert-Str. 46) hat bis auf weiteres geschlos-

sen. Wenn er denn jemals seine Pforten wieder öffnet, so wird er dies Mo-Fr von 10-12 und 14.30-18.30 Uhr tun. Ansonsten wird man bei Heimspielen an der Tribüne fündig. **Lektüre** Das kostenlose Stadionheft F.C.G. live kommt im farbigen A4-Gewand daher und kann sich durchaus sehen lassen. Gerne mal wieder sehen würde man auch das Fanzine Der letzte Cowboy (2 DM, Berliner Str. 32, 33330 Gütersloh), aber der Cowboy reitet in der Regionalliga anscheinend nur noch sporadisch. **Essen** Die einst als "beste Wurst im Land" gelobte Bratwurst schmeckt nach wie vor sehr lecker (und an allen Buden gleich, wie ein recht anstrengender Test ergab), darüber hinaus kann man auf Süßes und Eis zurückgreifen. **Trinken** Das Herforder Pils fließt mitsamt Promille in den Becher, ferner gibt's Limo, Wasser und im Winter auch mal Tee mit Rum. **Kneipen** Nach dem Match geht es meist ins beliebte Vereinslokal, das Gasthaus Roggenkamp (Brockweg 108). Direkt am Stadion lädt zudem ein griechisches Restaurant zu Gyros und Souvlaki.

Sitzplätze: 25 - 35 DM
Stehplätze: 14 (10) DM
Gäste: Ostkurve, Block IV

STADION: ●●● **STIMMUNG:** ●●● **SERVICE:** ●●

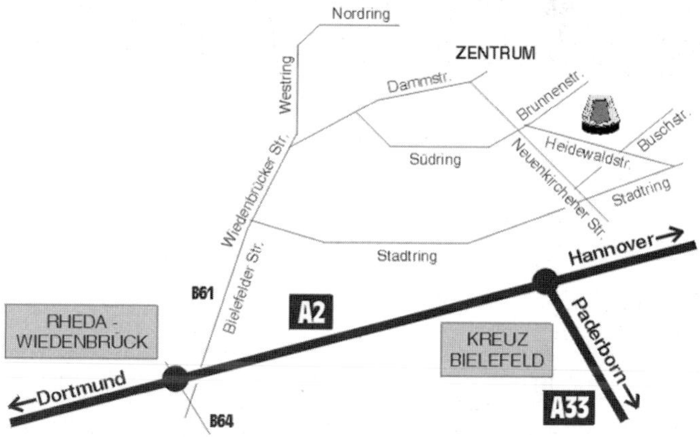

Von **Dortmund**: Über die **A2** bis zur Ausfahrt **Rheda-Wiedenbrück** (23), rechts und gleich noch einmal rechts auf die Bielefelder Straße (**B61**) gen Gütersloh. Von der Wiedenbrücker Straße fährt man dann rechts auf den Stadtring (Nordhorn) und nach etwas mehr als zwei Kilometern dann links auf die Neuenkirchener Straße, von der aus rechts schließlich Brunnen- und Heidewaldstraße abgehen, an welcher das Ziel der Reise gelegen ist. Das Heidewaldstadion ist ab dem Ortseingang aber auch **ausgeschildert**.
Von **Hannover**: Über die **A2** bis zur Ausfahrt **Gütersloh** (24) und auf der Verler Straße gen Zentrum (ab der Welle ausgeschildert). Kurz vor der Unterführung links auf den Stadtring und nach gut einem Kilometer rechts in die Heidewaldstraße.
Am **Südring** findet sich ein großer und gebührenpflichtiger Parkplatz, bei zuschauerträchtigen Spielen stellt zudem die Firma Vossen ihren Betriebsparkplatz kostenlos zur Verfügung (knapp 400 Meter vom Stadion entfernt).

Gegenüber des Hauptbahnhofs befindet sich am Willy-Brandt-Platz der Zentrale Omnibusbahnhof (wird gerade umgebaut, kommt ein Multiplexkino drüber), von welchem man (zumindest bis zuletzt) mit den **Buslinien** 40, 42, 76 und 77 direkt bis zur Heidewaldstraße bzw. zum Stadion fahren kann. Aber im Zuge der Umgestaltung des ZOBs wird sich da sicherlich noch etwas ändern. Wie dem auch sei: Zu **Fuß** sind es vom Bahnhof zum Fußball am Stadtpark entlang bzw. durch ihn hindurch und dann die Brunnenstraße runter gut 20 Minuten.

HALLE: Stadion am Zoo

Foto: Dirk Schulz

Kapazität: 6.000
Stehplätze: 4.800
Sitzplätze: 1.200

VfL Halle 96, Geschwister-Scholl-Str. 24, 06118 Halle
Tel: 0345-5323726, Fax: 0345-5320888

Sie sind schon ein bißchen stolz beim VfL Halle 96. Nicht nur, daß sie den Sprung unter die besten Teams im Nordosten geschafft haben, sondern vor allem darüber, daß sie damit gleichzeitig den einst übermächtigen Lokalrivalen HFC verdrängt haben. Zu DDR-Zeiten hatten die unter der Bezeichnung "Empor" kickenden 96er – in den 20er Jahren einer der stärksten Klubs in Sachsen-Anhalt – nämlich nicht viel zu lachen gehabt und waren im Schatten des von allen Stellen hofierten HFC Chemie ziemlich stiefmütterlich behandelt worden. Da ist es durchaus nachzuvollziehen, daß im Stadion am Zoo eine gewisse Genugtuung herrscht, nun zwei Klassen über dem bis in die Landesliga abgestürzten alten Rivalen aus dem Wabbel-Stadion zu kicken.

Wie die 96er hat auch die Heimstatt der Rot-Blauen schon ein paar Jahre auf dem Buckel – und schämt sich nicht, dies zu zeigen. Am 4. September 1910 mit einem Spiel gegen den VfB Leipzig eingeweiht, kicken die Rot-Blauen nun schon seit rund neunzig Jahren auf dem Areal um Punkte. Allerdings stand dort, wo sich heute die unüberdachte Haupttribüne befindet, lange Zeit eine herrlich anzuschauende Holzkonstruktion mit rund 200 Sitzplätzen und Kabinen im Bauch, die in den fünfziger Jahren den Errungenschaften der Plattenbautechnik zum Opfer fiel. Daß der an ihre Stelle gerückte Neubau eher sachlich funktional ausfiel und zudem keine Überdachung aufweist, darf als Wermutstropfen gewertet werden - immerhin bekam er zum Aufstieg in die Regionalliga aber neue Sitzbänke.

Nostalgie überfällt einen insbesondere auf der Gegengerade, die aus mit Schotter ausgelegten Stehtraversen besteht und zum Spielfeld hin mit einem Zaun abgetrennt ist. Dort steht man auf historischem Boden, denn die Ränge dürften noch aus der Frühzeit des Stadions am Zoo stammen. Die Hintertorseiten hingegen sind flach wie das Spielfeld.

Insgesamt präsentiert sich das Stadion am Zoo glänzend in Schuß, was einer kürzlich durchgeführten gründlichen Renovierung durch den heimischen VfL 96 zu verdanken ist. 1994 hatte man mit der Sanierung begonnen und die maroden Stehtraversen der Hauptgeraden durch einen Terrassenweg ersetzt. Alsdann war das Vereinscasino aufgestockt, die Toiletten einer Komplettrenovierung unterzogen (und Damentoiletten installiert) sowie der Eingangsbereich neu konzipiert worden. Entstanden ist eine heimelige Anlage, die liebevoll gepflegt erscheint und neben einer gehörigen Portion anmutiger Nostalgie auch diverse moderne Errungenschaften aufweist. Bestes Beispiel sind die gläsernen Kassenhäuschen in den Vereinsfarben. Auch die geringe Kapazität bereitet (noch) niemand Kopfschmerzen. Ein Ausweichen ins weitaus größere Kurt-Wabbel-Stadion will man jedenfalls "möglichst vermeiden", und wenn der Zustrom der Fans eines Tages mal richtig groß werden sollte, bietet die Arena am Zoo ausreichende Erweiterungsmöglichkeiten. Beim VfL 96 hat die Zukunft jedenfalls schon begonnen.

Da hat sich was getan in Halle. Nach jahrzehntelang fast ausschließlich auf den HFC Chemie ausgerichteter Fan-Gunst hat sich Traditionsklub VfL 96 inzwischen ein beachtliches Grüppchen Anhänger erarbeitet. Die Rot-Blauen beachten die Heimkicks ihrer Lieblinge von der rechten Hälfte der Gegengeraden aus und sind auch auswärts stets vertreten. Furore machten sie vor allem durch die afrikanische Trommelgruppe, die zu den regelmäßigen Besuchern im Stadion am Zoo zählt. Die Mitglieder der Kombo sind Fans des kongolesischen VfL-Spielers Rock Embingou ("Rocky"). Gästen wird im Stadion am Zoo die eingezäunte linke Hälfte der Gegengerade zugewiesen, die über einen separaten Eingang zu erreichen ist.

Sitzplätze: 12 (9) DM
Stehplätze: 8 (5) DM
Gäste: Gegengerade

Lektüre Kostet zwei Mark und ist durchaus lesenswert. **Rolliservice** Für fünf Mark ist man am Spielfeld dabei. **Essen** Bratwurst, Bockwurst, Fischbrötchen. **Trinken** Alkoholisches Bier (noch...) + Softdrinks. **Toiletten** Frisch renoviert, im Vereinsheim. **Kneipen** Das Stadion am Zoo befindet sich inmitten eines ausgedehnten Kleingartenareals. Lokalitäten finden sich folglich nur wenige. So bleibt als Tip vor allem die Stadiongaststätte "Der 96er", in der neben Grillhaxe, Omelettes und Rührspeisen Böhmische Küche serviert wird.

STADION: ⚽⚽⚽ **STIMMUNG:** ⚽⚽⚽ **SERVICE:** ⚽⚽⚽

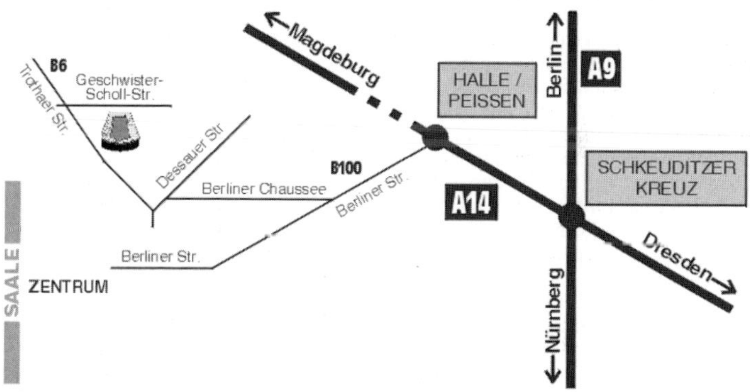

Die **A14** bis zum Endpunkt **Halle/Peißen** fahren und dann weiter auf der Berliner Straße bzw. Nordost-Tangente (B100) Richtung Halle-Zentrum. Am Tangentenende (unmittelbar vor dem S-Bahnhof "Dessauer Brücke") links auf die Dessauer Straße und sogleich wieder rechts auf die Paracelsiusstraße Richtung Bernburg/Aschersleben, die nach einigen 100 Metern auf die Trothaer Straße (B6) führt. Alsdann rechts in die Geschwister-Scholl-Straße, an der sich das Stadion befindet. **Parken:** Straßenparken. Wer will, kann für zwei Mark eine Parkkarte erwerben.

Der nahegelegene **S-Bahnhof Zoo** soll noch 1999 wieder geöffnet werden und ist dann mit der **Linie 2** ab Riebeplatz zu erreichen. Bis dahin: entweder die "Dessauer Brücke" oder "Wohnstadt-Nord" ansteuern und zehn Fußminuten einplanen.

HAMBURG: Volksparkstadion

Foto: firo

Kapazität: 55.000
Stehplätze: 10.000
Sitzplätze: 45.000

Hamburger SV, Sylvesterallee 7, 22525 Hamburg
Tel: 040-41550, Fax: 040-41551060
www.hsv.de

Der alte Volkspark ist tot - lang lebe das "Neue Volksparkstadion". Schon imponierend, was die Hamburger da in relativ kurzer Zeit auf die Beine gestellt haben: Aus der öden Mehrzweckarena ist binnen weniger Monate ein wunderschöner Fußballtempel entstanden, der zwar noch nicht ganz fertiggestellt ist, aber selbst in seinem Rohbauzustand als neues Juwel am deutschen Stadienhimmel funkelt.

Angefangen hat alles mit dem "Altonaer Stadion", das im September 1925 erstmals seine Pforten öffnete. Die Arena besaß damals ein Fassungsvermögen von knapp 40.000 Zuschauern - beim 1928er Endspiel um die Deutsche Meisterschaft, das der HSV mit 5:2 gegen Hertha gewann, sollen allerdings 50.000 Mann anwesend gewesen sein. Nach dem Ende der britischen Befehlschaft begann man 1951 mit dem Umbau bzw. Wiederaufbau des Stadions, das im Krieg erhebliche Schäden davongetragen hatte, und am 12. Juli 1953 konnte das 71.000 Zuschauer fassende "Volksparkstadion" mit einem Freundschaftskick gegen Birmingham eingeweiht werden. Im selben Jahr gab der HSV seine heimatlichen Gefilde am Rothenbaum zumindest teilweise auf und zog zu allen wichtigen Spielen in den ausgelagerten Volkspark um.

Nach der Installation einer Flutlichtanlage 1961 wurde die Arena anläßlich der bevorstehenden WM Anfang der 70er Jahre abermals umgebaut: Für rund 15 Mio. DM überdachte man die Südtribüne, errichtete eine Anzeigetafel und wandelte mehrere tausend Steh- in Sitzplätze um, wodurch die Kapazität auf 61.120 Zuschauer sank. Um das Stadion dann für die Euro 1988 herzurichten, standen sicherheitstechnische Aspekte und einige kleinere kosmetische Operationen auf dem Bauplan - doch beim HSV wurde man mit der Arena, die als eine der unpersönlichsten Spielstätten der Liga galt, nie so recht glücklich. Zwar tauchten am Jahresende 1993 erstmals Pläne auf, das Stadion zu einem symbolischen Preis (ne Mark) zu kaufen und mit Hilfe von Investoren komplett umzubauen, doch sollten noch Jahre verstreichen, bevor dann endlich Butter bei die Fische kam: Am 30. April 1998 wurde die Baugenehmigung erteilt, am 2. Juni folgte der erste Spatenstich. Und dann ging alles ganz schnell: Das Spielfeld wurde um 90 Grad gedreht, die Ostkurve abgerissen. Während der Bauarbeiten (im Drei-Schicht-Betrieb) bot das Provisorium rund 30.000 Fans Platz, Ende Juli 1999 war der Rohbau fertig. Ist das 159 Mio. DM schwere Werk gegen Ende des Jahres vollendet, können 55.000 Menschen (10.000 davon auf Stehplätzen, die in Sitze umfunktionierbar sind) Fußball pur genießen können.

Nachdem sich die Fanszene im alten Volkspark im Laufe der Jahre allmählich auseinanderdividiert hatte und Teile der HSV-Anhängerschaft von den angestammten Westkurvenblöcken E und F in die unterschiedlichsten Sitzbereiche ausgewandert waren, versammeln sich die Hamburger nun wieder gemeinsam auf der Nordtribüne. In den Stehblöcken der A-Bereiche (also ganz unten) findet sich der harte Kern - die 9.000 Plätze waren in der Saison 99/00 im Null Komma nix ausverkauft. Auf dem B-Rang haben sich v.a. die "Supporters" niedergelassen und in der schwindelerregenden Höhe der C-Blöcke (nix für Luftkranke) machen sich nun die Fanclubs aus dem Umland breit. Ärgerlich: Vor der Nordtribüne steht leider wieder ein Zaun – was sich die Fans jedoch durch einige Wurfaktionen selbst zuzuschreiben haben. Auswärtsreisende gehören in die Blöcke 14 (A+B) der Südwestecke, fantastische Sichtverhältnisse sind von jedem (aber auch wirklich jedem) Platz aus garantiert.

Sitzplätze: 25 - 82 DM
Stehplätze: 10 - 25 (15) DM
Gäste: Block 14 (A+B)

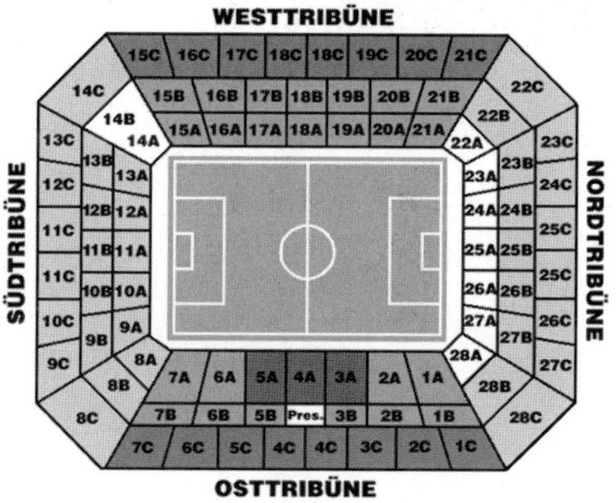

Preise Für Schüler, Studenten, Rentner und Soldaten wird's billiger. Im Familienblock 8 (A+B) zahlen (maximal) zwei Kinder (bis 14) in Begleitung eines Erwachsenen nur 10 DM, Kinder-Zusatzkarten gibt's auch für West- und Osttribüne. **Rolliservice** Rollifahrer zahlen (inkl. Begleiter) 15 DM, die Sicht von den Plätzen auf der Südtribüne (oberhalb des A-Rangs, hinter der letzten Sitzreihe) ist genial. **Fanshop** Momentan nur zwei Busse und der Supporters- Container (Westkurve), aber bald wird in der Haupttribüne auch ein richtiger Fanshop seine Pforten öffnen. Draußen wäre in erster Linie der HSV-Fan-Center (Eppendorfer Weg 234, Tel: 4227607) zu nennen, in dem die Supporters auch Karten, Fanzines und allgemeine Infos anbieten. **Lektüre** Für 2 DM erhält der geneigte Käufer mit "HSV live" eine solide Stadionzeitung. Nicht mehr und nicht weniger. Für den gleichen Preis sind die "Supporters News" (Sylvesterallee 7, 22525 Hamburg, Tel: 41551530) zu haben, wobei es sich nicht unbedingt um ein klassisches Fanzine handelt, sondern eher um ein Sprachrohr der hochgradig aktiven HSV-Supporters. Das derzeit beliebteste unabhängige Zine "DBA" wird von den "Blue Devils" (2 DM + Porto an: H. Dannenbring, Breslauer Str. 42, 31582 Nienburg) herausgebracht, ferner kann man sich mal nach "Naked Truth" umhören. Ansonsten sieht's schlecht aus: Der "Schulmädchenreport" will nicht mehr, der "Spreebär" darf nicht mehr (da als Fanbeauftragter bei Hertha engagiert) und die "Tribüne überdacht" kann nicht mehr – Joachim muß sich nämlich um seinen Laden "Football Factory" (Steinstr. 17b, Nähe Hbf.) kümmern, in dem er wiederum neben Trikots und Videos auch Fanzines (u.a. von der Insel) verkauft. Guter Laden übrigens. **Essen** In den A-Bereichen finden sich einige provisorische Stände mit dem handelsüblichen Stadionkrams. Was letztendlich dauerhaft angeboten werden soll, ist noch in der Schwebe. Zumindest Warteschlangen wird's aber bald nicht mehr geben – vorgesehen sind nämlich "350 lfm Theken für Fastfood, 1.000 qm Gastronomie/VIP-Restaurant, 1.000 qm Restaurants/öffentl. Restaurants". Was auch immer letzteres heißen mag. **Trinken** Zusätzlich zum "unten" erhältlichen Standardprogramm (Bier, Cola, Fanta) laufen "oben" auch fliegende Verkäufer mit Kanistern auf dem Rücken in den Blöcken herum. **Kneipen** Alles wartet auf die große Fankneipe in der

Ost/Nord-Ecke, deren Eröffnung den Fans zur Rückrunde versprochen wurde. Da im Umfeld der Arena Industrie- und Waldgebiete dominieren, verstreut sich die Szene nach dem Kick: Viele wandern gen Kiez, andere streben in die Stammkneipen ihrer Viertel. Wer will, kann jedoch vor und nach Samstagsspielen im HSV-Fanhaus (Stresemannstr. 162, Nähe S-Bahnhof Holstenstraße, Tel: 431495) auf ein Bierchen, eine Partie Kicker oder Billard oder ein TV-Guckerchen vorbeischauen.

STADION: ⚽⚽⚽⚽⚽ **STIMMUNG:** ⚽⚽⚽⚽ **SERVICE:** nicht zu bewerten

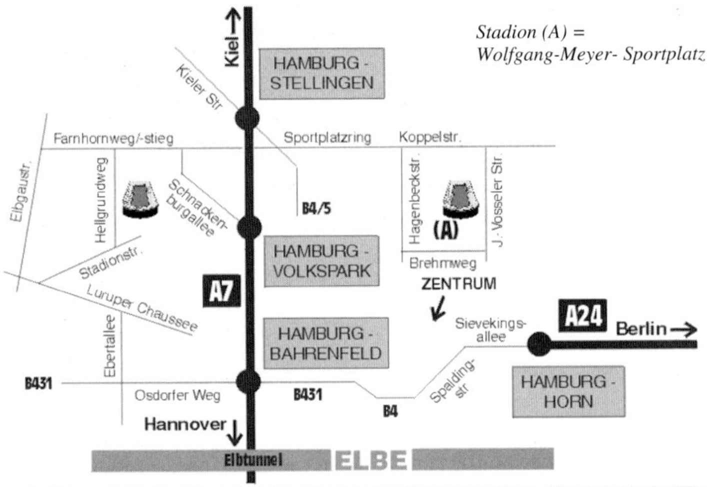

Von **Dortmund**: Über die **A1** bis zum Buchholzer Dreieck, dort auf die **A261** und am Dreieck Hamburg-Südwest auf die **A7**. Nun durch den Elbtunnel und wahlweise an den Abfahrten **Hamburg-Bahrenfeld**, **Hamburg-Volkspark** oder **Hamburg- Stellingen** heraus - der Rest ist ausgeschildert. Von **Hannover** o. **Kiel**: Über die **A7** geradewegs durch bis zu den obigen Abfahrten. Von **Berlin**, **Rostock** und **Lübeck**: Über die **A24** bzw. die **A1** und das Kreuz Hamburg-Ost hinweg in Richtung Zentrum. Nach dem Autobahnende (Hamburg-Horn) in Richtung Altona/St. Pauli halten und auf der **B4** (Ost-West-Straße, Budapester Straße) sowie der **B431** (Stresemannstraße, Bahrenfelder Chaussee) gen Bahrenfeld bzw. der A7, bis die Hinweisschilder zur HSV-Arena auftauchen.
Mit dem **Parken** gibt es normalerweise keine Probleme: Einige gebührenpflichtige (bis zu fünf Mark) Großparkplätze sind in ausreichender Zahl vorhanden, zudem befinden sich einige P+R-Plätze in der Nähe der Arena. Die Chancen, nach Spielende einem **Stau** auszuweichen, sind allerdings äußerst gering. Am besten wartet man einfach, bis sich die Parkplätze ein wenig geleert haben.

Vom Hbf. geht es in rund 15 Minuten mit der S-Bahnlinie **S21** (Richtung Elbgaustraße) bis zur Haltestelle **Stellingen** (Volksparkstadion), ab dort kostenloser Bus-Shuttle-Dienst. Wer am Bahnhof Altona ankommt, nimmt die **S3** (gen Pinneberg bzw. Elbgaustraße). Die Eintrittskarte gilt meistens ("wenn's draufsteht") als Ticket für die HVV. Wer noch keine hat oder "wenn's nicht draufsteht", muß man für den Fahrschein ab Hbf. satte 4,20 DM, ab Bahnhof Altona 2,70 DM hinblättern. Günstiger kommt eine Gruppenkarte für 13,80 DM daher, die für fünf Personen gültig ist. Ansonsten kann man das Stadion mit der **Buslinie 190** bis S-Bahnhof Stellingen oder Farnhornstieg (Endhaltestelle) erreichen. Hinzu kommen **Sonderbahnen** und -busse, die normalerweise im Fünfminutentakt verkehren.

Foto: Dirk Schulz

Kapazität: 2.500
Stehplätze: 2.200
Sitzplätze: 300

Die Heimat der **HSV-Amateure**

Alles Jammern nützt nix, Rothenbaum ist Geschichte. Die HSV-Amateure müssen sich mit der Realität abfinden und die heißt Wolfgang-Meyer-Sportplatz und der präsentiert sich genauso wie er sich anhört: bieder. Die nagelneue Anlage besitzt den bescheidenen Charme einer Zweckarena, in die man geht, um Fußball zu gucken und sonst nichts. Ein Teil der größeren Handvoll "echter" HSV-Fans, die sich hier allzweiwöchentlich neben den obligatorischen Opis einfindet, frönt derweil gelegentlich Rauch- und Bengalofreuden, da dies im neuen Volkspark mittlerweile nahezu unmöglich geworden ist – doch der Spaß dürfte ab nächster Saison auch in Stellingen vorbei sein. So etwas wie Atmosphäre kommt hier leider nur recht selten auf, doch immerhin kann man in der laufbahnlosen Fußballanlage problemlos den Dialogen zwischen Schiris und Spielern folgen. Den einzigen Komfort stellen die 300 Sitze auf der überdachten Tribüne dar, von der aus man naturgemäß die beste Sicht besitzt, besteht die "Gegengerade" doch aus gerade einmal zwei Stufen. Immerhin erhält man beim "kleinen HSV" neben einer ordentlichen Bratwurst auch echtes Bier, kühles Wasser und frischen Kaffee, muß zwecks Erwerbs aber den eigentlichen Stadionbereich verlassen. Gleiches gilt auch für das Klo, das sich im Umkleideblock (rotes Gebäude) befindet.

Von **Hannover** o. **Kiel**: Über die **A7** bis zur Abfahrt **Hamburg-Stellingen**, rechts auf die Kieler Straße (B4/5) und an der ersten Kreuzung links auf den Sportplatzring, der nach kurzer Zeit zur Koppelstraße wird. Schließlich rechts in die **Hagenbeckstraße** und diese durch bis zur Kleingartenanlage "Gartenfreunde", von dem aus man zu Fuß zum Sportplatz kommt.
Von **Dortmund**: Über die **A1**, **A261** (Buchholzer Dreieck) sowie die **A7** (Dreieck Hamburg-Südwest) bis zur Ausfahrt Stellingen (Rest s.o.).
Von **Berlin**, **Rostock** o. **Lübeck**: Über die **A24** bzw. **A1** bis zum Ende der Autobahn, dann über den **Ring 2** immer geradeaus gen Norden bzw. Uni-Klinik Eppendorf, bis es von der Tarpenbekstraße rechts in den Lokstedter Weg geht. Nun geradeaus gen A7 und von der Koppelstraße links in die Hagenbeckstraße (Rest s.o.).
Die **Parksituation** ist leider alles andere als gut, der P+R-Platz an der U-Bahn-Station meist voll, Ausweichmöglichkeiten sind kaum vorhanden.

Vom Hauptbahnhof (Nordausgang) geht es mit der **U-Bahnlinie U2** (Richtung Niendorf-Nord) bis zur Haltestelle Hagenbecks Tierpark, von der aus es über Koppel- und Hagenbeckstraße noch etwa fünf Minuten zu Fuß sind.

Foto: Dirk Schulz

Kapazität: 20.551
Stehplätze: 16.000
Sitzplätze: 4.551

FC St. Pauli, Auf dem Heiligengeistfeld, 20359 Hamburg
Tel: 040-3178740, Fax: 040-31787419
www.fcstpauli.de

Der FC St. Pauli ist seit dem Beginn der 20er Jahre auf dem Heiligengeistfeld heimisch: Der erste Anstoß erfolgte bereits kurz nach dem Ende des Ersten Weltkriegs. 1924 konnte der erste befestigte Millerntorplatz eröffnet werden, der im Laufe der Jahre auf ein Fassungsvermögen von rund 15.000 Zuschauern ausgebaut, im Zuge des Zweiten Weltkrieges jedoch völlig zerstört wurde.

Nach 1945 wurde die an der Ecke Glacischaussee/Budapester Straße gelegene Arena sogleich wieder aufgebaut und für 30.000 Menschen zugänglich gemacht, doch das Schicksal des "alten Millerntors" war mit der Vergabe einer Gartenbauausstellung nach Hamburg besiegelt. Kurzerhand errichtete man einige herzhafte Befreiungsschläge weiter ein neues Stadion, das sich zwischen dem später abgerissenen Süd- und dem heute nur schwerlich zu übersehenden Nordbunker befand. Nach noch nicht einmal einjähriger Bauzeit war die neue, 32.000 Fans fassende Heimstätte fertiggestellt, doch die Freude währte nicht lange: Da man den Einbau einer Drainage vergessen hatte, stand der Rasen nach jedem halbwegs ordentlichen Schauer knöcheltief unter Wasser – Fußball konnte man unter diesen Umständen vergessen und die Arena schließlich erst im Jahre 1963 ihrer Bestimmung übergeben.

In der Folgezeit unterzog man die Arena nur noch einigen kosmetischen bzw. sicherheitstechnischen Operationen. Dadurch verringerte sich die Kapazität zwar auf 20.551 Zuschauer, aber das Stadion behielt stets das liebgewonnene Outfit und seine einzigartige Atmosphäre. Lange Zeit ging dies auch gut. Den Verantwortlichen war jedoch klar, daß bald etwas passieren mußte. Vize Hinzpeter erkannte als überlebensnotwendigste Vereinsaufgabe "die Erweiterung der Kapazität um etwa 8.000 Sitzplätze, damit wir kostendeckend arbeiten können." Doch aus all den schicken Umbauplänen, die damals die Runde machten ("Sport-Dome"), wurde vorerst nichts. Dennoch hat sich am Millerntor etwas getan. Nachdem im Herbst 1997 bekanntgeworden war, daß Wilhelm Koch, der langjährige Präsident des FC St. Pauli, nach dessen Tod 1970 das Stadion benannt worden war, Mitglied der NSDAP gewesen war, kam es zu einer hitzigen Diskussion. Durfte ein Verein, dessen Anhänger als Aushängeschild der politisch engagierten und sozial engagierten Fußballfans gelten, in einem Stadion kicken, das nach einem ehemaligen Nationalsozialisten benannt war? In einem Gutachten gelangten Geschichtswissenschaftler zwar zu dem Ergebnis, daß es sich bei Koch keineswegs um einen ideologisch überzeugten und parteipolitisch aktiven Nazi gehandelt habe, aber dennoch stimmten die Mitglieder im Oktober 1998 der Umbenennung zu und seit der Saison 99/00 heißt das Millerntor wieder Millerntorstadion. Geht es nach den Vorstellungen der Vorstandscrew, wird sich am Heiligengeistfeld jedoch bald noch mehr ändern als nur der Name: Geplant ist die totale Erneuerung des maroden Stadions, dessen Unterhalt Jahr für Jahr Unsummen verschlingt. In zehnmonatiger Bauzeit soll eine 36.000 Leute (bzw. 30.000 Sitze) fassende Arena entstehen, deren Clou die aus "transparenten, pneumatisch stabilisierten Luftkissen bestehende temporäre Überdachung" (auf deutsch: Schiebedach aus durchsichtigen Luftmatratzen) darstellt. Schlappe 85 bis 100 Mio. DM soll das Ding, dessen "geschlossenes Tribünenprofil Schallimmission weitgehendst reduzieren soll" (will heißen: Hexenkessel) etwa kosten. Doch der Baubeginn hat sich erneut verschoben - nun will man in der Winterpause den ersten Spatenstich wagen. Warten wir's ab.

Über St. Pauli und seine Fans muß an dieser Stelle eigentlich nicht mehr viel gesagt werden. Nur so viel: Nirgendwo sonst gibt es eine derartig geniale, vollkommen spielstandsunabhängige Stimmung. Der Mythos lebt und läßt sich nicht unterkriegen - auch wenn manche den "alten Zeiten" hinterhertrauern. Eine erste Kontaktaufnahme kann über den Fanladen (s.u.) erfolgen, der zwar frisch renoviert ist, sich aber seinen Charme erhalten hat. Nach wie vor lobenswert auch die kostenlose Kinderbetreuung, die weiterhin im Gemeindehaus der Gnadenkirche (Karolinenstr. 8, Tel: 432393 + 432647) angeboten wird. Auswärtsfans nehmen ihre Stehplätze in der Südkurve ein und können sich auf einen netten Nachmittag/Abend freuen.

Sitzplätze: 21 - 101 DM
Stehplätze: 15 - 18 DM
Gäste: Südkurve

STADION: ⚽⚽⚽⚽ **STIMMUNG:** ⚽⚽⚽⚽⚽ **SERVICE:** ⚽⚽

Preise Alle üblichen Personenkreise, die einen gültigen Ausweis für irgendwas in der Tasche haben, kommen billiger rein. Einzige Ausnahme sind Frauen - aber so etwas gibt's eigentlich ja sowieso nur noch auf dem Land. Oder in Bayern. Bei Ticketproblemen wende man sich ans Pauli-Kartencenter (Heiligengeistfeld, Tel: 31796112, Fax: 31796123), das wochenendspieltags von drei Stunden vor Anpfiff bis zum Ende der ersten Halbzeit geöffnet hat.
Rolliservice Fahrer und Begleiter genießen freien Eintritt, freies Parken und ebenen Zugang zur Gegentribüne. **Fanshop** Das Kartencenter ist gleichzeitig der Fanshop, im Fanladen (Thadenstr. 94, Di-Fr 15-19h, Tel: 4396961, Fax: 4305119) sind auch alternative Artikel, Fanzines etc. zu haben. **Stadionsprecher** Rainer Wulff stammt ebenso wie sein HSV-Kollege Carlo von T. vom NDR, was sich aber nicht als nachteilig erwiesen hat. Er gilt als kompetent und zeichnet auch für eine freche Kolumne im Pauli verantwortlich. **Lektüre** Große Klasse - das Pauli ist mittlerweile kostenlos. Der guten Qualität der Stadionzeitung hat dies aber keinen Abbruch getan. Was die Fanzines angeht, so haben leider eine ganze Reihe der lesenswerten Blätter den Geist aufgegeben. Übriggeblieben sind nur noch der Übersteiger (über Fanladen) und das Amateurzine Hossa (siehe Amateure). Zum Jahresende ist aber wieder ein neues Heft geplant. **Essen** Statt in Böklunder beißt man nun in Salzbrenner-Würstchen, an deren Geschmack man sich erst noch gewöhnen muß. Aber Currywurst und Döner kommen gewohnt lecker daher. In der Nordkurve gibt es zudem Kaffee und selbstgebackenen Kuchen, und auch der fliegende Brezelhändler zieht nach wie vor seine Kreise. **Trinken** Der Drittelliter Holsten (mit) ist für beachtliche 3 DM zu haben, wer den Schlußpfiff nüchtern erleben will, erhält zu den gleichen Konditionen auch Cola, Limo und Wasser. **Kneipen** Traurig, traurig - der letzte Pfennig ist ausgeknockt worden, eine Ersatz-Fankneipe bislang nicht in Sicht. Immerhin wartet das Clubheim auf dem Heiligengeistfeld neuerdings mit einem Kicker auf, ein oder fünf lecker Bierchen sowie preiswerte Mahlzeiten (Bratkartoffeln!) erhält dort auch jeder. Einen Abstecher sind ferner die "Max-Bar" und der "Kamin" (bitte durchfragen) wert, und mit dem Dom findet dreimal jährlich direkt neben dem Stadion eine Riesenkirmes statt, die vor allem durch eine fast schon furchteinflößende Anzahl von Fischbrötchen-Buden zu beeindrucken weiß.

HAMBURG: Millerntor-Stadion

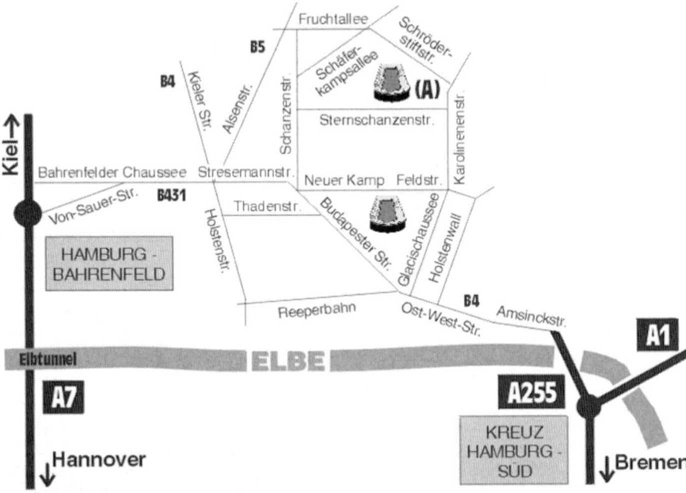

Von **Dortmund** bzw. **Bremen**: Über die **A1** bis zum Kreuz Hamburg-Süd, dort auf die **A255** und auf der Neuen Elbbrücke gen Zentrum. Von der Billhorner Brückenstraße dann links ab auf die Amsinckstraße (B4) und in der Höhe des ADAC links durch den Tunnel auf die Ost-West-Straße, die schon bald in die Ludwig-Erhard-Straße übergeht. Schließlich weiter geradeaus über den Millerntordamm auf die **Budapester Straße**, bis rechterhand das Stadion auftaucht.
Von **Berlin**, **Rostock** oder **Lübeck**: Über die A24 bzw. die A1 und das Kreuz Hamburg-Ost hinweg bis zum Ende der Autobahn und vom Verteilerkreis auf die Sievekingsallee. In Höhe des Berliner Tores von der Bürgerweide rechts ab auf die Spaldingstraße, die kurz hinter der Bahnbrücke auf die Ost-West-Straße trifft (Rest s.o.).
Von **Hannover**: Über die **A7** und durch den Elbtunnel hindurch bis zur Ausfahrt **Hamburg-Bahrenfeld**, dann rechts auf die Von-Sauer-Straße und weiter auf die Bahrenfelder Chaussee (**B431**). In Richtung Zentrum bzw. Landungsbrücken halten, auf der Stresemannstraße am S-Bahnhof Holstenstraße vorbei und am Neuen Pferdemarkt schließlich auf die Budapester Straße (B4) zum Millerntor. Vor allem bei Freitags- und Montagsspielen sollte man jedoch den **Elbtunnel** meiden und über die Brücken in die Stadt fahren. Zu diesem Behufe verläßt man die A7 entweder schon am Horster Dreieck und wechselt auf die A1 (Rest s.o.) oder aber man gönnt sich einen kleinen touristischen Leckerbissen, die Fahrt über die **Köhlbrandbrücke**. Nach deren Überquerung wird es dann allerdings ein bißchen kompliziert, wieder auf den rechten Weg zu finden...
Das **Parken** auf den Stellplätzen am Heiligengeistfeld, welche des öfteren durch Großveranstaltungen wie den "Hamburger Dom" blockiert werden, kostet drei bis fünf Mark. Die **Suche** nach Parklücken in den umliegenden Seitenstraßen kann man sich eigentlich **schenken**.

Vom Hauptbahnhof (Südausgang) fährt man mit der **U-Bahn-Linie U3** (Richtung Barmbek) bis zu den Haltestellen **St. Pauli** (Gäste) oder **Feldstraße** (Heimfans), ansonsten mit der **Buslinie 111** bis Feldstraße oder aber (u.a. vom Bahnhof Altona) mit den **S-Bahn-Linien S1** und **S3** bis Reeperbahn. Überdies halten auch die Schnellbusse 36, 37 und 112 an der Station St. Pauli. Eintrittskarten gelten manchmal ("wenn's draufsteht" bzw. wenn der Sponsor zahlt) als Fahrausweis, ansonsten kostet die Einzelfahrt 4,20 DM (Kurzstrecke 2,70), eine Gruppenkarte (gültig für fünf Personen) 13,80 DM.

Flinger Broich (Düsseldorf) *Foto: Volker Gieseler*

Steigerwaldstadion (Erfurt) *Foto: Burkhard Schulz*

Georg-Melches-Stadion (Essen) *Foto: Burkhard Schulz*

Dreisamstadion (Freiburg) *Foto: Thomas Zachler*

Playmobil-Stadion (Fürth) *Foto: Michael Seiß*

Jahnstadion (Göttingen) *Foto: Lars Kaletta*

Heidewaldstadion (Gütersloh) *Foto: Michael Seiß*

Kurt-Wabbel-Stadion (Halle) *Foto: Hans-Georg Wahl*

Volksparkstadion (Hamburg, vor Umbau) *Foto: Thomas Zachler*

Millerntor-Stadion (Hamburg) *Foto: Thomas Zachler*

Stadion am Bischofsholer Damm (Hannover) *Foto: Hardy Grüne*

Stadion Grüne Au (Hof) *Foto: Hardy Grüne*

Waldstadion (Homburg) *Foto: Tobias Fuchs*

Ernst-Abbe-Sportfeld (Jena) *Foto: Hardy Grüne*

Ernst-Abbe-Sportfeld (Jena) Foto: Peter Poser

Fritz-Walter-Stadion (Kaiserslautern) Foto: Dirk Schulz

Foto: Hardy Grüne

Kapazität: 2.000
Stehplätze: 2.000
Sitzplätze: de nada

Die Heimat der **St. Pauli-Amateure**

Das Stadion Sternschanze, von den Hamburgern kurz und knackig "Schanze" gerufen, bietet nicht allzuviel Komfort – muß es aber auch gar nicht. Hin und wieder werden bei den Spielen Bänke aufgestellt, ansonsten kann man sich am Zaun aufstützen oder gleich in Richtung des Polizeisportheims pilgern. Richtig gelesen, der kleine Sportplatz (ungefähres Alter: "war schon vor'm Krieg da") ist die Heimat der kickenden Polizisten, wird aber neben den Amateuren auch von der Pauli-Jugend beackert. Am kleinen Clubheim, in dem man unter der Woche lecker essen und zünftig Fernsehfußball (oder auch die Lindenstraße) gucken kann, sind zu fairen Preisen unfaßlich gute Würstchen vom Grill, Frikas, Kaffee und Kuchen sowie eisekaltes Dosen- und Flaschenbier (Guinness!) zu haben. Was Wunder, daß bei den Heimspielen (nur bei entsprechenden Gegnern weicht man ins Millerntor aus) immer mindestens um die 600 Pauli-Fans ihre 12 bzw. 7,50 DM Eintritt löhnen und eine kleine Party feiern. Die Stimmung ist klasse, die Blockfahnen mehren sich und auch auswärts werden die Amateure mittlerweile von einer wachsenden Schar braun-weiß beschalter Menschen begleitet. Über alles weitere informiert das Fanzine Hossa, das für 1,50 DM (+ Porto) beim Fanladen geordert werden kann. St. Pauli und seine Amateure - da hat sich was entwickelt.

Von **Dortmund** bzw. **Bremen**: Siehe Anfahrtsweg St. Pauli – dann aber das Wilhelm-Koch-Stadion auf der Budapester Straße rechts liegenlassen und am Neuen Pferdemarkt weiter geradeaus auf die Schanzenstraße. Hinter der Unterführung schließlich rechts zur Sternschanze.
Von **Berlin**, **Rostock** oder **Lübeck**: Über die **A24** bzw. die **A1** bis zum Ende der Autobahn und von der Sievekingsallee an der dritten größeren Kreuzung rechts ab auf die Wallstraße. Geradeaus durch bis zur Außenalster, dann links und über Kennedybrücke gen Sternschanzenpark.
Von **Hannover**: Über die **A7** (Elbtunnel) bis Hamburg-Bahrenfeld, rechts auf die Von-Sauer-Straße und über die B431 gen Zentrum. Kurz hinter dem S-Bahnhof Holstenstraße bzw. an der Brücke **links** auf die Altonaer Allee und geradeaus halten, bis rechts der Wasserturm ins Blickfeld gerät. Nun sollte man sich auf die Suche nach einem **Parkplatz** begeben – was nicht immer leicht ist.
Vom Hauptbahnhof geht es wahlweise mit der U-Bahn-Linie **U3** (Nordausgang, Richtung Barmbek) oder der S-Bahn-Linie **S21** (Südausgang, Richtung Elbgaustraße) bis zur Station Sternschanze, die man auch vom Bahnhof Altona unter Zuhilfenahme der S-Bahn (Linie **S31**, gen Hauptbahnhof) erreicht.

HANNOVER: Stadion am Bischofsholer Damm

Foto: Dirk Schulz

Kapazität: 14.000
Stehplätze: 13.200
Sitzplätze: 800

Arminia Hannover, Bischofsholer Damm 119, 30173 Hannover
Tel: 0511-810448, Fax: 0511-818481

Nahezu jeder Winkel des Stadions am Bischofsholer Damm quillt fast über vor Tradition. Seit 1918 kicken die ob ihrer Trikotfarbe "die Blauen" genannten Arminen nun schon hier, und daß die Anlage einst gute Zeiten mit erstaunlichen Kulissen erlebt hat, ist unübersehbar. Nur zwei Jahre nach der Einweihung konnte der zuvor auf dem "Schwarzen Platz" beheimatete SVA mit dem Gewinn der Norddeutschen Meisterschaft gar seinen bis heute größten Vereinserfolg im nach einem gleichnamigen Ausflugslokal benannten Stadion Bischofshol feiern.

Der Bischofsholer Damm ist eine Arena, die das Herz aller Nostalgiker höherschlagen läßt. Hohe und steile Stehränge im Stil der 50er Jahre, wie einst üblich mit einer groben Steinmischung gefüllt und einem vorangestellten Betonabsatz versehen, der inzwischen bedrohlich schräg steht, vermitteln das Flair der guten alten Oberliga. Dazu trägt auch die zum Großteil aus Holz bestehende Sitzplatztribüne bei, deren Grundmauer aus den zwanziger Jahren stammt. Allein das ursprüngliche Dach mit der legendären Aufschrift "Niedersachsen-Sport" mußte in den 70ern abgerissen werden, da es an zahlreichen Stellen undicht geworden war. Seitdem schließt das per Sattelschlepper angekarrte frühere Tribünendach der Dortmunder "Roten Erde" das rund 800 Sitzplätze bietende Bauwerk ab.

Größter Einschnitt in der Stadionhistorie war die Verbreiterung des Bischofsholer Damms in den 50ern. Seither fehlt dem nach 1945 auf die heutige Größe erweiterten Stadion eine Hintertortribüne. Dennoch bringt die Arena alle Voraussetzungen zu einer Fußball-Kultstätte mit: Sie ist eng, die Tribünen reichen direkt an das Spielfeld heran und dank der steilen Ränge ist es (im gefüllten Zustand) enorm stimmungsfördernd. Allerdings genügt sie trotz diverser Reparaturmaßnahmen - so wurden in der Aufstiegssaison die Stehränge mit frischem Schotter gefüllt - nur wenigen Sicherheitsbedingungen, weshalb Arminia zu Risikospielen regelmäßig ins Niedersachsenstadion ausweichen muß. Das taten die Blauen im übrigen schon häufiger. In der Zweitligasaison 1979/80 beispielsweise kickten sie komplett in der Großarena am Maschsee - und bezahlten dafür mit dem Abstieg.

Klein und schräg: Arminias auf der dem Bischofsholer Damm abgewandten Hintertorseite stehende Fan-Gemeinde mit dem Namen "Strafraum-Miliz". Die einfallsreichen und im positiven Sinne "nicht normalen" SVA-Fans sind auswärts in Größenordnungen von 10 bis 30 anzutreffen. Bedingt durch die jahrelange sportliche Talfahrt der Arminen ist das Restpublikum eher im gesetzten Alter. Insofern ist das Stadionerlebnis für den Auswärtsfan ungefährlich.

Sitzplätze: 20 - 30 DM
Stehplätze: 12 (5) DM
Gäste: egal

Lektüre Arminen-Post, für 1 DM zu erwerben, bietet interessanten aber biederen Lesestoff. **Rolliservice** Ca. 20 Rollstuhlplätze auf der Aschenbahn vor der Tribüne (je 5 DM für Rolli und Begleiter). **Essen** Bratwurst mit hohem Phosphatanteil, in der Vereinskneipe gibt es zudem Brötchen, Pommes u.ä. **Trinken** Alkoholhaltiges Bier, Cola, Wasser etc. **Toiletten** unter Tribüne, funkelnagelneu. **Kneipen** Stadiongaststätte in der Tribüne, Vereinsheim Post SV (Bischofsholer Damm), Arminia-Tennisheim (Marienstraße, dort gibt es auch Imbisse).

STADION: ⚽⚽⚽ **STIMMUNG:** ⚽⚽ **SERVICE:** ⚽⚽

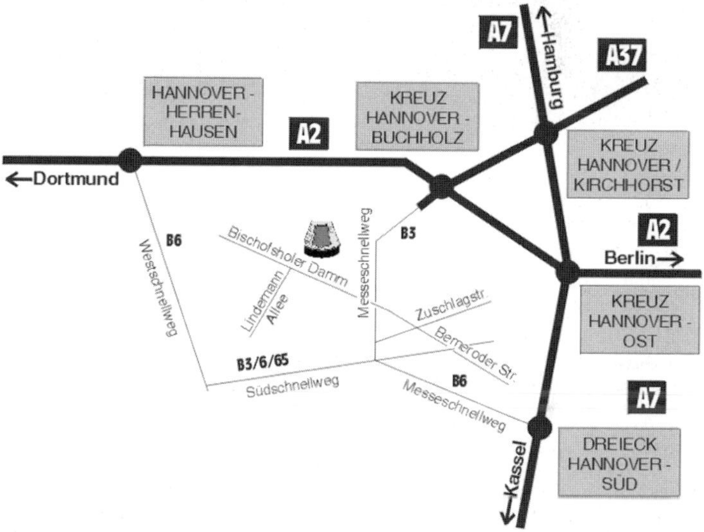

Über die **A7** von **Kassel**: bis zum Dreieck Hannover-Süd, dann weiter auf dem Messeschnellweg (**B6**) Richtung Zentrum und diesen an der Abfahrt Bischofshol (rechts halten, dem Schild "Celle" folgen) verlassen. Alsdann links auf die Bemeroder Straße, die nach der Überführung zum Bischofsholer Damm wird, an dem nach wenigen Metern rechter Hand das Stadion auftaucht. Über die **A2** von **Bielefeld**: Bis zum Kreuz Buchholz, dann weiter auf dem Messeschnellweg (B6) gen Hildesheim. Über die Ampelkreuzung Pferdeturm hinweg und an der nächsten Ausfahrt (Bischofshol) rechts, wo dann sofort das Stadion auftaucht. Über die **A7** von **Hamburg**: Bis zum Kreuz Hannover-Kirchhorst, dort auf die **A37**, die man am Kreuz Buchholz verläßt (Rest s.o.). **Parken:** Auf der dem Stadion gegenüberliegenden Seite des Bischofsholer Damms gibt es einen kleinen Parkplatz, der gewöhnlich ausreicht. Wenn nicht: den Bischofsholer Damm gen Zentrum, nächste Straße rechts (Freundallee) und am dortigen Schlachthof parken.

Vom Hauptbahnhof mit der **2**, **3**, **7** oder **9** zum Kröpcke (schneller und einfacher ist laufen, ca. 5 min), dann weiter mit der **11** Richtung Tierärztliche Hochschule Bünteweg, die man an der Haltestelle Kinderkrankenhaus Bult verläßt. Von dort aus sind es noch **zwei Gehminuten** bis zum Stadion.

HANNOVER: Niedersachsenstadion

Foto: Volker Gieseler

Kapazität: 56.000
Stehplätze: 17.000
Sitzplätze: 39.000

Hannover 96, Clausewitzstraße 2, 30175 Hannover
Tel: 0511-282096/7, Fax: 0511-813609

Auf den ersten Blick ist das Niedersachsenstadion erstligareif. Rund 56.000 Plätze, ausreichender Komfort, großzügige Parkmöglichkeiten und eine hervorragende Infrastruktur sprechen für sich. Doch glücklich ist man bei den 96ern mit der Großarena am Maschsee deswegen noch lange nicht. Der Zahn der Zeit hat deutliche Spuren hinterlassen: Das Dach ist undicht, einzelnen Bereichen droht die Sperrung und an den Flutlichtmasten frißt der Rost. Für internationale Begegnungen wird das Niedersachsenstadion deshalb derzeit nicht berücksichtigt – und das könnte auch noch eine Zeitlang so bleiben.

Immerhin wurde im Sommer 1999 endlich mit der längst überfälligen Renovierung begonnen, nachdem zuvor die seit Jahren angedachten Pläne vom "Super-Dome" endgültig vom Tisch kamen. Noch im Oktober 1998 hatte man der Öffentlichkeit ein entsprechendes Stadionmodell mit dem üblichen Schnickschnack wie beweglichem Tribünendach und "Erlebniswelt" vorgestellt. 42.000 Sitzplätze, ein Restaurant, 32 Logen, Klub- und Konferenzräume, das alles hinter einer ans Stade de France erinnernden Fassade – so hatte es aussehen sollen. Doch das Konsortium aus Stadt, 96 und dem amerikanischen Sportvermarkter "International Management Group" konnte nicht zueinander finden – und so wird das Niedersachsenstadion nunmehr ganz profan renoviert.

Dabei geht man von zwei Bauabschnitten aus: Phase 1 soll bis zur Expo 2000 abgeschlossen sein und umfaßt die Komplettrenovierung des derzeit teilgesperrten Unterringes, der einen neue Betonsockel sowie Sitzschalen bekommt, sowie die Ausstattung des Oberringes mit Sitzschalen und neuen Verköstigungsständen. Phase 2, die nach der Expo beginnt und im Jahre 2004 abgeschlossen sein soll, beinhaltet hauptsächlich den Neubau einer Tribüne auf der Ostseite. Das derzeit dort stehende Gebäude weist zum Unmut der 96er nämlich zu wenig von dem heute anscheinend notwendigen Fußballkomfort – VIP-Räume, Logen etc. - auf.

Die rund 68 Mio. Mark teure Renovierung erscheint nach all den hochtrabenden Plänen, die in Hannover im Laufe der letzten Jahre gewälzt, gefeiert und abgelehnt wurden, ein wenig bescheiden, zumal die nicht unbedingt fußballfreundliche Grundarchitektur der Arena dabei nicht angetastet wird. Zugleich erspart es den Heimfans freilich ein "Event-Zentrum", wie es der "Super Dome" zweifelsohne geworden wäre. Auch nach der Renovierung wird das Niedersachsenstadion zumindest eine Handvoll Stehplätze aufweisen, zudem dürfte es weiterhin regelmäßig für Großereignisse wie Rolling-Stones-Konzerte etc. genutzt werden können. Beim Thema Stehplätze gibt es dann aber doch Bedauerliches zu berichten: In Renovierungsphase 1 werden die überdachten Fan-Blöcke H31 (96-Fans) und N48 (Gäste) nämlich auf das Niveau der Sitzplätze gebracht, was nichts anderes heißt, als daß jede zweite Stufe entfernt wird und das Stehplatzangebot somit um rund die Hälfte sinken wird. Was anschließend mit den Blöcken geschieht, steht derzeit noch in den Sternen – Klappsessel dürften das wahrscheinlichste sein, vor allem im Fall der Rückkehr der Hannoveraner in die Bundesliga.

Die ersten rund fünfzig Jahre seiner Vereinsgeschichte verbrachte 96 übrigens auf der sogenannten "Radrennbahn" unweit der derzeitigen Vereinsgeschäftsstelle an der Clausewitzstraße. Von dem 1956 abgerissenen Gelände ist heute nichts mehr zu sehen. Auf dem Gelände befinden sich inzwischen der AOK-Neubau sowie der erweiterte Messeschnellweg. Nach Abriß der Radrennbahn trugen die Roten ihre Heimkicks wechselseitig im in den zwanziger Jahren erbauten "Eilenriede-Stadion" und dem im September 1954 eröffneten Niedersachsenstadion aus. Erst seit dem ersten Aufstieg in die 1. Bundesliga (1964) sind die Roten dauerhaft in der einstmals bis zu 85.000 Zuschauer fassenden Riesenarena zu Hause, die kurz nach dem Krieg aus den reichlich vorhandenen Kriegstrümmern Hannovers errichtet wurde.

Analog den Plänen von Richard Konwiarz besteht das Niedersachsenstadion im Grunde genommen aus zwei Stadien: Dem Unterring als dem "inneren Stadion" sowie dem Oberring als dem auf dem Unterring aufliegenden, "äußeren Stadion". Beide Bereiche sind voneinander abgetrennt und können separat betrieben werden – wie in den tristen 96-Jahren Mitte der Siebziger häufig geschehen, als der Unterring regelmäßig geschlossen blieb.

Im Urzustand war lediglich die inzwischen wie erwähnt in Ungnade gefallene kleine Osttribüne überdacht, während die Besucher auf der Westseite ungeschützt dem Wetterunbill ausgeliefert waren – wie übrigens auch am Einweihungstag (20.9.1954), an dem es wie aus Kübeln goß... Zur WM 1974 wurde das Niedersachsenstadion erstmals komplett renoviert. Bei dieser Gelegenheit erhielt die Westgerade schließlich ihr Dach, das allerdings nur für die Besucher auf dem Oberring schützende Wirkung zeigt.

Anfang der neunziger Jahre wurden große Teile der Westtribüne versitzplatzt, wodurch das Fassungsvermögen von rund 70.000 auf 56.000 sank. Inzwischen sind nur noch die bereits erwähnten Fan-Blöcke "H31" (96-Fans) und "N48" (Gäste) sowie der bei schönem Wetter zum Sonnenbaden ideale Block B den Stehplatzfetischisten gewidmet.

Nachdem im Sommer 1999 in der Südhälfte des Unterringes mit den Renovierungsarbeiten begonnen wurde, steigen auch die Hoffungen, daß das Niedersachsenstadion bald wieder internationalen Verbandsansprüchen genügt. Letztmals war die Arena im Oktober 1997 bei Deutschlands 4:3-Zittersieg über Albanien Gastgeber der Nationalelf. Hoffen wir, daß bis zum nächsten Mal nicht mehr allzuviel Wasser die Leine herunterfließen muß.

Foto: Hardy Grüne

HANNOVER: Niedersachsenstadion

Als Fan hat man es im Niedersachsenstadion nicht leicht, denn es ist schon eine beachtliche Entfernung von den Fan-Blöcken bis zum Spielfeld. Da für Stimmung zu sorgen, ist nicht einfach, und den einheimischen Anhängern, die sich gegenüber der Anzeigetafel im Block "H31" treffen, gelingt dies auch nicht immer. Die "Stimmung im Stadion" ist seit langem Thema erregter Diskussionen der 96-Fans, die mit einem als träge bekannten hannoverschen Publikum leben müssen, das sich im Normalfall höchstens zu rhythmischem Klatschen animieren läßt und allenfalls beim 5:0-Zwischenstand in Euphorie verfällt. Aber auch der Stehplatzblock "H31" ist in die Diskussion geraten. Zahlreiche Heimfans steuern inzwischen – genervt von Erfolgsfans und dem Alkohol allzu stark zusprechenden Minderjährigen in H31 – nämlich den Sitzplatzblock "I" an, der stimmungstechnisch etwas günstiger liegt, dafür aber ein teurerer Sitzplatzblock ist. Dort ist im übrigen auch die Gruppe "Komplott Hannovera" zu finden, die des öfteren mit Choreographien u.ä. Aufmerksamkeit erregt.

Gästefans werden in den gegenüberliegenden "N48"-Käfig gepfercht, der rund 1.000 Menschen Platz bietet (nach dem Umbau nur noch rund 500) und ausschließlich zum Stehen geeignet ist. Von dort aus hat man eine prächtige Aussicht, mit dem Erkennen von Details wie Rückennummern etc. ist es ob der Entfernung zum Spielfeld allerdings nicht ganz so weit her. Unverändert muß eine Warnung ausgesprochen werden, denn 96 hat noch immer ein großes Potential an gewaltbereiten Besuchern. Die rechte Szene ist stark präsent, was im übrigen auch von vielen Heimfans (Tip: das ausgezeichnete Fanzine "Notbremse", das für 96 Pfennige unter Postfach 170243, 30843 Langenhagen zu beziehen ist, kaufen) heftig bedauert wird. Zwar ist es im Vergleich zu den Regionalligajahren etwas ruhiger geworden, doch als Gastfan muß man bei An- und Abmarsch noch immer die Augen stets weit offen halten. Im Stadion selbst sorgen Ordnungsdienst und angemessen auftretende Polizei erfolgreich für die Sicherheit.

Sitzplätze: 18 - 45 DM
Stehplätze: 8 - 15 DM
Gäste: Block N48

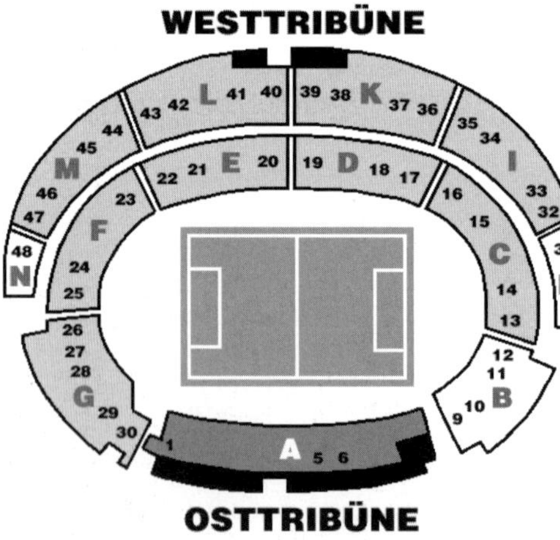

Fan-Shop Geschäftsstelle Clausewitzstraße (Tel: 282676) oder Galeria Kaufhof. **Lektüre** Bundesliga-Kurier, 2 DM, A4, farbig, ein "Werbeblatt mit Aufstellungen", das seinen Preis hinten und vorne nicht rechtfertigen kann. Schade eigentlich, zumal nun auch noch so interessante Dinge wie "Was macht eigentlich...." dem oberflächlichen Geschreibsel zum Opfer fielen.
Rolliservice Rollstuhlplätze am Spielfeldrand, Begleitperson kostenlos. In der ersten Umbauphase werden 50 Rolli-Plätze im Unterring entstehen. Dies geschah

übrigens auf ausdrücklichen Wunsch der Betroffenen, die über die schlechte Sicht von der Aschenbahn klagten. **Essen** Verhältnismäßig große Auswahl (Wurst, Pizza, Crêpes, Fischbrötchen), die aber ein klein wenig teuer ist. **Trinken** dasselbe wie bei "Essen" - gut, aber ebenfalls etwas teuer. Außerdem gilt es mit einem nervigen Becherpfand zu leben. **Toiletten** Derzeit noch immer "sachlich funktional", was sich hoffentlich in Umbauphase 1 ändern wird in "vorbildlich". **Kneipen** Richtung Zentrum taucht alsbald der Waterloo-Biergarten auf, in dem die Heimfans ihr Nach-dem-Spiel-Bier trinken. In der anderen Richtung (über die Stadionbrücke hinweg in Richtung Linden) sind diverse nette Kneipen, Imbisse und Restaurants zu finden.

STADION: ⚽⚽⚽ **STIMMUNG:** ⚽⚽⚽⚽ **SERVICE:** ⚽⚽⚽⚽

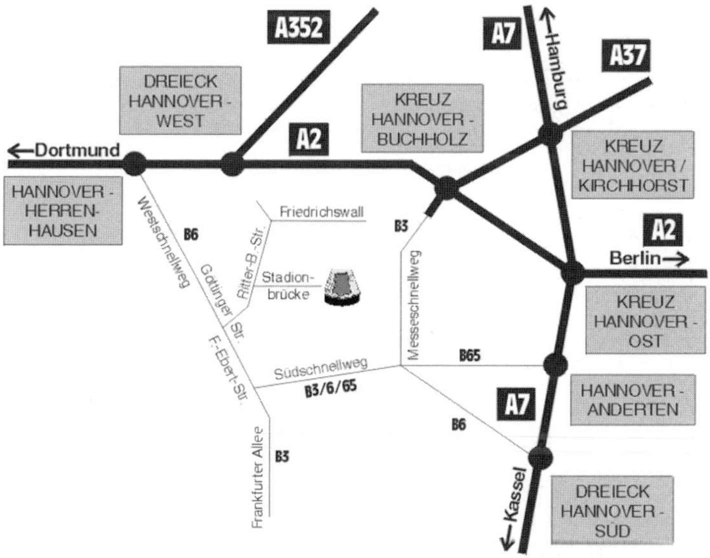

Das Stadion ist ausgezeichnet **ausgeschildert**, allerdings wird Hannover wegen der EXPO 2000 derzeit fast völlig umgebaut. Von der **A7** aus Richtung **Hamburg**: bis **Hannover-Anderten**, dann auf die **B65** (Südschnellweg) Richtung Zentrum bis zum Kreisverkehr (Landwehrkreisel). Dort rechts, über den nächsten Kreisel hinweg und auf Höhe des Lindener Bahnhofs rechts abbiegen. Von der **A7** aus Richtung **Kassel**: bis Dreieck **Hannover-Süd**, dann auf der **B6** (Messe-Schnellweg) bis zum Kreuz Seelhorst. Dort auf den Südschnellweg. Alles weitere s.o. Von der **A2** aus Richtung **Bielefeld**: Bis zur Abfahrt **Hannover-Herrenhausen**, dann weiter auf dem Westschnellweg (B6) der Beschilderung folgen. **Parken:** rund 17.500 Parkplätze stehen im Stadionumfeld zur Verfügung - da sollte für jeden einer übrig sein. Probleme gibt es allerdings, wenn auf dem Schützenplatz etwas los ist.

Zu Fuß rund 25 Minuten (Hauptbahnhof geradeaus verlassen, die gesamte Fußgängerzone bis zum Friederikenplatz durchqueren, dann weiter über Waterloostraße bis zum Stadion). Alternative: S-Bahn **3** oder **7** (Richtung Wettbergen) bis **Stadionbrücke**.

Foto: Michael Seiß

Kapazität: 36.000
Stehplätze: 31.500
Sitzplätze: 4.500

Westfalia Herne, Westring 260, 44629 Herne
Tel: 02323-23406

Das Westfalia-Stadion am Schloß Strünkede, so der offizielle Titel der Arena, entstand 1934. Der zunächst noch recht schlichte Sportplatz wuchs im Laufe der Jahre zu einem imposanten Stadion mit einer Kapazität von 40.000 Plätzen (1959) heran, wobei die heimische Westfalia lange Zeit unter einem Damoklesschwert kickte. Denn der Pachtvertrag mit dem Besitzer des Grundstücks, der Märkischen Steinkohlengesellschaft, sah vor, daß das Gelände für den Fall, da es "für Zwecke des Bergbaus" benötigt werde, wieder in seinen Ursprungszustand hätte versetzt werden müssen.

Doch 1948 waren alle Zweifel beseitigt und die Kohleleute gaben ihre Zustimmung zum Bau der Haupttribüne, die Anfang der 50er Jahre fertiggestellt wurde. In den folgenden Jahren bekamen die dort sitzenden und stehenden Zuschauer allerhand zu sehen: 1954 stieg Westfalia in die Oberliga West auf und wurde dort fünf Jahre später mit Spielern wie Pyka, Tilkowski oder Benthaus sogar Meister. Mitte der 70er mischte Westfalia noch einmal kurz in der Zwoten Liga mit, doch nach der "Goldin-Affäre" (Präses Goldbach mußte wegen Steuerhinterziehung hinter Gitter) ging es bergab. Der vorläufige Tiefpunkt war in den 90ern erreicht: Landesliga. Auch das Stadion, das nach einer Sanierung 1976 als Ausweichquartier des VfL Bochum hergehalten hatte, präsentierte sich in einem erbärmlichen Zustand. Mittlerweile kümmert sich die Stadt als Eigentümer des Geländes um die Pflege der nach wie vor vereinseigenen Arena, Tribüne und Gegengerade wurden durch ABM-Maßnahmen in einen halbwegs würdigen Zustand versetzt. Die lebensgefährlichen Stehstufen in der Südkurve mußten allerdings entfernt werden - dieser Bereich wurde "eingegrünt". Anläßlich der glorreichen Rückkehr Westfalias in die Oberliga spendierte man dem ehrwürdigen Stadion neue Tore - weitere Maßnahmen sind vorerst nicht geplant.

Während die Westfalia-Fans unter die Tribüne gezogen sind, wo ihre Sprechchöre ordentliche Lautstärke erreichen, können sich Auswärtige ihr Plätzchen selber aussuchen – die Gegengerade würde sich allerdings geradezu anbieten.

Preise Es gilt ein Einheitspreis, die üblichen Ermäßigten kommen billiger ins Stadion. **Lektüre** Das "Westfalia-Echo" ist ein kleines, kostenloses und ordentlich gemachtes Stadionblatt, das Highlight der Kommentar "Dat meint Willi". **Essen** Die Bratwurst, die wirklich eine guuute ist, kostet solide 3 DM. Als Hauptspezialität gilt jedoch das Eis, das von einem Wägelchen mit der Aufschrift "Eis von Klinger, schmeckt immer" auch auf die Stehplätze transportiert wird. **Trinken** Zu fairen Preisen bieten die Buden an Tribüne und Gegengerade neben Alt, Pils, Cola, Limo, Wasser, Kaffee und Glühwein auch Süßes und Kippen an. **Toiletten** Im Clubheim befinden sich nagelneue Anlagen. **Kneipen** Nach dem Spiel geht es meist in die Vereinskneipe "Ritterstuben" (Kaiserstraße, drei Minuten Fußweg vom Stadion), als Treff vor Auswärtskicks fungiert der "Bummelzug" am Bahnhof. Wer noch etwas essen will: Gegenüber der U45-Haltestelle findet sich eine Pizzeria (das Ex-"Big Mampf"), am Bahnhof eine gute Falafel- und Dönerbude. Zum Schloßpark gehören übrigens neben dem Schloß (Eintritt frei) eine Minigolfanlage und ein fantastischer Spielplatz (mit Bagger!).

Sitzplätze: 12 (8) DM
Stehplätze: 12 (8) DM
Gäste: egal

STADION: **STIMMUNG:** **SERVICE:**

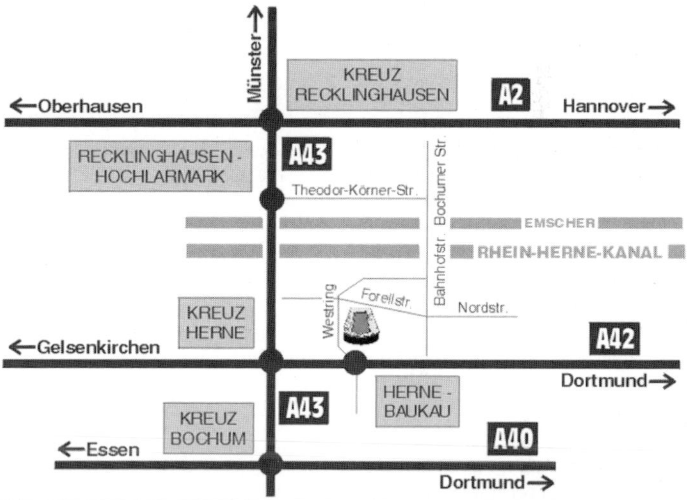

Das Stadion von Westfalia liegt unweit des Autobahnkreuzes **Herne**, welches die **A43** (Münster-Wuppertal) mit der **A42** (Dortmund Kamp Lintfort) verbindet. Aus allen Richtungen gilt es, auf die A42 (Emscherschnellweg) zu finden und an der Ausfahrt **Herne-Baukau** (22) abzufahren. Von hier geht es links (von Oberhausen) bzw. rechts (von Castrop-Rauxel) auf den **Westring**, auf welchem man nach wenigen Metern auf das Schloß Strünkede stößt.
Wer über die **A2** anreist, fährt alternativ am Kreuz Recklinghausen auf die A43 gen Bochum und an der Ausfahrt **Recklinghausen-Hochlarmark** (13) gleich wieder ab. An der ersten Ampel rechts auf die Theodor-Körner-Straße, nach etwa 1,2 km rechts auf die Bochumer Straße und nach Überquerung von Emscher und Kanal schließlich rechts auf den Westring, auf dem bald links das Stadion auftaucht.
Was das **Parken** angeht, so findet man normalerweise auf dem **Kirmesplatz** am Westring (gegenüber des Schloßparks) immer ein Plätzchen. Bei Spitzenspielen empfiehlt sich ferner der P+R-Platz am Herner Bahnhof, von hier sind es mit der U35 nur zwei oder aber zu Fuß (Bahnhofstraße o. Westring) maximal zehn Minuten.
Vom Bochumer Hauptbahnhof fährt die U-Bahn-Linie **U35** in einer knappen Viertelstunde bis zur Endhaltestelle Schloß Strünkede, an der man dann aussteigen und durch den Schloßpark zum Stadion laufen sollte. Wer am Herner Bahnhof ankommt, kann ebenfalls die U35 oder aber die Buslinie **205** (Richtung Recklinghausen Hbf.) nehmen. Die Fahrt mit dem 205er vom Bahnhof Recklinghausen zum Stadion wiederum nimmt etwa 25 Minuten in Anspruch.

FC Bayern Hof

HOF: Stadion Grüne Au

Foto: Dirk Schulz

Kapazität: 18.000
Stehplätze: 16.650
Sitzplätze: 1.350

Bayern Hof, Oelsnitzer Str. 101, 95028 Hof
Tel: 09281-73250, Fax: 09281-732516

Frieden liegt über der Grünen Au. Hier und dort treten Jugendkicker gegen Lederbälle, überall stehen moderne Mittelklasseautos, die von bescheidenem Wohlstand zeugen. Die Kabinentüren sind sauber und gepflegt, wie überhaupt das gesamte Areal mitsamt der Vereinsgaststätte am Haupteingang, in dem die Zeit stehengeblieben zu sein scheint. Nichts deutet darauf hin, daß die Arena einmal kurz davor war, Gastgeber für Bundesligaspiele zu sein; daß hier einmal 18.000 Fans eine Stimmung erzeugten, die den gegnerischen Spielern durch Mark und Bein ging und die Grüne Au zu einer "Festung" machte. Heute sieht die Traditionsstätte nur noch viertklassigen Fußball – und das auch nur, weil Fürth 1999 den Regionalligaaufstieg perfekt machte und in der Bayernliga einen Platz räumte.

Aber Bayern Hof ist kein gewöhnlicher Bayernligist. Zum Heimkick gegen Spitzenreiter Schwabach z.B. kamen über 1.400 Zuschauer – obwohl die heimischen Schwarz-Gelben in allergrößter Gefahr schwebten, erstmals in die 5. Liga abzusteigen. Bayern Hof ist Kult – nicht nur in Franken, wo die Schwarz-Gelben noch immer über einen ausgezeichneten Ruf verfügen und unverändert die Fans anlocken. Und zwar aus Tradition: 1960 beispielsweise wurde Hof von der »Münchner Abendzeitung« als "die fußballfreudigste Stadt dieses Jahres in der Bundesrepublik" bezeichnet. Insgesamt waren in jenem Jahr 173.000 Zuschauer zu den Heimspielen der Schwarz-Gelben gekommen – bei gerade mal 57.000 Einwohnern, die die oberfränkische Grenzstadt seinerzeit hatte.

Zudem ist Bayern Hof ein Verein, der Leidenschaft weckt - und sie pflegt. Das wiederum hat viel mit dem Stadion Grüne Au zu tun, eine der traditionsreichsten Fußballarenen Deutschlands. Seit 1913 wird an der Grünen Au Fußball gespielt. 1929 wurden beim Gastspiel des 1. FC Nürnberg 7.000 Zuschauer begrüßt, ein Jahr später konnte der FC Bayern das Gelände käuflich erwerben. 1955 wurde die Kapazität auf 12.000 erweitert, was dem Prinzip "Angebot und Nachfrage" nach dem Aufstieg der Schwarz- Gelben in die Oberliga Süd (1959) jedoch nicht mehr nachkam, woraufhin die Grüne Au auf stolze 20.000 Plätze ausgebaut wurde.

In den Jahren 1967 bis 1969, als die Heimelf um Torjäger "Bobby" Breuer vehement an das Tor zur 1. Bundesliga klopfte, reichte selbst das nicht mehr, und die Schützlinge von Trainer Elzner durften regelmäßig vor ausverkauftem Haus kicken. Mitunter war mehr als ein Drittel der gesamten Bevölkerung Hofs in der Grünen Aue versammelt, um einen imposanten sportlichen Erfolgskurs mit dem

Höhepunkt der süddeutschen Regionalligameisterschaft 1968 zu feiern.

Mit Einführung der 2. Bundesliga sank der Stern des FC Bayern allmählich: 1978 Abstieg in die Bayernliga, 1980 sogar in die Landesliga. Die Fans strömten unverdrossen weiter. Als es am 28.Mai 1983 gegen den TSV Unterpleichfeld um die Rückkehr in die Bayernliga ging, zahlten mehr als 4.000 Fans ihren Obolus und feierten den 3:0-Sieg der Oberfranken. Doch die Drittligaluft war zu rauh. Es folgte der direkte Wiederabstieg, und seither pendeln die Schwarz-Gelben beständig zwischen Dritt- und Viertklassigkeit. Problem Nummer 1 ist – natürlich – das Geld, was 1980 auch zum Verkauf der Grünen Au an die Stadt Hof führte. Die befand sich übrigens jahrelang in einem eigenartigen, halbfertigen Zustand. Gegenüber der heimeligen, bereits 1949 errichteten 1.350-Plätze-Holztribüne ragte nämlich ein Neubau steil in den Himmel: Der Beginn einer großen Tribüne, die aus finanziellen Gründen zunächst nicht fertiggestellt werden konnte. 1999 aber war es endlich soweit, und der Rohbau, der symbolträchtig für das Schicksal des FC Bayern und der Grünen Au stand, wurde in eine funktionale Fußballtribüne verwandelt.

Sitzplätze: 13 - 15 DM
Stehplätze: 11 DM
Gäste: egal

Lektüre Bayern Post, A4-Überformat, von den Redakteuren der Frankenpost gemacht und durchwegs lesenswert. **Essen** verschiedene Würste. **Trinken** alkoholisches Bier, Softdrinks. **Toiletten** in der Tribüne, gepflegt. **Kneipen** Kultcharakter hat die Gaststätte “Grüne Au” am Haupteingang.

STADION: **STIMMUNG:** **SERVICE:**

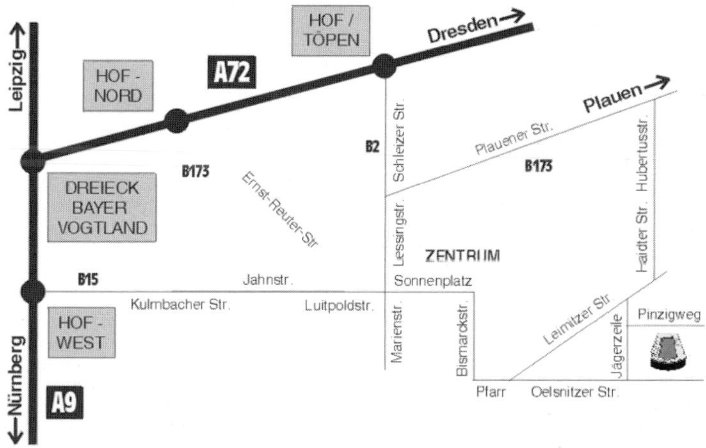

Egal, welche Abfahrt man benutzt: **Wegweiser** Nummer 1 ist “Oelsnitz”. Hat man ein derartiges **Hinweisschild** entdeckt, kann man ihm bedenkenlos folgen und wird direkt am leider nur mäßig ausgeschilderten Stadion herauskommen. **Parken:** Straßenparken, wird bei gutem Besuch etwas knapp.

Vom **Hauptbahnhof** mit der Linie **9** (Richtung Unterkotzau) bis zum Omnibusbahnhof, von wo aus es mit der **4** (Richtung Jägersrut) weiter bis zur Grünen Au geht. Samstag und Sonntag klappt das übrigens wie folgt: einmal stündlich um 19 Minuten vor der vollen Stunde ab Bahnhof, um 45 An– und auch Abfahrt Omnibusbahnhof.

Kapazität: 22.500
Stehplätze: 20.700
Sitzplätze: 1.800

Foto: Hans-Georg Wahl

FC Homburg, Untere Allee 42, 66424 Homburg/Saar
Tel: 06841-93080, Fax: 06841-930830

Das Stadion des FC Homburg trägt seinen Namen nicht von ungefähr, liegt es doch direkt am Waldesrand. Dennoch verpaßten ihm die Verantwortlichen bei seiner offiziellen Einweihung in der Mitte der 30er Jahre zunächst die wenig anheimelnde Bezeichnung "Sportfeld der Stadt Homburg", erst nach dem Ende des Zweiten Weltkriegs wurde die Arena dann endlich in "Waldstadion" umbenannt und – vielleicht noch wichtiger – schrittweise ausgebaut. In den 70er Jahren hatte man bereits eine Kapazität von rund 20.000 Zuschauern erreicht, von denen es sich etwa 500 auf der überdachten Tribüne der Längsgeraden gemütlich machen konnten.

Danach geschah erst einmal lange Zeit gar nichts - bis der FC Homburg im Sommer 1986 in die Bundesliga aufstieg und das Waldstadion dementsprechend hergerichtet werden mußte. Durch Erweiterung der Stehtraversen und Ausbau des kleinen Tribünchens stieg das Fassungsvermögen auf 22.500 Zuschauer, die sich auf 20.700 Stehplätze sowie 1.300 überdachte und 500 offene Sitze auf der (später so benannten) Karlsberg-Tribüne verteilen. Anläßlich des zweiten Homburger Bundesliga-Gastspiels folgte 1989 eine moderne elektronische Anzeigetafel und ein Jahr später schließlich auch noch eine viermastige Flutlichtanlage. Doch ein Manko hat man bis auf den heutigen Tag durch all die Umbaumaßnahmen nicht beseitigen können: die mitunter recht traurige Atmosphäre. Schlachtrufe dringen in Homburg recht selten durch Mark und Bein, da sie über die weitläufige Leichtathletikanlage und die recht flachen Tribünen hinweg vom dichten Wald gefressen werden.

Die Mitglieder der Homburger Fanszene, die sich in den letzten Jahren stark gemausert hat (bleibt zu hoffen, daß sich der Zwangsabstieg in dieser Hinsicht nicht allzu negativ bemerkbar macht), versammeln sich in Block 2. Gästefans wandern vom Jahnplatz aus zum Kassenhäuschen hinter Block 5 und von dort weiter zu den ihnen reservierten Stehplätzen in Block 4.

Preise Studenten, Soldaten, Zivis, Schwerbehinderte und Rentner kommen billiger hinein, Schüler bis 14 Jahre zahlen für den Stehplatz nur 3 DM. Wer Spaß daran hat, kann sich für 35 DM auch eine VIP-Tageskarte holen und den gleichnamigen Raum unsicher machen. **Rolliservice** Rollifahrer dürfen umsonst auf die Laufbahn, die Begleitperson zahlt allerdings den normalen Preis. **Fanshop** Bei Heimspielen steht am Haupteingang ein kleiner Fanstand bereit, ansonsten: Geschäftsstelle. **Lektüre** Das Fußball-Journal liegt kostenlos an den Eingängen aus und bietet halbwegs solide Berichterstattung. Mehr aber auch nicht. Das Homburger Fanzine fan-omene hat leider schon vor einigen Jahren den Geist aufgegeben. **Essen** Rote und weiße Rostwürste kosten je 3 DM, Vegetarier können sich immerhin an einer Brezel laben. **Trinken** Neben Cola, Limo und Wasser (je 3 DM) wird auch alkoholhaltiges Bier (teilweise frisch vom Faß) angeboten, in den Wintermonaten ferner Glühwein. **Toiletten** bedenklicher Zustand. **Kneipen** Außer der Stadionklause, in der nach dem Spiel die einschlägigen Sportsendungen ausgestrahlt werden, ist im näheren Umfeld nicht viel los. Wer sich vergnügen will, muß in die Innenstadt stiefeln.

Sitzplätze: 10 - 20 DM
Stehplätze: 10 (6) DM
Gäste: Block 4

STADION: ⚽⚽ **STIMMUNG:** ⚽⚽⚽ **SERVICE:** ⚽⚽⚽

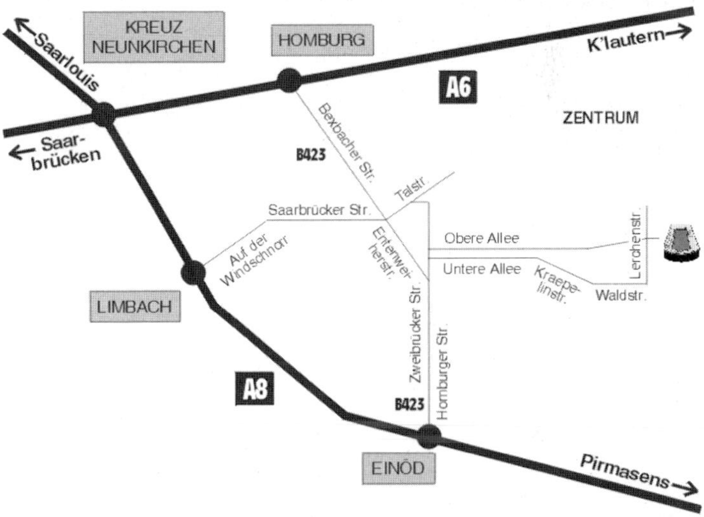

Von **K'lautern** oder **Saarbrücken**: Über die **A6** bis zur Ausfahrt **Homburg** (9), dort auf die **B423** und über die Bexbacher Straße gen Homburger Zentrum. Hinter der Unterführung die zweite größere Kreuzung links in die Talstraße, gleich wieder rechts in die Straße am Zweibrücker Tor und geradeaus auf die **Obere Allee**, die zum Waldstadion führt - die Homburger Arena ist aber auch gut ausgeschildert. Von Saarbrücken oder Saarlouis anreisende Fans können am Kreuz Neunkirchen auch auf die A8 wechseln (bzw. bleiben) und an der Ausfahrt Limbach (28) abfahren. In diesem Falle dann über Auf der Windschnorr, Kaiser- und Saarbrücker Straße auf die Talstraße (Rest s.o.).
Von **Pirmasens**: Über die **A8** bis zur Ausfahrt **Einöd** (30), dann rechts auf die **B423** und etwa fünf bis sechs Kilometer geradeaus über Homburger, Einöder und Zweibrücker Straße, bis es rechts in die Untere bzw. Obere Allee geht (Rest s.o.).
Von den ausgeschilderten **Parkplätzen** sind es noch ein paar Fußminuten zum Ziel, Auswärtsfans parken am besten auf dem Jahnplatz hinter dem Waldstadion, da dieser direkt am Gästeblock liegt. Die meisten offiziellen Abstellplätze sind kostenlos.

Vom Bahnhofsplatz aus fahren **Stadtbusse**, u.a. die Linien **6889** und **6890**, in Richtung Uni-Klinik und halten auf diesem Weg auch in Stadionnähe (Untere Allee). Zu **Fuß** braucht man allerdings nur knapp 15 Minuten: über Eisenbahnstraße, Marktplatz, Festung bzw. Ruine Homburg und Obere Allee.

IDAR-OBERSTEIN: Sportzentrum im Haag

Foto: Tom Hardt

Kapazität: 7.500
Stehplätze: 7.150
Sitzplätze: 350

SC Idar-Oberstein, Postfach 122 624, 56718 Idar-Oberstein
Tel: 06781-46033, Fax: 06781-45550

Früher, in den 50er Jahren, da besaß der Fußball in Idar, einer der 13 Stadtteile der Edelstein-Metropole noch einen anderen Stellenwert als heute. Damals konnte man sich durchaus mit Worms, Pirmasens oder gar K'lautern messen. Doch 1977 war der 1.FC Idar, der sechs Jahre zuvor mit der SpVgg zum SC Idar-Oberstein fusioniert war, am Tiefpunkt: Zu dem Abstieg in die A-Klasse, in der man zehn Jahre lang und teilweise vor 25 bis 30 Leuten kickte, gesellte sich ein Schuldenberg von über 200.000 DM.

Längst vergessen. Heute ist der Verein wieder schuldenfrei (nicht zuletzt dank eines Schnitts von 1.220 Fans) und darf sich Regionalligist nennen. Auch das heimische Stadion präsentiert sich in einem ansehnlichen Zustand. Nachdem der FC seinen Hartplatz "Auf Klotz" aufgegeben und das Gelände an die Bundeswehr verkauft hatte, konnte man sich es leisten, den Sportplatz Haag ab dem Beginn der 90er Jahre zum "Sportzentrum im Haag" auszubauen - als erste Maßnahme erhielt das vereinseigene Areal zwei neue Rasenplätze. Nach und nach wurde das "Natur-Stadion" ausgebaut und erreicht nun eine Kapazität von 7.500 Zuschauern, von denen 350 auf den Schalensitzen der neuen überdachten Tribüne Platz nehmen können. Im Zuge des Aufstiegs errichtete man ferner neue sanitäre Anlagen, einen Presseraum und weitere Umkleidekabinen – nicht zu vergessen natürlich das schmucke Vereinsheim. Demnächst sind auch die Stehränge dran, aber das Ganze läuft in eher beschaulichem Tempo ab - nicht ohne Grund: Der SC möchte auch in Zukunft schuldenfrei bleiben.

Die Idar-Obersteiner postieren sich in den Bereichen rund um den Haupteingang, Gästefans wird in der Regel die Gegengerade offengehalten. Die Stimmung schwankt zwischen idyllischem Waldspaziergang und hitziger Stierkampfatmosphäre. Pressesprecher Andreas Milisenda: "Wir haben zwar keine Fanclubs in dem Sinne, doch die Anfeuerung unseres Publikums ist brutal."

Preise Rentner, Jugendliche, Soldaten und Arbeitslose kommen billiger rein, Kinder bis 14 zahlen nur 5 DM. **Rolliservice** Rollstuhlfahrer erhalten freien Eintritt, Begleiter zahlen den vollen Preis. Am Stadion existieren einige Behindertenparkplätze. **Fanshop** Am Haupteingang wartet ein kleiner Stand mit Fußball-Souvenirs auf, ansonsten wende man sich an den Verein. **Lektüre** Tja. Stadionzeitung ist nicht. Die Berichterstattung wurde in die Hände des "Wochenspiegels" gelegt, der das eigentlich ganz gut macht und an jedem Kiosk in Idar und Oberstein zu haben ist. **Essen** Die Bratwurst stammt vom offenen Feuer, kostet drei

Mark und kommt der Idealvorstellung von einer leckeren Bratwurst ziemlich nahe. Außerdem Mettwurst und gelegentlich Eis. **Trinken** Der 0,3-Becher Kirner Bier (bei "delikaten" Spielen gibt es nur die alkoholfreie Variante) kostet ebenso wie Cola und Fanta 3 DM, für Sportler stehen daneben "Hochwald-Mixgetränke", isotonische Durstlöscher in verschiedenen Geschmacksrichtungen, bereit. Der halbe Liter kostet 5 DM. **Toiletten** Klein, aber fein. Größere Anlagen sind geplant. **Kneipen** Nach dem Spiel geht es meist in die Stadionkneipe "Gaststätte im Haag", in der man mal den Spießbraten probieren sollte. Ansonsten treffen sich Fans gerne im "Schleffer", "Focus" sowie dem "Börsen-Bistro" (unten in der Stadt).

Sitzplätze: 13 (10) DM
Stehplätze: 8 (5) DM
Gäste: Gegengerade

STADION: ⚽⚽ **STIMMUNG:** ⚽ **SERVICE:** ⚽⚽⚽

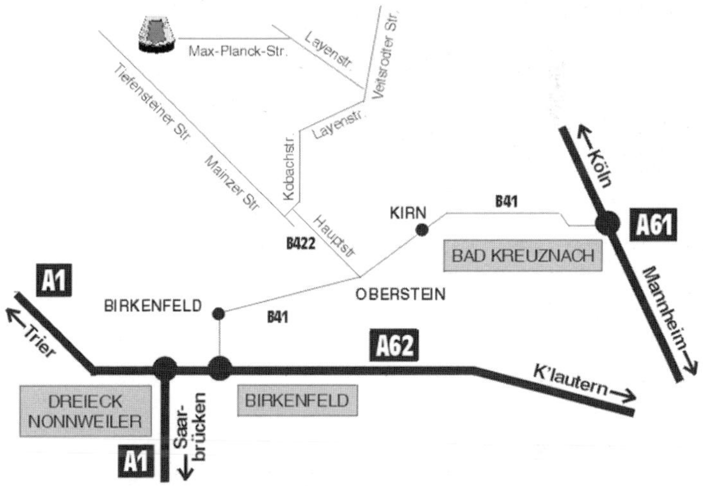

Aus Richtung **Köln** oder **Mannheim**: Über die **A61** bis zur Ausfahrt Bad Kreuznach und über den Zubringer nach etwa acht Kilometern auf die **B41** und diese immer an der Nahe entlang - bis ins Zentrum Obersteins hinein. Von der dortigen Nahe-Hochstraße rechts auf die **Hauptstraße** (B422) und nach etwa anderthalb Kilometern am Schleiferplatz rechts ab in die Kobachstraße, der man folgt, bevor es nach weiteren anderthalb Kilometern links in die **Layenstraße** geht. An der nächsten Kreuzung schließlich links auf die Max-Planck-Straße und diese durch bis zum Sportzentrum.
Aus Richtung **Trier**, **K'lautern** oder **Saarbrücken**: Über die **A1** bzw. die **A62** bis zur Ausfahrt **Birkenfeld** (4) und auf der **B41** bis ins Zentrum Obersteins, hinter der Unterführung dann links auf die Hauptstraße (Rest s.o.).
Zur Größenordnung: Ab Birkenfeld sind's etwa 20, ab Bad Kreuznach knapp 40 Kilometer. Was das **Parken** angeht, so herrscht am Sportzentrum in den meisten Fällen eigentlich keine Not. Stehen jedoch zuschauerträchtige Spiele auf dem Plan, stelle man seinen Wagen besser ein Stückchen entfernt ab.

Vom Bahnhof Idar-Oberstein im Ortsteil Oberstein geht es mit der **Buslinie 1** (gen Tiefenstein oder Algenroth) bis zur Haltestelle Kubachstraße (bereits in Idar), dort muß man dann in die Linie 2 (Richtung Obere Lay) umsteigen und bis **Stieglitzweg** fahren. Von hier aus sind es noch 400 Meter (ausgeschildert) zum Sportzentrum. Am Wochenende fahren die Busse stündlich (um Viertel nach), der Fahrschein kostet 2,20 DM. Zur Not der Taxiruf: (06781) 25050.

JENA: Ernst-Abbe-Sportfeld

Foto: Burkhard Schulz

Kapazität: 14.000
Stehplätze: 7.428
Sitzplätze: 6.572

FC Carl Zeiss Jena, Oberaue 3, 07745 Jena
Tel: 03641-765100, Fax: 03641-202022
www.fc-carlzeiss-jena.de

Das idyllisch in der Oberaue gelegene Stadion des FC Carl Zeiss ist Bestandteil eines 17 Hektar umfassenden Sportgeländes und wurde am 24. August 1924 mit einem "Gesellschaftsspiel" des 1. SV Jena gegen den VfL Halle 96 (1:1) eingeweiht - ihren heutigen Namen erhielt die Arena freilich erst zum 50jährigen Zeiss-Jubiläum im Jahre 1939. Zu dieser Zeit entstand auch die hölzerne Tribüne für rund 600 Zuschauer, die für lange Zeit den einzigen Komfort darstellen sollte.

Nach dem Krieg erweiterte man die Kapazität des Stadions nach und nach auf 25.000 Plätze, die angesichts der großen Jenaer Erfolge jedoch so manches Mal nicht ausreichten. So standen sich 1962 beim Europacup-Halbfinale des SC Motor gegen Atletico Madrid (0:1) 27.500 Fans auf den Füßen – wohl ein Rekord für die Ewigkeit. Der Namensgeber des Thüringer Fußballtempels, Ernst Abbe (1840-1905), war übrigens ein Physiker und Sozialreformer, auf dessen Konto die Konstruktion zahlreicher optischer Geräte geht. Die Errichtung der charakteristischen Flutlichtanlage (1974) hätte Herrn Abbe also sicherlich ebenso erfreut wie die Installation der ersten elektronischen Anzeigetafel in der DDR überhaupt, die das Sportfeld im Jahre 1978 erhielt.

Aufgrund der DFB-Sicherheitsbestimmungen sank die Kapazität des Stadions, dessen Flutlicht 1994 zum zweiten Mal ordentlich aufgemotzt wurde, nach der Wende auf 9.400 Zuschauer – die Gegengerade fiel neuen Sitzplätzen zum Opfer. Im September 1997 kam dann auch das Aus für die uralte Holztribüne, die einer ungleich moderneren Variante mit Platz für 4.000 Menschen weichen mußte. Nach Abschluß der Arbeiten faßt das aufpolierte Ernst- Abbe-Sportfeld insgesamt nun immerhin schon wieder 14.000 Menschen - und besitzt nach wie vor seinen eigenen maroden Charme.

Der harte Kern der riesigen Jenaer Fangemeinde (174 Fanclubs!) versammelt sich mittlerweile in der Gegengeraden (Blöcke J, K und L) sowie in Block A der neuen Tribüne, Gästefans gehören in den Südkurvenblock O - die Sichtverhältnisse sind trotz Laufbahn eigentlich ganz in Ordnung. Übrigens lohnt sich auch ein Besuch bei den FCC-Amateuren – die Spiele auf dem Nebenplatz des Ernst-Abbe-Sportfeldes besitzen Kultcharakter.

Preise Jugendliche bis 18, Schüler, Studenten, Rentner und Schwerbehinderte zahlen den ermäßigten Preis, Jugendliche bis 14 nur die Hälfte und Kinder bis 6 kommen (in Begleitung) sogar gänzlich umsonst rein – haben jedoch keinen Sitzplatzanspruch. Ferner gibt es noch das Familien-Ticket (Eltern und mindestens ein Kind) für 25-55 DM. **Rolliservice** Plätze auf der Aschenbahn, ermäßigter Preis, Begleitperson darf umsonst rein. Vom Parkplatz P2 aus ebener Zugang durchs Marathontor, zwei neue Behindertentoiletten in der Haupttribüne. **Fanshop** In der neuen Haupttribüne integriert, dazu einige mobile Verkaufsstände, im Fanhaus sind auch alternative Fanartikel erhältlich. **Lektüre** Die Stadionzeitung Anpfiff (A4, 2 DM) hat sich äußerlich und inhaltlich enorm verbessert. Die Fanzines Aufsteiger und Neues aus der Wüste sind zu dem großartigen "Die dicken Kinder von Jena" zusammengewachsen, das für 3 DM (incl. Porto) beim Fanprojekt (Oberaue 4, 07749 Jena) angefordert werden kann. Lohnt sich! **Essen** Die Thüringer Rostbrätchen sind eine Delikatesse, dazu gibt's zu erschwinglichen Preisen Bratwurst, die nicht nur Waldi Hartmann "wirklich schmackhaft" findet, und Pommes Frites. **Trinken** Alkoholfreies Bier, Softdrinks, Kaffee. **Kneipen** Allererste Anlaufstelle ist das Fanhaus (am Stadion), in dem man nach dem Spiel "echtes" Bier, Snacks und Fernsehfußball genießen kann.

Sitzplätze: 15 (12) - 25 (22) DM
Stehplätze: 12 (8) DM
Gäste: Nordkurve, Block G

STADION: ⚽⚽⚽ **STIMMUNG:** ⚽⚽⚽⚽ **SERVICE:** ⚽⚽⚽

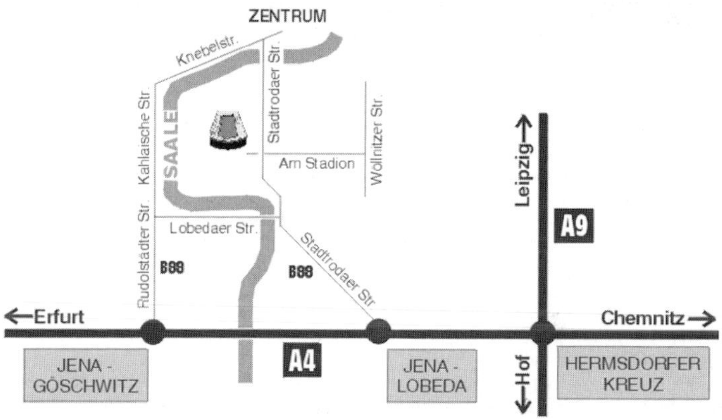

Von **Chemnitz** bzw. **Leipzig**: Über die **A4** bis zur Abfahrt **Jena-Lobeda** (54) und links auf die Stadtrodaer Straße in Richtung Jena-Zentrum. Nach etwa fünf bis sechs Kilometern an der dritten größeren Kreuzung rechts in die Straße Am Stadion und auf den dortigen Parkplatz.
Von **Erfurt**: Über die **A4** bis zur Abfahrt **Jena-Göschwitz** (53), dann links auf die Rudolstädter Straße (**B88**) gen Jena-Zentrum und nach etwa dreieinhalb Kilometern rechts auf die Lobedaer Straße. Durch Burgau und anschließend auf die Stadtrodaer Straße gen Zentrum (Rest s.o.). Das Abbe-Sportfeld ist aber auch ausgeschildert. Ist die mit einem hervorragenden ungarischen Imbiß ausgestattete Stellfläche voll, steht etwa einen Kilometer weiter auf der Stadtrodaer Straße der Seidelparkplatz (rechter Hand) zur Verfügung.

Zum Ernst-Abbe-Sportfeld kommt man mit den **Straßenbahn-Linien 4**, **5** und **35**. Wer am West- oder Saalbahnhof aussteigt, fahre mit der Buslinie **15** (gen Rautal bzw. Westbahnhof) bis Holzmarkt oder Löbdergraben und steige dort in die Bahn um. Vom Bahnhof Jena-Paradies sind es mit **4**, **5** oder **35** (Richtung Lobeda-West/Ost) zwei Stationen bis zum **Sportforum**. Ferner kann man vom Westbahnhof auch mit der Regionalbuslinie **102** zum Stadion fahren. Der Fahrschein kostet 1,70 DM, die Tageskarte 5,- DM und das Gruppenticket 8,- DM.

KAISERSLAUTERN: Fritz-Walter-Stadion

Foto: Hardy Grüne

Kapazität: 41.582
Stehplätze: 20.810
Sitzplätze: 20.772

1.FC Kaiserslautern, Stadionstraße 11, 67663 Kaiserslautern
Tel: 0631-31880, Fax: 0631-3188290
www.fck.de

Kaum ein Stadion hat eine derart herrliche Lage aufzuweisen wie Kaiserslauterns Fußballtempel, der hoch über der kleinen Stadt thront und wie eine Herrscherburg davon kündet, wer in der Pfalz das Sagen hat: Der Fußball. Wenn der FCK am Samstagnachmittag zum Ball bittet, verwandelt sich die auf den Betzenberg hochführende Straße zu einer einzigen Woge rot-weißer Wallfahrer, die aus der ganzen Pfalz kommen, um dem schwarz-weißen Lederball zu huldigen; oder vielmehr den Roten Teufeln, die für die rezessionsgeschüttelte Pfalz mehr als nur ein Hoffnungsträger sind: namlich Weltanschauung. Das war, wie ein Blick in die Geschichte zeigt, längst nicht immer so. In den sechziger Jahren beispielsweise waren die Lauterer stets im hinteren Drittel der Bundesliga-Beliebtheitsskala zu finden. Häufig waren es nicht einmal 20.000, die jeden zweiten Samstag den Betzenberg erklommen und die für ihre rustikale Spielweise bekannten Roten Teufel um Dietmar Schwager unterstützten. Das hinderte den Betzenberg freilich nicht daran, bei dem einen oder anderen Gegner als "Hölle" gefürchtet zu werden. Namentlich Bayern München hatte so seine Probleme mit dem höchsten Fußballberg der Bundesliga. Paul Breitner wollte nach einer neuerlichen Niederlage gar "nie wieder nach Kaiserslautern". Dennoch: Erst Mitte der achtziger Jahre setzte der FCK-Boom ein, der mit der deutschen Meisterschaft von 1991 einen ersten Höhepunkt erreichte. Erstmals konnte der FCK in jener Saison die magische 30.000er Zuschauerschnittmarke überschreiten und es war Zeit für eine Erweiterung der 38.500 Plätze bietenden Arena.

Bereits seit 1920 wird das Betzenberggelände als Sportstätte genutzt. Zuvor hatten die diversen FCK-Vorläufer im "Ländel", dem Sportplatz "Eselsfürth" oder dem "Waldschlößchen" gekickt, ehe der damalige FVK hinter dem Hauptbahnhof auf den "luftigen Höhen des Betzenberges" (Pfälzische Presse) ein Gelände erwarb und in mühsamer Eigenarbeit einen Sportplatz schuf, der am 13. Mai 1920 seiner Bestimmung übergeben wurde. Anschließend wurde das Areal Schritt für Schritt ausgebaut. Fünf Jahre nach seiner Einweihung erhielt es eine kleine Holztribüne; ein Jahr später wurde aus dem Sand- ein Rasenplatz, und Anfang der dreißiger Jahre konnte das Fassungsvermögen mittels Betontraversen und einer kleinen überdachten Tribüne auf der Nordseite auf 18.000 geschraubt werden. Parallel dazu begann der sportliche Aufstieg des seit 1932 1. FCK genannten Klubs, der anno 1940 als Aufsteiger auf Anhieb Meister der Gauliga Südwest wurde. Star des Teams war ein Jungspund namens Fritz Walter.

Nach dem Zweiten Weltkrieg mußten die Roten Teufel vorübergehend auf den nur wenige Meter bergab gelegenen "Erbsenberg" des Lokalrivalen VfR ausweichen, da der kriegsgeschädigte Betzenberg von den Franzosen beschlagnahmt und als Schuttabladeplatz zweckentfremdet worden war. Nach Rückkehr wurde das Spielfeld den DFB-Auflagen entsprechend vergrößert, ehe 1953 Traversenerweiterungen das Fassungsvermögen auf rund 25.000 anhoben. Zuvor hatte der FCK – Deutscher Meister 1951 und 1953 – zu seinen Endrundenschlagerspielen regelmäßig ins größere Ludwigshafener Südweststadion ausweichen müssen, da der Betzenberg schlicht zu klein war. "Anstatt daß Zehntausende von auswärts nach Kaiserslautern kommen, fahren Tausende von Kaiserslautern nach Ludwigshafen. Die Stadt erhält keine Vergnügungssteuer, Gastwirtschaften und andere Unternehmungen haben einen Einnahme-Ausfall, die Fußballfreunde aus Kaiserslautern und Umgebung müssen, wenn sie das Spiel sehen wollen, tiefer in die Tasche greifen", hatte die "Pfälzische Volkszeitung" diese Praxis bitterlich kommentiert.

Die nächsten Baumaßnahmen waren nach der Qualifikation des FCK zur Bundesliga fällig. Die Gegengerade wurde überdacht, die Westkurve auf insgesamt 57 Traversen erhöht. Insgesamt faßte die Arena nunmehr 35.000 Zuschauer, die sich ab dem 18. Dezember 1963 auch über eine Flutlichtanlage freuen konnten. Peu à peu ging es weiter: 1965 wurde die marode Südtribüne ersetzt, 1972 entstand auf der Nordseite ein moderner Neubau, 1978 schließlich gab es eine neue Flutlichtanlage. Zwischenzeitlich hatte die Stadt Kaiserslautern auf die Bewerbung als Austragungsstätte für die WM 1974 verzichtet, um Nachbar Ludwigshafen den Vortritt zu lassen. Erst als Ludwigshafen offenkundig keine größeren Anstrengungen unternahm, zur WM-Stadt zu werden, schob Kaiserslautern seine Bewerbung eilig nach, war mit nur 1.000 Sitzplätzen jedoch chancenlos. Unter der Präsidentschaft von "Atze" Friedrich bemühte sich der FCK ab 1977, das umliegende Gelände zu erwerben und in den heutigen multifunktionalen Sportkomplex umzuwandeln, in dessen Mittelpunkt das Stadion steht. Jenes wurde nun in einen komplett überdachten Fußballtempel verwandelt. Es begann am 16. September 1978, als nach nur 16 Wochen Bauzeit die neue Ostkurve eingeweiht werden konnte. 1985 folgten die gegenüberliegende Westkurve sowie die Umbenennung in "Fritz-Walter-Stadion".

Anfang der neunziger Jahre sollte der Neubau der Haupttribüne folgen, doch zwischen Vorstellung der Pläne am 5. Dezember 1990 und Eröffnung des rund 60 Mio. DM teuren Gebäudes vergingen mehr als vier Jahre. Grund war ein an die Haupttribüne grenzender Steinbruch, in dem nach Ansicht von Naturschützern eine vom Aussterben bedrohte Eulenart nistete. Seitens der Stadt Kaiserslautern wurde zudem befürchtet, die neue Tribüne könne "stadtbildzerstörend" sein. Es kam zu Prüfungen, Expertisen, Gerichtsverhandlungen und diversen Baustopps, die nicht nur die Vollendung des Bauwer-

Foto: Hardy Grüne

kes hinauszögerten, sondern zugleich die Kosten in die Höhe trieben – und den FCK in finanzielle Schwierigkeiten brachten. Erst zum Rückrundenstart 94/95 konnte der hypermoderne Neubau mitsamt einer regelrechten "Freßmeile" im Bauch sowie zwölf VIP-Logen eingeweiht werden. Alsdann ging es den Stehplätzen in den Osttribünenblöcken 2 und 3 an den Kragen, wodurch das Fassungsvermögen auf 38.000 sank, was für die inzwischen völlig FCK-verrückte Region natürlich viel zu wenig war. Ende April 1998 wurde daher an der Südgeraden eine zweite Etage angefügt, auf der 4.000 neue Sitzplätze geschaffen wurden, die zur Saison 1998/99 erstmals genutzt werden konnen. Ein weiterer Ausbau soll folgen.

Fazit: Die "Faszination Betzenberg" ist eine durchaus gelungene Mischung aus Tradition und Moderne. Wenn sich der Anteil der Tradition dabei auch vornehmlich auf Name und Legende beschränkt, so ist ein Besuch auf dem "Betze" dennoch ein empfehlenswertes Erlebnis.

Wo immer man in der Pfalz hinkommt, trifft man auf FCK-Fans. Kaum ein anderer Verein weiß seine Region derart geschlossen hinter sich. Der FCK spielt eben nicht nur für Kaiserslautern, er spielt für die gesamte Pfalz. Die bekanntermaßen sangesfreudigen und (positiv) fanatischen Fans tummeln sich (wenn sie eine Karte kriegen) auf der Westtribüne (Blöcke 7 bis 9), einem der wenigen verbliebenen Stehplatzbereiche des Fritz-Walter-Stadions. Sie sind nahezu ausnahmslos freundlich, müssen jedoch seit einiger Zeit mit einem "Unterhaltungsprogramm" leben, das mit überlauter Musik, Cheerleadern und gelenktem Unterhaltungsprogramm jegliche Fan-Kreativität abtötet. Etwas weniger ist manchmal mehr, FCK!

Gastanhänger dürfen auf der Osttribüne in Block 1 stehen (oder nebenan in Block 2 sitzen). Der in die Ecke gedrängte Stehplatzbereich ist reichlich beengt, bietet dafür aber, wie eigentlich jeder Platz im Fritz-Walter-Stadion, gute Sicht- und Stimmungsverhältnisse.

Sitzplätze: 25 - 80 DM
Stehplätze: 17 DM
Gäste: Osttribüne, 1+2

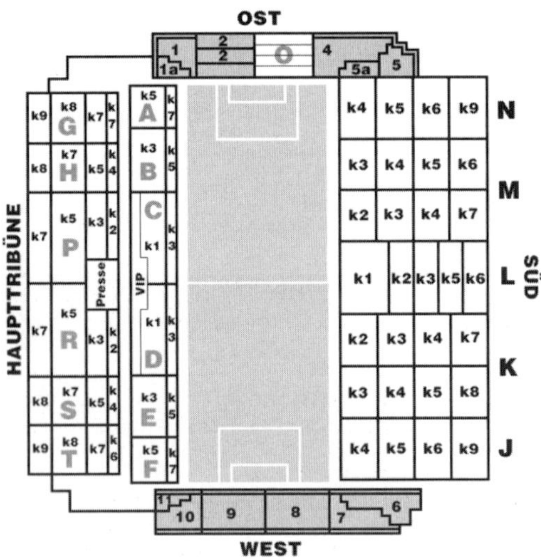

Fan-Shop In der Ecke Haupttribüne/Osttribüne (über Vereinsadresse, Tel: 316890, Fax: 3168920) oder FCK-World, Stiftsplatz 5, 67655 Kaiserslautern, Tel: 93355. **Lektüre** play, kostenlos, A4, farbig, nettes Layout, Inhalt eher mäßig. **Rolliservice** 78 Rollstuhlplätze vor der Südtribüne, Kostenpunkt: zehn Mark. **Essen** In der "Freßgasse" der Haupttribüne versorgen zahlreiche "Genußstände" mit unterschiedlichsten Leckereien, die ihren Namen durchaus verdienen

und alle Geschmäcker befriedigen sollten. Preise sind großveranstaltungsmäßig gestaltet, also eher hoch. Nach dem Spiel ist dort unten übrigens die Pressekonferenz auf Videoleinwand zu verfolgen. **Trinken** Bier mit und ohne Alkohol, Cola, Fanta, Sprite, Kaffee. **Toiletten** Die modernsten befinden sich in der Haupt- sowie der neuen Südtribüne, alle anderen können sich aber ebenfalls sehen lassen.
Kneipen Zwischen Stadion und Platz 4 befindet sich seit kurzem eine durchaus angenehme FCK-Gaststätte. Ansonsten sieht es im Stadionumfeld eher mau aus, und Genießer nehmen am besten die zehn Minuten Fußweg in die Altstadt in Kauf, um aus dem dortigen reichhaltigen Angebot auswählen zu können. Im Anschluß an ein FCK-Spiel bekommt man dort unten übrigens rasch den Eindruck, als sei jede einzelne Kaiserslauterer Kneipe auch FCK-Schuppen. Toll!

STADION: **STIMMUNG:** **SERVICE:**

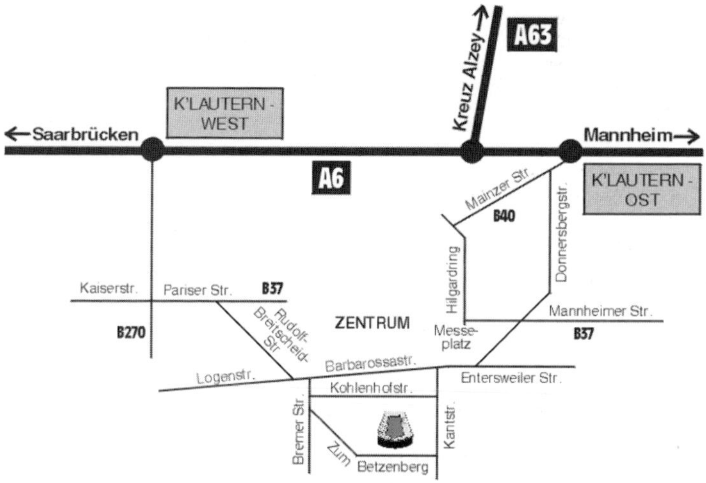

Über die **A6** aus Richtung **Mannheim**: Bis Abfahrt **Kaiserslautern-Ost**, dann auf die **B40** (Mainzer Straße) Richtung Kaiserslautern/Zentrum. An der ersten Ampel links in die Donnerbergstraße und der Stadionbeschilderung folgen (über die Mannheimer Straße hinweg bis zur Entersweilerstraße, dann rechts auf die Barbarossastraße, von der aus die Straße Zum Betzenberg abgeht). Über die **A6** aus Richtung **Saarbrücken**: Bis zur Abfahrt **Kaiserslautern-West**, dann auf der **B270** (Richtung Pirmasens) und weiter auf der B270 (Pariser Straße) Richtung Zentrum bzw. der Stadionbeschilderung folgen (rechts auf die Dr. R.-Breitscheid-Straße, dann auf die Barbarossastraße und schließlich auf die Straße Zum Betzenberg). **Parken:** In Stadionnähe **katastrophal**. Am besten gleich einen der ausgezeichnet ausgeschilderten **P+R-Parkplätze** ansteuern und mit den **Pendelbussen** auf den Betzenberg fahren. Problem: Nach dem Spiel muß man zu Fuß zum Parkplatz zurückgehen, was aber angesichts der geringen Distanzen nicht allzu schlimm ist.

Mit der **Buslinie 2** (Richtung Betzenberg) kann man den nicht allzu langen, dafür aber steilen Fußweg vom Hauptbahnhof zum Stadion **ein wenig** verkürzen.

Foto: Michael Seiß

Kapazität: 33.796
Stehplätze: 17.762
Sitzplätze: 16.034

Karlsruher SC, Adenauerring 17, 76131 Karlsruhe
Tel: 0721-9643450, Fax: 0721-9643469
www.karlsruhersc.de

Irgendwer hat das Wildparkstadion irgendwann einmal das "Juwel im Kranz der deutschen Stadien" genannt. Vielleicht handelte es sich dabei um einen badischen Patrioten (und die sind wirklich sehr zahlreich), vielleicht aber auch um den Architekten selbst. Wahrscheinlich hat der Mann die 1955 mit einem Länderspiel gegen Finnland offiziell ihrer Bestimmung übergebene Arena aber einfach nur verwechselt. Das Gründungsmitglied der Bundesliga trat über Jahrzehnte hinweg in einer mittelprächtigen Bruchbude an, die man nun wahrlich nicht als hochkarätige Arena bezeichnen konnte. Erst in der Ära Winfried Schäfer, als die Karlsruher begannen, ihr "Fahrstuhlmannschaft"-Image abzulegen, tat sich auch in Sachen Stadion wieder etwas. Nur, daß man im Wildpark schon da begann, etwas die Bodenhaftung zu verlieren. So mutierte die neue Haupttribüne zum Millionenprojekt - andere Vereine bauten in der gleichen Zeit für dieselbe Summe ganze Stadien...

Zugegeben, die sündhaft teure Dachkonstruktion, deren Stahlträger aus den neuen Ländern stammen, vermittelt ein gewisses internationales Flair. Der farbenfrohe Anstrich mag jedoch nicht so recht in das triste Grau des restlichen Stadions passen - und der Verantwortliche für die Bestuhlung der Haupttribüne gehört dringend zu einem Augenarzt oder am besten gleich vor ein Standgericht: Das angeblich so beruhigende Farbchaos erweckt so ziemlich bei jedem Betrachter unweigerlich Aggressionen. Ganz zu schweigen von dem kläglichen Sitzabstand, der deutlich unter dem des durchschnittlichen Mallorca-Touristen-Bombers liegt. Die Wahl der Gegentribüne ist in jedem Fall die bequemere und oberhalb der KSC-Fans auch stimmungsmäßig die bessere.

Der Rest der Arena befindet sich derzeit in einem armseligen Zustand, vor allem die Kurvenbereiche wurden in den letzten Jahren ziemlich vernachlässigt. Aus den gefährlich ausgetretenen Stufen wächst fröhlich das Gras, in den Kurveninnenbereichen funkeln die sonnenvergilbten Plastikschalen aus dem Restpostenmarkt. Die topmoderne Anzeigentafel allerdings ist erste Wahl. Nett auch die Idee des Familienblocks, in dem Papa sein Spiel schauen kann, während die Plagegeister eines der installierten Schaukelpferde malträtieren.

Doch zurück in die Zukunft: 600.000 DM investierte der Verein in ein Modell für ein neues Stadion, träumte zeitweilig gar von der 200 Mio. DM schweren Gewerbepark-Arena mit integriertem Rehazentrum und in die Tribüne eingelassenem Altersheim – doch die Wirtschaftsbosse ließen den KSC bei dieser Idee im Stich. Inzwischen stehen die Badener wieder mit beiden Beinen auf dem Boden der Tatsachen, schnuppern sie doch wieder die rauhe Luft der Zweiten Liga. Ein neues Stadion soll, ja muß immer noch kommen, doch orientiert man sich nun sowohl preislich als auch bautechnisch an Nachbar Mannheim.

Auswärtsfans wandern in die Südkurve (Block E1), wobei es mitunter recht eng werden kann, denn Ausweichblöcke stehen nicht zur Verfügung. Die KSC-Anhänger sammeln sich hauptsächlich in der Nordkurve (Block A4) sowie im überdachten Block D1 der Gegengeraden und versuchen von dort, Stimmung im weiten Rund zu verbreiten. Dies klappt aber zumeist nur beim entsprechenden Spielstand. Auf der Gegengeraden befindet sich übrigens auch die Anlaufstelle der "IG Karlsruher Fußballfans", die auch von außerhalb des Stadions erreicht werden kann. Den inoffiziellen Treffpunkt stellt jedoch der "Nackte Mann", eine weithin sichtbare Skulptur vor dem Haupteingang dar.

Gute Sichtverhältnisse sind eigentlich von fast allen Plätzen aus garantiert, leichte Abstriche gibt es natürlich in den Kurven – aus den Blöcken E2 und E3 ist die schmucke Anzeigetafel zudem nur sehr schlecht einsehbar. Wer partout sitzen und dabei auch noch schön Fußball gucken will, sollte die Plätze auf dem Unterrang der Haupttribüne meiden – das dortige Preis-/Leistungsverhältnis ist nicht besonders gelungen.

Sitzplätze: 20 - 55 DM
Stehplätze: 11 (7) - 15 (10) DM
Gäste: Südkurve, Block E1

Preise Jugendliche (bis 18) zahlen für den Stehplatz auf der Gegengeraden nur 7 DM, die ermäßigten Preise für die Kurvenblöcke gelten darüber hinaus für Studenten, Arbeitslose und Schwerbehinderte (ab 50%). Im LBS-Familienblock (Südkurve) zahlen Kinder (bis 16 Jahre) 15 DM bzw. 10 DM (bis 15 Jahre) bzw. gar nix (bis 8 Jahre). **Rolliservice** Rollstuhlfahrer zahlen gemeinsam mit ihrer Begleitperson 9 DM und können das Spiel auf numerierten Parkplätzen vor der Haupttribüne verfolgen. **Fanshop** Bei Heimspielen steht das KSC-Fan-Mobil bereit, ansonsten ist man auf den offiziellen Fanshop (Kaiserpassage 3, 76133 Karlsruhe) angewiesen. **Lektüre** Das "Wildpark Magazin" kostet 2 DM und bietet soliden Ligastandard. Der KSC betreibt das A4-Heft nunmehr in Eigenregie und könnte in Zukunft vielleicht auch einmal die blau-weiße Vereinsbrille beiseite legen. Die Karlsruher Fanzine-Szene darbt derweil weiter vor sich hin. Sehr unregelmäßig erscheinen vor Block D1 noch das "Nightmare from Baden" und die vom

Fanprojekt (Moltkestr. 22, 76133 Karlsruhe) unterstützten "Nackten Tatsachen". Das "Szenegeflüster" ist ebenso tot wie das "Voll daneben". Immerhin soll das legendäre "NBB's Fanecho" bald wieder erscheinen, eine Redaktion hat sich schon gebildet. Derweil treibt der Kerl im Internet sein Unwesen: Unter www.wildparkstadion.de gibt es ständig updates zum Wildparkstadion und diesem Text. Vor allem Auswärtsfans sei dieser Service ans Herz gelegt! **Stadionsprecher** Neuer Mann am Mikro und Stimmungskanone auf dem Feld ist Pressesprecher Rüdiger "Lemmy" Saal. Sein Vorgänger Faas schied im Streit vom KSC, nachdem dieser sich - nicht zuletzt auf Druck der Fans - nach einem neuen umgesehen hatte. Zigarrenfetischist Saal, der vom DSF kam, macht seine Sache derweil recht anständig, wenngleich es ihm noch nie gelang, das Stadion in Ekstase zu versetzen. Dieses schafft allerdings das Badnerlied, die Nationalhymne von Baden. Schon witzig, wenn sich vor dem Spiel die gesamte Tribüne von den Plastikschalen erhebt und inbrünstig die Hymne vom schönen Badnerland geschmettert wird. Besonders empfehlenswert sind diesbezüglich Spiele gegen Freiburg, da dann wirklich das ganze Stadion mitgrölt. **Essen** Die besten Fleischwaren gibt es immer noch außerhalb des Stadions, hier ist besonders der Wagen von "Alsace Food" (beim nackten Mann) zu empfehlen, der bei Racing Straßburg entdeckt und umgehend nach Karlsruhe verpflichtet wurde. Der passable Döner kostet 6 DM, die dicke Bratwurst 5 DM. Spezialität sind aber - unbedingt probieren! - die Merguez, die sich die Badener von den Franzosen und die wiederum von den Algeriern abgeschaut haben - richtig gut kommt das Ganze mit einer ordentlichen Portion Harissa. Gegenüber beim "Wildparkgrill" sollte man die "Feuerwurst" (4 DM) probieren. Daneben gibt es hier aber auch noch eine große Auswahl anderer Köstlichkeiten – "Franzl's rollenden Imbiss" jedoch leider nicht mehr. Wer den Weg nach draußen scheut (ist auch während des Spiels problemlos möglich, Auslaßkarte geben lassen!), der ist rund um den Haupteingang an den weißen Buden recht gut aufgehoben. Mit einer Investition zwischen 4 und 6 DM erhält man hier Delikatessen wie den "badischen Kringel" oder "KSC-Power". Wer diesen neumodischen Kreationen nichts abgewinnen kann, der kann sich für 7,50 DM elsässischen Flammkuchen bestellen. Insgesamt gilt: Draußen schmeckt's besser als drinnen. **Trinken** Das Bier (0,4 l) kommt vom Faß, schmeckt ganz gut und kostet nach wie vor 4 DM. Daneben die üblichen alkoholfreien Erfrischungsgetränke. **Toiletten** Die Anlagen befinden sich in einem schlechten Zustand und reichen (v.a. für Frauen) nicht aus. **Kneipen** Ganz unterhaltsam kann ein Besuch der (nach Abpfiff meist hoffnungslos überfüllten) Stadiongaststätte werden, als Alternative bietet sich im näheren Umfeld ansonsten nur das Vereinslokal des FC Germania am Ausgang des Schloßgartens an. Vom Marktplatz aus kann man jedoch getrost in alle Himmelsrichtungen ausschwärmen.

STADION: ⚽⚽⚽ **STIMMUNG:** ⚽⚽⚽ **SERVICE:** ⚽⚽⚽

Nicht vergessen wollen wir an dieser Stelle natürlich auch den Nebenplatz 2 des Wildparkstadions, auf dem die Amateure des KSC für gewöhnlich ihre Heimspiele auszutragen pflegen. Der Sportplatz faßt – allerdings ganz schwer über den Daumen gepeilt – knapp 4.000 Zuschauer, Sitzplätze, Dächer, Flutlicht und ähnliche Dinge sind nicht vorhanden. Wohl nicht zuletzt aus diesem Grunde läuft das Ganze zumeist ziemlich familiär ab, wenngleich die Spiele der "Amas" bei vielen KSC-Anhängern Kultstatus besitzen. Wer als Fan etwas auf sich hält, ist sonntags

Foto: Nils Bohl

vor Ort. Denn hier kann man nicht nur das (kostenlose) "Amateur-Journal" studieren, sondern auch eine Pommesbude, die zwar keine Pommes, aber immerhin eine vernünftige Bratwurst verkauft, aufsuchen, seinen Durst mit Bier oder Softdrinks löschen oder halt einfach Fußball gucken. Kostet 10 bzw. (ermäßigt) 7 DM, für Schüler sogar nur 5 DM. Anfahrt: wie zum Wildpark - nur die Parksorgen entfallen...

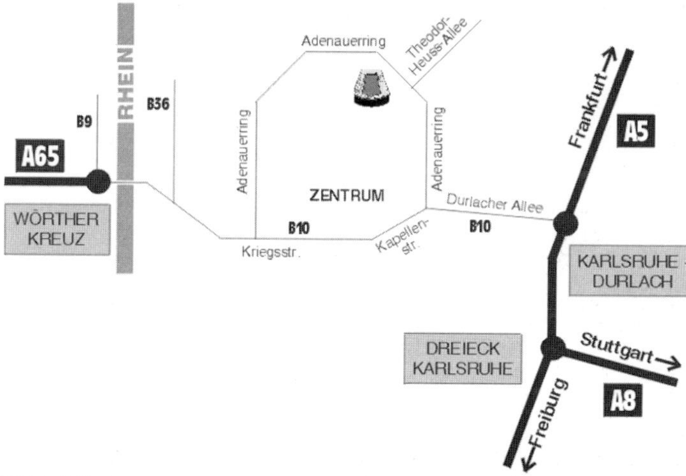

Über die **A5** aus Richtung Heidelberg/Frankfurt bzw. Basel: An der Abfahrt **Karlsruhe-Durlach** heraus, über die Durlacher Allee (**B10**) gen Karlsruhe fahren und der Beschilderung "Stadion" bis zu den Parkplätzen folgen.
Über die **A8** aus Richtung Stuttgart/München: Am Dreieck Karlsruhe auf die **A5** Richtung Heidelberg bzw. Karlsruhe, Ausfahrt Karlsruhe-Durlach (Rest s.o.).
Über die **A65** aus Richtung Ludwigshafen: Am **Wörther Kreuz** geradeaus auf die Südtangente und dann auf die **Kriegsstraße** (B10) Richtung Stadtmitte, der Rest ist ausreichend ausgeschildert.
Bei Spitzenspielen kann sich die An- und Abfahrt **zeitraubend** gestalten, da der einzige Weg meist völlig **überlastet** ist. Das Parken vor dem Stadion kostet 5 DM, die Kapazität des Hauptparkplatzes ist jedoch begrenzt. Meist ist das Areal ca. 75 Minuten vor Spielbeginn bereits völlig zugeparkt, als Alternative bleiben dann nur noch die gefürchteten **Waldwege** rund ums Stadion. Doch Vorsicht! Bei verkehrswidrigem Parken wird in Karlsruhe rigoros abgeschleppt.

Mittlerweile grenzt das ja fast schon ans **Lächerliche**: Nach wie vor verfügt der Wildpark über keinerlei vernünftige ÖPNV-Anbindung - doch immerhin führen einige Bahnen ja an Spieltagen ein Schild "Stadion" mit sich. Wie dem auch sei, vom Hauptbahnhof aus geht es mit den **Linien 3** (Richtung Siemensallee) und **4** (gen Waldstadt) zum Mühlburger bzw. Durlacher Tor, von dort aus fahren **Sonderbusse** zum Stadion – erstaunlicherweise aber nach dem Spiel nicht mehr zurück. Alternativ kann man auch mit der Bahn (z.B. der 3) oder den Linien **S1**, **S4** und **S11** bis zum Markt- oder Kronenplatz reisen, ab hier ist es noch ein ca. 15minütiger **Fußmarsch** durch den Garten des Barockschlosses. Dieser wirkt bei sommerlichen Nachmittagsspielen recht idyllisch, bei winterlichen Abendspielen kann's aber auch verdammt unheimlich werden. Zur **Orientierung**: immer auf das Schloß zulaufen und dann rechts daran vorbei. Die Eintrittskarte berechtigt zum kostenlosen Hin- und Rücktransfer, ansonsten muß man für den Fahrschein 3,50 DM, für die Viererkarte 10 DM berappen.

Foto: Hardy Grüne

Armes Auestadion, armes Fußball-Kassel. Da steht eine schmucke und durch und durch intakte Sportarena vor der Haustür, doch es ist niemand da, der sie braucht. Selbst Parkplätze sind zahlreich vorhanden – gefüllt werden sie jedoch nur, wenn die Huskies in der nebenliegenden Eissporthalle dem Puck nachschlittern. Im Dezember 1997 hauchte der FC Hessen Kassel – von Fans, Medien und Sponsoren ungeliebter Nachfolger des ruhmreichen KSV Hessen – mitten in der laufenden Spielzeit sein Leben aus. Zum letzten Kick gegen die KSC Amateure kamen noch einmal rund 1.200 Fans und trugen ihre Löwen zu Grabe. Seither ist das Auestadion eine Sportruine, die mit Ausnahme von Wolfgang Petry-Open-Airs und Leichtathletikevents nutzlos in der Gegend rumsteht.

Eine traurige bis tragische Geschichte, die 1953 mit so viel Hoffnung begonnen hatte. Nach fünf Jahren Bautätigkeit war seinerzeit der Traum aller Kasseler Fußballer, endlich ein repräsentatives Stadion sein eigen nennen zu können, wahr geworden. Bis dato hatte der KSV Hessen auf dem sogenannten "A-Platz" gespielt, auf dem einst Vorläufer SV Kurhessen seine Gauligakicks absolviert hatte. Das Areal, auf dem sich heute die Auesporthalle befindet, war jedoch in allen Belangen unzulänglich gewesen und wies ernsthafte Sicherheitsmängel auf. Ganz anders das auf einem ehemaligen Aufmarschgelände entstandene Auestadon. 35.000 Plätze und eine überdachte Sitzplatztribüne sorgten für lange vermißten Komfort, der von den Fans begeistert angenommen wurde. Obwohl der KSV Hessen zumeist nur zweitklassig kickte, war die Arena regelmäßig gut gefüllt. Als die Löwen 1964 kurz vor dem Sprung in die frischgegründete Bundesliga standen, war sie zum Aufstiegsspiel gegen Hannover mit 35.000 gar erstmals ausverkauft.

Kassel blieb jedoch zweitklassig und mußte 1974 gar in die Hessenliga absteigen. Auch dort hielt der Zustrom der Fans jedoch an - 1978/79 wurde beim Spitzenspiel gegen den VfR Bürstadt mit 22.000 Zuschauern ein neuer Amateurligarekord aufgestellt. Seinerzeit beherbergte das Auestadion übrigens auch Zweitligafußball, denn da das Parkstadion des Nachbarn KSV Baunatal noch im Bau war, verbrachten die VW-Städter ihre drei Zweitligaspielzeiten im Kasseler Auestadion – vor selten mehr als 2.000 Leuten.

1979 stieg Baunatal ab, ein Jahr später der KSV Hessen auf – und die 2. Liga hatte einen neuen Zuschauermagnet. Erst als die Löwen dreimal in Folge nur unglücklich Vierter wurden, riß die Treue der Fans ab, und mit dem Abstieg (1987) begann die lange und schwere Leidenszeit des KSV Hessen. Eine nur als "unsäglich" zu bezeichnende Vereinspolitik machte aus dem einstigen Fußballflaggschiff einen abgetakelten Kahn, der mühsam auf den wogenden Wellen der finanziellen Halbwelt "3. Liga" schipperte. 1993 wurden die völlig überschuldeten Fußballer aus dem Hauptverein rausgeworfen und als FC Hessen eigenständig; vier Jahre später kam der endgültige Tod. Seither ist das Auestadion verwaist – obwohl es durchaus Bundesligareife hat. In den 80ern war die Sitztribüne erheblich erweitert worden, in den 90ern hatte man die Gegengerade komplett renoviert, und eigentlich fehlen nur Flutlicht und eine Anzeigetafel.

Doch um Kassels Fußball steht es schlecht – und damit erübrigt sich die Frage nach der Nutzung des Auestadions als Fußballstätte. FSC Lohfelden und KSV Baunatal kicken in der viertklassigen Oberliga, gehören jedoch nicht zum Stadtgebiet Kassel, derweil Kassels "Topklub", Landesligist FSV, zu seinen Heimkicks in der Regel bestenfalls 100 Fans anlockt. Zuschauermagnet Nummer 1 und demzufolge einziger potentieller Auestadionkandidat ist dagegen der im Februar 1998 wiedergegründete KSV Hessen, der seine Heimkicks in der siebthöchsten Bezirksliga derzeit noch unweit des Auestadions im sogenannten "Löwenkäfig" austrägt. Dabei handelt es sich um ein bis vor kurzem noch "G-Platz des Auestadions" genanntes Areal, das ein stinknormaler Sportplatz ist. Der KSV Hessen ist Kult - und zugleich sichtbarer Beweis, daß die Treue zu einem Fußballklub in der Tat nicht zu brechen ist. 1998/99 haben die Löwen ihren Gegnern vom Kaliber Anadoluspor Baunatal und TSV Rothwesten II mit rund 700 Fans pro Spiel die Kassen ordentlich gefüllt, und bei Heimkicks herrscht so etwas wie Volksfeststimmung. Und vielleicht wird dies ja auch eines Tages im Auestadion wieder der Fall sein.

STADION: ⚽⚽⚽ **STIMMUNG/SERVICE:** *nicht zu bewerten*

Von der **A7** aus beiden Richtungen: Bis zum **Autobahndreieck Kassel**, dann weiter Richtung Stadtmitte/Fuldabrück. An der Abfahrt **Auestadion** herunter und weiter Richtung Stadtmitte/Bahnhof Wilhelmshöhe. Nach rund zwei Kilometern geht es rechts auf die Parkplätze zum Auestadion. Dort befindet sich übrigens auch der "Löwenkäfig" (Damaschkestraße). **Parken:** ausreichend vorhanden.

Vom Bahnhof **Wilhelmshöhe** geht es mit jeder Straßenbahn Richtung Stadtmitte, an der Haltestelle Rathaus aussteigen und weiter mit den Linien **5** oder **9** (Richtung Mattenberg bzw. Baunatal) bis zum Stadion.

Foto: Patrick Nawe

Kapazität: 15.000
Stehplätze: 13.800
Sitzplätze: 1.200

Holstein Kiel, Westring 501, 24106 Kiel
Tel: 0431-331824, Fax: 0431-338037
www.holstein-kiel.de

Daß Holstein Kiels sportliche Glanzjahre schon ein paar Jahrzehnte zurückliegen, sieht man dem Holsteinstadion deutlich an. Im Oktober 1911 - ein halbes Jahr vor der ersten und (bislang) einzigen deutschen Meisterschaft Kiels - eröffnet, präsentiert sich die altehrwürdige Arena inzwischen zwar als Wallfahrtsort für Fußballnostalgiker, nicht jedoch als reif für Spitzenfußball. "Eine Ruine mit Tradition" wird sie von Holstein-Anhängern trotzig genannt - und das durchaus zu Recht, denn einst war am Westring wirklich der Fußball-Teufel los. In seinen besten Tagen bot das Holsteinstadion nämlich über 20.000 Zuschauern Platz - und das war auch nötig, schließlich zählte die KSV Holstein zum besten, was Norddeutschland zu bieten hatte.

Ein Blick in die Geschichte: Nachdem die 1911 erbaute Holztribüne zehn Jahre später durch eine Windhose ihres Daches entledigt wurde, entstand im August 1922 auf der gegenüberliegenden Seite (heutige Gegengerade) ein 420 Sitzplätze bietender Neubau. Im selben Jahr schüttete man rings um das Spielfeld Stehhügel auf, wodurch dem Gastspiel der SpVgg Fürth anno 1923 8.000 Zuschauer beiwohnen konnten. Fünf Jahre später wurde das Areal komplett umgekrempelt. Um Platz zu schaffen, mußte das Spielfeld um rund 25m verschoben werden, so daß die Tribüne plötzlich nicht mehr auf Höhe der Mittellinie stand, sondern seitlich davon versetzt war. Zugleich wurden auf der unüberdachten Geraden zwölf Stufen verlegt, die die Kapazität auf 15.000 schraubten. Wie so viele Vereine stand auch die KSV Holstein im Herbst 1945 vor den Trümmern ihres Stadions. Mit vereinten Kräften richtete man das Areal zunächst notdürftig wieder her, ehe es an den Wiederaufbau ging, der am 28. Juni 1950 mit der Einweihung der heutigen Tribüne vollendet wurde. Rund 30.000 Plätze bot die Arena nunmehr.

Ein kurzes Aufbäumen der Holstein-Kicker in den späten 70ern bzw. frühen 80ern führte im Holsteinstadion zu einer geringen Komfortverbesserung: Vor der Tribüne wurden zusätzliche Sitzbänke installiert, eine Flutlichtanlage wurde aufgebaut. Das konnte jedoch nicht darüber hinwegtäuschen, daß der Zustand der Arena schon damals bedenklich war. Es kam noch schlimmer, denn nach dem Abstieg aus der Regionalliga (1996) stand die KSV Holstein sportlich und finanziell vor dem Aus, während im Holsteinstadion mehr und mehr Bereiche gesperrt werden mußten.

Während sich die Störche inzwischen wieder aufgerappelt haben, steht die Zukunft des Holsteinstadions noch immer in den Sternen. Liebend gerne würde man aus der Traditionsarena ein schmuckes Fußballareal zaubern, doch bis es soweit ist, wird das Holsteinstadion weiterhin als "Ruine mit Tradition" gelten.

Nach Jahren des sportlichen Darbens hat sich die arg dezimierte Holstein-Fanschar inzwischen wieder erholt. Auf der Gegengeraden tummelt sich eine bunte Mischung jugendlicher und älterer Fans, die auch gerne mal Bengalos zündet und auswärts stets vertreten ist. Gästefans stehen in der Ostkurve neben der Tribüne und benutzen den Eingang Projensdorfer Straße.

Sitzplätze: 15 - 20 DM
Stehplätze: 10 (7) DM
Gäste: Ostkurve

Lektüre Holstein Kiel Magazin, kostenlos, A4, farbig, ausgezeichnet. **Rolliservice** Spielfeldrand. **Essen** Bratwurst, Süßigkeiten. **Trinken** Alkoholisches Bier, Cola, Fanta, Wasser, alles im Pfandbecher. **Toiletten** In Ordnung. **Kneipen** Der "Schmelztiegel der Kieler Fußball-Gerüchteküche" befindet sich in der Tribüne, heißt "Bei Heini" und bietet zu reellen Preisen Siebziger-Jahre-Atmosphäre. Des weiteren gibt es direkt neben dem Stadion sowohl ein griechisches als auch ein chinesisches Restaurant.

STADION: ⚽⚽ **STIMMUNG:** ⚽⚽⚽ **SERVICE:** ⚽⚽⚽

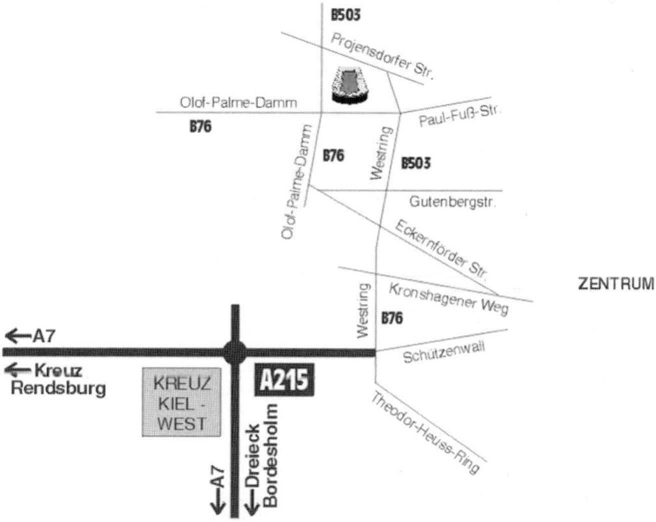

Die **A7** aus Richtung **Hamburg** am **Dreieck Bordesholm** verlassen und weiter auf der **A215** über das **Kreuz Kiel-West** nach Kiel hinein. Schließlich auf den Westring (**B503**) Richtung Flensburg, Olympiazentrum und am Nordfriedhof vorbei direkt zum Stadion. **Parken:** Vor dem Stadion gibt es einen kleineren Parkplatz, der allerdings den VIPs vorbehalten ist. Gewöhnliche Menschen können entlang der Projensdorfer Straße parken. Bei **Topspielen** sollte man sein Gefährt auf dem HAGENUK-Parkplatz abstellen, der sich am Westring gegenüber des Wasserturms befindet.

Vom **Bahnhof** kommt man mit den Linien 11, 21, 500, 501, 502, 900 und 901 (jeweils Richtung **Kanal**) zum Stadion. **Aussteigen** sollte man an der **Hanssenstraße**. Darüber hinaus verkehrt die Nummer **91**, die man am Nordfriedhof verläßt.

KÖLN: Müngersdorfer Stadion

Foto: Burkhard Schulz

Kapazität: 46.000
Stehplätze: 10.000
Sitzplätze: 36.000

1.FC Köln, Postfach 420 251, 50896 Köln
Tel: 0221-9436430, Fax: 4301851
www.fc-koeln.de

Eigentlich sollte das neue Müngersdorfer Stadion schon 1973 fertiggestellt werden und das Prestige der Stadt durch rassige WM-Spiele aufpolieren. Doch die Entstehungsgeschichte der Arena gestaltete sich als ein Possenspiel allererster Güte. Immer wieder wurden neue, oft grandiose Pläne von den Stadtgewaltigen begutachtet, kritisiert, für gut befunden und dann doch wieder verworfen. Daß in Müngersdorf etwas geschehen mußte, stand spätestens von dem Tag an fest, an dem Deutschlands Bewerbung für die 74er Weltmeisterschaft durch die FIFA-Oberen abgesegnet worden war. Natürlich sollte auch Köln dabei sein. Fürwahr nicht die schlechteste Gelegenheit, die uralte Arena im Westen der Stadt (Einweihung im September 1923) auf Vordermann zu bringen bzw. sie abzureißen und auf ihren Grundfesten eine moderne Sportstätte zu errichten.

Zunächst war man noch guten Mutes, frühzeitig sicherte der DFB der Stadt auch drei Spiele zu. Der Jubel war groß, als gar der amtierende Weltmeister Brasilien ein Spiel in Köln bestreiten sollte - schon klangen den Altstadtwirten die Sambatrommeln in den Ohren. Doch dann wurde Köln wieder von der WM-Liste gestrichen, denn selbst für die Pläne eines "Spar-Stadions" waren die Stadtsäckel zu leer. Zwei Jahre später waren die erforderlichen Gelder dann plötzlich doch vorhanden, und Ende 1973 erhielt das architektonisch mit Abstand langweiligste Konzept aller 24 Bewerber den Zuschlag - und Köln somit ein grünes Spielfeld mit einer grauen Betonschüssel drumherum. Ach, hätten sich die Verantwortlichen damals doch nur für den faszinierenden Schulten-Entwurf entschieden... Doch 100 Mio. DM, so viel sollte das "Bügeleisenstadion" kosten, waren schon damals eine Menge Geld. Wie dem auch sei, immerhin sollte jetzt endlich eine moderne sportliche Begegnungsstätte ihren Platz in Müngersdorf finden.

Die Umbauarbeiten gingen angesichts der langwierigen Planungsphase relativ schnell über die Bühne, so daß das neue Stadion, das letzten Endes 44,5 Mio. DM gekostet hatte, am 12. November 1975 mit dem Kölner Lokalderby eingeweiht werden konnte. FC und Fortuna hatten während des Umbaus in der alten Radrennbahn, auf deren Überresten man in den 90er Jahren ein modernes Radstadion errichtete, gekickt. Das allererste Tor erzielte übrigens nicht Herbert Neumann, wie fälschlicherweise bislang in diesem Werk zu lesen war, sondern Günter "Blutgrätsche" Hutwelker - im Vorspiel der Junioren. Damit das mal geklärt ist.

Das erste vollständig überdachte Stadion Deutschlands faßte damals 61.188 Zuschauer, die Kapazität verringerte sich jedoch im Laufe der 80er und 90er Jahre auf nunmehr 46.000 Plätze. Da es sich bei den Rängen in den Kurven um variable Sitze handelt, kann aus der Müngersdorfer Arena bei Bedarf nunmehr sogar ein All-Seater werden - die konsequente Versitzplatzung ging übrigens weitgehend ohne Proteste der Fans vor sich.

Die WM 2006, sofern sie denn in Deutschland über die Bühne gehen sollte, will sich natürlich auch Köln nicht entgehen lassen. Doch die Chancen stehen eher schlecht: Da ist zum Einen die direkte Konkurrenz aus der Nachbarschaft (Leverkusen, Düsseldorf). Zum Anderen aber hat man sich bis auf den heutigen Tag noch nicht einmal ansatzweise über ein Konzept einigen können. Im Raume stehen ein vergleichsweise kostengünstiger Umbau, um das Stadion den harten FIFA-Auflagen gerecht werden zu lassen. In diesem Falle würde sich – aus Sicht des mittlerweile zweitligaerprobten Zuschauers – eigentlich nichts am Müngersdorfer Grundübel ändern und das Stadion die gleiche seelenlose Großarena bleiben, in welcher der Kick viel zu weit entfernt vom Betrachter vor sich geht. Die zweite Variante sieht den Neubau eines – man höre und staune – reinen Fußballstadions an einer vielleicht etwas günstiger gelegenen Stelle vor, was natürlich nicht ohne private Investoren funktionieren kann. Daß man ein solches Projekt auf die Beine stellen und auch finanzieren kann, hat man in der Domstadt beim Bau der imposanten Köln-Arena gesehen. Da jedoch strichen auch schon eine ganze Handvoll Jahre ins Land, bevor die Pläne dann auch in die Tat umgesetzt wurden. Und so erinnert das momentane Hin und Her um das Wie, Wo, Wann und ein bißchen auch um das Warum auf fatale Weise an die Situation vor der WM 1974. So, wie's derzeit aussieht, passiert aller Wahrscheinlichkeit in Köln erst einmal folgendes: nix.

Das Positive vorweg: Keinerlei Zäune stören die Sicht – dafür hat man in Müngersdorf einen Graben angelegt, der das Aufs-Feld-Stürmen nach großen Siegen schwer macht. Aber dafür gab's in letzter Zeit ja auch eigentlich keinen Anlaß. Der harte Kern der FC-Fans trifft sich regelmäßig in der Südkurve (Blöcke 17 bis 21). Hier ist überdurchschnittlich viel Jungvolk anzutreffen, dessen Gesang allerdings mitunter beachtliche Lautstärke erreicht - auch das Repertoire wird langsam einfallsreicher. Die etwas kritischere Klientel von Stehplatz Mitte hat sich, da es diesen Bereich nicht mehr gibt, im ganzen Stadion verteilt und meckert und lästert von dort, so gut es eben geht. Bislang einmalig ist übrigens die vom Fanbeauftragten Rai-

ner Mendel angeregte "Auswärts-Dauerkarte", dank derer die FC-Fans sich nicht mehr um Eintritts- und Zugtickets kümmern müssen - wirklich eine klasse Idee. Wo wir gerade bei Auswärtsspielen sind: Gästefans gehören in die Stehblöcke 37 und 39 der Nordkurve, wo die Sichtverhältnisse miserabel sind - wer vernünftig Fußball gucken will, muß schon für einen Platz auf dem Oberrang in die Tasche greifen. Bei großem Andrang stehen Auswärtigen zudem die benachbarten Blöcke 41 und 1 zur Verfügung. Hier sollte man übrigens nicht unbedingt einen der Plätze ganz vorne wählen, da von den darüber liegenden Sitzplätzen, wo sich der gewaltbereite Teil der FC-Anhängerschaft aufhält, ganz gerne schon einmal etwas Flüssiges, Schleimiges oder sonstwie Unangenehmes herunterfällt. Ansonsten hat man im Müngersdorfer Stadion selbst normalerweise eigentlich wenig zu befürchten, der Ärger fängt jedoch schon meist beim Spaziergang zur Bahnhaltestelle über die Vorwiesen an. Vorsicht sollte man in jedem Falle auch auf den etwas weiter entfernten Parkplätzen walten lassen - kann jedenfalls nicht schaden.

Sitzplätze: 21 - 45 DM
Stehplätze: 13 (7) DM
Gäste: Nordkurve (37-39)

STADION: ⚽⚽ **STIMMUNG:** ⚽⚽ **SERVICE:** ⚽⚽

Preise Jugendliche, Schüler, Studenten, Azubis, Zivis, Soldaten, Arbeitslose und Behinderte kommen billiger rein. **Rolliservice** Freier Eintritt für Fahrer und Begleiter (frankierten Rückumschlag mit Kopie des Behindertenausweises an Verein schicken), Platz auf der Tartanbahn. **Fanshop** Direkt hinter dem Nordeingang warten einige Stände mit diversen Fanartikeln auf, daneben gibt's Fanshops am Geißbockheim (s.u.), auf der Hohe Straße und in nahezu allen Lotto-Toto-Läden, die ehemaligen FC-Größen gehören und in der ganzen Stadt verteilt sind. **Lektüre** Das "Geißbockecho" (2 DM, A4, extrem bunt) bietet mittlerweile vernünftige Berichterstattung, wobei ein Blick über den FC-Rand hinaus sicherlich nicht schaden könnte. Wer will, kann sich auch einmal die Fanzines Kölsch live (Fanprojekt, Cluballee 1-3, 50937 Köln) oder Glorreichen-Treff (W. Scholzen, Satzveyer Str. 3, 53894 Mechernich) kommen lassen - mit drei Mark (incl. Porto) ist man dabei. Gerüchte um eine Wiederauflage des "Hennes" gehören leider ins Reich der Fabel. **Stadionsprecher** Veteran Hans-Gerd König hat das Mikro nach 40 Jahren und Millionen von Aufforderungen, "das Abbrennen von Feuerwerkskörpern doch bitte zu unterlassen", an Michael Trippel weitergegeben. Der neue Mann macht seine Sache bislang halbwegs ordentlich. **Essen** Ganz allgemein gilt: Für die Wurst besser unten bleiben. Das weitgehend geschmacksneutrale Produkt an den Büdchen im erhöhten Bereich kann sich mit den Brat- und Brühwürsten sowie Krakauern (3,50 und 4 DM) nicht messen, und auch die vermögen nicht sonderlich zu befriedigen. Besser kommt da schon der Reibekuchenstand (drei Stück für 5 DM, Apfelmus 1 DM) oder die Gyrosbude (Döner 6 DM, Pizza 4 DM, Tsatsiki und Schafskäse je 1 DM). Die italienische Pizza-Variante sollte man übrigens mit Vorsicht genießen, sonst besitzt man nämlich schnell einen neuen Schlips - in Forme des vom Teig gerutschten Belages. An Kleinigkeiten stehen diverse Fertigsüßwaren, Kringel, Waffeln und Popcorn bereit. Trinken: Alkoholfreies Gaffel Kölsch (schmeckt als "normales" Bier eigentlich ganz lecker), kostet ebenso wie Cola und Limo 4 DM, der 0,3-Pfandbecher Wasser oder Eistee ist 50 Pfennige billiger zu haben. Wer sich aufwärmen will, kann dies mit Zitronentee, normalem Tee (1,50 DM) sowie Kaffee (2,50 bis 5 DM) versuchen. **Toiletten** Den Umständen entsprechend eigentlich ganz in Ordnung. **Kneipen** In der näheren Umgebung des Stadions sind bis auf den Biergarten an der Ecke Aachener und Militärringstraße, in dem man allerdings ein bisserl auf der Hut sein sollte, keine vernünftigen Vergnügungsstätten anzutreffen. Ins Zentrum gelangt man über die Aachener Straße bzw. mit der Linie 1, wahlweise am Rudolfplatz (Ringe) oder Heumarkt (Altstadt) kann man dann aussteigen und ausschwärmen: Eine passende Kneipe findet hier jeder. Wenn es zum Geißbockheim gehen soll, fahre man auf dem Militärring Richtung Süden bzw. A4 und an der fünften Kreuzung rechts auf die Berrenrather Straße. Gleich noch einmal rechts in den Waldweg und man hat die FC-Heimat erreicht.

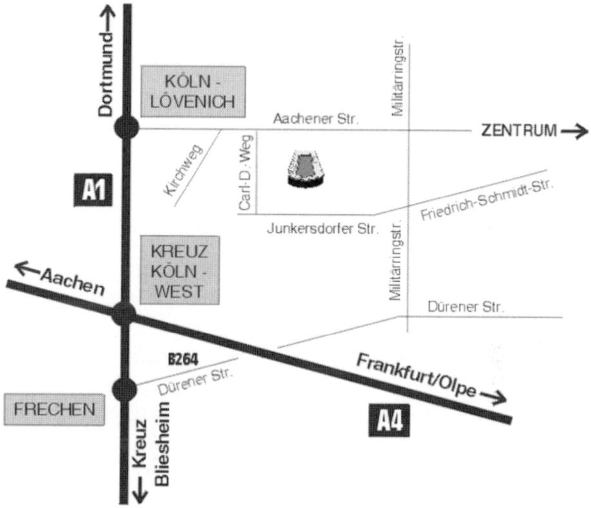

Von **Dortmund** bzw. **Bremen**: Über die **A1** bis zur Abfahrt **Köln-Lövenich** (103), rechts auf die Aachener Straße (B55) in Richtung Zentrum, bis das (im übrigen auch ausgeschilderte) Stadion auf der rechten Seite auftaucht. Falls sich auf der A1 mal wieder ein **Stau** auftut (WDR2: 100,4 Mhz), kann man am Kreuz Köln-Nord auch auf die **A57** gen Zentrum abbiegen. An der Abfahrt Köln-Süd/Lindenthal geht es dann auf die Innere Kanalstraße, von der man nach etwa zwei Kilometern rechts auf die Aachener Straße und nach Müngersdorf abdreht.
Von **Frankfurt**: Über die **A3** (rechtsrheinisch) gen Oberhausen bis zum Dreieck Heumar, dort auf die A4 gen Aachen (Ring Köln-Süd), am Kreuz Köln-West auf die A1 Richtung Dortmund und an der Abfahrt Köln-Lövenich heraus (Rest s.o.).
Von **Aachen**: Über die **A4** bis zum Kreuz Köln-West, dort auf die A1 gen Dortmund bis zur Abfahrt Köln-Lövenich (Rest s.o.).
Rund um besagte Aachener Straße befinden sich einige große **Parkplätze**, u.a. der am Reitstadion (Kostenpunkt: 5,- DM), sowie ein eigenes Leitsystem. Aber Vorsicht: Wer P3 oder P4 benutzt, muß mit erheblichen Verzögerungen bei der Heimreise rechnen. **Versteckte** Stellmöglichkeiten sind praktisch nicht vorhanden, das wilde Parken rund um die Sporthochschule sollte man angesichts erhöhter Strafzettel- und Abschleppgefahr vermeiden. Wer relativ frühzeitig anreist, kann auf der Aachener Straße auch am Stadion vorbei, rechts auf die Militärringstraße und abermals rechts auf die Junkersdorfer Straße zum Parkplatz an der **Jahnwiese** fahren. Hier geht die Abreise flüssiger vor sich, zudem findet sich hier auch eine Gästekasse, an der meist nicht so ein großes Gedränge wie auf der Nordseite herrscht.

Vom Hauptbahnhof geht es mit den **Linien 12** (Richtung Zollstock-Südfriedhof), **16** (Richtung Brühl oder Klettenbergpark) oder **18** (Richtung Brühl oder Bonn) bis zur Station **Neumarkt**, von dort ebenerdig mit der Straßenbahnlinie **1** (Richtung Junkersdorf) bis zur Haltestelle Aachener Straße/Stadion. Die KVB setzen ferner ab Neumarkt, bei Schlagerspielen auch ab Hauptbahnhof und Wiener Platz **Sonderzüge** ein. Wer bereits vor der Anreise über eine Eintrittskarte verfügt, fährt umsonst mit - das Angebot gilt für vier Stunden vor dem Anpfiff bis 10 Uhr des folgenden Tages, und zwar im gesamten Gebiet des Verkehrsverbundes Rhein-Sieg. Ansonsten kostet der Fahrschein 3,40 DM, das Minigruppen-Ticket (maximal fünf Leute) 13,- DM.

KÖLN: Südstadion

Foto: Burkhard Schulz

Kapazität: 12.000
Stehplätze: 10.140
Sitzplätze: 1.860

Fortuna Köln, Am Vorgebirgstor 1-3, 50969 Köln
Tel: 0221-9364180, Fax: 0221-93641823
www.fortuna-koeln.de

Den bislang größten Erfolg, den Aufstieg in die Bundesliga (1973), feierte Fortuna Köln noch fern der Heimat in der Radrennbahn, in die man angesichts des sportlichen Aufschwungs der 60er und 70er Jahre hatte umziehen müssen. Zuvor war man im gefürchteten "Loch" zu Hause gewesen, einem engen Bolzplatz, der nur ein paar herzhafte Niggemann-Befreiungsschläge vom jetzigen Domizil am Bonner Wall gelegen war. Dort säumten in Hochzeiten bis zu 8.000 Zuschauer die Kreidelinien, und zwar so nahe, daß sich bei Eckbällen schon einmal der Griff eines Regenschirms in der Hose des gegnerischen Keepers verirrte.

Doch nachdem Fortuna es bis in die Regionalliga geschafft hatte, wanderte man in die Radrennbahn aus. Obwohl sich in der Arena zu Beginn der 70er Jahre für Fortuna-Verhältnisse unvorstellbare Zuschauermassen (bis zu 28.000!) einfanden, wurden die Südstädter mit der weit im Kölner Westen gelegenen Übergangslösung nie so recht glücklich. Pläne zum Bau eines "eigenen" Stadions existierten bereits seit 1969, doch sollten bis zum ersten Spatenstich noch rund zwei Jahre ins Land ziehen. Das erste offizielle Punktspiel in der Bezirkssportanlage Süd fand dann gar erst am 15. Januar 1978 (2:1 vs. Wuppertal) statt - juristische Streitereien, plötzlich dringend notwendig gewordene Einsparungen und organisatorische Probleme (teilweise waren ganze vier Arbeiter auf der Baustelle beschäftigt) verhinderten ein schnelleres Entstehen der Kleinarena in Köln-Zollstock.

Konzipiert wurde sie für 15.000 Zuschauer (mittlerweile ist die Kapazität auf 12.000 gesunken) – eine solche Menschenmenge hat die Tore des nur leidlich hexenkesseltauglichen Südstadions allerdings noch nie passiert. Zum einen mag dies an der tristen Atmosphäre liegen, zum anderen im mangelnden Komfort des klassischen Bundesjugendspielestadions begründet sein - lediglich die knapp 2.000 Sitzplätze sind überdacht, der Rest der Fanschar ist Wind und Wetter schutzlos ausgeliefert. Immerhin verfügt das Südstadion seit 1994 über eine schmucke Anzeigetafel, ansonsten genügen jedoch lediglich das Flutlicht und der gepflegte Rasen ("Nä, is dä ald widder jrün") höheren Ansprüchen. Was Wunder, daß sich Fortuna-Patron Jean Löring bereits seit geraumer Zeit mit Umbaugedanken trägt. Die Pläne zur Umwandlung des "Südfriedhofs" in ein echtes Fußballstadion, die erstmals am Aschermittwoch 1993 auftauchten und hernach schnell wieder in die Schubladen wanderten, sind im Zuge der allgemeinen Modernisierung des Vereins wieder aufgetaucht und den Verhältnissen angepaßt worden. Erträumt wird nun ein reines Fußballstadion für 20.000 Zuschauer, das bis auf die künftige "Nordtribüne" vollständig überdacht sein soll. Verhandlungen mit Sponsoren laufen seit vielen Monaten, teilweise sogar derart erfolgversprechend, daß bereits der potentielle Name "Benetton-Stadion" durch die Boulevardpresse geisterte. Doch erst wenn Konzept und Finanzierung bombensicher sind, will Löring zwecks Abkauf und Baugenehmigung an die Stadt herantreten: "Ich möchte nicht als Phantast oder Idiot dastehen." Eine Entscheidung in der Stadionfrage wird für den Spätherbst 1999 erwartet, bis dahin können sich Südstadiongänger an dem bis dato letzten Fortuna- Highlight auf der Vorgebirgsstraße erfreuen: Dort hat man das Vereinswappen in Form zweier rot-weißer Blumenbeete verewigt.

Die mickrige Fortuna-Fanszene hat sich dank des Engagements der "Eagles" und der "Südstadtleechter" sowie den zwei bis drei großen Fahnen unübersehbar gemacht, immer mehr Menschen laufen mittlerweile beschalt oder vertrikotet im Stadion herum. Vor Jahren wurde noch schief angeguckt, wer mit einem "Niggemann" oder "Mink" auf dem Rücken über Stehplatz Mitte, dem traditionellen Standort des harten Kerns der Fortuna-Aktivisten, schlenderte. Diese werden zwar gelegentlich von den Kollegen der Kölner Haie sowie äußerst gelegentlich von Preußen-Köln-Fans unterstützt, doch von echter Fußball-Atmosphäre ist im Südstadion eigentlich immer nur dann etwas zu spüren, wenn der Gast eine größere Anzahl Anhänger (Standardruf: "Kölle, wir hören nix") mit in die Nordkurve bringt. Und auch die verzweifeln irgendwann an der Sprachlosigkeit der Fortuna-Fans. Aber immerhin: da tut sich was.

Sitzplätze: 30 (24) DM
Stehplätze: 10 (8) - 15 (12) DM
Gäste: Nordkurve

Preise Rentner, Studenten, Azubis und Behinderte kommen billiger rein, Jugendliche bis 14 zahlen für den Stehplatz (Süd) sechs Mark. Karten für die Gästekurve (Nord) gibt es nur an der Kasse am großen Parkplatz, bei großem Andrang sind Tickets jedoch auch an der Schirikasse (Vorgebirgsglacisweg) zu haben. **Rolliservice** Fahrer und (ein) Begleiter kommen umsonst auf die Laufbahn, auf der sie hautnah einen der berüchtigten Wutausbrüche von Toni Schumacher begutachten können. Wer eine Kopie der Sonderparkkarte für Schwerbehinderte an Fortuna schickt, erhält obendrein einen Parkschein für den Stellplatz P2 (Nordkurve) – von hier sind es noch etwa 300 Meter. **Fanshop** Wachsendes Sortiment im Laden unter der Geschäftsstelle, gelegentlich hält auch ein Bauwägelchen mit Fanwaren am Gästeeingang. Ansonsten ist man auf Fan & Team (Severinstr. 33) angewiesen. **Lektüre** Der oder das kickeriki präsentiert sich in neuem Outfit und dickerem Gewand. Ob dies aber ausreicht, um den Preis zu verdoppeln (2 DM), erscheint zweifelhaft. Unteres Zweitliga-Niveau. Was Fanzines anbelangt: Da das lang angekündigte Blatt des "Arbeitskreises kritischer Fortuna-Freunde" nach wie vor auf sich warten läßt, muß man mit Rueckleecht, dem Saisonrückblick der Südstadtleechter, vorliebnehmen (2 DM + Porto, A. Wegner, Severinstr. 110, 50678 Köln) – aber immer noch besser als gar nix. **Stadionsprecher** Der Herr Dorschler gehört zu den gastfreundlichsten Vertretern seiner Spezies, was an dieser Stelle endlich einmal gewürdigt werden soll. **Essen** Sensation! Vorbei die Zeiten, als man sich mit Käsestullen oder Butterkeksen auf den Weg ins Südstadion machen mußte. An den auch optisch aufgepeppten Büdchen kann neben der als Brühwurst getarnten "Knacker einfach" nun auch Krakauer und Bratwurst bestellt werden. Besonders lecker ist dies alles zwar nicht, aber immerhin hat man nun die Wahl der Qual. Ferner bieten mobile Stände süße, salzige und wabbelige Kleinprodukte und Kippen, fliegende Händler Eis an, wohingegen das Brezel-Experiment (3,50 DM!) gescheitert ist. Vor der Nordkurve gibt's zudem Döner (6 DM), türkische Pizza (4 DM) sowie eine Bratwurst, die um Nuancen besser schmeckt als drinnen. **Trinken** Das Gaffel Kölsch light trägt nur bedingt dazu bei, den Ruf Kölns als gastfreundliche Stadt aufzupolieren. Ferner gibt's Cola, Fanta, Sprite und Wasser in unterschiedlichen Größenordnungen (0,4 3,50 DM, 0,5 4 DM, 1 Liter 7 DM) sowie im Winter auch das reichlich mysteriöse "Glühgetränk". **Toiletten** außerordentlich sauber. **Kneipen** Vor und nach dem Spiel sowie gelegentlich auch in der Halbzeit treffen sich Fortuna-Fans gerne im Bacchus (neben der Geschäftsstelle am Vorgebirgstor 1), in dem nach Spielschluß auch irgendwann die Spieler eintrudeln und (je nach Ergebnis) längere Zeit am Tresen verweilen. Im Sommer lohnt ein Abstecher in den nahegelegenen Volksgarten, beliebt auch das Bei mir am Eifelplatz (über Höninger Weg), das Refugium sowie das Lätare (jeweils Vorgebirgsstraße, vom Parkplatz aus rechts bzw. links), das auf dem Weg in die eigentliche Südstadt liegt.

STADION: ⚽⚽ **STIMMUNG:** ⚽⚽ **SERVICE:** ⚽⚽⚽

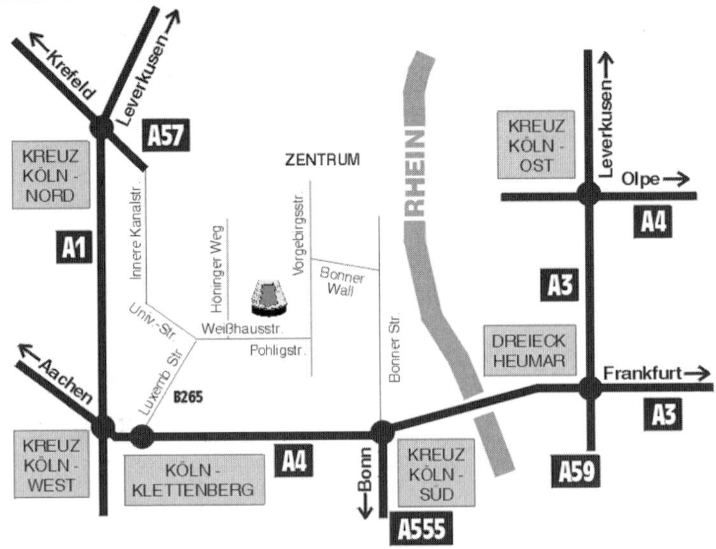

Von **Dortmund** bzw. **Bremen**: Über die **A1** bis zum Kreuz Köln-Nord, dort auf die **A57** gen Zentrum und an der Abfahrt Köln-Süd/Lindenthal heraus. Nun auf der Inneren Kanalstraße (später Universitätsstraße, Weißhausstraße) etwa fünf Kilometer geradeaus, bis hinter der Kreuzung mit dem Höninger Weg links die Flutlichtmasten des Südstadions auftauchen.
Von **Frankfurt**: Über die **A3** bis zum Dreieck Heumar, dort auf die **A4** gen Aachen und an der ersten Abfahrt nach Überquerung des Rheins, **Köln-Bayenthal**, herunter auf die A555, die am Verteilerkreis geradeaus in die Bonner Straße übergeht. Hier nun einige Kilometer geradeaus und nach der Unterführung links in den Bonner Wall, an der nächsten Ampel wieder links auf die Vorgebirgsstraße und hinter der Unterführung rechts auf den (kostenpflichtigen) Parkplatz.
Von **Aachen**: Über die **A4** und das Kreuz Köln-West hinweg gen Frankfurt und an der Ausfahrt **Köln-Klettenberg** (11) herunter. Auf der Luxemburger Straße rund zwei Kilometer stadteinwärts und kurz vor dem unübersehbaren Uni-Center dann rechts auf die Weißhausstraße (Rest s.o.).
Ideal für frühzeitig angereiste **Gästefans** sind die Parkmöglichkeiten am Höninger Weg bzw. am Vorgebirgstor (direkt vorm Stadion). Ansonsten bleibt nur der große und bei Regen schlammige Platz an der Vorgebirgsstraße (2 DM, Busse 5 DM).

Die Straßenbahnlinie **12** (Richtung Zollstock-Südfriedhof) verbindet den Hauptbahnhof mit dem Südstadion (Haltestelle **Pohligstraße**), der Fahrschein kostet 2,20 DM. Was die Rückfahrt anbelangt; Bei großem Andrang stehen für Auswärtsfans meist einige **Sonderbahnen** bereit, mit denen sie direkt zum Hauptbahnhof transportiert werden.

KREFELD: Grotenburg-Stadion

Foto: Hans-Georg Wahl

Kapazität: 34.500
Stehplätze: 24.630
Sitzplätze: 9.870

KFC Uerdingen 05, Löschenhofweg 70, 47829 Krefeld
Tel: 02151-490505, Fax: 02151-490500
www.kfc-uerdingen.de

Als Bayer Uerdingen 1971 in die Regionalliga aufstieg, nahm das in Krefeld keiner so richtig ernst. Die Stadt galt als Eishockey-Hochburg und die Sympathien der Einwohner gehörten eher dem KEV sowie den damals freilich kurz vor dem Exitus stehenden Preußen. Zudem war der kleine Werksklub ja auch "nur" aufgerückt, da sich Düsseldorf und Bochum für die Bundesliga qualifiziert und somit einen zusätzlichen Platz freigemacht hatten. In der eigenen Aufstiegsrunde war Bayer mal wieder kläglich gescheitert.

Nichstdestotrotz wollten immerhin 15.000 Neugierige das erste Spiel der Uerdinger in der Grotenburg-Kampfbahn gegen Wuppertal sehen – und dies, obwohl am selben Tage ein Schützenfest und ein Turfmeeting stattfanden. In die anno 1927 eingeweihte Arena war der Klub stadtteilverbindend umgezogen, nachdem er zuvor im vereinseigenen Stadion am Löschenhofweg mehr oder weniger unter Ausschluß der Öffentlichkeit gespielt hatte. Doch mit den Erfolgen wuchs auch das Interesse der Fans, wenngleich es auch zu Zeiten eines noch nicht so ausgeprägten Umweltbewußtseins für viele noch ein reichlich merkwürdiges Unterfangen darstellte, in unmittelbarer Nähe des kleinen Krefelder Zoos den Namen eines Chemiegiganten ins weite Stadionrund zu posaunen.

Nachdem Uerdingen 1975 den Sprung in die Bundesliga geschafft hatte, brachen auch für die Grotenburg stürmische Zeiten an und die Arena wurde im Lauf der Jahre erheblich umgerüstet. 1976 erhielt sie Flutlicht, vier Jahre später wurde die neue Osttribüne eingeweiht und 1986 folgte der Umbau der Nordseite in eine reine Sitzplatztribüne. Seit 1990 kann man sich zudem an einer Anzeigetafel, die Spieler und Ergebnisse mitunter in den abenteuerlichsten Farben präsentiert, sattsehen. Aus der Mehrzweckarena entstand somit ein reines Fußballstadion mit einer Kapazität von 34.500 Plätzen, von denen knapp 10.000 Sitze und 4.500 Stehmöglichkeiten überdacht sind – allein die Westtribüne, die noch ein wenig an die einstige Laufbahn erinnert, bereitet Kummer. Die Ausbaupläne liegen schon seit einigen Jahren in der Schublade, aber der Stadt fehlt schlicht und ergreifend das nötige Kleingeld.

Im Herbst 1998 wäre das Stadion beinahe wieder in den Genuß von Europacupspielen gekommen, als sich der MSV Duisburg kurzfristig einen Umzug vom Wedau- ins Grotenburgstadion überlegte - wurde aber nix draus. Und auf Original Uerdinger Europapokalfeste, wie weiland das schier unfaßliche 7:3 gegen Dynamo Dresden, müssen die Krefelder wohl noch ein paar Jährchen warten.

KREFELD: Grotenburg-Stadion

Nachdem die Uerdinger Anhängerschaft das leidige Problem Stehplatz Süd contra Anzeigetafel, das beinahe zu einer Zersplitterung der Fanszene geführt hätte, mehr oder weniger deutlich zugunsten der Ostkurve gelöst hat, versucht ein ganz ansehnlicher blau-roter Block unterhalb der Anzeigetafel für Stimmung zu sorgen. Unterstützt werden die über 30 beim Verein registrierten Fanclubs der "Eagles", "KFC-85ers" und wie sie alle heißen dabei übrigens von den Cheerleadern der "Fire Balls". Die Fans werden vom KFC unterstützt und erhalten beispielsweise "Subventionen" zu Auswärtsspielen, so daß es nicht verwundert, daß sich des öfteren eine beachtliche Anzahl von Uerdinger Fans in fremden Stadien tummelt. Die legendär gewordenen Besuche in Leverkusen freilich fallen für's Erste aus.

Preise Rentner, Behinderte, Arbeitslose, Azubis, Schüler und Studenten erhalten nach Vorlage des entsprechenden Ausweises, der an den Kassenhäuschen übrigens peinlich genau kontrolliert wird, verbilligte Karten. Die Familienkarte für fünf Leute (z.B. zwei Erwachsene und drei Kinder), kostet 30 DM und gilt für Block B. **Rolliservice** Rollifahrer haben auf bevorzugten Plätzen freien Eintritt, die Begleitperson zahlt den ermäßigten Eintritt. Es existieren zwar (noch) keine Behindertenparkplätze, aber bei rechtzeitigem Erscheinen kann man den Wagen auch direkt an den Eingängen abstellen. **Fanshop** Im Bereich zwischen Ost- und Südtribüne befindet sich eine Fanbude, an der die unterschiedlichsten Artikel zu erwerben sind. Ansonsten ist man auf den KFC-Fanshop im Sporthaus Borgmann (Königsstr. 78, Tel: 490555) angewiesen. **Lektüre** Im Februar 1999 ist die ebenso überteuerte (2 DM) wie inhaltlich durchwachsene Stadiongazette Treffer durch das Magazin Am Ball abgelöst worden - möglich wurde dies durch die Trennung des KFC von zwei für die Vermarktung zuständigen Agenturen. Der Verein kann seine Stadionzeitung nun endlich wieder in Selbstregie gestalten und das Ergebnis kann sich sehen lassen: Am Ball besticht durch ausführliche Interviews und hohen Informationsgehalt, wobei auch die Fans ("Anja's Dampfkessel") nicht zu kurz kommen. Weiterer Pluspunkt: Das Heft wird kostenlos verteilt. Dies wiederum gilt (leider, leider) zwar nicht für die Fanzines Triumphbogen (Hans-Sachs-Str. 56, 47445 Moers) und United (Laps Kaminski, Tannenstr. 133, 47798 Krefeld), aber auch diese für 3 DM (incl. Porto) erhältlichen Machwerke Krefelder Fankultur sind durchaus lesenswert. Wie oft und ob überhaupt noch diese Blätter in Zukunft erscheinen, ist derzeit fraglich - man kann diesbezüglich aber einfach einmal an der Fanbude nachfragen. **Essen** Das kulinarische Angebot ist breitgefächert und gut. Die Bratwurst wurde vor geraumer Zeit von Testessern eines Boulevardblättchens völlig zurecht zur besten Wurst der Bundesliga gekürt und hat sich diese Qualität weitgehend erhalten. Daneben kann man sich an den rund 20 ums Stadion verteilten Imbißständen (die ergiebigste Ecke scheint die zwischen West- und Nordtribüne zu sein) an Currywurst, Krakauer, Frikadellen, Schnitzel, Baguettes, Pommes Frites, Döner und Pizzastückchen versuchen, die auf der Südtribünenseite des Stadions an Biertischen und Bänken auch im Sitzen verzehrt werden können. Die Preise sind zwar nicht mehr ganz so günstig wie früher, liegen aber immer noch im Durchschnitt. **Trinken** Das Bier heißt wahlweise Rhenania (Alt) oder Krefelder (Pils) und Kenner wissen, worauf sie sich damit einlassen. Ebenso wie Cola, Limo und Wasser wird das alkoholhaltige Getränk, das man auch in der bleifreien Variante bestellen kann, in Pfandbechern (2 DM) serviert, die mit dem Vereinslogo sowie dem Konterfei vergangener KFC-Helden (besonders häufig: "Pele" Wollitz) verziert sind und somit ein beliebtes Souvenir darstellen. Zur kalten Jahreszeit kann man gelegentlich auch ein Heißgetränk ergattern. **Toiletten** Die Einrichtungen befinden sich an bzw. unter den Tribünen und sind so weit ganz in Ordnung. Wem trotzdem – aus welchen Gründen auch immer - schlecht geworden ist, der findet hinter der Westtribüne eine kleine Sanitätsstation. **Kneipen** In der näheren Umgebung des Stadions, einer gehobeneren Wohngegend, ist erlebnistechnisch der Hund begraben. Auf der Berliner Straße erreicht man (stadteinwärts gehend) zwar nach wenigen Minuten ein Hotel mit Au-

Sitzplätze: 15 (10) - 30 (25) DM
Stehplätze: 10 (6) - 12 (7) DM
Gäste: Westkurve

ßengastro, aber hier ist man über Horden durstiger Fußballfans nicht sonderlich begeistert und für den Kellner liegt die Grenze des Zumutbaren bei ungefähr acht Personen. Zudem ist es dort nicht sonderlich gemütlich. In jedem Falle besser erscheint es, gleich gen Innenstadt zu marschieren oder aber sich nach dem Bockumer Krug (Friedrich-Ebert-Straße, parallel zur Uerdinger Straße, Richtung Stadtwald) oder der Gaststätte Am Inster (Traarer Straße, in Gartenstadt) durchzufragen. Wem dies zu anstrengend ist, kann sich das Überlebensnotwendigste aber auch an der dem Stadion gegenüberliegenden Tankstelle besorgen.

STADION: ⚽⚽⚽⚽ **STIMMUNG:** ⚽⚽ **SERVICE:** ⚽⚽⚽

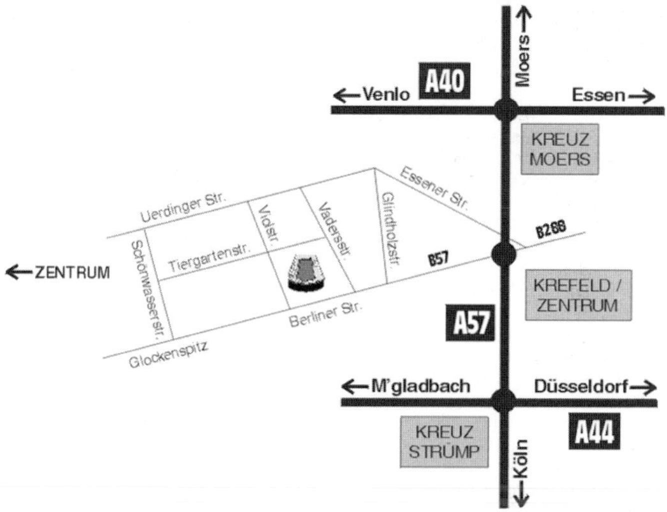

Die Heimat des Grotifanten ist in Krefeld-Bockum direkt neben dem Zoo gelegen und wird über die **A57** angepeilt. Von dieser wähle man die Ausfahrt **Krefeld-Zentrum** (13) und fahre über die **Berliner Straße** (B288) gen Zentrum – das Grotenburg-Stadion taucht nach knapp anderthalb Kilometern auf der rechten Seite auf. Die dortigen **Parkplätze** sind **kostenlos**, bei großem Andrang kann man direkt hinter der Ausfahrt von der Berliner Straße auch auf die Essener Straße fahren, die am Bockumer Platz in die Uerdinger Straße übergeht und den Parkplatz am Zoo benutzen. Bei absoluten Top-Spielen steht schließlich auch noch der **Sprödentalplatz** (Uerdinger Str., ausgeschildert) zur Verfügung, von dort fahren dann **Sonderbusse** zum Stadion. Normalerweise reichen die knapp 2.000 Parkplätze aber vollkommen aus.
Wer im kaum zu umgehenden Stau nach dem Spiel nicht ohne Benzin dastehen will, findet direkt am Stadion auch eine Tankstelle.

Vom Krefelder Hauptbahnhof geht es mit den Straßenbahnlinien **042** (gen Elfrath) oder **043** (gen Uerdingen) bis zur Haltestelle **Grotenburg/Zoo**, von dort ist es nur noch ein kleiner Raubkatzensprung. Die Fahrt dauert übrigens im Normalfalle um die zwölf Minuten. Ob die Eintrittskarte wie bislang zur kostenlosen Nutzung der Transportfahrzeuge des Verkehrsverbundes Rhein-Ruhr berechtigt, war bis zuletzt noch unklar - man kann aber eigentlich davon ausgehen. Wer noch keine Karte besitzt: Der Einzelfahrschein kostet 3,20 DM, eine Tageskarte für fünf Leute 10,80 DM.

Foto: Hans-Georg Wahl

Kapazität: 18.000
Stehplätze: 14.532
Sitzplätze: 3.468

Sachsen Leipzig, Am Sportpark 02, 04179 Leipzig
Tel: 0341-453330, Fax: 0341-4533310
www.fc-sachsen.de

Der Alfred-Kunze-Sportpark zählt zweifelsohne zu den gefürchtetsten Fußballstätten der Republik. Das liegt zum einen an den zahlreichen Legendenstatus einnehmenden Begegnungen, die dort in der Vergangenheit stattgefunden haben, zum anderen an der Aura des FC Sachsen-Vorläufers BSG Chemie. Die zu DDR-Zeiten stets ein wenig im politischen Schatten stehenden Chemiker haben sich mit bewundernswerter Energie und unerschütterlicher Beharrlichkeit von diversen Tief- und Schicksalsschlägen erholt und ein Fluidum geschaffen, das an allen Ecken und Enden greifbar ist.

Auf dem Areal des heutigen Sportparks wird schon seit 1915 gegen die Lederkugel getreten. Seinerzeit entstand ein einfacher Sportplatz, dem später das bis heute nahezu unveränderte Vereinsheim angefügt wurde. Nutzer des "Leutzscher Sportfeldes" war der TuS Leutzsch, der 1933 als kommunistischer Sportverein von den Nazis verboten wurde. Anschließend übernahm der erst 1932 gegründete "Turn- und Rasensportverein" das Gelände und legte die Grundlagen zu Stadion sowie Legende. Binnen drei Jahren stieg der von einem lokalen Automatenfabrikanten enorm gepuschte Klub in die höchste Spielklasse auf; derweil das Leutzscher Sportfeld zu einem Stadion ausgebaut wurde, in dem bis zu 30.000 Menschen Platz fanden.

Nach dem Krieg wurde die Arena in "Leutzscher Stadion" umgetauft, ehe sie 1948 den Namen des Widerstandskämpfers Georg Schwarz erhielt und vom neuen Nutzer BSG Chemie in einen Fußballtempel verwandelt wurde. Es begann 1947, als die an der Regattastrecke am Elsterflutbecken stehende Holztribüne dort ab- und in Leutzsch wieder aufgebaut wurde. Das noch immer auf der Westgeraden stehende Gebäude wies damals wie heute auf zehn Reihen 940 Sitzplätze auf. In den fünfziger Jahren wurde der Ausbau mit der Aufstockung der Nordtribüne zunächst fortgeführt, ehe plötzlich Pläne für einen völligen Neubau der Arena publik wurden. Es war bereits eine entsprechende Grube ausgehoben worden (noch heute hinter dem Norddamm erkennbar), als die Pläne plötzlich wieder fallengelassen und die Renovierung des vorhandenen Areals fortgesetzt wurde.

In den Folgejahren wurde eine umfangreiche Renovierung durchgeführt, durch die das Fassungsvermögen zwar auf rund 25.000 sank, zugleich aber der legendäre Ruf der Arena zementiert wurde. Daheim war "Schämie" nun eine kaum noch zu bezwingende Macht, was vor allem dem begeistert mitgehenden Publikum zu verdanken war. Da es dabei nicht immer sportlich-fair zuging, erhielt die Arena als erste in der DDR einen Schutzzaun. Im weiteren Verlauf entstanden das Sozialgebäude sowie eine Anzeigetafel, für deren Aufstellung die Chemie den Robotron-Werken Sömmerda übrigens einen Torhüter zu "liefern" hatte.

Nach der Wende wurde die reine Fußballarena mit dem Namen des einstigen Chemie-Meistertrainers Alfred Kunze versehen. Zugleich wurden auf der Ostgeraden 506 und auf der Vortribüne der Westseite 2.424 Plastikschalen installiert. Das Fassungsvermögen sank dadurch auf 16.500, wobei auflagenbedingt allerdings nur 12.000 zugelassen sind. Bei aller Euphorie über die Ausstrahlung des Alfred-Kunze-Sportparks muß freilich konstatiert werden, daß sein Zustand alles andere als zufriedenstellend ist. Die Arena ist dringend renovierungsbedürftig, doch die vorliegenden Pläne für einen Komplettumbau konnten aus finanziellen Gründen bislang nicht realisiert werden. Dabei ist die Aussicht, daß eines Tags auf der Ostgeraden eine 4.000-Sitzplatz-Tribüne und auf der Gegengeraden eine nagelneue Stehplatzüberdachung stehen könnte, und der Kunze-Sportpark mit einer Flutlichtanlage auch für Abendspiele geeignet wäre, mehr als verlockend. Wenn dann der heimische FC Sachsen sich statt ständig in interne Scharmützel verstrickt zu sein auf sportliche Ziele konzentrieren würde, könnte der Alfred-Kunze-Sportpark sogar wieder zu einer der gefürchtetsten Fußballstätten der Republik werden. Es besteht Hoffnung.

Foto: Sachsen Leipzig

Wie oft schon waren die Fans das wohl wichtigste, mit Sicherheit aber treueste Potential der Grün-Weißen aus Leutzsch! Es begann mit der von oben angeordneten Degradierung der BSG Chemie anno 1963, als die besten Akteure der Grün-Weißen zum neugegründeten SCL (heute VfB) delegiert wurden – und Chemie mit dem "Rest von Leipzig" sensationell DDR-Meister wurde. Trainer seinerzeit: Alfred Kunze. In den siebziger Jahren wurde Chemie zur Fahrstuhlmannschaft. Für die Oberliga zu schwach, für die Liga zu stark. Bei all dem blieb eine Konstante: Eine vieltausendköpfige Fanschar, die überall dort auflief, wo die Grün-Weißen aufliefen. Im heimischen Kunze-Sportpark ist sie vornehmlich auf der West- und Nordtribüne zu finden, bekanntermaßen überaus lautstark und mitunter ein wenig fanatisch. Ein Spitzenspiel mitsamt vielköpfiger Gegner-Fanschar zählt zweifelsohne zu den unterhaltsamsten Dingen, die man in Leipzig tun kann – wenn auch die Stimmung schon mal überkochen und es zu häßlichen Szenen kommen kann.

Gästeanhänger werden auf der Südtribüne hinter dem Tor in einen wenig gemütlichen "Käfig" gesperrt, von dem nicht zuletzt ob des Zauns bzw. Netzes keine allzu gute Sicht herrscht. Im gesamten Stadionumfeld ist Vorsicht angesagt. Alleinreisende Gastfans sollten sich unbedingt neutral kleiden, größere Fangruppen werden ihren "Spaß" mit dem wenig zimperlichen Ordnungspersonal haben!

Sitzplätze: 14-16 (12-14) DM
Stehplätze: 10 (8) DM
Gäste: Südtribüne

Fan-Shop Fan-Bude, Georg-Schwarz-Straße 83-85, 04179 Leipzig, Tel: 4419347, Mo-Fr 9.00-20.00, Sa 9.00-13.00 Uhr. Lektüre Sachsen-Kurier, 24 farbige A4-Seiten für zwei Mark, wobei festgestellt sei, daß das Preis/Leistungsverhältnis nicht stimmt. Zur Saison 1999/2000 ist ein völlig neu konzipiertes Heft angekündigt worden. **Rolliservice** Rollstuhlplätze am Spielfeldrand. **Essen** Wurst. **Trinken** Alkoholfreies Bier, Cola, Fanta, Kaffee. **Toiletten** Ihr Zustand ist wie einiges andere im Stadion bedenklich, das hat aber seinen Flair. Gewissermaßen eine "Zeitreise in den sozialistischen Toilettenbau". **Kneipen** Das Vereinsheim Sachsenstube mit seiner sagenumwobenen Atmosphäre ist eigentlich einen Pflichtbesuch wert. Wer darauf keine Lust hat (oder Anhänger des Gastvereins ist), fährt am besten ins Leipziger Zentrum.

STADION: ⚽⚽⚽⚽ **STIMMUNG:** ⚽⚽⚽⚽ **SERVICE:** ⚽⚽⚽

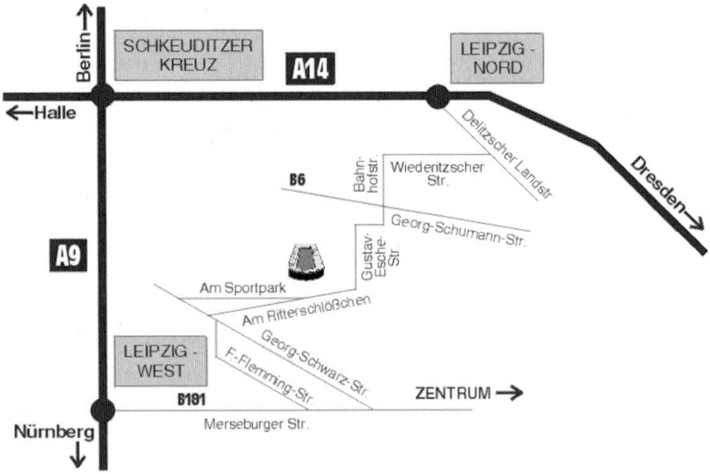

Warnung: eine der am schwierigsten zu findenden Arenen. Wem das Gewimmel an Straßen zu **kompliziert** erscheint, parkt am besten an irgendeiner Straßenbahnstation und fährt mit der **S27** zum Bahnhof Leutzsch. Von der **A14** (Halle/Dresden): Abfahrt **Leipzig Nord-Wiederitzsch** und über die Delitzscher Straße weiter Richtung Zentrum. An der ersten Kreuzung **rechts** in die Lindenthaler Straße und weiter auf der Wiederitzscher Straße bzw. Hauptstraße. Schließlich **links** in die Bahnhofstraße, dann rechts ab und durch die Unterführung sowie am Rathaus vorbei über die Linkelstraße geradeaus auf die Rittergutstraße, die später zur Gustav-Esche-Straße wird. Auf Höhe des **S-Bahnhofs Leutzsch** schließlich rechts. Von der **A9** (Berlin/Nürnberg): Bis **Leipzig-West**, dann auf der **B181** (Merseburger Straße) weiter Richtung Zentrum. Kurz hinter dem Ortseingang Leipzig (nach ca. acht km) an der Ampelkreuzung links in die Franz-Flemming-Straße und an der zweiten Ampel links in die Georg-Schwarz-Straße. Über die Brücke und an der nächsten Ampel rechts in die Straße Am Ritterschlößchen, dessen dritte Seitenstraße auf der linken Seite (Pettenkoferstraße) geradewegs zum Stadion führt. **Parken:** Auf den offiziellen Parkplätzen muß man mit **zwei Mark** Gebühren rechnen. Für gewöhnliche Spiele sind ausreichend Plätze vorhanden, bei Spitzenbegegnungen sollte man auch am Straßenrand Ausschau halten.

Vom S-Bahnhof Leutzsch sind es knapp fünf Minuten Fußweg bis zum Stadion. Straßenbahnlinie 27 oder die S-Bahn in Richtung Grünau fahren nach Leutzsch.

LEIPZIG: Bruno-Plache-Stadion

Foto: Michael Seiß

Kapazität: 13.500
Stehplätze: 10.700
Sitzplätze: 2.800

VfB Leipzig, Connewitzer Straße 21, 04289 Leipzig
Tel: 0341-869990, Fax: 0341-8699911
www.vfbleipzig.de

Nürnbergs Zabo, Dresdens Ostragehege, Fürths Ronhof und Hamburgs Rothenbaum zählten in den zwanziger Jahren zu den wohl berühmtesten und am meisten bestaunten Fußballstadien Deutschlands. Auch Leipzigs Probstheida - das heutige Bruno-Plache-Stadion - darf mit ruhigem Gewissen hinzugerechnet werden – nicht zuletzt wegen des spektakulären 1922er Endspiels um die deutsche Meisterschaft, als sich bei der Begegnung Nürnberg gegen HSV rund 70.000 Menschen in der noch im Rohbau befindlichen und eigentlich nur für 40.000 Zuschauer vorgesehenen Anlage drängelten. Seither besitzt die Arena zweifelsohne einen gewissen Legendenstatus.

Bauherr VfB Leipzig lockte in jenen Tagen regelmäßig größere Zuschauermengen an, wenn auch die ganz große Zeit der Blau-Weißen mit dem Ersten Weltkrieg zu Ende ging. 1903 war der VfB erster Deutscher Meister geworden, 1906 und 1913 waren Titel Nummer 2 und 3 gefolgt. 1920 hatte der seit 1897 auf dem Lindenauer Sportplatz ansässige VfB das am südöstlichen Stadtrand Leipzigs gelegene Gelände in Probstheida käuflich erworben und mit dem Bau des Stadions begonnen. Es entstanden für damalige Verhältnisse gewaltige Stehränge sowie eine kleine Holztribüne, auf der knapp 800 Menschen Platz fanden. Mit einer feschen Feier wurde das unweit des Völkerschlachtdenkmals gelegene "VfB-Stadion" am 13. August 1922 eingeweiht. Getrübt wurde die Feier nur durch eine 2:3-Niederlage gegen Victoria Hamburg.

1932 wurde die kleine Holztribüne in der Rekordzeit von nur drei Monaten an beiden Seiten bis auf Höhe der Außenlinien erweitert, woraufhin rund 1.500 überdachte Sitzplätze zur Verfügung standen. Das inzwischen etwas in die Jahre gekommene Bauwerk kann bis heute nahezu unverändert bewundert werden. Alsdann dauerte es bis in die fünfziger Jahre, ehe die inzwischen nach dem kommunistischen Widerstandskämpfer Bruno Plache benannte Arena erneut von Bautrupps betreten wurde, die auf den Grashängen der Gegengerade bzw. Kurven befestigte Stehtraversen installierten. Unter sportlichen Gesichtspunkten standen der Mehrzweckarena inmitten Leipzig-Probstheidas allerdings schwere Jahre bevor. 1953 wurde sie nach dem Aufstieg ihres damaligen Nutzers BSG Einheit-Ost zwar in die Riege der Oberligastadien aufgenommen, doch ob der turbulenten Entwicklungen im

LEIPZIG: Bruno-Plache-Stadion

Leipziger Fußball konnte sie sich selten über größere Zuschauerkulissen freuen. Der Knackpunkt kam 1963/64, als die vermeintlich besten Leipziger Fußballer auf höhere Weisung im Sport-Club zusammengefaßt wurden, der seine Heimat in Probstheida bezog. Doch weil ausgerechnet der zum Lokalrivalen BSG Chemie geschickte Rest von Leipzig, also die vermeintlich minderbefähigten Kicker, dem SC den fest anvisierten Meistertitel sensationell vor der Nase wegschnappten, flogen den Grün-Weißen aus Leutzsch die Sympathien der Leipziger in Scharen zu. Der SC (später 1. FC Lok, heute VfB) mußte fortan mit dem Makel leben, Liebling der Herrschenden zu sein und spielte bezüglich der Zuschauerzahlen nur noch die zweite Geige.

Folge war, daß das Bruno-Plache-Stadion zusehends verfiel, zumal der "launische Diva der DDR-Oberliga" genannte 1. FC Lok seine attraktiven Spiele regelmäßig im Zentralstadion austrug. Dort feierte die "Loksche" auch ihre großen Europcuperfolge wie beispielsweise den Einzug ins Pokalsiegerfinale 1987, das in Athen mit 0:1 gegen Ajax Amsterdam verloren ging. In Probstheida waltete derweil der Zahn der Zeit seines Amtes. Seinen Aktivitäten war es zu verdanken, daß das Fassungsvermögen des Bruno-Plache-Stadions aus Sicherheitsgründen nach und nach auf rund 22.000 reduziert werden mußte. Gegenmaßnahmen waren selten. Irgendwann wurden Wellenbrecher eingebaut und Blockabtrennungen errichtet, später gab es einen Spielertunnel sowie eine schon bei ihrer Aufstellung vorsintflutlich anmutende Anzeigetafel.

Angesichts ihres tristen Allgemeinzustands war es kein Wunder, daß für das Bruno-Plache-Stadion nach der Wende das Aus kam, denn den DFBschen Sicherheitsauflagen hielt die Arena nicht im mindesten Stand. Die hohen Fußballherren ordneten daher die Nutzung des Zentralstadions an, dessen Zustand freilich auch nicht viel besser war. Nachdem die seit 1991 "VfB" genannten Ex-Lokomotiven vier Jahre lang vergeblich versucht hatten, die Riesenschüssel Zentralstadion mit Fans zu füllen (Zuschauerschnitt in der Saison 1993/94, der ersten und einzigen Erstligaspielzeit der Blau-Weißen: 9.982), konnte er 1995 endlich ins notdürftig renovierte Bruno-Plache-Stadion zurückkehren. Seither bemüht man sich in Probstheida nach Kräften, aus einer maroden Traditionsstätte ein stimmungsvolles Schmuckkästchen mit Zukunft zu zaubern. Erste Neuerung war eine Flutlichtanlage, die am 10. Oktober 1997 mit einem Freundschaftsspiel gegen Mönchengladbach eingeweiht wurde. Weitere Renovierungs- und Umbaumaßnahmen sollen folgen. Irgendwann, so hoffen die Verantwortlichen, wird das Bruno-Plache-Stadion einmal ein reines Fußballstadion sein, in dem rund 22.000 Zuschauer Platz finden. Derzeit dürfen auflagenbedingt übrigens nur 13.500 Menschen in die Noch-Mehrzweckarena.

Sitzplätze: 15 (10) - 35 DM
Stehplätze: 10 (7) - 13 (10) DM
Gäste: Südkurve

Vorsicht, Vorsicht! Teile der VfB-Anhängerschar sind nicht erst seit den Straßenschlachten an den letzten Zweitliga-Spieltagen der Saison 1997/98 berüchtigt, sondern haben schon zuvor regelmäßig für Ärger gesorgt. Gästefans sollten sich vor dem Stadion unbedingt neutral verhalten, vor allem, wenn sie in kleineren Gruppen anreisen. Das Polizeiaufgebot bei VfB-Spielen ist "imposant", und jeder "echte" VfB-Fan – von denen es durchaus viele gibt - kann einem eigentlich nur leid tun, über derartige "Kollegen" zu verfügen. Im abgeriegelten Gästeblock auf der Südkurve sorgt die Polizei für Sicherheit, so daß die dort herrschende mäßige Sicht und schlechten Stimmungsverhältnisse gefahrlos genossen werden können.

Fan-Shop Der VfB-Fanshop am Stadion befindet sich in einer Bude hinter der Tribüne und ist geöffnet von: Mo-Fr 10-18.00 und Sa 10.00-12.00 Uhr. Schriftliche Bestellungen nimmt die Geschäftsstelle entgegen.

Eine begrenzte Auswahl an VfB-Memorabilia gibt es in den Kaufhäusern "Horten am Brühl", "Kaufhof im Saale Park", "Karstadt" sowie "Horten im Paunsdorf Center". **Lektüre** Journal, 2 DM, A4, farbig, viel Werbung, Inhalt lesenswert, wie überhaupt das gesamte Heft einen recht netten Eindruck macht.
Rolliservice 12 Rollstuhlplätze auf der Aschenbahn. **Essen** Wurst.
Trinken alkoholfreies Bier, Cola, Fanta, Kaffee. **Toiletten** Müssen von ihrem Outfit noch aus den Jugendjahren des Stadions stammen und sind insoferrn eher in historischer Hinsicht interessant. Verwendung nur in Notsituationen zu empfehlen.
Kneipen Clubcasino in der Tribüne. Gästefans gehen besser ins nahegelegene Paunsdorf oder noch besser in Leipzigs Zentrum.

STADION: ⚽⚽ **STIMMUNG:** ⚽⚽⚽ **SERVICE:** ⚽⚽

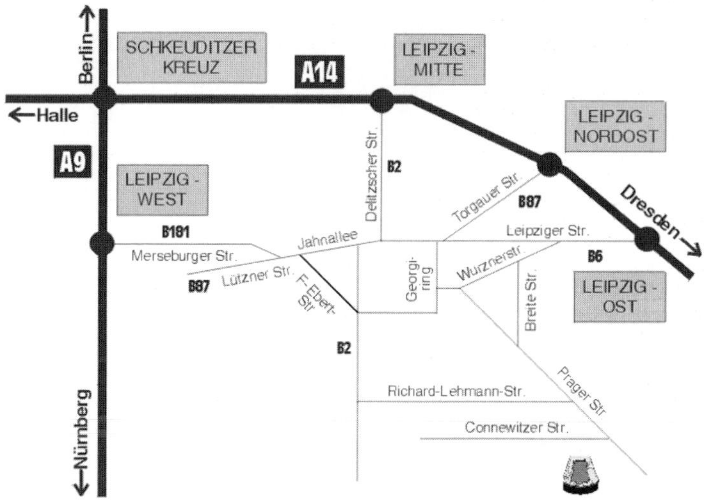

Von der **A9** (Nürnberg/Berlin) bzw. **A14** (aus Richtung Halle): bis zur Ausfahrt Leipzig-West, weiter auf der **B181** (Merseburger Straße) Richtung Leipzig und nach ca. zehn Kilometern links auf die **B87** (Lützner Straße, Richtung Zentrum). An Elster und Zentralstadion vorbei, ehe es rechts auf die **B2** (Friedrich-Ebert-Straße, Richtung Markkleeberg/Borna) geht. Nach ca. fünf Kilometern links in die Richard-Lehmann-Straße in Richtung Völkerschlachtdenkmal. An jenem vorbei auf die Prager Straße und schließlich nach ca. 1,5 km erneut rechts in die Connewitzer Straße zum Stadion. Von der **A14** aus Richtung **Dresden**: Bis Abfahrt **Leipzig-Ost**/Engelsdorf, weiter auf der **B6** (Leipziger bzw. Riesaer Straße, Richtung Leipzig) und über die Wurzner Straße (Richtung Völkerschlachtdenkmal) bis zur Dresdner Straße, dort links und sogleich wieder rechts in die Breite Straße (später Riebeckstr.). An deren Ende links auf die Prager Straße, weiterer Weg s.o. **Parken:** Hinter dem Stadion gibt es einen größeren Parkplatz, wenn der besetzt ist, am besten zum Völkerschlachtdenkmal fahren und mit der Straßenbahn (15, 20 oder 21) zum Stadion.

Die Straßenbahnlinien **15** und **21** fahren vom Hauptbahnhof zum Stadion (Richtung Meusdorf, aussteigen in **Probstheida**).

Foto: Hans-Georg Wahl

Kapazität: 25.050
Stehplätze: (4.000)
Sitzplätze: 25.050

Bayer 04 Leverkusen, Postfach 120 140, 51349 Leverkusen
Tel: 0214-86600, Fax: 0214-62709
www.bayer04.de

Mit dem Bau des ersten Leverkusener Stadions, das zunächst kurz und knackig "Bayer-Platz" tituliert wurde, wurde bereits im Jahre 1923 begonnen. Da alle Arbeiten von Vereinsmitgliedern geleistet wurden und diese offensichtlich noch nicht allzu viele Erfahrungen mit der Errichtung von Sportstätten gesammelt hatten, konnte das auf einem ehemaligen Acker nordöstlich der Bayer-Wohnkolonie III gelegene Gebilde jedoch erst im September 1932 als "Stadion am Stadtpark" eingeweiht werden. Auf Dauer konnte Bayer mit dem beschaulichen 15.000-Mann-Bolzplatz natürlich nicht zufrieden sein – bei den Oberligaspielen gegen Schalke, Dortmund oder Köln platzte der Ground aus allen Nähten. Und so machte man sich Mitte der 50er Jahre daran, ein neues, ein größeres Stadion zu errichten. Der erste Spatenstich erfolgte im April 1956 etwa 300 Meter von der alten Heimstatt entfernt, gut zwei Jahre später konnte das nach dem früheren Generaldirektor der Farbenfabriken Bayer benannte "Ulrich-Haberland-Stadion" eröffnet werden. Das Fassungsvermögen lag damals bei 20.000 Zuschauern, die sich seit 1963 auch über eine schmucke Flutlichtanlage freuen konnten. Doch so viele Menschen passierten eigentlich nur recht selten die Leverkusener Stadiontore. Nachdem Bayer 1979 überraschend den Aufstieg in die Bundesliga geschafft hatte, war mehr als ein provisorischer Umbau auf die Schnelle nicht durchführbar. In Windeseile entstand eine zweite Tribüne auf der Ostseite, die 5.000 überdachte Sitze aufwies und die Kapazität auf insgesamt 22.000 Plätze zu steigern wußte. Das sollte fürs Erste reichen, denn als Zuschauermagnet entpuppte sich Bayer Leverkusen in der Folgezeit nicht. Zum ersten Male bis auf den letzten Platz ausverkauft war das Stadion tatsächlich erst im Mai 1988, als Bayer 04 mit dem Sieg im UEFA-Cup-Finale gegen Espanol Barcelona den größten Erfolg der Vereinsgeschichte feiern konnte. Da jedoch hatte man bereits mit dem Bau des "neuen" Haberland-Stadions begonnen. Ab dem Jahre 1986 entstand auf der Ostgeraden ein komplett mit Durethan-Schalensitzen aus dem Hause Bayer bestückter Neubau, dessen Prunkstück die lichtdurchlässige Dachkonstruktion bildete. Gleich nach dem Ende der Hinrunde 87/88 wurde dann auch die Westtribüne abgerissen und durch einen viergeschossigen Bau ersetzt, gleichzeitig erhielt das Stadion eine neue Anzeigetafel. Bald darauf folgten die Nordtribüne, VIP-Logen, Konferenzräume, eine weitere Video-Tafel und im Herbst 1997 die neue Südtribüne, die den letzten noch offenen Teilbereich des imposanten Bauwerks abschloß. Während der Saison 98/99 gönnte sich das Haberland-Stadion dann auch noch einen neuen Namen. Das Hotel in der Nordtribüne wurde schließlich im Juni 1999 eingeweiht – womit die BayArena nun erst einmal fertig und als eines der wenigen Stadien in Deutschland 100 % "WM-reif" ist. Zweifelsohne handelt es sich um ein tolles Fußballstadion, das für den Geschmack mancher Fans aber vielleicht ein wenig zu sehr auf Erlebnis (Werbemotto der BayArena: "Der Kick für ihr Event") getrimmt sein dürfte und das an schlechten Tagen sogar ein wenig das Ambiente einer Butterfahrt ins Plastikland besitzt.

Aus der vergleichsweise kleinen Schar der Bayer-Enthusiasten, die jahrelang unter den üblichen Plastik-, Aspirin- und Bonzenbeschimpfungen zu leiden hatten, hat sich in den letzten Jahren tatsächlich so etwas ähnliches wie eine richtige Fanszene entwickelt. Der harte (aber weitgehend freundlich gesinnte) Kern, dessen Anfeuerungen – nicht zuletzt aufgrund der vorzüglichen Akustik des Stadions – beachtliche Lautstärke annehmen, versammelt sich traditionell auf der Nordtribüne, v.a. in den C-Blöcken. Gästeanhänger nutzen die letzten verbliebenen (variablen) Stehplätze in den G-Blöcken zwischen Süd- und Westtribüne und sowie den Sitzblock F4.

Sitzplätze: 35 - 70 DM
Stehplätze: 15 DM
Gäste: Südtribüne, Block G1-3

Da das Dach an umlaufenden Pylonen befestigt ist, könnten die Sichtverhältnisse von allen Plätzen besser nicht sein. Vor der Osttribüne hat man zudem die Zäune abgerissen und durch ein paar sitzende Ordner ersetzt, denen im Normalfalle allerhöchstens Gefahr durch umherfliegende Papierflieger droht – befindet sich doch hier die sog. "Family Street". Das dortige Freizeitangebot, sozusagen der Event im Event, existiert seit November 1994 und beinhaltet u.a. Kicker, Basketballkörbe, Videospiele und ähnliches Gedöns und kommt beim jungen Volk offenbar sehr gut an. Falls es den gereiften Fan (aus welchen Gründen auch immer) in diesen Sitzbereich verschlagen hat, so sollte er ein intaktes Nervenkostüm mitbringen – die Atmosphäre schwankt zwischen Kindergeburtstag und Fünfminutenpause auf dem Schulhof. Rauchen ist hier aber (noch) erlaubt.

Zu loben ist in jedem Falle der kompetente und hilfsbereite Ordnungsdienst, der allerdings auch im Falle eines Falles handfest durchzugreifen versteht und dann nicht mehr so viel Spaß versteht - das Stadion verfügt übrigens über zwei Arrestzellen.

Preise Kompliziert, kompliziert. Studenten, Rentner, Zivis usw. haben wenig zu melden, ermäßigten Eintritt erhalten nur "Teens" (14-21jährige), "Kids" (alles, was noch jünger ist) und Schwerbehinderte. Normalos, die Bayer 04 live im Stadion sehen wollen, sollten sich übrigens reichlich frühzeitig um die mittlerweile sehr begehrten Karten kümmern – pro (Bundesliga-) Spiel gelangen nämlich lediglich 4.000 Stück in den freien Verkauf. Infos gibt es unter der "Home-Shop-Line": 0214-8660111. Wer trotzdem leer ausgegangen ist und selbst bei den ums Stadion streunenden Schwarzkartenhändlern nicht fündig geworden ist, dem bleibt noch eine allerletzte Chance: Am Spieltag hat der Verein eine "Karten-Börse" (vor der Osttribüne) eingerichtet, so daß man eventuell noch kurz vor dem Anpfiff an ein Ticket

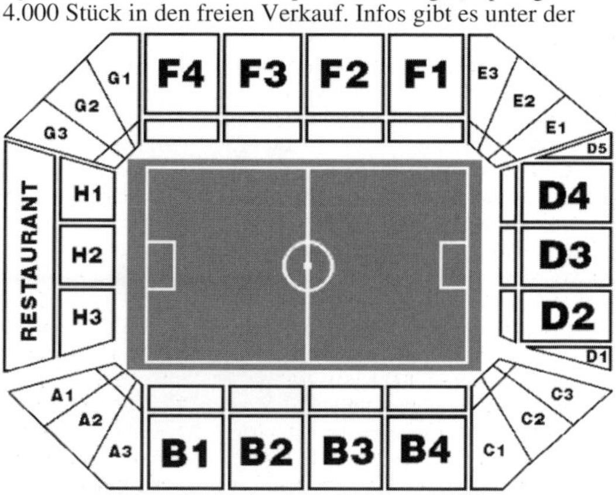

gelangen kann. **Rolliservice** Rollstuhlfahrer haben freien Eintritt, die Begleitperson zahlt (an Kasse 18) zehn DM – diese Karten sind nur am Spieltag erhältlich. Plätze stehen im Bereich H2 am Fuße der Südtribüne bereit, Behindertentoiletten sind in den Blöcken E, G und H zu finden. Fanshop: Direkt neben dem unübersehbaren McDonalds findet sich auf der Osttribünenseite auch ein integrierter Fanshop, der auch an Nichtspieltagen geöffnet ist. Bei Heimspielen bauen auf der gegenüberliegenden Straßenseite zudem einige Händler ihre Stände auf. **Lektüre** Die Stadionzeitung BayArena-Aktuell ist kostenlos, bunt, gut gemacht und liegt überall im Stadion rum. Dahingegen hat das Fanzine Schlachtenbummler sein Erscheinen mittlerweile eingestellt, und auch von den Blättern Terracle Tales und Heilige Geschichten hat man schon ziemlich lange nichts mehr gehört - doch sind mit den Druckerzeugnissen “Madwurst” und “Conehead” zwei Nachfolger auf dem Markt. Beide Fanzines sind für 2-3 DM zu haben, die Bezugsadressen bzw. gleich die Hefte selbst erhält man über das Fanprojekt (Lichstr. 64, 51373 Leverkusen, Tel: 0214-44214, Fax: 44232). Hier wende man sich übrigens nicht mehr an Lemmy, sondern bitte an Paffi. **Essen** Direkt vor bzw. in der Osttribüne befindet sich ein McDonalds, das traditionelle Lieblingsrestaurant aller Groundhopper. Doch leider kann man sich hier keine MäcKirstens, Beinlich-Burger oder Chicken McMatyseks holen, sondern nur die gleiche Mampfe wie überall. Eigentlich schade – da haben die Jungs von der Marketing-Abteilung wohl gepennt. Im Stadion selbst stehen ungefähr alle 30 Meter Imbißbuden bereit, an denen man sich mit solchen Leckereien wie Bratwurstschnecken (4,50 DM, schmeckt überraschend gut, um nicht zu sagen: unchemisch), Schnitzelbrötchen (5 DM), Frikadellenbrötchen (3,50 DM) oder Brezeln (2 DM) eindecken kann. Daneben gibt's alle paar Meter Süßigkeiten, Popcorn und Eis, das von fliegenden Händlern auch auf der Tribüne angeboten wird. In der “Schwaadbud” (s.u.) kann man sogar einen “kleinen Mittagstisch” bekommen, wohingegen das BayArena-Restaurant in der Südtribüne eher für Leute mit etwas dickerem Geldbeutel gedacht ist. **Trinken** Beim Bier handelt es sich um Gaffel Kölsch light (bzw. ganz alkoholfrei), daneben gibt's die handelsüblichen Erfrischungsgetränke und Kaffee (je 3 DM). **Kneipen** Der erste Durst läßt sich in der “Schwaadbud” (Amateurplatz) löschen, ansonsten hat man die Qual der Wahl. Läuft man die Bismarckstraße in Richtung der Autobahn runter, taucht nach etwa 300 bis 400 Metern die Kneipe “Zum Stadion” (Karl-Marx-Straße) und etwas weiter dahinter das “Brauhaus Janes” auf. In der entgegengesetzten Richtung sind u.a. “Mobs Biergarten”, “NullVier”, “Sportivo”, “Mephisto” und der “Manforter Hof” zu finden. Wem es in einer der Kneipen nicht gefällt, der gehe halt einfach in die nächste. Wem es in keiner Kneipe gefällt, fahre nach Köln. Oder aber nach Hause.

STADION: ⚽⚽⚽⚽ **STIMMUNG:** ⚽⚽⚽ **SERVICE:** ⚽⚽⚽⚽

Ein paar kurze Worte zur “kleinen BayArena” (vormals “kleines Haberland-Stadion”). Der kleine laufbahnlose Sportplatz liegt direkt neben dem großen Stadion, weist eine Kapazität von knapp 4.000 Stehplätzen auf und ist seit anno dazumal die Heimat der Bayer-Amateure.

Rein kommt man für 10 bzw. 6 Mark, etwas zu essen und zu trinken gibt's auch (Büdchen gegenüber des Eingangs), und von den begrünten “Plätzen” am leicht erhöhten Waldesrand kann man am besten gucken. Viel ist hier meistens nicht los, je nach Güteklasse des Gegners weichen die Amateure bedarfsweise in die Heimstatt der Profis aus. Ist ja zum Glück nicht weit.

Foto: Hardy Grüne

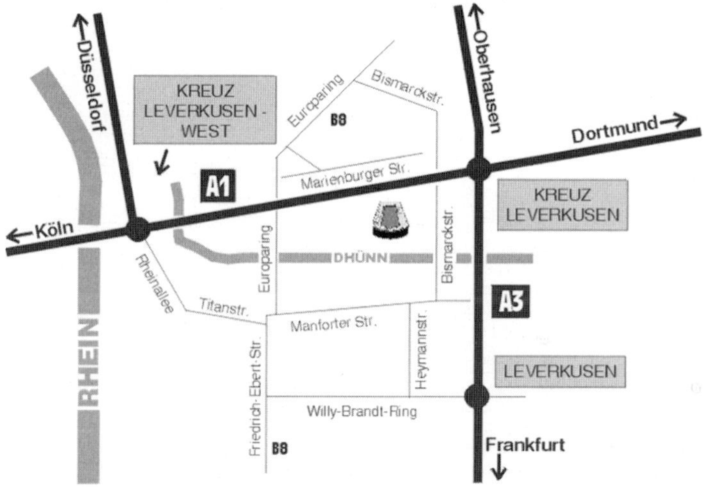

Das bereits von der Autobahn zu bewundernde Stadion erreicht man an Spieltagen am besten, indem man – aus allen Richtungen kommend - den zahlreichen **Schildern** "Sportpark/Pendelbus" folgt und vom (kostenlosen) P+R-Platz **Kurtekotten** den (kostenlosen) **Pendelbusverkehr** in Anspruch nimmt. Ab zwei Stunden vor dem Anpfiff kutschieren diese Busse den Fan im Zehn-Minuten-Takt bis direkt vors Stadion (und später natürlich auch wieder zurück). Alternativ dazu kann man auch die Forum-Tiefgarage (im Zentrum ausgeschildert) oder aber das riesige Parkgelände der Bayer-AG an der B8 nutzen, von hier sind es zehn bzw. 15 Minuten zu Fuß.

Von **Köln** oder **Dortmund**: Über die **A1** bis zum Kreuz Leverkusen, dort auf die **A3** gen Frankfurt und an der Abfahrt **Leverkusen** (24) heraus. Rechts auf den Willy-Brandt-Ring und der besagten Beschilderung zum Parkplatz folgen.

Von **Frankfurt** oder **Oberhausen**: Über die **A3** geradewegs bis zur Ausfahrt Leverkusen (Rest s.o.).

Von **Düsseldorf** über die **A59**: Am Kreuz Leverkusen-West **nicht** auf die A1, sondern weiter geradeaus auf die Rheinallee und nach etwa einem Kilometer links, gleich wieder rechts in die Schiessberger Straße und geradeaus über die Titanstraße auf die Friedrich-Ebert-Straße zum Parkplatz.

Busse steuern am besten den separaten Parkplatz Stelze an. Von der Ausfahrt Leverkusen geht es über Willy-Brandt-Ring, Friedrich-Ebert-Straße und Europaring unter der Autobahn hindurch, dann rechts (Am Neuenhof) und geradeaus durch auf die Marienburger Straße.

Wer das Stadion an **Nicht-Spieltagen** besuchen will, fährt vom Willy-Brandt-Ring (A3, Ausfahrt Leverkusen) rechts in die Heymannstraße, rechts auf die Manforter Straße und am Konrad-Adenauer-Platz schließlich links auf die Bismarckstraße.

Vom Bahnhof Leverkusen-Mitte benutze man wahlweise den **Bus** (Linie 203, Richtung Küppersteg-Im Eisholz) oder aber die eigenen **Füße**. In letzterem Falle geht es in maximal **zehn Minuten** parallel an den Gleisen und dann an der Dhünn entlang zum Stadion - der Weg ist übrigens auch ausgeschildert. Vom Bahnhof Opladen aus fahren die "**Löwenlinie**" (nur an Spieltagen) sowie die Buslinien **207** und **222** bis zur Haltestelle Sportpark/Stadion. Gültige Fußball-Aufenthaltsgenehmigungen berechtigen zur kostenlosen Nutzung der VRS-Fahrzeuge, ansonsten sind für die Fahrt zur Bay-Arena 2,20 DM fällig.

LOHHOF: Hans-Bayer-Stadion

Foto: Dirk Schulz

Kapazität: 8.000
Stehplätze: 7.500
Sitzplätze: 500

SV Lohhof, Stadionstraße, 85716 Lohhof
Tel: 089-3109300, Fax: 089-321200

Vergleiche mit Unterhaching sind durchaus erlaubt. Wie die frischgebackene Bundesligagemeinde ist auch Lohhof eine Ansiedlung in der weitläufigen Peripherie Münchens (gehört allerdings zu Oberschleißheim), wie die SpVgg Unterhaching hat auch der SV Lohhof eine erstaunliche sportliche Karriere aufzuweisen und wie die Rot-Blauen aus dem Süden Münchens haben auch die Schwarz-Roten aus Münchens Norden in der Vergangenheit mit ihren sportlichen Darbietungen zumeist nur wenige Fans anlocken können - in Lohhof kam es mitunter sogar vor, daß sich auf dem Rasen mehr Menschen tummelten als auf den Rängen.

Im Unterschied zu Neuerstligist Unterhaching dürfte sich am Zuschauerzuspruch beim frischgebackenen Regionalligisten Lohhof auch nicht allzu viel ändern. Das ist zwar bitter, verwundert aber nicht, denn wie soll sich ein Klub wie der SV Lohhof – im Frauenvolleyball jahrelang die unumstrittene Nummer 1 – angesichts der Konkurrenz in der näheren Umgebung auch durchsetzen können? Bayern, 1860 und nun auch noch Unterhaching in der Bundesliga, Bayern Amateure, 1860 Amateure, Augsburg in der Regionalliga, im weiteren Einzugsgebiet Nürnberg, Ulm und Fürth – da ist schlichtweg kein Platz für einen Klub ohne große Fußballtradition. Dabei kicken die 1930 gegründeten Lohhofer nun schon seit 1990 stets dritt- oder viertklassig - bis 1995 übrigens unter Trainerschaft des Ex-Bayern Wolfgang Dremmler, unter dem der bewundernswerte Aufstieg von der Bezirks- bis in die Bayernliga 1994 mit der Qualifikation zur Regionalliga Süd gekrönt wurde. Dadurch gastierten Klubs wie Offenbach, Darmstadt, Fürth und Stuttgart im Hans-Bayer-Stadion, welches dennoch mit durchschnittlich 444 Zuschauern keineswegs an seine Kapazitätsgrenze stieß, denn die liegt bei 10.000. Sportlich hingegen stießen die Fußballer aus Oberschleißheim-Lohhof im süddeutschen Amateuroberhaus rasch an ihre Grenzen und stiegen umgehend wieder ab. Erst 1999 gelang der Gewinn der Bayernligameisterschaft und damit die Rückkehr in die Regionalliga – obwohl die Rot-Schwarzen als Abstiegskandidat in die Saison gegangen waren.

Sorgen bereitet das Zuschauerinteresse. Im Meisterjahr 1999 waren es lediglich 300, die regelmäßig den Weg ins Hans-Bayer-Stadion fanden, und bei schlechtem Wetter sowie unattraktivem Gegner sinkt die Zahl der Zahlenden auch schon mal in den zweistelligen Bereich ab. Eine Besserung ist auch in der Regionalliga nicht in Sicht, und so steht den Lohhofern mit ihrem Minietat von 800.000 Mark eine schwere Zukunft bevor.

Das Hans-Bayer-Stadion hilft Lohhof keineswegs, in dieser mißlichen Situation Hoffnung zu schöpfen. Sicher, es ist eine in Topzustand befindliche Arena – doch welche Ausstrahlung hat sie! Ein flacher, aus sieben Traversen bestehender Ring zieht sich um eine Hälfte des Areals, das als Mehrzweckanlage für Breiten- und Schulsport sicherlich besser geeignet ist als für stimmungsvolle Fußballspiele. Die überdachte Tribüne erinnert an eine U-Bahnstation, bietet aber immerhin komfortable Sitzbänke. Auch wenn die Flutlichtanlage ein wenig Trost spendet: Das Hans-Bayer-Stadion ist so ziemlich das genaue Gegenteil einer atmosphärenreichen Fußballarena. Sorry, SV Lohhof.

Zum SV Lohhof geht man nicht, um anzufeuern oder Krach zu machen, sondern um den Sonntagnachmittagskuchen möglichst sinnvoll zu verdauen – denn, Hand aufs Herz, was ist dazu besser geeignet, als ein Fußballspiel? In sportlicher Hinsicht mag sich das des öfteren lohnen, atmosphärisch hingegen geht es im Bayer-Stadion langweiliger zu als auf jedem beliebigen Kreisligaplatz. Mitreisende Gästefans können somit neunzig sorgenfreie Minuten verbringen (und sich aufhalten, wo immer sie wollen).

Sitzplätze: ca. 15 DM
Stehplätze: ca. 5-10 DM
Gäste: egal

Rolliservice Auf der Aschenbahn ist reichlich Platz. **Essen** Wurst, Wurst und Wurst. **Trinken** Bier und Softdrinks. **Toiletten** funktional. **Kneipen** Lohhof ist nicht gerade hippes Szenezentrum. In der Ortsmitte gibt es einige gepflegte Gasthäuser, doch unterhaltungsbegierige Fans werden dort nicht auf ihre Kosten kommen.

STADION: ⚽ **STIMMUNG:** ⚽ **SERVICE:** ⚽⚽⚽

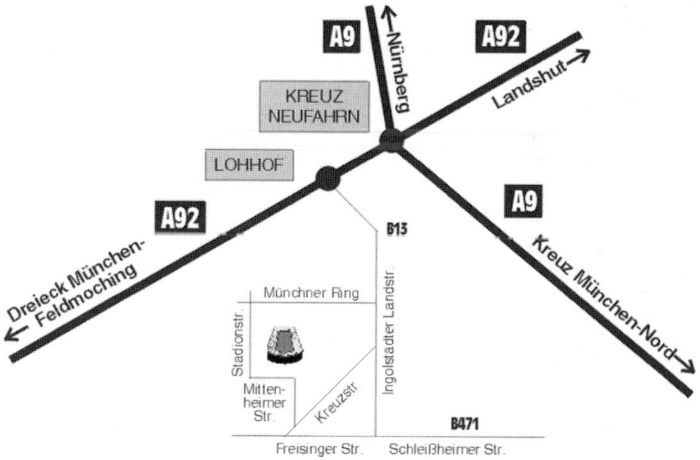

Die **A92** (München/Landshut) an der Abfahrt **Lohhof** verlassen und weiter auf der Ingolstädter Landstraße Richtung Zentrum Lohhof. Alsdann **rechts** auf den Münchner Ring und links in die Stadionstraße, an deren linker Hand sich der Ground befindet. **Parken:** Angesichts der Zuschauerzahlen **problemlos** mögliches Straßenparken.

Von **München** aus mit der S-Bahn-Linie **S1** bis nach Unterschleißheim, von wo aus es rund **zehn** Fußminuten sind.

Foto: Hans-Georg Wahl

Kapazität: 41.383
Stehplätze: 30.000
Sitzplätze: 11.383

Der größte Erfolg des Ludwigshafener Fußballs datiert aus dem Jahre 1935. Seinerzeit erreichte der FC Phönix von 1904 die Endrunde zur deutschen Meisterschaft, wo es in Gruppe III nur zu Platz 2 hinter dem VfL Benrath langte, was zum Ausscheiden führte. Es war dies der erste Versuch eines lokalen Fußballklubs, um die höchste Trophäe, die der deutsche Fußball zu vergeben hat, mitzuspielen – und es war zugleich der letzte.

Angesichts dieser mageren Historie darf man sich mit gewisser Berechtigung die Frage stellen, was die 170.000-Einwohnerstadt am Rhein eigentlich mit einem Stadion will, das einstmals über 80.000 Zuschauern Platz bot und heute mit seinen fast 42.000 Plätzen ziemlich ungenutzt vor sich hindümpelt. Eine Antwort mag ein Blick in die Stadiongeschichte liefern, denn die ist eine traurige Ansammlung hanebüchener kommunalpolitischer und sportpolitischer Fehlplanungen, die in den ausklingenden neunziger Jahren ihren Höhepunkt erreicht hat: Derzeitig kickt Ludwigshafens Fußball-Aushängeschild SV Südwest nämlich nur noch in der fünftklassigen Verbandsliga – und nutzt das Südweststadion schon lange nicht mehr. Die seit Jahren kontinuierlich vom Konkurs bedrohten Blau-Weißen tragen ihre Heimspiele (Durchschnittsbesuch 98/99: 233) statt dessen in der einstigen Phönix-Heimat an der Mundenheimer Straße aus, einer traditionsreichen und sehenswerten Fußballstätte unweit der Sportruine Südweststadion.

Die wiederum wird vornehmlich für Schulsport genutzt. Seit Waldhof Mannheim nämlich 1989 Ludwigshafen den Rücken kehrte und an den Alsenweg zurückkehrte, fristet das Stadion ein trauriges Dornröschendasein - wobei weit und breit kein Prinz zu entdecken ist, der die alternden Gemäuer wachküssen könnte.

Ein kurzer Blick in die Historie: 1924 war im Stadtrat beschlossen worden, im Norden der Industriestadt ein Stadion zu bauen. 1937 kam die heutige Stadionfläche ins Gespräch, und noch im selben Jahr wurde mit den Bauarbeiten für die "Ludwigshafener Kampfbahn" begonnen. Als die Arena 1940 ihrer Bestimmung übergeben wurde - kriegsbedingt allerdings nur als Rohbau - wies sie 15.000 Plätze auf, was als "völlig ausreichend" galt, denn, so eine zeitgenössische Pressenotiz: "Selbst in seiner Glanzzeit hatte der Phönix nicht mehr Besucher. Das sportlich an Ludwigshafener Spielen interessierte Hinterland ist bei weitem nicht so bedeutend, daß dieser Platz nicht ausreichen würde".

Ungeachtet des fehlenden Interesses wurde die Arena nach dem Krieg erheblich erweitert. Dafür gab es zwei Gründe:

Zum einen die große Trümmermenge, die in Ludwigshafen und Umgebung durch alliierte Bombardements entstanden war und irgendwo untergebracht werden mußte, zum anderen einige ehrgeizige Herren, die von dem Wunsch beseelt waren, der geliebt-gehaßten Schwesterstadt Mannheim eins auszuwischen. "Mannheim kann sich die Erweiterung jetzt sparen angesichts des Ludwigshafener Neubaus", heißt es in Presseberichten aus jenen Tagen. 1949 wurde das erweiterte Stadion mit einem Freundschaftsspiel der heimischen Phönix gegen den AS Saint Etienne eingeweiht, was die für Ludwigshafener Fußballverhältnisse beachtliche Kulisse von 25.000 in die 80.000-Plätze-Arena lockte.

Wer die ab dem 11. November 1950 "Südweststadion" genannte Arena füllen sollte, wußte niemand. Sporadisch wich der 1. FC Kaiserslautern zu Endrundenspielen nach Ludwigshafen aus, wenn der heimische Betzenberg zu klein war; in den sechziger Jahren fand Dorfklub SV Alsenborn mitunter sein Exil in der Industriestadt. Dies waren zudem, neben einer Handvoll Länderspiele, die seltenen Gelegenheiten, in denen das Stadion mal an den Rand seines Fassungsvermögen kam.

Somit dümpelte das Großstadion eigentlich permanent ungenutzt vor sich hin. 1968 fungierte es als Gastgeber des Pokalfinales, die Bewerbung für die WM 1974 wurde fahrlässig verspielt und zwischen 1983 und 1989 konnte Bundesligist Waldhof Mannheim immerhin sechs Jahre lang für zweiwöchentliche Auslastung sorgen. Seinerzeit bekam das Stadion übrigens auch eine Flutlichtanlage. Derzeit wird der 42.000-Plätze-Ground vom Leichtathletikklub ABC, dem Footballteam der Ludwigshafen Titans sowie diversen Schulen genutzt. Eine traurige Geschichte eben.

STADION: ⚽⚽ **STIMMUNG/SERVICE:** *nicht zu bewerten*

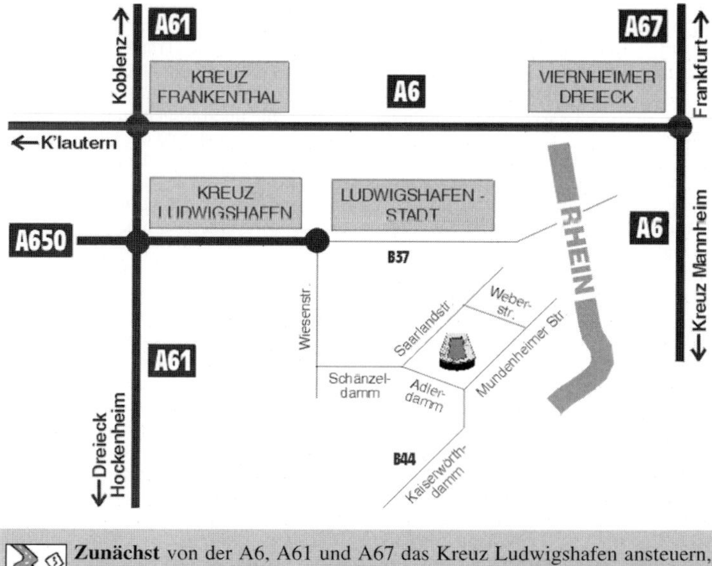

Zunächst von der A6, A61 und A67 das Kreuz Ludwigshafen ansteuern, daß sich an der **A61** (Koblenz/Autobahndreieck Hockenheim) befindet. Alsdann auf der **A650** bis zum Autobahnende (Ludwigshafen-Stadt) und rechts in die Wiesenstraße. Weiter über Schänzeldamm (links) sowie Adlerdamm zum Stadion. **Parken:** Da selten etwas los ist, absolut kein Problem.

LÜBECK: Stadion an der Lohmühle

Foto: Hardy Grüne

Kapazität: 17.889
Stehplätze: 12.260
Sitzplätze: 5.629

VfB Lübeck, Bei der Lohmühle 13, 23554 Lübeck
Tel: 0451-484720, Fax: 0451-471314
www.vfb-luebeck.de

Da sage noch einer, die 2. Bundesliga sei eine Pleiteliga! Ganze zwei Jahre kickte der VfB im Unterhaus der bundesdeutschen belle etage, und schon wurde aus der urgemütlichen aber baufälligen Lohmühle eine urgemütliche aber topmoderne Lohmühle. Blickfang des Schmuckstücks, das die Herzen aller Traditionsstadienfans höher schlagen läßt, ist die neue Gegengeradetribüne, auf der der Schriftzug "VfB Lübeck" vom stolzen Inhaber des Areals kündet.

Anno 1935 wurde die vom damaligen Gauligisten SV Polizei errichtete Anlage unter dem Namen "Adolf-Hitler-Kampfbahn" eingeweiht. Aus den seinerzeit nur rund 6.000 Plätzen wurden nach dem Krieg durch Tribünenaufschüttungen mehr als 20.000, von denen freilich nur wenige auf der altehrwürdigen und noch heute stehenden Haupttribüne sitzen konnten. Später erhielt auch die Gegengerade ein Holzdach, wodurch rund 6.000 Stehplatzbesucher selbst bei steifer Brise trocken Fußball genießen konnten. Anschließend waren Baufahrzeuge an der Lohmühle selten gesehene Raritäten. Angesichts der sportlichen Berg- und Talfahrt mit ihren zigfachen Schicksalsschlägen auf dem Weg zur Oberliga Nord hatte man beim VfB auch weiß Gott andere Sorgen, als die sowohl von ihrer Kapazität als auch von ihrem Komfort ausreichende Lohmühle umzubauen. Dem Zustand des reinen Fußballstadions war das natürlich alles andere als förderlich, und so wurde die Traditionsstätte von Jahr zu Jahr maroder. Exakt das wurde zum Problem, als dem VfB 1995 ein klein wenig überraschend der Aufstieg in die 2. Liga gelang, und die DFBschen Sicherheitsbedingungen angewendet wurden.

Eilig warfen VfB und Lübecks Stadtväter ein paar Mark zusammen, um den desolaten Zustand halbwegs erträglich zu gestalten. Die keinerlei Brandschutzauflagen genügende Überdachung der Gegengeraden wurde übergangsweise mit einem Blechdach versehen, die Stehränge erhielten neue Wellenbrecher und Befestigungen, auf der uralten Holztribüne wurde literweise Farbe (vorzugsweise grün und weiß) verstrichen. Gleichzeitig wurde das Stadion in Sektoren aufgeteilt und eine neue Außenumzäunung aufgebaut. So richtig rund ging es jedoch erst im Februar 1996, als für rund 8,1 Mio. DM eine schön anzusehende und gut 4.000 Sitzplätze bietende Tribüne mitsamt einer Handvoll nicht ganz so schön anzusehender VIP-Logen geschaffen wurde. Für die treuen VfB-Fans gab es seinerzeit übrigens die Möglichkeit, für 5

DM ein Stückchen der alten Tribüne zu erwerben und sich damit das eigene Heim zu verschönern.

Wie gewohnt präsentiert sich die Lohmühle als stimmungsvolle reine Fußballarena, der man einerseits ihre glorreiche Tradition ansieht, in der man andererseits aber auch die Annehmlichkeiten eines neuen Stadions genießen kann. Gut gemacht, Lübecker Baumeister!

Auf der Hintertortribüne im Südosten versammelt sich die grün-weiß tragende Fangemeinde, von der viele auch in allermiesesten sportlichen Zeiten (wovon der VfB einige erlebt hat) stets treu geblieben sind. Selbst zu Viertligakicks reisten mitunter 500 und mehr Fans nach Pansdorf oder Nord Harrislee; und die Lohmühle trug eigentlich ihr ganzes Leben lang das Attribut "Hölle". Der phänomenale Durchmarsch von der 4. in die 2. Liga wurde von einem Boom begleitet, den die alteingesessenen Fans aus bekannten Gründen (Modefans, Vermarktung) mit einem lachenden und einem weinenden Auge betrachten.

Gästeanhänger werden im Block D untergebracht (Eingang rechts von der alten Tribüne), der ungefähr zwischen Eckfahne und Strafraumgrenze verläuft. Bei größeren Gruppen darf man sich auch hinter das Tor stellen. Die Sicht ist ausgezeichnet, Getränkeversorgung durch blockeigenen Stand gesichert.

Sitzplätze: 25 - 40 DM
Stehplätze: 14 (7) DM
Gäste: Block D

Fan-Shop Fan-Shop (über Vereinsadresse), Tel: 4847220, Mi. u. Fr. 14.00-17.00 Uhr. **Lektüre** Aktuelf, kostenlos, Zeitungsformat, farbig, brauchbar. **Rolliservice** Rollstuhlplätze am Spielfeldrand. **Essen** Die zu Zweitligazeiten als "längste Currywurst im Profifußball" gerühmte Wurst, dazu normale Bratwurst und Brezeln. **Trinken** Alkoholisches Bier, Cola, Fanta, Wasser. **Toiletten** Akzeptabel. **Kneipen** "Clubheim" in der alten Tribüne (mit TV), alles andere gibt es in der Innenstadt in ausreichender Anzahl.

STADION: ⚽⚽⚽ **STIMMUNG:** ⚽⚽⚽ **SERVICE:** ⚽⚽⚽

A1 (Hamburg/Kiel) bis **Lübeck-Zentrum**, dann rechts weiter in Richtung Zentrum. Am folgenden Kreisverkehr die **dritte Ausfahrt** nehmen und direkt zur Lohmühle fahren. **Parken:** Diverse Plätze in unmittelbarer Stadionnähe, die bei gewöhnlichen Spielen ausreichen.

Vom Bahnhof knapp zehn Minuten **Fußweg** (links bis zum Ende der Straße, dann wieder links über die Bahnhofsbrücke auf die Fackenberger Allee. Nach der zweiten Kreuzung stößt man auf den Kreisverkehr, von wo aus die Lohmühle zu sehen ist). An **Spieltagen** verkehren ab Busbahnhof (neben dem Hauptbahnhof) **Sonderbusse**.

LÜNEBURG: Wilschenbruch

Foto: Michael Seiß

Kapazität: 7.000
Stehplätze: 6.550
Sitzplätze: 450

Lüneburger SK, Reiherstieg 25, 21337 Lüneburg
Tel: 04131-41515, Fax: 04131-41570
lsk.lueneburg.de

Lüneburg gehört zu jenen Städten, in denen das Fußballfieber immer nur sporadisch ausbricht - dann aber gleich umso heftiger. In der Vergangenheit gab es bereits mehrere Situationen, bei denen der LSK die rund 60.000 Einwohner förmlich verzückte und eine regelrechte Fußball-Euphorie in der Heidestadt auslöste. In der Regel setzte jedoch bald wieder eine sportliche Talfahrt ein, die die Euphorie wieder auf Normalmaß reduzierte.

Mitten im Einzugsgebiet von Fußball-Hamburg hat der LSK eine schwierige Position. Über die Landesgrenzen hinweg haben die Schwarz-Weißen noch nie gekickt, und insofern ist auch das altehrwürdige Stadion am Wilschenbruch eher gemütlich denn atemberaubend. Freilich handelt es sich um eine Traditionsstätte wie sie im Buche steht, denn seit nahezu 85 Jahren werden auf dem Gelände nun schon Fußballspiele durchgeführt! Anno 1905 fand der vier Jahre zuvor gegründete Lüneburger FC auf dem idyllisch gelegenen und "Wilschenbrook" genannten Gelände seine Dauerheimstatt, die sich viel von ihren Charme bewahrt hat.

"Uralt und urgemütlich" - so in etwa kann man die kleine Fußballarena zwischen Stadtwald und Villenviertel recht treffend charakterisieren. Daß dort stets Fußball "gelebt" wurde, sieht man ihr schon auf den ersten Blick an. Insbesondere die wunderschöne Holztribüne mit ihren 450 Sitzplätzen, auf denen vermutlich schon die Urgroßväter der heutigen Spielergeneration gesessen haben, ist ein regelrechtes Juwel und zugleich hölzernes Dokument aus vergangenen Tagen. Auf ihr fühlt man sich glatt um fünfzig Jahre zurückversetzt!

Der Rest des Stadions ist vergleichsweise simpel. Ein paar Stehtraversen (zwischen einer hinter dem Tor zum Nebenspielfeld bis zu zehn auf der Gegengeraden), die wie in den 60ern üblich mit Schotter und Sand gefüllt sind, sowie ein Vereinsheim, in dem vor, während und nach dem Spiel die Hölle los ist, verpassen dem Areal eine gemütliche Atmosphäre. Davon ist allerdings nichts zu spüren, wenn Lüneburg mal wieder in Fußball-Euphorie schwelgt, wie es seit dem Aufstieg in die Regionalliga der Fall ist. Was auf den ersten Blick so gemütlich aussieht, kann sich dann nämlich zu einer regelrechten Hölle mausern. Lüneburgs Fans sind durchaus heißblütig und verstehen es, dem Gast gehörig Feuer unter dem Hintern zu machen - insbesondere mit ihrem rhythmischen Klopfen gegen die Werbebanden. Alles in allem ist der Besuch im Stadion Wilschenbruch ein großartiges Erlebnis.

Klein, aber durchaus lautstark präsentiert sich die LSK-Fanschar, die stets hinter dem Tor der Osttribüne (Vereinsheimseite) Position bezieht. Viele von ihnen mögen "nebenbei" den HSV, reisen aber auch gerne zu LSK-Auswärtsspielen. Leider befinden sich einige rechtsorientierte Jugendliche unter ihnen, was den grundsätzlich guten Gesamteindruck der Lüneburg-Anhänger ein wenig trübt.

Auswärtsfans dürfen sich nach eigenem Gutdünken bewegen und tun gut daran, je nach Sonnenstand entweder auf der Gegengeraden oder neben der Tribüne Platz zu nehmen. Ausgenommen der mitunter ziemlich bissigen Kommentare der Einheimischen hat man in Lüneburg in der Regel einen netten Nachmittag vor sich. Allerdings verirren sich schon mal "andersgesinnte Fußballfans" aus dem nahen Hamburg im Wilschenbruch, weshalb ein offenes Auge nicht schaden kann.

Sitzplätze: 16 DM
Stehplätze: 12 (10) DM
Gäste: egal

Lektüre Wilschenbrooker, A5, s/w, kostenlos, brauchbar. **Rolliservice** Plätze vor der Tribüne. **Essen** Bratwurst, im Vereinsheim auch Süßigkeiten. **Trinken** Alkoholisches Bier, Cola, Fanta, Wasser. **Toiletten** In der Tribüne sowie im Vereinsheim, ihrem Alter entsprechend. **Kneipen** Vereinsgaststätte auf dem Stadiongelände, die Innenstadt ist rund fünfzehn Fußminuten entfernt.

STADION: ⚽⚽ **STIMMUNG:** ⚽⚽⚽ **SERVICE:** ⚽⚽

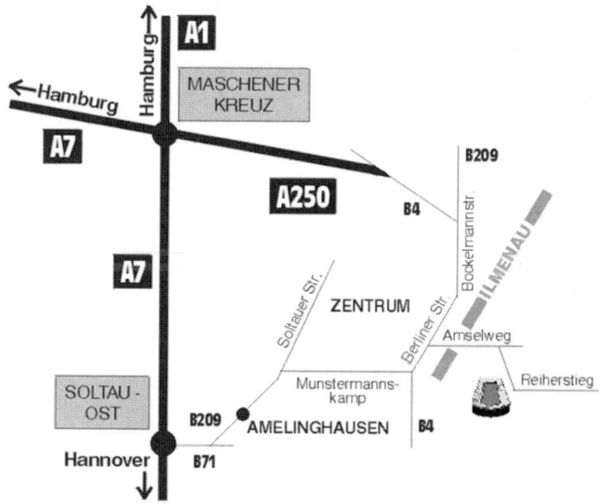

Lüneburg verfügt über keine direkte Autobahnanbindung und kann nur über Bundesstraßen erreicht werden: Von der **A7** (Hannover/Hamburg): Bis zur Abfahrt **Soltau-Ost**, dann weiter auf der **B71** Richtung Uelzen und nach rund zwei Kilometern auf die **B209** Richtung Lüneburg. Auf der dortigen Umgehungsstraße ist das Stadion bestens ausgeschildert (Abfahrt Wilschenbruch). Aus Richtung Norden bietet sich zudem die **B250** (beginnt am Maschener Kreuz) an, die kurz vor Lüneburg automatisch auf die oben genannte Umgehungsstraße führt. **Parken:** Straßenparken, und zwar eher **knapp**. Bei Topspielen am besten entlang der Uelzener bzw. Berliner Straße parken und den Rest zu Fuß gehen.

Mit der **Buslinie 12** vom Hauptbahnhof Richtung Bockelsberg bis zur Haltestelle Friedrich-Ludwig-Jahn-Straße. Von dort aus sind es noch rund **sieben Minuten** Fußweg.

Foto: Dirk Schulz

Kapazität: 25.000
Stehplätze: 17.000
Sitzplätze: 8.000

1.FC Magdeburg, Friedrich-Ebert-Str. 68, 39114 Magdeburg
Tel: 0391-857322, Fax: 0391-8110413
www.fcm.de

Über die erste Heimstätte des heutigen 1.FC Magdeburg, den "Allianz-Sportplatz", ist nicht mehr viel Spektakuläres herauszubekommen. 1914 fand auf dem von Victoria 96 genutzten Platz das Endspiel um die "Deutsche" (Fürth vs. Leipzig 3:2 n.V.) statt, im Zweiten Weltkrieg wurde die Arena vollkommen zerstört. Auf bzw. aus ihren Trümmern entstand Anfang der 50er Jahre ein imposantes Stadion, das nach dem im KZ Bergen-Belsen ermordeten Magdeburger Antifaschisten Ernst Grube benannt wurde - im Rahmen des "Nationalen Aufbauwerkes" wurden rund 150.000 Kubikmeter Trümmermaterial zur Aufschüttung der Ränge benutzt. Das offizielle Fassungsvermögen der am 18. September 1957 eingeweihten Arena lag damals bei rund 45.000 Zuschauern, wenngleich sich beispielsweise bei der Ankunft der Friedensfahrer im Mai 1960 mehr als 50.000 Menschen ins weite Rund drängelten.

Anfang und Ende der 70er Jahre führten Umbaumaßnahmen dazu, daß der FC Magdeburg zweimal für geraume Zeit ins Heinrich-Germer-Stadion nach Sudenburg ausweichen mußte: 1970 versah man den "All-Stander" mit den ersten 6.000 Sitzen, die dann konsequenterweise auch gleich überdacht wurden. Im März '72 konnte beim 2:1-Erfolg gegen Dynamo Dresden erstmals die 850 Lux starke Flutlichtanlage (später auf 1000 Lux aufgemotzt) in Betrieb genommen werden, die sich rasch als elementarer Faktor in der Magdeburger Erfolgsstory erwies, denn in Abendspielen war der FCM fortan kaum noch zu schlagen. Dies mußten u.a. auch Eindhoven, Bilbao, Gladbach oder Schalke einsehen. Die Krönung erfolgte im Mai 1974 jedoch nicht im Ernst-Grube-Stadion, sondern im "De Kuip" zu Rotterdam: Durch ein 2:0 gegen den AC Milan errang Magdeburg den Europapokal der Pokalsieger.

Ungefähr zur selben Zeit erhielt das heimische Stadion eine elektronische Anzeigetafel, dann geschah bis auf Renovierungsarbeiten und Umbaumaßnahmen sicherheitstechnischer Natur, in deren Folge die Kapazität auf 26.400 Zuschauer sank, nichts Weltbewegendes mehr. Umso größer war in weiten Teilen der Fußballwelt die Überraschung, als sich Magdeburg im Frühjahr 1997 als Austragungsort für die WM 2006 bewarb. Die Pläne sahen damals einen 100 Mio. DM schweren Umbau der maroden Arena in einen komplett überdachten 30.000er All-Seater mit allem geforderten FIFA-Schnickschnack vor. Nachdem die Stadt jedoch schon bald wieder aus dem Kreis der WM-Bewerber ausgeschieden war, steht die Zukunft des ehrwürdigen Ernst-Grube-Stadions mal wieder in den Sternen.

Tja. Die FCM-Anhänger haben ganz eindeutig ein Problem: Ein harter Kern von allerdings gleich 100 bis 150 "Fans" der Kategorie C hat Magdeburg den Ruf einer Gewalthochburg eingebrockt, die dem Ernst-Grube-Stadion bei jedem Heimkick bürgerkriegsartige Zustände bescheren und die auch bei Auswärtsspielen für Angst und Schrecken sorgen. Dies ist natürlich größtenteils Unfug, wird von den Medien aber immer wieder gerne aufgewärmt und sorgt dafür, daß auch harmlose FCM-Fans allzu oft dementsprechend behandelt und provoziert werden – oft genug von jenen, die eigentlich für Ruhe und Ordnung sorgen sollen. Das Magdeburger Gewaltproblem soll an dieser Stelle keinesfalls verharmlost werden, im Gegenteil: Während Polizei und Ordnungsdienst im Stadion selbst für Ruhe sorgen, sollte man "draußen" äußerst vorsichtig sein und sog. "neutrales Verhalten" an den Tag legen. Kann zumindest nicht schaden. Aber das Gros der Clubfans verhält sich eigentlich ganz normal – sieht man einmal von ihrer außergewöhnlichen Treue ab. Trotz der sportlichen Talfahrt ließen sich die FCM-Enthusiasten Pilgerfahrten nach Lichterfelde oder Greifswald nicht nehmen und selbst zu unseligen Oberligazeiten lag der Zuschauerschnitt bei 1.500. Die Sichtverhältnisse sind trotz Laufbahn eigentlich ganz in Ordnung, die FCM-Fanblocks B und C befinden sich (noch) in der Westkurve. Gästefans hingegen gehören in die Ostkurvenblöcke M bis O, ziehen im Verlauf der Saison jedoch wahrscheinlich auf die gegenüberliegende Seite um – dies war bis zuletzt noch nicht ganz sicher.

Sitzplätze: 15 (10) - 20 DM
Stehplätze: 10 (8) DM
Gäste: Ostkurve (O + M)

Preise Studenten, Schüler, Lehrlinge, Zivis, Soldaten, Behinderte und Sozialhilfeempfänger kommen billiger rein. Ferner gibt's eine Familienkarte (4 Leute, mindestens 1 Erwachsener) für 30 DM (pro zusätzliches Kind 5 DM). **Rolliservice** Fahrer und Begleiter zahlen den ermäßigten Preis, im Innenraum stehen ausreichend Plätze zur Verfügung. **Fanshop** Der FCM-Shop im Stadion öffnet Mo-Fr von 9-17 Uhr (und natürlich bei den Heimspielen) seine Pforten, ferner kann man es auch einmal bei Karstadt, Sporthaus am Dom (jeweils Breiter Weg), Sport-Scheck (Allee-Center) oder beim Bundesliga-Fanshop (Lübecker Straße) versuchen. **Lektüre** Die Preise sind wahrlich eines Europacupsiegers würdig – für seinen Stadion Treff will der Verein allen Ernstes 3 DM haben. Die gerade einmal 32 A5-Seiten sind zwar sowohl recht informativ als auch schön bunt und zudem mit vielen Fotos versehen, aber drei Mark sind doch ein bisserl happig. Gleiches gilt für das Fanzine Druufff (Hanns-Eisler-Platz 8, 39128 Magdeburg), für das die Herausgeber atemberaubende 5 DM (+ Porto) verlangen. Das neue Heftchen Susi (S. Klaus, Amsterdamer Str. 287, 50735 Köln) ist immerhin zwei Mark billiger. **Essen** Im Ernst-Grube-Stadion hat man die Wahl zwischen Bratwürstchen (3 DM), Fischbrötchen, Buletten und Kuchen. Da es in den letzten Monaten jedoch einige Klagen ob des Verhältnisses von Preis und Qualität gegeben hat, soll das gastronomische Angebot einer Generalrenovierung unterzogen werden. Lassen wir uns überraschen. **Trinken** Die neue Stadionordnung verbietet den Ausschank von Alkohol und wie man hört, halten sich die Betreiber der Büdchen auch weitgehend daran. Im stadioninternen Club-Casino kann man zwar echtes Bier und diverse andere geistige Getränke ordern, jedoch nur vor und nach dem Spiel – während der 90 Minuten ist man auf Cola, Limo und Wasser (je 3 DM) angewiesen. **Kneipen** Als erste Anlaufstelle fungiert natürlich das beliebte Club-Casino, das unter der Woche auch von 11-14.30 Uhr geöffnet hat und Tagesmenüs ab 5 DM anbietet. Ansonsten warten mit der Käseglocke (direkt an der Bahnhaltestelle) ein kleiner, aber feiner Stehimbiß sowie mit dem Goldenen Rad (Berliner Chaussee, etwa 100 Meter vom Stadion entfernt) seit kurzem auch eine hochgradig traditionsreiche Lokalität auf Gäste. Bis vor rund 70 Jahren stellte die jetzige Sport- und Musikkneipe nämlich einmal das von Rudolf Dunkel geführte Vereinslokal von Cricket Victoria Magdeburg dar, dessen Verteidiger Ernst Jordan anno 1908 beim allerersten Länderspiel einer deutschen Nationalelf (3:5 gegen die Schweiz) dabei war. Im Goldenen Rad bzw. bei Wirt "Ente" kann man aber nicht nur Nostalgie schnuppern, sondern auch ein lecker Bierchen schluppen oder sich an einer guten Mahlzeit erfreuen.

MAGDEBURG: Ernst-Grube-Stadion

STADION: ⚽⚽⚽ **STIMMUNG:** ⚽⚽⚽ **SERVICE:** ⚽⚽

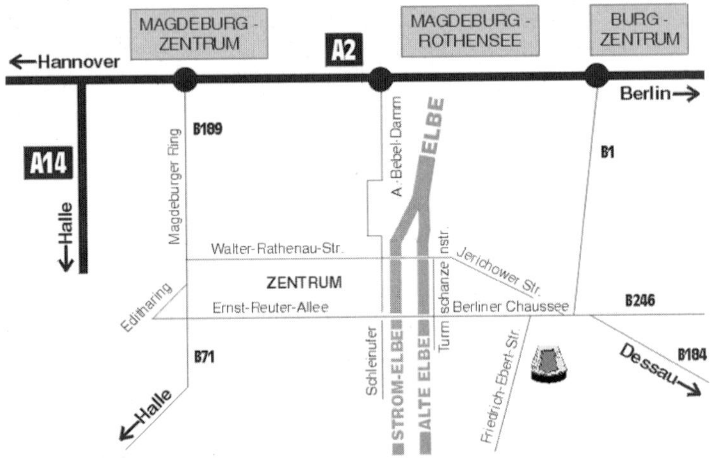

Aus Richtung **Berlin**: Über die **A2** bis zur Abfahrt **Burg-Zentrum** (73) und dann auf der **B1** immer Richtung Magdeburg-Zentrum fahren. Auf der Höhe des Cracauer Platzes bzw. Großen Cracauer Anger (etwa 100 Meter hinter der Tankstelle) geht es von der B1 dann links ab auf die **Berliner Chaussee**, ab der das Stadion ausgeschildert ist. Normalerweise ginge es dann später übrigens links in die Friedrich-Ebert-Straße – diese ist jedoch momentan wegen Bauarbeiten gesperrt. Also stellt man seinen Wagen besser auf dem **Parkplatz** an der **Bördelandhalle** oder aber gleich an der Berliner Chaussee ab und nimmt einen kurzen Fußmarsch auf sich.

Aus Richtung **Hannover**: Über die **A2** bis zur Abfahrt **Magdeburg-Zentrum** (70) und über Barleber Chaussee bzw. Magdeburger Ring (**B189**) in Richtung Innenstadt. Kurz vor dem Bahnhof rechts ab auf den Editha-Ring und links auf die Ernst-Reuter-Allee. Nun über zwei **Brücken** hinweg geradeaus auf die Berliner Chaussee (Rest s.o.). Wer die Anfahrt durch die City scheut, fahre an der Abfahrt **Magdeburg-Rothensee** (71) heraus und über den August-Bebel-Damm gen Zentrum. Am Fraunhofer Platz links auf die Rothenseer Straße, hinter den Unterführungen links und gleich wieder rechts auf die Rogätzer Straße. Am Askanischen Platz schließlich links und über die Jerusalembrücke(n) bis Jerichower Platz, dort rechts und ab zum Stadion.

Aus Richtung **Halle**: Bis die A14 fertig ist, geht es über die B81 und B71 gen Zentrum, hinter dem Bahnhof dann rechts auf die Ernst-Reuter-Allee (Rest s.o.).

Die **Parkplätze** an der Bördelandhalle und entlang der Berliner Chaussee reichen normalerweise knapp aus, einige Ausweichmöglichkeiten finden sich auf der anderen Flußseite am **Schleinufer**.

Vom Hauptbahnhof bzw. von der Station Ernst-Reuter-Allee (vom Haupteingang links) fährt die **Straßenbahnlinie 6** (gen Herrenkrug) bis zur Berliner Chaussee, von hier sind es noch maximal fünf Minuten bis zum Stadion. Die Eintrittskarte gilt als Fahrausweis, ansonsten kostet der Fahrschein 2,40 (1,80) DM, die Viererkarte 8,50 (6) DM und das Gruppenticket 9 DM. Wer lieber ganz **zu Fuß** laufen möchte, wende sich vom Haupteingang des Bahnhofs (Taxistand) aus nach links zur Ernst-Reuter-Allee, diese rechts und immer geradeaus über all die Brücken auf die Berliner Chaussee und zum Stadion - dauert maximal **15 Minuten**.

MAINZ: Bruchwegstadion

Foto: Hardy Grüne

Kapazität: 15.500
Stehplätze: 11.000
Sitzplätze: 4.500

FSV Mainz 05, Dr.-Martin-Luther-King-Weg, 55122 Mainz
Tel: 06131-375500, Fax: 06131-3755033
www.mainz05.de

Schau an, was aus dem einstigen "häßlichen Entlein" der Zweiten Liga für ein schnuckeliges Zuhause geworden ist! Wenn das so weitergeht, dann müssen sie eines Tages sogar die Straße umbenennen, denn schon heute paßt die so liebgewonnene Gleichung "Bruchwegstadion = Bruchstadion" längst nicht mehr. Im Gegenteil: Ein wahres Schmuckstück ist am Bruchweg entstanden, wenn auch nur durch einen transportablen "Bausatz", der deutlich provisorische Züge aufweist. Ach, und daß mit der Straßenumbenennung wird wohl auch nicht nötig sein, denn den Bruchweg gibt es eigentlich gar nicht! Erklärung: Es handelt sich um eine umgangssprachliche Bezeichnung für eine Art Feldweg, welcher ursprünglich in Stadionnähe vorbeiführte und so zum "Begriff" wurde.

Seit Dezember 1929 wird das im Universitätsviertel befindliche Areal nun bereits zum Fußballspielen genutzt. Seinerzeit entstand eine Mehrzweckarena, die von der "Frankfurter Zeitung" in den höchsten Tönen gelobt wurde. "Die Anlage ist mustergültig, und die Räume unter der Tribüne sind in Anordnung und Ausführung vorbildlich. Zur Hebung des Sportbetriebes in Mainz wird sie wesentlich beitragen". Freilich waren die 1912 durch Fusion mehrerer Vereine entstandenen 05er in jenen Tagen noch anderswo zu Hause: Nach jahrelangem Vagabundendasein, der die Rot-Weißen zunächst auf der "Radrennbahn", dann an der Hardenbergstraße und schließlich auf dem Schützenfestplatz hatte spielen sehen, kickte der Klub seit Beginn der zwanziger Jahre am sogenannten "Fort Bingen". Aus einem dortigen Exerzierplatz, der nach dem Ersten Weltkrieg nicht mehr gebraucht wurde, hatten sich die 05er in mühsamer Eigenarbeit ein schmuckes Stadion mitsamt Tribüne gebastelt, das sie jedoch 1937 schon wieder aufgeben mußten. Grund: Die Kriegsvorbereitungen Nazideutschlands verlangten das Areal zum Bau einer Flakkaserne – die heute übrigens den Eingang zur Universität darstellt.

Erneut mußten die 05er auf Wanderschaft gehen. Bis Ende des Zweiten Weltkrieges kickten sie auf dem Platz des Mainzer TV 1817 an der Pariser Straße, nach dem Krieg auf dem Universitätsplatz an der Unteren Zahlbacher Straße. Erst 1949 übernahmen sie die durch mehrere Bombentreffer schwer beschädigte Arena am Bruchweg, die sie binnen weniger Monate grundlegend renovierten und 1950 mit einem Spiel gegen Fritz Walters Kaiserslauterer einweihten. Zwei weitere Baumaßnahmen folgten –

1953 wich der Aschenplatz einer Rasendecke, 1954 kam die noch heute stehende Haupttribüne hinzu – dann wurde es ruhiger am Bruchweg. Irgendwann wurde die Gegengerade überdacht, zur Einführung der 2. Bundesliga gab es den obligatorischen Zaun, ehe die 05er in der Amateurliga verschwanden und das nur selten gefüllte Stadion zusehends verkümmerte.

Seitdem die 05er Anfang der neunziger Jahre zunächst den dauerhaften Sprung in die 2. Bundesliga schafften und anschließend sogar ans Tor zur 1. Liga klopften, wird am Bruchweg eigentlich ständig gewerkelt. Zunächst wurde nur verputzt, gemalert und in der Südkurve eine Stahlrohrtribüne auf die schon lange ungenutzte Leichtathletiklaufbahn gestellt. Parallel zum sportlichen Aufschwung begann man dann jedoch, gleich richtige Nägel mit richtigen Köpfen zu machen. 1995 kam eine lichtstarke Flutlichtanlage, und zu Beginn der Saison 1997/98 konnten an der Nord- wie Südseite nahe ans Spielfeld heranreichende überdachte Tribünen eingeweiht werden. Da jene aus transportablen Stahlelementen bestehen, können sie im Falle des längst noch nicht vom Tisch verschwundenen Umzugs der 05er flugs ab- und an anderer Stelle wieder aufgebaut werden. Gleichzeitig erhielt das Stadion einen neuen Rasen, während Flutlicht- und Lautsprecheranlage, sanitäre Einrichtungen sowie Medienbereiche einer Generalrenovierung unterzogen wurden.

Geradezu vorbildlich hat man in Mainz aus einer einstigen Mehrzweckarena ein schmuckes reines Fußballstadion aus dem Hut gezaubert, in dem es ziemlich stimmungsvoll hergehen kann, zumal Südtribüne und Gegengerade dankenswerterweise den Stehplatzbefürwortern vorbehalten blieben. Nichtsdestotrotz sind die Umzugspläne nicht vom Tisch. Das Bruchwegstadion bietet kaum Erweiterungsmöglichkeiten, und der einstmals bescheidene 1. FSV 05 ist inzwischen ein ehrgeiziger Profiklub mit Ziel 1. Bundesliga geworden, der am Bruchweg ständig an seine Grenzen stößt. Aus Sicht des Vereins ideal wäre daher ein Neubau an anderer Stelle, möglichst an der Mainzer Peripherie. Aus Sicht vieler Fans und vor allem Nostalgiker ist hingegen ein Verbleib am innenstadtnahen Bruchweg zu befürworten. Warten wir es ab.

Früher waren 05-Fans mal eine seltene Spezies, die stets ein wenig mitleidig bestaunt wurde. Inzwischen ist die Fanschar der "Meenzer" mächtig angewachsen, und von den rot-weiß Tragenden sind regelmäßig nette Aktionen zu erwarten. Wer am Bruchweg mitten in der Stimmung stehen will, sucht am besten die Südtribüne oder Block N auf der Gegengeraden auf. Der ganz harte Kern von 05-Fans steht übrigens im Block Q, für den Blockzwang herrscht und trotzdem qualvolle Enge an der Tagesordnung ist. Die Sicherheitsbestimmungen werden dabei nur bedingt eingehalten. So ist beispielsweise von der gelben Farbe, die Auf- und Abgänge markieren, während des Spiels vor lauter Menschen nichts zu sehen. Hoffentlich passiert da nicht mal was!

Wer es eher mit dem Gastverein hält, der hat zwei Möglichkeiten: Unüberdacht und ein wenig flach im Block M stehen, oder bequem und mit guter Übersicht im Block L sitzen. Die Sichtverhältnisse sind extrem unterschiedlich. Ausgezeichnet sind sie von den Hintertortribünen, während auf der Gegengerade der etwas hoch geratene Zaun (DFB-Auflage) stört und auf der Haupttribüne die Entfernung, denn dort existiert noch immer ein Rest von der alten Leichtathletiklaufbahn. Für gewöhnlich kann man am Bruchweg in aller Ruhe auch dem Auswärtsteam zujubeln, wiewohl es eine kleine Anhängerschaft der "3. Halbzeit" gibt.

Sitzplätze: 30 - 45 DM
Stehplätze: 15 (11) DM
Gäste: Nord, Block L + M

Fan-Shop An Spieltagen steht am Südeingang ein Container, ansonsten über die Geschäftsstelle. **Lektüre** Der 05er. Das weiterhin kostenlose A4-Blättchen hat sich deutlich verbessert und bietet inzwischen durchaus lesenswerten Unterhaltungs- und Informationsstoff. Lobenswert: Auch die just in die Oberliga aufgestiegenen Amateure bekommen eine Seite. **Rolliservice** 30 Rollstuhlplätze auf der Aschenbahn vor der Haupttribüne (Eintritt frei), Behindertentoiletten hinter der Haupttribüne. **Essen** Würstchen, Pommes, Buletten, Schnitzelbrötchen, Brezeln. **Trinken** Alkoholisches Bier, Cola, Limo, Wasser, Weinschorle. Grundsätzlich muß man mit recht langen Wartezeiten rechnen, scheint doch das Personal für größere Menschenmengen nicht unbedingt gewappnet zu sein. Dafür haben alle die Ruhe weg – ist ja auch was. **Toiletten** in Ordnung. **Kneipen** Gaststätte Zum Haasekessel hinter der Haupttribüne. Neben dem stadionnahen Parkplatz gibt es eine ausgezeichnete Pizza-Bude, alles weitere (wie beispielsweise das Hafeneck, eine von 05-Fans geführte saugemütliche Kneipe mit TV, die sich in der Frauenlobstraße nahe des Rheinufers befindet) ist in der Innenstadt zu finden.

STADION: ⚽⚽⚽ **STIMMUNG:** ⚽⚽⚽⚽ **SERVICE:** ⚽⚽⚽

Ziel aller ist die **A60**, die am Rüsselsheimer Dreieck beginnt und aus Richtung Süden von der **A5** (über die A67 am Darmstädter Kreuz) oder über die **A3** (ebenfalls über die A67 am Mönchhof-Dreieck) zu erreichen ist. Jene auch "Mainzer Ring" genannte A60 in **Mainz-Finthen** verlassen und ca. zwei weitere Kilometer auf der Stadtautobahn (Saarstraße) in Richtung Mainz-Zentrum/Universität fahren. Auf Höhe der Universität (bzw. an der Ecke zum Hauptfriedhof) schließlich links in den Dr. Martin-Luther-King-Weg, an dem das Stadion alsbald links auftaucht. Bei zuschauerträchtigen Spielen kann man **alternativ** der offiziellen Beschilderung über die **A643** (Abfahrt Mombach/Budenheim) folgen, bei der man sich am besten an den Wegweisern "Fußball/Südwestfunk" orientiert, die direkt zu den Stadionparkplätzen führen. **Parken:** Direkt vor dem Stadion gibt es einen kleinen Parkplatz, der aber schnell **voll** ist. Besser: zur Universität - dazu die Saarstraße bereits an der zweiten Kreuzung nach rechts verlassen und auf der Koblenzer Straße bis zum Max-Planck-Institut für Polymerforschung, hinter dem es links in den Ackermannweg geht, wo diverse **größere Parkplätze** sind. Fußweg zum Stadion: rund zehn Minuten. Außerdem gibt es am Hauptbahnhof ein großes **Parkhaus** (City-Port), von wo aus Busse zum Bruchweg fahren. **Vorsicht** mit dem Parken auf den Anwohnerplätzen vorm Stadion: Die Autos werden zumeist noch vor Spielbeginn abgeschleppt!

Ab dem **Bahnhof** kann man mit den **Bus-Linien** 6, 13, 14, 16, 17, 22, 23, 27, 34 und 216 (bis Universität) oder aber 19 (bis Stadion) und 9 (bis Südwestfunk) fahren.

Kapazität: 11.000
Stehplätze: 9.000
Sitzplätze: 2.000

Foto: Hardy Grüne

VfR Mannheim, Theodor-Heuss-Anlage 19, 68165 Mannheim
Tel: 0621-415430/50, Fax: 0621-414474

Einst kickten die in Mannheim nur "Rasensportler" genannten VfRler eingepfercht zwischen Eichbaum-Brauerei, Nadler-Werk und Essig-Haas im Stadtteil Neckarstadt gleich nördlich des Neckars. Der dortige Platz "An den Brauereien" war am 17. Dezember 1905 vom VfR-Vorläufer FG 1896 eröffnet worden und diente 1907 dem Endspiel um die deutsche Meisterschaft als Austragungsstätte. Zahlreiche großartige Erfolge mit dem Höhepunkt der Meisterschaft 1949 konnten die Blau-Weiß-Roten an der Käfertaler Straße feiern, ehe die benachbarte Eichbaum-Brauerei das Areal 1959 für Erweiterungszwecke reklamierte. Die enge 16.000-Plätze-Anlage wurde daraufhin dem Erdboden gleichgemacht und fungiert seither als Parkplatz.

Der heimatlose VfR zog derweil in das 1926 eingeweihte und anläßlich seines Einzugs völlig umgebaute "Neuostheimer Stadion" südlich des Neckars um, das rund 30.000 Plätze bot und eine nagelneue überdachte Tribüne aufwies. Mit ihrer Leichtathletikanlage war die später in "Rhein-Neckar-Stadion" umbenannte Arena allerdings ziemlich weiträumig. Jahrelang bemühten sich die "Rasensportler" daher um eine neue Anlage, die nach vielen Querelen schließlich am 9. Dezember 1971 unmittelbar neben dem Rhein-Neckar-Stadion unter dem Namen "Rhein-Neckar-Stadion 2" eröffnet werden konnte. Erst als das anschließend "Hauptspielfeld" genannte alte Stadion später dem Carl-Benz-Stadion weichen mußte, erhielt die "2" – also das VfR-Gelände - ihren derzeitig gültigen Namen "Rhein-Neckar-Stadion".

Der Charme der rund 11.000 Plätze bietenden reinen Fußballarena zwischen Luisenpark und dem Technischen Landesmuseum ist inzwischen deutlich verblichen. Auf dem Dach der ein wenig eigentümlich aussehenden Wellblechtribüne (16 Sitzbahnreihen) wächst Moos, zwischen den rund 30 Stehtraversen der Gegengeraden sprießen Grashalme. Die Hintertorseiten sind nur zur Hälfte mit jeweils zehn Traversen bestückt, wobei auf der Straßenseite zudem die an eine Fabrik erinnernde Turnhalle den Blick trübt.

Zur Zweitliga-Qualifikation anno 1974 erhielt das Stadion den vorgeschriebenen Zaun, ansonsten beschränkten sich die Veränderungen auf unvermeidliche Reparaturen. Neueste Errungenschaft ist der Fan-Shop auf der Turnhallenseite, der den Charme einer übergroßen Telefonzelle versprüht. Somit präsentiert sich das Rhein-Neckar- Stadion als zwar solides, aber wenig aufregendes Fußballstadion, das deutlich im Schatten des in unmittelbarer Nachbarschaft gelegenen Carl-Benz-Stadions steht.

Wildparkstadion (Karlsruhe) *Foto: Thomas Zachler*

Auestadion (Kassel) *Foto: Hardy Grüne*

Südstadion (Köln) *Foto: Burkhard Schulz*

Grotenburg-Stadion (Krefeld) *Foto: Hans-Georg Wahl*

Alfred-Kunze-Sportpark (Leipzig) *Foto: Burkhard Schulz*

Alfred-Kunze-Sportpark (Leipzig) *Foto: Hardy Grüne*

Bruno-Plache-Stadion (Leipzig) *Foto: Hardy Grüne*

BayArena (Leverkusen) *Foto: Hardy Grüne*

Kleines Haberland-Stadion (Leverkusen) *Foto: Hardy Grüne*

Stadion an der Lohmühle (Lübeck) *Foto: Dirk Schulz*

Bruchwegstadion (Mainz) *Foto: Hardy Grüne*

Rhein-Neckar-Stadion (Mannheim) *Foto: Hardy Grüne*

Carl-Benz-Stadion (Mannheim, im Bau) *Foto: Thomas Zachler*

Olympiastadion (München) *Foto: Dirk Schulz*

Olympiastadion (München)

Foto: Burkhard Schulz

Stadion an der Grünwalder Straße
(München)

Foto: Rainer Blumer

Spätestens mit dem Aufstieg des Lokalrivalen SV Waldhof in die Bundesliga wurde es für den Traditionsklub VfR immer schwerer, Anhänger in Mannheim und Umgebung zu finden. Derzeit umfaßt der harte Kern rund 50 Personen, die auf der Gegengerade Stimmung zu verbreiten versuchen. Angesichts der dort fehlenden Überdachung fällt ihnen das allerdings schwer. Der VfR gilt als der "Klub der besseren Leute". Entsprechend ist die Anhängerschaft der Rasensportler nahezu ausschließlich friedlich gesinnt und beschränkt sich auf braven Support ohne größere aufregende Aktionen. Auswärts ist stets ein Grüppchen VfR-Fans mit der einen oder anderen Fahne dabei.

Auswärtsfans dürfen sich normalerweise selbst einen Platz suchen. Größere (oder berüchtigte) Gruppen werden jedoch im abgetrennten Hintertorblock D untergebracht, der über den separaten Eingang im Gartenschauweg (den SV Waldhof-Schildern folgen) zu erreichen ist. Die Sicht ist ob des Zauns eher mäßig, und auch stimmungstechnisch läßt die Position einige Wünsche offen.

Sitzplätze: 25 (20) DM
Stehplätze: 12 (10) DM
Gäste: egal (Block D)

Lektüre VfR-Journal, kostenlos, A4, s/w, durchaus lesbar. **Rolliservice** Plätze am Spielfeldrand. **Essen** Bratwurst, Bockwurst, Kuchen. **Trinken** Alkoholisches Bier (Pils und Export), Cola, Fanta, Fruchtsaft, Wasser. **Toiletten** Schlechter Zustand, übler Geruch. **Kneipen** Außer der etwas biederen Stadiongaststätte ist im weiteren Umfeld nichts zu finden. Am besten per Straßenbahn in die City fahren. Dort befindet sich auch die VfR-Kneipe "Oldie-Treff".

STADION: ⚽⚽ **STIMMUNG:** ⚽⚽ **SERVICE:** ⚽⚽

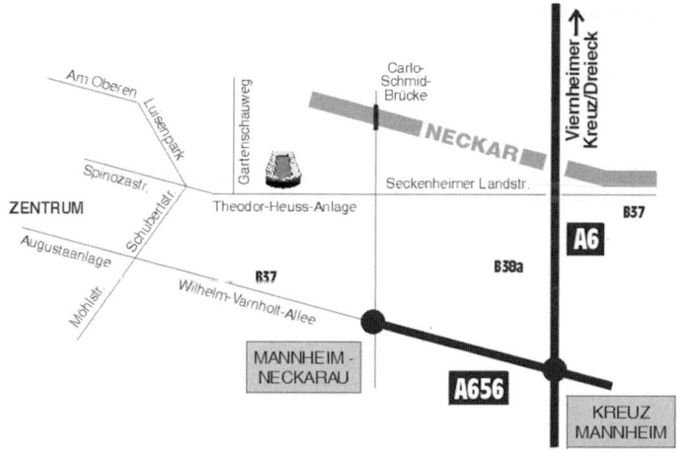

Von der **A6** (Frankfurt/Heilbronn) am **Mannheimer Kreuz** auf die **A656** (Richtung Mannheim-Zentrum/Neckarau) und an der Anschlußstelle **Mannheim-Mitte** weiter geradeaus in Richtung Stadtmitte. Unter der Bahn hindurch, am SDR vorbei und an der Kreuzung hinter dem Planetarium rechts auf die Schubertstraße, die geradewegs auf die Theodor-Heuss-Anlage führt. **Parken:** Für **3 DM** auf dem Parkplatz der Rhein-Neckar-Halle auf der dem Stadion gegenüberliegenden Straßenseite.

Mit der **Straßenbahn 6** in Richtung Neuostheim/Landesmuseum/Carl-Benz-Stadion - aussteigen am Carl-Benz-Stadion. Desweiteren frequentieren die **Busse 36** und **47** das Stadion.

Foto: Hardy Grüne

Kapazität: 26.022
Stehplätze: 12.008
Sitzplätze: 14.014

Waldhof Mannheim, Theodor-Heuss-Anlage, 68165 Mannheim
Tel: 0621-410900, Fax: 0621-4109114
www.sv-waldhof-mannheim.de

Ach Gott, das Carl-Benz-Stadion! Es gibt wohl kein zweites Stadion in Deutschland, um das es ein vergleichbares Hickhack gegeben hat, wie um die 1994 eröffnete und sowohl aus ästhetischen als auch aus fußballerischen Aspekten überaus gelungene Arena im Südosten Mannheims.

Jahrelang stritten sich SVW, Stadt Mannheim und rund dreißig um ihre Ruhe fürchtende Bewohner des benachbarten Stadtteils Neuostheim um den Bau der Arena, ehe es am 30. März 1993 nach einem positiven Bundesverwaltungsgerichtsentscheid endlich losgehen konnte. Binnen elf Monaten entstand eine prächtige Fußballarena, die lediglich an den Westseitenecken offen und allemal erstligatauglich ist. Einziger Wermutstropfen sind diverse Lärmbelästigungs-Auflagen, durch die die Nutzbarkeit des Stadions doch erheblich eingeschränkt ist.

Mit der Eröffnung des Carl-Benz-Stadions (die Daimler Benz-AG stiftete übrigens eine Mio. DM für die Anzeigetafel, woraufhin der ursprünglich vorgesehene Name "Rhein-Neckar-Stadion" fallengelassen wurde) endete die über ein Jahrzehnt andauernde Odyssee des SV Waldhof. Bis 1983 hatten die Waldhof-Buben ihre Heimspiele ungestört im 1924 eröffneten Stadion am Alsenweg austragen können, einer kleinen und gemütlichen reinen Fußballanlage, das bis heute inmitten des Arbeiterstadtteils Waldhof steht. Dann kickten die Blau-Schwarzen plötzlich so gut, daß sie in die 1. Liga aufstiegen und der DFB ihnen die Nutzung ihrer gemütlichen Heimstatt untersagte.

Nach unzähligen Verhandlungen, bei denen vor allem der Ausbau des 1926 eröffneten Rhein-Neckar-Stadions "1" diskutiert wurde (Nummer "2" wurde und wird übrigens vom Lokalrivalen VfR genutzt), wichen die Schwarz-Blauen schließlich schweren Herzens ins Südweststadion der Nachbarstadt Ludwigshafen aus, welches bis zur Saison 1988/89 Exil blieb. Die Stadt Mannheim, deren Bürgermeister nach dem Aufstieg noch gejubelt hatte "Diese Mannschaft hat der Stadt Mannheim Ehre gemacht. 20 Jahre Fußballhunger werden jetzt gestillt", hatte sich außerstande gesehen, Geld für eine bundesligataugliche Arena auf Mannheimer Boden locker zu machen. Trotz Zulieferbussen aus Mannheim und moralischer Unterstützung der Ludwigshafener entwickelte der SVW im Südweststadion jedoch nie heimatliche Gefühle, so daß er sich bald um eine Rückkehr nach Waldhof bemühte – zumal die im ersten Bundesligajahr noch hohe Zuschauerzahl im weiteren Verlauf dramatisch sank. Ironie der Geschichte: Just als man endlich an den mühevoll bundesligapräparierten Alsenweg zurückkehrte (Saison 89/90), stiegen die Waldhof-Buben aus dem Oberhaus ab.

Während die Waldhöfer auf rheinland-pfälzischem Boden Baden-Württemberg in der Bundesliga vertraten, war die Diskussion um die Stadionfrage weitergegangen. Dabei hatten drei Alternativen zur Auswahl gestanden: a) Ausbau des Waldhof-Stadions am Alsenweg, b) Ausbau des Rhein-Neckar-Stadions "1" und c) kompletter Neubau auf dem Areal des Rhein-Neckar-Stadions "1". Nach langwierigem kommunalpolitischem Wirrwarr entschied sich das Regierungspräsidium Karlsruhe schließlich im November 1990 für letztere Variante: Auf dem Gelände des abzureißenden Rhein-Neckar-Stadions "1" sollte ein reines Fußballstadion mit drei überdachten Tribünen entstehen. Auch an die lärmgeplagten Anwohner wurde gedacht. So sollten in der neuen Arena höchstens 25 Spiele pro Jahr stattfinden und Sonn- wie Feiertagsspiele gänzlich untersagt sein; die Lärmbelästigung durch eine entsprechende Tribünendachkonstruktion auf ein Minimum reduziert und in die Dächer integriertes Flutlicht installiert werden, um Störungen bei Abendspielen zu minimieren.

Dies alles hinderte mehrere Anwohner nicht, weiterhin massiv gegen das Projekt vorzugehen und die Verwirklichung damit weiter hinauszuzögern. Erst am 17. Juni 1992 beendete der Verwaltungsgerichtshof den Streit und entschied, daß "der Bürger ein Recht auf Fußball hat". Acht Monate später wurde der Grundstein gelegt und am 25. Februar 1994 konnte die Arena mit dem Zweitligakick SV Waldhof gegen Hertha BSC (2:2) endlich eingeweiht werden.

Entstanden ist eine vorbildliche reine Fußballarena, die erfreulich viele Stehplätze aufweist und allen höheren Ansprüchen genügt. Stimmungstechnisch ist das Carl-Benz-Stadion günstig angelegt, und daß es im "schicken" Neuostheim liegt, stört die Fans des einstigen Arbeitervereins Waldhof heute auch nicht mehr allzu sehr. Allenfalls ein paar ältere Herren bedauern dies und schnuppern bei jeder Gelegenheit am Waldhöfer Alsenweg als Trainingskiebitz Traditionsluft.

Nachdem die Waldhof-Buben die Rückkehr in den Profifußball geschafft haben, steht dem Carl-Benz-Stadion nun sogar eine hoffnungsvolle Zukunft mit attraktiveren Gegnern als Ditzingen und Wehen bevor. Bedauerlich hingegen die diversen Auflagen, die dem SVW wenig Gestaltungsmöglichkeiten bei seinen Heimkicks lassen. Übrigens: Das in unmittelbarer Nachbarschaft gelegene Stadion des VfR Mannheims (wir erinnern uns: "Rhein-Neckar-Stadion 2" genannt) heißt heute schlicht "Rhein-Neckar-Stadion" – dies nur, um die Verwirrung nicht komplett zu machen.

Foto: Thomas Zachler

Osttribüne Blöcke F bis H heißt das Ziel der SVW-Fans. Unter dem Dach kann man prächtig Stimmung machen, was der vielköpfigen Waldhof-Fanschar auch gut gelingt. "Lautstark, reiselustig und bunt sein" sind die positiven Aspekte der Blau-Schwarzen, "gefürchtet sein" der negative. Im Klartext: Waldhofs Fan-Szene zählt bedauerlicherweise zu den gefährlichsten im Lande. Vor allem kahlgeschorene Zeitgenossen nutzen das Carl-Benz-Stadion für ihre Auftritte.

MANNHEIM: Carl-Benz-Stadion

Irgendwie passend daher der Name eines 1999 aufgekommenen Fanzines: "Krieg und Frieden".

Kleineren Grüppchen von Gästefans muß man jedenfalls leider raten, den Vereinsschal vor dem Stadion in der Tasche stecken zu lassen! Auspacken kann man ihn dann in Block W der Westtribüne, wo auswärtige Zuschauer auch in kleineren Grüppchen gehörig Stimmung machen können. Die Sicht ist großartig, der Service zufriedenstellend. Vorsicht jedoch vor den Ordnern, die gerne mal hart durchgreifen.

Sitzplätze: 22 - 52 DM
Stehplätze: 9 (7) - 15 DM
Gäste: Westtribüne (W)

Fan-Shop Geschäftsstelle unter der Nordtribüne, geringere Auswahl in der Geschäftsstelle am Alsenweg. **Lektüre** Waldhof-Magazin, 1 DM, schön bunt, dennoch lesenswert. **Rolliservice** im Gästeblock 36 Rollstuhlplätze. **Essen** Würstchen und Frikadellen, allesamt ein wenig überteuert. **Trinken** Bier, Cola, Fanta, ebenfalls überteuert. **Toiletten** Für das Alter des Stadions überraschenderweise nur befriedigend. Doch es gibt weitaus schlimmere. **Kneipen** Mit Ausnahme der VfR Mannheim-Stadiongaststätte (Rhein-Neckar-Stadion, hinter der Westtribüne) und zwei Kneipen, die allerdings bei "Problemspielen" geschlossen sind, Fehlanzeige.

STADION: ⚽⚽⚽⚽⚽ **STIMMUNG:** ⚽⚽⚽⚽ **SERVICE:** ⚽⚽⚽⚽

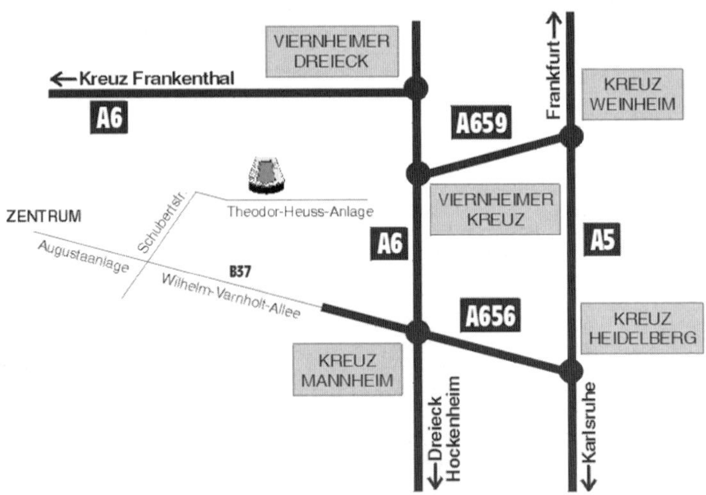

Von der **A6** (Frankfurt/Heilbronn): Am **Mannheimer Kreuz** auf die **A656** (Richtung Mannheim-Zentrum/Neckarau). An der Anschlußstelle **Mannheim-Mitte** weiter geradeaus in Richtung Stadtmitte. Unter der Bahn hindurch, am SDR vorbei und an der Kreuzung hinter dem Planetarium rechts auf die Schubertstraße, die geradewegs auf die Theodor-Heuss-Anlage führt. **Parken:** Für **3 DM** auf dem Parkplatz der Rhein-Neckar-Halle auf der dem Stadion gegenüberliegenden Straßenseite.

Mit der **Straßenbahn 6** in Richtung Neuostheim/Landesmuseum/Carl-Benz-Stadion. Aussteigen am Carl-Benz-Stadion. Desweiteren frequentieren die **Busse 36** und **47** das Stadion.

MEPPEN: Emslandstadion

Foto: Michael Seiß

Kapazität: 16.500
Stehplätze: 12.000
Sitzplätze: 4.500

SV Meppen, Lathener Straße 15, 49716 Meppen
Tel: 05931-93010, Fax: 05931-930150
www.meppen.de/svmeppen/index.htm

Es ist schon schade: 1995 war das regelmäßig prallgefüllte Emslandstadion noch kurz davor, Bundesligaarena zu werden. Doch eine 2:4-Heimschlappe gegen den späteren Aufsteiger Fortuna Düsseldorf zerstörte die Hoffnungen des SV Meppen auf Gastspiele der Bayern und Dortmunder und leitete das Ende des "Meppener Fußballwunders" ein. Drei Jahre später mußten die Blau-Weißen nach elf Jahren Zweitligazugehörigkeit den Unterbau der 1. Liga verlassen. In der Regionalliga ging die Talfahrt weiter, wodurch die Zuschauerzahl im Emslandstadion mitunter sogar auf lange nicht erlebte dreistellige Zahlen abrutschte. Für Meppen und im Grunde genommen das gesamte Fußball-Emsland ein Schritt zurück in triste sportliche Zeiten, von denen sich die Gegenwart freilich mindestens in einem Punkt gewaltig unterscheidet: Im Outfit des Emslandstadions.

Anno 1986, als der SV Meppen in der damaligen Amateuroberliga Nord kickte, galt die seinerzeit "Hindenburgstadion" genannte Arena nämlich noch als eine der langweiligsten im Fußball-Norden: Weitläufig, ungemütlich und selten mit größeren Besucherkulissen gefüllt - das Hindenburgstadion war der Inbegriff der Bescheidenheit. Ebenso der SVM. Ambitionslos kickten die Blau-Weißen zumeist in Klassen wie Amateuroberliga oder Landesliga, nur 1970/71 und von 1972-74 gab es kürzere Ausflüge in die damalige Regionalliga Nord. Aus jenen Tagen datiert auch der erste Höhepunkt der Stadiongeschichte, als der Auftritt des deutschen Meisters Borussia Mönchengladbach rund 10.000 Menschen in die eigentlich nur für 7.000 vorgesehene Arena lockte. 1973 waren es gar 17.000 Fans, die Johan Cruyff und seine Ajax-Elf im zuvor ausgebauten Stadion bejubelten. Dann kam die 2. Bundesliga, und der SVM verschwand in der Amateuroberliga. Die Wende kam ausgerechnet mit dem Abstieg in die viertklassige Landesliga (1978), der den Ehrgeiz der für ihre gute Jugendarbeit gerühmten Meppener anstachelte. Dem sofortigen Wiederaufstieg in die Amateuroberliga folgte schließlich unter Trainer Rainer Persike der Aufstieg in die 2. Bundesliga (1987) – mithin der Beginn des "Meppener Fußballwunders". Zwischenzeitlich hatte das Hindenburgstadion einen weiteren Festtag erlebt, als der FC Barcelona im August 1983 mitsamt seines damaligen Superstars Diego Maradona angerückt und die Arena mit ziemlich genau 17.500 Menschen bis auf den letzten Platz gefüllt hatte.

Vom damaligen Zustand des bereits seit 1927 als Sportplatz genutzten Areals ist heute mit Ausnahme der Gästekurve nichts mehr zu sehen. Das uralte Holztribünchen, auf dem einst nur eine Handvoll Zuschauer überdachte Sitzplätze fanden (450), ist in die neue Haupttribüne integriert worden (man erkennt ihre früheren Ausmaße an dem Schriftzug "Der Landkreis ..."), auf der Gegengeraden, wo einstmals viel zu wenige Stehplatztraversen für bescheidene Sicht sorgten, steht seit 1993 ein 3.000-Plätze-All-Seater mit diversen Shops im Bauch. Rund 5 Mio. DM investierten SVM, Stadt Meppen und Landkreis Emsland in den zweitligagerechten Umbau der Arena, die gleichzeitig ihrer störenden Aschenbahn entledigt und zu einem reinen Fußballstadion wurde, das allemal höheren Ansprüchen genügt – sowohl funktional als auch ästhetisch.

Seit dem 7. Oktober 1996 verfügt das derzeit 16.500 Plätze bietende Stadion sogar über eine fernsehgerechte Flutlichtanlage, die mit einem 0:0 gegen Carl Zeiss Jena eingeweiht wurde. Zwei Jahre zuvor war auch die lange hinausgezögerte Umbenennung von "Hindenburgstadion" in die wesentlich zeitgemäßere Form "Emslandstadion" endlich vollzogen worden, was gerüchteweise einem Interessenkonglomerat aus Fans, Sponsoren und Landkreis-Politikern zu verdanken gewesen sein soll.

Mit dem Emslandstadion verfügt der SV Meppen über eine schmucke Arena, die in der Regionalliga ihresgleichen sucht. Bleibt zu hoffen, daß sie trotz der jüngsten sportlichen Enttäuschungen auch bald wieder gut frequentiert werden wird. Schließlich steht der SV Meppen - ähnlich wie der 1. FC Kaiserslautern - sinnbildlich für eine ganze Region und hat dem Emsland in elf Zweitligajahren mehr als einmal gehörigen Anlaß zum Stolzsein gegeben.

Meppens Fans sind mit den Spottrufen, die ihnen von Fans aus größeren Städten entgegengebracht werden, stets offensiv umgegangen. Nicht umsonst gibt es Fan-Clubs wie "Gummistiefelfraktion" (als Reaktion auf den Song "Zieht den Meppenern die Gummistiefel aus"), und auch die berühmte Blaskapelle paßt perfekt ins emsländische Bild. Letztere stammt übrigens aus dem niederländischen Nachbarstädtchen Emmeln und debütierte am 16. Dezember 1990 anläßlich des Zweitligakicks gegen den SC Freiburg in Meppen. Die Stimmung im Emslandstadion ist tendenziell eher fröhlich und ausgelassen, wenn der SVM zum Ball bittet - es sei denn, es passieren Dinge wie in den Spielzeiten 1997/98 (Abstieg aus der 2. Liga) bzw. 98/99 (mitunter haarsträubende sportliche Vorstellungen einer "Legionärstruppe"). Auch der derzeitige sportliche Tiefgang wird die blau-weiß Tragenden allerdings nicht davon abhalten, weiterhin auf der Hintertorseite am Haupteingang Stimmung zu verbreiten. Meppens lange Zeit zu vernachlässigendes Gewaltpotential ist leider etwas größer geworden, weshalb ein "Augen auf" nicht von der Hand zu weisen ist. Der weitaus überwiegende Teil der Heimfans besteht allerdings aus ziemlich gastfreundlichen Zeitgenossen, mit denen man viel Spaß haben kann. Akustiktechnisch ist das Emslandstadion übrigens ein echter Killer. Da haben zweifelsohne keine Fachleute ihre Finger im Spiel gehabt. Schade eigentlich, sind doch in Rage geratene Einheimische durchaus prädestiniert für die Entstehung einer Fußballhölle.

Der Gästeblock befindet sich auf der dem Haupteingang gegenüberliegenden Hintertorkurve, die an ein Waldstückchen grenzt und, wie erwähnt, letzter Bestandteil des "alten" Stadions ist. Die Sicht von dort ist brauchbar, stimmungstechnisch hat man angesichts der fehlenden Überdachung etwas schlechtere Karten.

Sitzplätze: 20 - 50 DM
Stehplätze: 10 (8) - 12 (10) DM
Gäste: Hintertorseite gegenüber Anzeigetafel

Fan-Shop Der im Haupteingangsbereich des Stadion angesiedelte vereinseigene Fan-Shop (über Vereinsadresse, Tel: 930118, Mo-Fr 15.30-17.30) ist durchaus gut bestückt und bietet auch qualitativ brauchbare Waren feil.

Lektüre SV-Journal, 24 Seiten A4, teilweise Farbe, kostenlos, sehr viel Werbung recht gute Statistik, das Fanzine "Strafraumpogo" widmet sich nur rudimentär dem SVM, dafür umso mehr der Berichterstattung über besuchte muskalische Ereignisse (Greffener Str. 44, 33442 Clarholz). **Rolliservice** Plätze auf der Vortribüne vor der alten Tribüne (Begleitperson frei). **Essen** Gute Bratwurst, manchmal Frikadellen. Vegetarier können sich an Pommes laben, was zu einer gute Gesamtnote führt. Problem: Wenn es voll wird, müssen lange Wartezeiten einkalkuliert werden. **Trinken** alkoholisches Bier, Cola, Fanta, Wasser. In der Stadionkneipe am Haupteingang wird auch Kaffee offeriert. **Toiletten** Ausgezeichnet in Schuß, da macht es eine wahre Freude... **Kneipen** außer der Stadionkneipe gibt's im direkten Umfeld nicht viel. Bis in die attraktive und mit Lokalitäten gut bestückte Innenstadt ist es aber nicht weit.

STADION: ⚽⚽⚽⚽ **STIMMUNG:** ⚽⚽⚽ **SERVICE:** ⚽⚽⚽

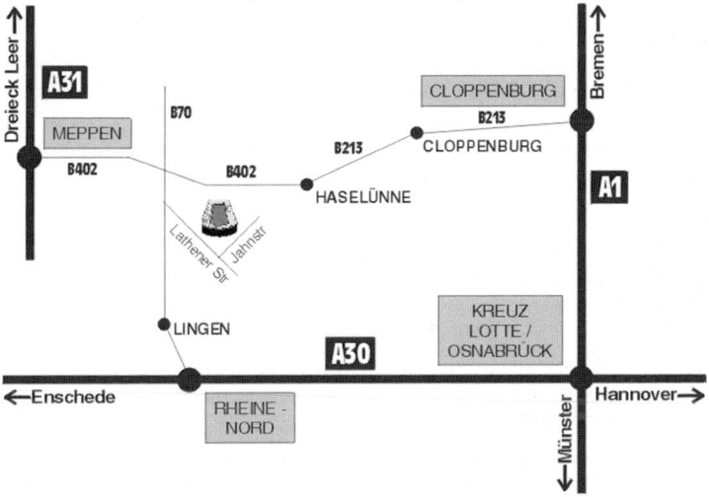

Aus Richtung **Bremen**: Über die **A1** bis zu den Ausfahrten Wildeshausen-West oder **Cloppenburg** und auf der **B213** (bzw. **B72**) an Cloppenburg und Löningen vorbei bis kurz vor Haselünne. Hier rechts ab auf die **B402** in Richtung Meppen, und schon ist das Stadion ausgeschildert (Umgehungsstraße). Aus Richtung **Dortmund**: Über die **A1** bis zur Ausfahrt **Greven** und auf der **B481** bis Rheine. Am Ortsausgang auf die **B70** und an Lingen vorbei nach Meppen, ab hier ist das Stadion dann ausgeschildert (Lathener Straße, dann links in die Jahnstraße). Freunde der Autobahn können von der **A1** aus auch bis zum Kreuz Lotte/Osnabrück fahren, dort auf die A30 in Richtung Enschede und an der Ausfahrt Rheine-Nord herunter (Rest s.o.) - dieser Weg gilt auch für aus Richtung Osnabrück oder gar Hannover anreisende Fußballfreunde.
Aus Richtung **Emden**: Über die **A31** bis zur Ausfahrt **Meppen** und auf der **B402** geradewegs nach Meppen hinein, dann auf die **B70**, von der nach kurzer Zeit die Lathener Straße abgeht. **Parken:** Im näheren Stadionumfeld sind ausreichende Parkmöglichkeiten vorhanden.

Vom Bahnhof gibt es **keine** öffentlichen Verkehrsmittel zum Stadion. Fußmarsch rund 15 Minuten (aus dem Bahnhof rechts raus und der Königstraße/Arenbergstraße/Lathener Straße folgen), Taxifahrt ca. 10 DM.

MÖNCHENGLADBACH: Bökelberg

Foto: Dirk Schulz

Kapazität: 34.500
Stehplätze: 25.800
Sitzplätze: 8.700

Borussia M'gladbach, Bökelstr. 165, 41063 Mönchengladbach
Tel: 02161-92930, Fax: 02161-929379
www.borussia.de

Charmant und liebenswert, aber hoffnungslos veraltet: der Bökelberg. Schon in den 70ern unkte Schalke-Präses Oskar Siebert: "Dieses Stadion ist der Sarg für den Verein." Nun ja – ganz so schlimm ist es nun auch wieder nicht gewesen. Doch nach wie vor müssen die Gladbacher in einer Arena antreten, von der an allen Ecken der Putz bröckelt und die mit ihrem geringem Komfort (8.700 überdachte Sitze) nur wenig dazu beiträgt, die Vereinskassen zu füllen. Immerhin besitzt sie Tradition: Bereits im März 1914 erwarb Borussia nahe der Eickener Höhe eine Sandgrube ("De Kull") und ließ dort bald das Leder rollen, womit Gladbach über die (nach Bochum) älteste Spielstätte der Bundesli-, hoppla, der Zweiten Liga verfügt. Am 20. September 1919 wurde das "Westdeutsche Stadion" eröffnet und wenig später mit dem Spiel Westgegen Süddeutschland, das vor ca. 30.000 Zuschauern mit einer derben 1:4-Abfuhr für die Wessis endete, eingeweiht. Lange Zeit genügte die Arena den Ansprüchen und galt dank ihrer überdachten und mit Sitzen ausgestatteten Holztribüne sowie den modernen sanitären und sozialen Räumlichkeiten sogar als fortschrittlich.

Doch in den 50er Jahren befand sich das Stadion bereits in einem derart bedenklichen Zustand, daß die finanziell kriselnde Borussia ihr marodes Schmuckstück ohne mit der Wimper zu zucken für popelige 175.000 DM an die Stadt vertickte. Diese wiederum ließ sich erst 1964 zu größeren Investitionen breitschlagen, wodurch nach knapp zweijähriger Bauzeit das "Bökelbergstadion", in dem 32.000 Zuschauer Platz fanden, entstand. Kurze Zeit später folgten die Überdachung der Haupttribüne und die Installation einer Flutlichtanlage, danach geschah bis auf Kleinigkeiten nur noch wenig. Insgesamt steckte die Stadt bis Anfang der 90er Jahre zwar fast 30 Mio. DM in den Bökelberg, konnte jedoch nicht verhindern, daß die Borussia bei wirklich großen Spielen nach Düsseldorf oder zuletzt gar Köln umzog. Was Wunder, daß sich schon in den 70er Jahren erste Stimmen erhoben, die den Neubau eines Stadions forderten. Von den Visionen des Ex-Managers Rolf "Spatenstich 1997" Rüßmann angetrieben, entstanden in den 90er Jahren kühne Pläne, auf dem ehemaligen Gelände der Rheinarmee im Norden der Stadt eine multifunktionale Arena mit allem Pipapo (Kostenpunkt 300 Mio. DM) zu errichten. Zwar hat man das "Nordpark-Projekt" mittlerweile auf eine 200-Mio.-Arena abgespeckt, aber auch diese kann sich mit ihrem mobilen Dach, den gläsernen Ecken, dem herausfahrbaren Rasen und der durch variable Sitze von 44.970 auf 53.670 Plätze (davon

14.500 zum Stehen) steigerbaren Kapazität durchaus sehen lassen. Und was soll da nicht noch alles rein: Geschäftsstelle, Fanprojekt-Büro, "interaktives" Museum, Kinderhort, Fanshops, Restaurants, Kneipen, Tagungsräume, Fitneß-Studio, Reha-Zentrum, Bowlingbahn, Disco - bis auf eine flotte Minigolfanlage hat man wirklich an alles gedacht. Ein Teil der Finanzierung ist über den Bauträger IBM (75 Mio.) und ein zinsloses Darlehen der Stadt (50 Mio.) bereits abgesichert, offen bleibt aber weiterhin, wann denn nun endlich der Startschuß fällt. Zwar will die Stadt im Herbst 1999 endgültig über ihre Zustimmung entscheiden, doch Präsident Jacobs ist vorsichtig geworden: "Wir machen keine Ankündigungen mehr, wann die Bagger anrollen." Für die Gladbacher Fans heißt es also weiterhin: abwarten und Altbier trinken. Immerhin haben die Beispiele Hamburg und Schalke gezeigt, daß Worten gelegentlich auch Taten folgen. Vielleicht ja auch in Gladbach. Die Hoffnung stirbt zuletzt. Auch bei einem Mythos.

Die beste Nachricht vorweg: Den unsäglichen Diebels-Jingle nach Heimtoren, der zwar von einem schönen Tag handelt, aber auf Dauer unschön auf die Nerven geht (vor allem bei Kantersiegen), hat man abgeschafft – allerdings treffen die Borussen ja auch nicht mehr ganz so häufig wie früher. Wie dem auch sei, der harte Kern der Gladbacher Fans huldigt dem Fohlen-Mythos in der Nordkurve, mit den größten Enthusiasten sind vor allem die Blöcke 15 und 16 gefüllt. Nach wie vor dabei natürlich Ethem Özeremler, genannt "Manolo", der ausdauerndste Drummer der Fußballszene. In der Nordkurve findet sich auch der Info- und Verkaufsstand des Fanprojekts.

Sitzplätze: 26 - 54 DM
Stehplätze: 14 (9) - 18 (12) DM
Gäste: Südkurve

Auswärtsfans benutzen den Eingang Bökelstraße und begeben sich in die gegenüberliegende Südkurve, genauer gesagt in die Blöcke 33 und 34, von denen man aufgrund der sehr steilen Ränge wie von nahezu allen Plätzen aus prima Fußball gucken kann – auch die Kurvenfangnetze wirken da nicht besonders störend. Wer mit Kind und Kegel angereist ist, kann während der 90 Minuten zumindest ersteres in dem Zelt hinter der Haupttribüne abgeben - ausgebildete Kindergärtnerinnen und nette Hostessen kümmern sich unentgeltlich und aufopferungsvoll um den Fannachwuchs.

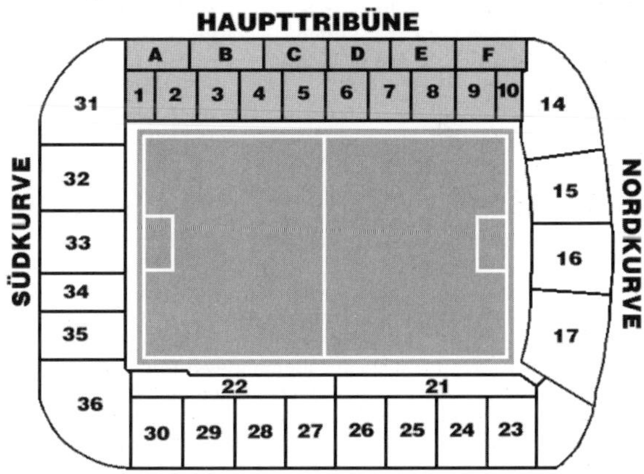

Preise Die ermäßigten Preise gelten für Jugendliche, Schüler, Studenten, Versehrte und Bundeswehrangehörige. Eine Familienkarte gibt es nicht mehr, doch immerhin gelangen Kinder bis zum Alter von sieben Jahren umsonst ins Stadion. Weitere Infos sind beim Ticket-Service (Tel: 929394, Fax: 929339) erhältlich. **Rolliservice** Rollstuhlfahrer und Begleiter dürfen kostenlos hinein, die Karten können 60 bis 90 Minuten vor dem Anpfiff an Kasse 30 (Eingang Bökelstraße) abgeholt werden. Reservieren kann man die (begrenzten) Tickets zwar nicht ("wer zuerst kommt, mahlt zuerst"), doch im Normalfalle kommt eigentlich jeder ins Stadion bzw. zu den Plätzen hinter den Toren in der Südkurve. Nahe der Rettungsstelle im Hof existieren zudem auch behindertengerechte Toiletten.

Fanshop Im Stadion finden sich einige kleinere Souvenirbuden, der offizielle "Fan-Shop am Stadion" (Tel: 929394) hat auch an Nicht-Heimspieltagen geöffnet (Mo-Do 9-16, Fr 9-14h). Im Fanladen des Fanprojektes (Eickener Str. 156b, 41063 Mönchengladbach, Tel/Fax: 177800, Di+Do 11.30-18h sowie vor und nach dem Kick) kann man auch alternative (und preiswertere) Artikel erwerben. **Lektüre** Die Gladbacher Stadionzeitung "Fohlenecho" (Tel: 13348) kostet 2 DM und erfüllt ihre Aufgabe als Borussen-Aufmunterungsmagazin ganz vortrefflich. Neben vielen schönen Bildern und berichterstattenden Blicken durch eine Vereinsbrille mit schnapsglasdicken Gläsern beinhaltet die Gazette seit 1998 immerhin auch eine Doppelseite, die das Fanprojekt redaktionell frei gestalten kann. Unter deren Regie erscheint auch viermal im Jahr die "Nordkurve", die am Infostand in der selbigen für 2 DM erstanden oder auch angefordert werden kann (Adresse: s.o., Rückporto!). "90 Minuten und mehr" hingegen ist tot, aber dafür existiert mit "TOD" vom Fanclub Turtles nun ein neues Heftchen, das in unregelmäßigen Abständen herauskommt (bislang zweimal). Gleiches gilt für das Zine des CUNV (Commando Ultra Nero-Verde), das "Rheinland-Echo" der Rheinlandfohlen sowie das Heftchen eines Fanclubs aus Kleve – wer sich für die Dinger interessiert, wende sich am besten via Info-Stand oder Fanladen an das Fanprojekt. Daneben existieren übrigens eine Reihe von Online-Magazinen, durch die sich der Internetfreak bei Bedarf durchwühlen kann (www.seitenwahl.de, www.fohlenflash.de, www.boekelstrasse.de) - auch das Fanprojekt ist im Cyberspace mit einer guten Seite (www.fanprojekt.de) vertreten. **Stadionsprecher** Carsten Cramer, seines Zeichens Geschäftsführer von Preußen Münster, macht das schon seit ein paar Jahren und zwar echt supi. Als der Mann vor geraumer Zeit abgesägt werden sollte, sorgten die Fans mit der Aufkleber-Aktion "Wir wollen unseren Marktschreier wiederhaben" für eine schnelle Rückkehr des beliebten Cramer. **Essen** Das Grillmaster-Standardprogramm beschränkt sich auf Bratwurst und Krakauer, letztere zwar von beachtlicher Größe, aber leider nicht entsprechender Qualität und zudem sehr teuer. Auch Bockwurst und Frikadelle kommen weitgehend geschmacksneutral daher. Der Pizzamann hinter der Haupttribüne bietet dagegen ganz ordentliche Pizzastückchen an, dort sind auch gute Baguettes sowie bessere Würstchen zu haben. Auch an der Fischbrötchenbude kann der hungrige Fan halbwegs glücklich werden. Seit zwei Jahren gibt es am Bökelberg auch einen Kebabstand, doch die dort angebotenen Dinge machen qualitativ nicht allzuviel her und sind ebenfalls verdammt teuer. Immerhin ist mittlerweile für Abwechslung gesorgt. **Trinken** Wenigstens für eine Sache war der Abstieg gut - wie früher fließt nun wieder echtes Diebels oder Tuborg in die Pappbecher, allerdings nunmehr für eine Ablösesumme von 4 DM (+ 2 DM Pfand). Manch einer bleibt da in der Halbzeit an den zahlreichen Bierbuden kleben, so daß sich die Ränge nach dem Wiederanpfiff oft nur recht schleppend füllen. Schleppend dann auch der Gang derer, die ihre Trinkgewohnheiten noch nicht dem neuen Vollbier-Sortiment angepaßt haben und weiterhin dem alkoholreduzierten Modell (viel und schnell) frönen. Ach ja: Cola, Fanta und Wasser gibt's natürlich auch.
Toiletten Die sanitären Anlagen sind in vielen Bereichen knapp und veraltet.
Kneipen Wer das Stadion in nördlicher Richtung (gen Autobahn) verläßt, stößt auf das etwas noblere "Cafe Rosenheim", in dem aber auch Fangruppen etwas zu essen und trinken bekommen, auf der Hohenzollernstraße kann man aber auch einmal in der "Gerichtsklause" vorbeischauen. Die Gladbacher Fanszene pilgert hingegen gerne in den Fanladen (s.o.), der an Spieltagen ab drei bis vier Stunden vor dem Anstoß bis ein bis zwei Stunden nach dem Abpfiff seine Pforten öffnet. Bei Dosenbier (2 DM, Tuborg, Diebels, auch Cola und Limo) wird hier ordentlich gefachsimpelt, während im Hintergrund auf dem Fernseher alte Spiele laufen (vor allem das Pokalfinale '73 wird immer wieder gerne gesehen) - ein Leseeckchen lädt zum Schmökern in Fanzines ein. Nahe des Fanladens finden sich auf der Eickener Straße mit dem "Eecker Treff" und dem "Alt-Eicken" auch zwei nette Kneipen, vor der Kreissparkasse steht zudem das Netzer-Wimmer-Vogts-Denkmal herum (für Erinnerungsfotos). Wer sich weiter in die Gladbacher Altstadt vorwagen möchte, dem sei das "Hannen-Sudhaus" (Alter Markt) ans Herz gelegt.

STADION: ⚽⚽⚽⚽ STIMMUNG: ⚽⚽⚽ SERVICE: ⚽⚽⚽

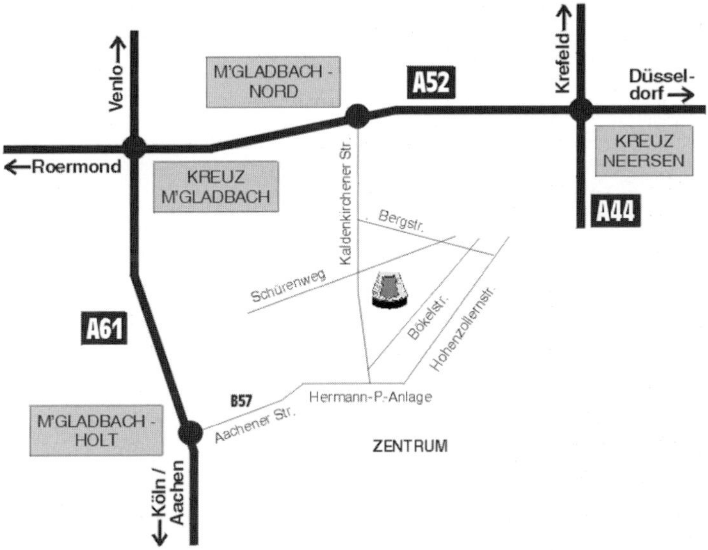

Der Bökelberg liegt im Ortsteil Eicken, eingerahmt von Nordwald, Hauptfriedhof und Buntem Garten. Aus Richtung **Düsseldorf** oder Holland: Über die **A52** bis zur Ausfahrt **Mönchengladbach-Nord** (8) und auf der Kaldenkirchener Straße zum gut ausgeschilderten Stadion, das zwischen Schürenweg und Bökelstraße gelegen ist.
Aus Richtung **Aachen/Köln**: Über die **A61**, die sich am Kreuz Jackerath mit der A44 trifft, bis zur Ausfahrt **Mönchengladbach-Holt** (11) und auf der Aachener Straße (**B57**) gen Zentrum. Nach gut zwei Kilometern links auf die Waldnieler Straße und gleich wieder rechts auf die Sternstraße. Von der Hohenzollernstraße dann schließlich links in die Kaldenkirchener Straße zum Stadion bzw. in ein beliebiges Sträßchen links oder rechts rein zur Parkplatzsuche.
Aus Richtung **Krefeld**: Über die **A44** bis zum Kreuz Neersen, dort auf die **A52** gen Roermond und an der Abfahrt Mönchengladbach-Nord heraus (Rest s.o.).
Mit **Parkplätzen** sieht es äußerst **düster** aus. Wer früh kommt, findet an Kaldenkirchener oder Hohenzollernstraße ein Plätzchen. Am Spielkaulenweg (am Fuße des Nordparks, von der Kaldenkirchener Straße aus hinter der Unterführung links rein) existiert ein kleinerer Parkplatz, der jedoch schnell voll ist. Ansonsten bleibt dem motorisierten Fan nur das **Herumkurven** in Eicken (erhöhte Strafzettelgefahr!) oder im Umkreis des "Bunten Gartens".

Der Weg vom Hauptbahnhof zum Stadion (über Eickener Straße und Höhe) läßt sich **problemlos** in etwa zehn Minuten **zu Fuß** erledigen. Kurzatmige Menschen finden gegenüber des Bahnhofsausgangs aber auch die Bushaltestelle zum Stadion, von der aus an Spieltagen **Sonderbusse** eingesetzt werden. Ferner fahren die "normalen" Linien 001, 002, 015 und CE 89 zur VfL-Arena. Eine gültige Eintrittskarte berechtigt an Heimspieltagen zur **kostenlosen** Hin- und Rückfahrt im gesamten Bereich des VRR, ansonsten kostet der Spaß 2,10 DM bzw. 6,30 (Viererkarte) oder 10,80 DM (Tagesticket für fünf Fans).

MÜNCHEN: Olympiastadion

Foto: Michael Seiß

Kapazität: 69.256
Stehplätze: 11.800
Sitzplätze: 57.456

FC Bayern München, Säbener Str. 51, 81547 München
Tel: 089-699310, Fax: 089-644165
www.fc-bayern.de

TSV 1860 München, Grünwalder Str. 114, 81547 München
Tel: 089-64278560, Fax: 089-64278580
www.tsv1860.de

Das Stadion, um das es sich hier dreht, wurde anläßlich der Olympischen Spiele 1972 errichtet und am 26. Mai des gleichen Jahres mit einem 4:1-Erfolg der deutschen Nationalelf gegen die Vertretung der Sowjetunion eingeweiht - Gerd Müller schoß alle vier Tore. Beim ersten Bundesligaspiel in der neuen Arena, dem 5:1 gegen Schalke am 28. Juni, mit dem Bayern den dritten Meistertitel klarmachte, ging die größte Tormaschine dieses Erdballs leer aus - aber das nur am Rande. Bereits im Jahre 1965 begann die Ausschreibung des Projektes, an der sich über 100 Architekten beteiligten. Nachdem dann die Entscheidung der IOC-Oberen zugunsten Münchens gefallen war, nahm man 1969 die Arbeiten an dem gigantischen Vorhaben in Angriff. Innerhalb von nur drei Jahren wurden auf dem Gelände eines ehemaligen Militärflughafens neben dem Olympiastadion u.a. Radstadion, Schwimmhalle, Olympiahalle und Eisstadion hochgezogen - vom Olympischen Dorf und all den Nebenbauten ganz zu schweigen. Die ganze Angelegenheit gestaltete sich allerdings nicht gerade billig: Allein für die Überdachung des Olympiastadions waren über 60 Millionen Mark fällig. Die fürwahr beeindruckende Zeltkonstruktion, die etwa die Hälfte der Ränge überspannt, galt seinerzeit als architektonische Sensation und bildet auch heute noch einen imposanten Blickfang.

Lange Zeit war das Stadion, in dem die Nationalelf im Juli 1974 zum zweiten Mal Weltmeister wurde, unumstrittenes Lieblingskind des deutschen Fußballs. Seit ein paar Jahren steigt die Zahl der Kritiker des Olympiastadions allerdings an. Im Zuge der Veränderung des Fußballs zum "Event" entpuppt sich das Olympiastadion nicht nur in den Augen von Bayern-Präses Beckenbauer als unzeitgemäß – vor allem im Vergleich zu den Fußballtempeln der nationalen und internationalen Konkurrenz. Diese Klagen fielen bei der Stadt München, die natürlich wieder bei einer eventuellen WM dabei sein möchte, jedoch nur teilweise auf fruchtbaren Boden: Lange Zeit sah es nach einem 400 Mio. DM teuren Umbau des Olympiastadions durch Architekt Günter Behnisch, den Schöpfer des berühmten Zeltdachs, aus. Der Stadtrat brachte Ende 1998 bereits entsprechende Beschlüsse auf den Weg, doch letztendlich konnten sich die beteiligten Parteien nicht einigen und im April 1999 erklärte man das Projekt für gescheitert. Nun soll in Riem, hinter der neuen Messe im Osten der Stadt, ein multifunktionales Großstadion für 80.000 Zuschauer mit allem Pipapo entstehen. Das Grundstück, auf dem gebaut werden soll, gehört der Schörghuber- Gruppe, einem milliardenschweren Bau- und Brauimperium, das sich auch als Investor einbringen würde. Doch gegen die neue Arena regte sich schnell massiver Protest, dem Bürgerbegehren und Einsprüche angrenzender Gemeinden folgten, so daß man mittlerweile wieder nach der Schublade fingert, in der die Olympiastadion-Umbaupläne liegen. Wann und wo nun etwas gebaut wird, ist derzeit völlig unklar, wobei die kommunalpolitischen Machtkämpfe den Außenstehenden weiter verwirrren. Eins ist jedenfalls mal sicher: In Unterhaching ist man in Sachen Stadionausbau schon erheblich weiter.

Je nach Zuschauerandrang (und Verein) werden die Tore zwischen 13 und 14 Uhr geöffnet, bei Abendspielen in der Regel gegen 18 Uhr. Für Auswärtsreisende ist bei der Wahl ihres Blocks Vorsicht angesagt, nicht zuletzt, da sich einige Bereiche mittlerweile in Sitzplätze verwandelt haben, die jedoch wiederum in Stehplätze umrüstbar sind: Der harte Kern der Bayern-Fans trifft sich traditionell in der Südkurve (Blöcke S2 bis V1) – zumindest bei Heimspielen, dann gehören Auswärtsfans in die gegenüberliegende Nordkurve (Blöcke E2 bis H1). Reist man jedoch als Gast des TSV 1860 München an, so positioniert man sich vorzugsweise in der Südkurve in den Bayern-Jubel-Blöcken, denn dann sind die Löwen-Fans in "ihrer" Nordkurve anzutreffen. Wem das alles zu kompliziert ist, der setze sich halt einfach zwischen die beiden Kurven auf die Gegentribüne und harre der Dinge, die da kommen mögen. Und das sind zum Teil recht ansprechende Choreographien, vor allem bei den Bazis. Auch das Schlachtruf-Repertoire ("Ba-yern!", "Sech-zig!") ist ein wenig umfangreicher geworden. Doch nach wie vor trübt die immense Entfernung zum Spielfeld den Fußballspaß (größtmögliche Distanz Fan-Ball: 195 Meter). "Könnt ihr nicht mal ein Stückerl näher rankommen" möchte man den kleinen Figürchen, die da unten weit entfernt auf dem Rasen umherwuseln, manchmal am liebsten zurufen.
Der gesamte Stadionbereich ist (außen rum) nach wie vor frei begehbar, so daß auch der gemeine Kurvengänger während des Kicks mal am Bierzelt unter der Haupttribüne vorbeischauen kann. Mit den Münchner Ordnungskräften kann man zwar mittlerweile ganz gut klarkommen, trotzdem gilt es die orange-gelb markierten Auf-und Abgänge ("Todesstreifen") selbst bei Torjubel tunlichst zu meiden.

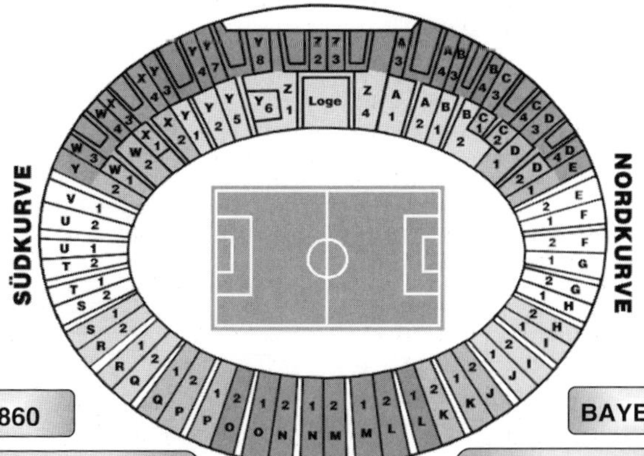

1860

Sitzplätze: 30 - 60 DM
Stehplätze: 10 - 20 DM
Gäste: Südkurve (S2-U2)

BAYERN

Sitzplätze: 20 - 90 DM
Stehplätze: 12 - 20 DM
Gäste: Nordkurve (E2-H1)

MÜNCHEN: Olympiastadion

Preise Bayern: Kinder unter 14 und Rentner ab 65 sitzen überall für die Hälfte, Behinderte zahlen 5 DM, Kinder stehen für 2 DM. 1860: Kinder zahlen auf jedem Platz die Hälfte. Bei beiden Vereinen sind die Spiele in Kategorien eingeteilt. Für weitere Infos wende man sich bitte an die jeweiligen Geschäftsstellen. **Rolliservice** Rollifahrer und Begleiter erhalten freien Eintritt, sollten sich aber unter 69931333 frühzeitig anmelden. Günstigster Parkplatz ist die Parkharfe neben der Westtribüne. **Fanshop** Stände am und im Stadion, ansonsten: Bayern-Fanhouse (Säbener Str. 51, Tel: 0180-5365360), Fanshop im Hauptbahnhof, 1860-Fanshop (Grünwalder Str. 114, Tel: 64208812), Fanshop TSV 1860 (Orlandostr. 8, Tel: 29163329) und schließlich Sport Bock (Schwanthaler Str. 23, Nähe Hbf.) – da gibt's so ziemlich alles, was mit Fußball zu tun hat. **Lektüre** Während das "Bayern Magazin" (2,50 DM) trotz kleiner Schwächeperiode nach wie vor zu den Trendsettern im Stadionzeitungswesen gehört, machen die "Löwen News" (2 DM) einen eher biederen Eindruck – beide Gazetten kann man sich aber durchaus zulegen. Leider macht das Fanzinesterben auch vor München nicht halt: Was die Löwen angeht, so weilen "Sinn des Lebens", "Angriff" und "Panem et Circenses" nicht mehr unter uns. Doch noch tut sich da was. Das "Staz" heißt jetzt "Rotz im Schnauzbart" (2 DM, Postfach 1203, 85312 Freising), der vom Verein verbotene "Löwen X-Press" erscheint jetzt als "Penzberger Nachrichten" (2 DM, R. Kmeth, Birkenstr. 39, 82377 Penzberg) und auch das "TorRaub" (Fanprojekt, Johannisplatz 12, 81667 München, Tel: 6886152, Fax: 4892238) soll bald mal wieder rauskommen. Ferner kann man sich mal nach den "Blue Lion Times", dem "Göppinger Löwen" oder "Dick und Doof" umhören – am besten bei Sport-Bock (s.o.), der hat sie nämlich fast alle. Von den zuletzt zwölf (!) Bayern-Zines hingegen existieren nicht mehr allzu viele, wahrscheinlich aber wohl noch der "(Pf)lasterstein" (Ex-"Red News", Postfach 29, 85239 Hebertshausen), "Final Attack" (Frühlingstr. 33, 97453 Schonungen), der "Grabfelder" (Mittelweg 4, 97633 Saal) und das "Sauerland-Echo" (Lange Gasse 53, 58809 Neuenrade). Alles um 3 DM, alles ohne Gewähr. **Essen** Das Gastro-Programm nimmt zunehmend amerikanischen Charakter (Popcorn, Pizza, Chips) an – eine gefährliche Entwicklung, der man durch den regen Verzehr von Bratwürsten (vom Rost), Döner und einheimischen Mehlspeisen entgegenwirken sollte. Ist aber leider alles ziemlich teuer. **Trinken** Lightbier, Cola, Fanta und Wasser kommen im Pfandbecher (1 DM) daher, unter der Haupttribüne findet sich ein großartiger Milchstand mit Kakao, heißer und kalter sowie Schoko-, Bananen- und Erdbeermilch. Leider ebenfalls alles nicht gerade billig. Doch bei Samstags-/Sonntagsspielen soll bald wieder der Streetworker-Bus neben dem U-Bahn-Eingang halten ... **Toiletten** zahlreich und gut in Schuß. **Kneipen** Die Stadiongaststätte ist bei Bayern-Kicks nicht mehr für alle zugänglich (der vierte VIP-Bereich!), 1860 zieht wohl bald nach. Als Ersatz findet sich im Umlauf unter der Haupttribüne ein Bierzelt, am Nordeingang ferner ein Biergarten. Fankneipen in dem Sinne existieren derzeit nicht mehr bzw. noch nicht, empfehlenswert sind aber der "Dorfkrug" (Nähe U-Bahn Olympiadorf), der "Augustiner" (Landsberger Straße) sowie der Teutonia-Biergarten (Ackermannstraße). Für Auswärtsfans bietet sich ferner die Gegend um das "Malteser" an (bei nüchternem Gang zwei Minuten vom Hauptbahnhof entfernt), des weiteren sind Ortsfremde vor allem in Schwabing, im Lehel oder in Haidhausen gut aufgehoben.

STADION: **STIMMUNG:** **SERVICE:**

Aus allen Richtungen und von allen Autobahnen geht es über den Mittleren Ring und der Beschilderung "**Olympiapark**" entlang zum Olympiastadion. Von **Nürnberg**: Über die **A9** bis zur Ausfahrt **München-Schwabing** (76), dort rechts auf die Schenkendorfstraße und weiter geradeaus über den Mittleren Ring (Petuelring, Georg-Brauchle-Ring) bis zu den Parkplätzen am Olympiagelände. Bei **Staumeldungen** (BR 3: 97,3 Mhz) kann man die A9 bei der nächsten Ausfahrt verlassen und es über **B13** versuchen, die parallel zur Autobahn verläuft. Bei

Problemen auf dem Mittleren Ring wiederum besteht die Möglichkeit, über den einen Kilometer nördlich gelegenen Frankfurter Ring (besitzt eigene Abfahrt) durchs Olympische Dorf zu fahren (ausgeschildert).
Von **Stuttgart**: Über die **A8** bis zu deren Ende (**München-West**, 81) und vom Kreisverkehr weiter geradeaus gen Zentrum auf die Verdistraße. Nach etwa vier Kilometern (Höhe Schloß Nymphenburg) links auf den Wintrichring, der nach weiteren drei Kilometern zum (ausgeschilderten) Stadion führt.
Von **Rosenheim**: Über die **A8** gen Zentrum bis zur (letzten) Ausfahrt **München-Ramersdorf** (91) und von dort weiter geradeaus über den Mittleren Ring bis zum Olympiagelände.
Von **Landshut**: Über die A92 (Kreuz Neufahrn) auf die A9 gen München (Rest s.o.).
Von **Garmisch** oder **Memmingen**: Über die **A95** bzw. die **A96** bis zu deren Ende (München-Sendling-Süd bzw. München-Sendling) und über die Garmischer Straße weiter auf dem Mittleren Ring (Landshuter Allee) in Richtung Olympiapark.
An der **Parkharfe** am Sapporobogen stehen knapp 4.000 kostenpflichtige Stellplätze zur Verfügung, desweiteren kann man sein Auto in den **BMW-Parkhäusern** West (1.700 Plätze) und Ost (1.500 Plätze) abgeben. Bei gleichzeitig stattfindenden Veranstaltungen in der Olympiahalle kann es schon einmal eng werden - sind Parkharfe und BMW-Hochhäuser bereits dicht, besteht noch die Möglichkeit, auf die Ackermannstraße auszuweichen, in welcher auch meist die Busse (300 Stellplätze) parken. Wer auf **Nummer sicher** gehen will, hält sich an einen der **P+R-Plätze**. Von der A9: Abfahrt München-Freimann, zum (ausgeschilderten) Parkhaus am U-Bahnhof Kieferngarten, mit der U6 bis Münchener Freiheit und in die U3 umsteigen. Von Süden anreisende Fans können an Ostpark oder Ostbahnhof parken (Nähe der Ausfahrt Ramersdorf) und dort in die U2 zu steigen.
Das riesige Sportgelände ist mit den **U-Bahnlinien U2** (vom Hauptbahnhof aus Richtung Dülfer Straße, am Scheidplatz in die U3 umsteigen) und **U3** (vom Marienplatz aus) zu erreichen, aussteigen muß man an der Endhaltestelle Olympiazentrum. Ferner führen die Straßenbahnlinien **27** vom Karlsplatz (Stachus) zum Petuelring, die **20** und **21** (Olympia-Radstadion), **18** (Gartenstraße) und **12** (Infanteriestraße) zum Stadion. Die aus unterschiedlichen Stadtteilen kommenden **Busse** 36, 41, 43, 81, 136 und 184 halten ebenfalls am Olympiazentrum (der 33er an der Infanteriestraße), die U-Bahn fährt jedoch am häufigsten und schnellsten. An Spieltagen werden zudem ab Hbf. **Sonderzüge** eingesetzt.

MÜNCHEN: Grünwalder Straße

Kapazität: 28.000
Stehplätze: 20.000
Sitzplätze: 8.000

Foto: Hardy Grüne

Heimat der 1860- und Bayern-Amateure

Jahrzehntelang war das vom Volksmund stets "Sechz'ger" genannte Stadion an der Grünwalder Straße der Schmelztiegel des Münchner Spitzenfußballs. Egal ob der FC Bayern, der FC Wacker oder der TSV 1860 - sie alle trugen hier ihre Heimkicks aus. Fußball wird auf dem Gelände des heutigen Stadions bereits seit 1911 gespielt. Ein kleine Holztribüne war der erste Komfort, den die Arena zu bieten hatte, ehe 1926 der seinerzeitige SV 1860 unter Federführung seines Vorsitzenden Zisch aus dem kleinen Sportplatz ein Stadion machte, das bis zu 40.000 Menschen Platz bot. Seinerzeit entstand auch die berühmte "Stehhalle" auf der Gegengeraden, unter der 25.000 Zuschauer Unterschlupf fanden und die mit ihrem Wellblechdach zur einzigartigen Atmosphäre in einer der stimmungsvollsten Arenen Süddeutschlands beitrug. Auf der Hauptseite der nunmehr "Heinrich-Zisch-Kampfbahn" genannten Arena war zugleich eine Sitzplatztribüne für 1.600 Fans entstanden.

Obwohl im Zweiten Weltkrieg weitgehend zerstört, konnte die notdürftig zusammengeflickte Arena schon 1945 wieder für Ligakicks genutzt werden. Am 14. März 1948 stellten rund 58.200 Fans anläßlich der Begegnung zwischen 1860 und dem 1. FC Nürnberg eine Rekordmarke für die Ewigkeit auf - eigentlich war das Stadion noch immer nur für 40.000 Zuschauer zugelassen. In der Folgezeit erhielt das größte Münchner Stadion nach und nach den letzten Schliff. Im April 1955 spendierte man dem Schmuckstück provisorisches Flutlicht, das vier Monate später durch eine "richtige" Anlage ersetzt wurde. Kurz darauf wurden die Kurventraversen erhöht, was die Kapazität auf 44.000 zu steigern vermochte. Dennoch wurde die Arena bald zum Problemfall. Die schwierige Verkehrssituation sowie der fehlende Komfort führten zu Forderungen nach dem Bau eines neuen Stadions, das schließlich für die Olympischen Spiele 1972 entstand.

Während Bayern dauerhaft in die neue Großarena umzog, kehrten die Löwen bald ins "Grünwalder" zurück, wo anstelle der 1972 durch einen Sturm beschädigten legendären "Stehhalle" eine Sitztribüne entstand, die 1979 eingeweiht wurde. Insbesondere in den düsteren Drittligajahren der Löwen war das "Sechz'ger" elementar für das Überleben des Vereins. Dennoch lebte nach dem sensationellen Durchmarsch von der Dritt- in die Erstklassigkeit die Diskussion um die für die Bundesliga zu kleine Traditionsarena wieder auf. Obwohl Präsident Wildmoser zunächst davon sprach, das Stadion ausbauen zu wollen, leitete er plötzlich den Wechsel ins Olympiastadion ein, der trotz vehementen Fan-Protestes in der Saison 1996/97 vollzogen wurde.

Seitdem hält die Traditionsarena an der Grünwalder Straße als Heimstatt für die Amateure des TSV 1860 sowie des FC Bayern her. Doch für wie lange noch? Im Sommer 1999 wurden Pläne publik, das Stadion abzureißen und auf dem freiwerdenden Gelände ein Gemisch aus Wohnungen, die niemand bezahlen kann, Büros, die niemand haben will, und einem Einkaufszentrum, das nun wirklich keine Sau (pardon) braucht, zu errichten. Als Ersatz solle das Dante-Stadion hergerichtet werden – doch an derlei Schreckensmeldungen dürften sich die nach wie vor umtriebigen "Freunde des Sechz'ger Stadions" mittlerweile gewöhnt haben.

Egal ob bei den Löwen oder bei den Bayern – Gästefans dürfen sich im Sechz'ger frei bewegen und müssen im Regelfall auch keinerlei Sorgen haben. Löwen-Fans halten sich für gewöhnlich auf der Gegengeraden ("Candid Road Stand") und der Westkurve auf. Seit dem Regionalliga-Aufstieg hat der Kult um die "Löwen-Babies" leider stark nachgelassen, oft unterscheidet sich die Atmosphäre an der Grünwalder Straße kaum von der eines besseren Dorfkicks. Dennoch sind einige Getreue auch bei Auswärtsspielen in Größenordnungen zwischen 5 und 20 vertreten - je nachdem, wo und wann die Profis spielen.

Sitzplätze: 15 - 20 DM
Stehplätze: 5 - 10 DM
Gäste: egal

Was die "kleinen Bayern" angeht, so sammelt sich ein kleiner Kern von wahren Anhängern (also keine Modefans, wie der FC Bayern sie zum Leidwesen der "echten" im Übermaß besitzt) alle zwei Wochen unter dem Dach der Gegengerade und zieht ein mitunter skurril anmutendes Schauspiel ab. Für Bayern-Fans sind die Kicks der Amateure die Chance, ihre im Olympiastadion weitestgehend untergehende Kreativität zu beweisen. Vom Schlachtruf "Hi-Ha-Höre - Bayern-Amateure", über Bengalo-Shows bis hin zu Spontan-Polonäsen haben sie alles im Repertoire.

STADION: ⚽⚽⚽ **STIMMUNG:** ⚽⚽ **SERVICE:** ⚽

Preise Rentner, Arbeitslose und Jugendliche kommen billiger rein. **Rolliservice** Rollifahrer zahlen ermäßigten oder aber gar keinen Eintritt (ganz nach Tagesform des Ordners), die Plätze finden sich am Spielfeldrand. **Fanshop** Im Stadion selbst sind nur bei Spitzen-, Ausnahme- oder Pokalspielen Fanartikel zu haben, aber zumindest der offizielle Fanshop des TSV 1860 liegt ja quasi um die Ecke (Grünwalder Str. 114), und bis zur Säbener Straße 51, in dem sich das Fanhouse des FC Bayern befindet, ist es auch nicht allzu weit - sonntags haben die beiden Läden allerdings natürlich nicht auf. **Lektüre** Das bei 1860-Heimkicks angebotene Heftchen kommt kostenlos, langweilig und oberflächlich daher – bei den Bayern hat man clevererweise gleich auf eine Stadionzeitung verzichtet. Fanzines: siehe Olympiastadion. Was die verworrene Situation auf dem regen Bayern-Fanzine-Markt angeht, so sei an dieser Stelle jedoch nicht verschwiegen, daß sich "SK Babies" (2 DM, L. M., Josefstr. 1, 81549 München) und "Rinderwahnsinn" (3 DM, M. Ehm, Schulstr. 20, 74342 Aalen) zumindest ansatzweise auch den Amateuren widmen. Ob diese Druckerzeugnisse aber jemals wieder rauskommen, ist eine andere Frage. Wer sich dafür interessiert, sollte einfach mal beim Sport Bock (Schwanthaler Str. 23, Nähe Hbf.) reingucken und nachfragen. **Essen** Lediglich in der Stadionwirtschaft gibt's was zu schnabulieren, aber immerhin läuft ein Bauchladenverkäufer mit Süßigkeiten auf den Rängen herum. Gelegentlich auch Eis. **Trinken** Wer seinen Durst löschen will, muß sich schon in die Stadionwirtschaft bequemen. Da es dort recht leckeres Bier gibt, kommen manche allerdings gar nicht wieder raus. **Toiletten** Präsentieren sich – gemessen an ihrem Alter – in einem annehmbaren Zustand. **Kneipen** So, wie's derzeit aussieht, wird aus der Stadionwirtschaft im Herbst 1999 eine echte Fankneipe der Löwen-Anhänger, die täglich bis 24 Uhr geöffnet haben soll. Wäre ja zu begrüßen, nicht zuletzt, da die selbstverwaltete Bayern-Fankneipe vor geraumer Zeit den Geist aufgegeben hat und Fußball-Szenetreffs in München rar sind. In der näheren Stadionumgebung finden sich aber auch eine ganze Reihe anderer Kneipen und Biergärten, z.B. das "Dubliners" und das gegenüberliegende "Giesinger 9". Am Trainingsgelände des TSV 1860 in Giesing kann man ferner mal im "Löwen-Stüberl" vorbeischauen.

MÜNCHEN: Stadion an der Grünwalder Straße

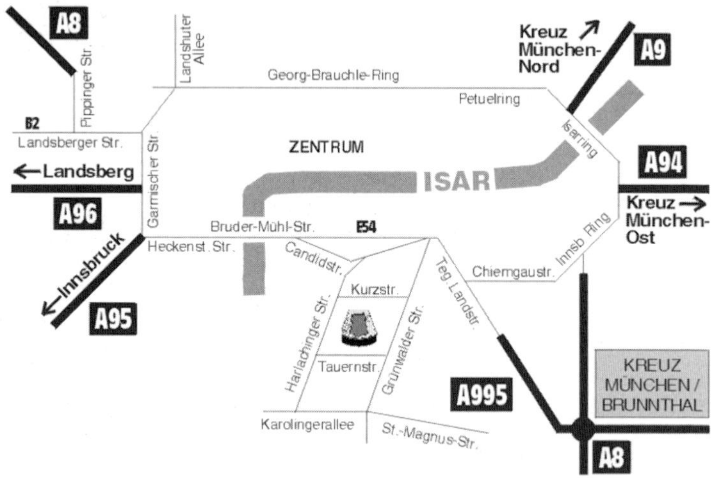

Das Stadion an der Grünwalder Straße liegt im Süden der Stadt, nur ein paar Steinwürfe von der Säbener Straße, dem Domizil des FC Bayern, entfernt.
Von **Nürnberg**: Über die **A9** bis zum Kreuz München-Nord, dort auf die **A99** nach Salzburg, am Kreuz München-Brunnthal auf die **A995** gen Innsbruck/ Stuttgart bzw Giesing und weiter geradeaus über die Tegernseer Landstraße, bis es schließlich links in die Grünwalder Straße geht. Wer die Anreise über den Mittleren Ring nicht scheut, fährt die A9 weiter durch bis zur Ausfahrt München-Schwabing (76) und biegt dann rechts auf die Schenkendorfstraße ab, die über Isarring, Richard-Strauss-Straße, Innsbrucker Ring etc. ebenfalls nach Giesing führt.
Von **Stuttgart**: Über die A8 bis zur (letzten) Ausfahrt München-West, dann der Beschilderung Salzburg folgen und über Pippinger und Lortzingstraße links auf die Bodensee- bzw. Landsberger Straße (B2) und von dieser wiederum rechts auf den Mittleren Ring. Diesen befährt man nun weiter in Richtung Salzburg bis zum Candidplatz, von dem aus es nun nicht mehr weit bis zum "Sechzger" ist.
Von **Garmisch** und **Memmingen**: Über die A95 bzw. A96 jeweils bis zum Autobahn-Ende und von den Ausfahrten München-Sendling-Süd und München-Sendling auf den Mittleren Ring (Rest s.o.).
Von **Salzburg**: Über die A8 (Kreuz München-Brunnthal) auf die A995 (Rest s.o.).
Die **Parkplatzsituation** ist – gelinde gesagt – eine **Katastrophe**. In Stadionnähe sind kaum Abstellmöglichkeiten vorhanden, "wild" parken endet fast unausweichlich mit einem Strafzettel. Wer einen zehnminütigen Fußmarsch nicht scheut, läßt das Stadion rechts liegen, fährt auf der Grünwalder Straße gen Grünwald und versucht sein Glück am Trainingszentrum der Löwen. Alternativ dazu kann man es auch am Tegernseeplatz versuchen, den man über Grünwalder und Tegernseer Straße in der umgekehrten Richtung erreicht. Schon nach halbwegs gut besuchten Spielen staut sich der Verkehr meist auf dem Mittleren Ring.

Vom Hauptbahnhof aus nehme man die **U-Bahn-Linie U1** (Richtung Mangfallplatz) bis zur Station Wettersteinplatz, wahlweise kann man auch mit der **U2** (Richtung Messestadt-Ost) bis zur Silberhornstraße fahren, dann muß man jedoch einen längeren Fußweg einkalkulieren. Wer mit der **Straßenbahn** fährt, benutzt die Linien **15** und **25** , außerdem führen die **Buslinien** 45, 52 und 58 in die Nähe der Arena. Je nach zu erwartender Zuschauerzahl werden auch zusätzliche Sonderbahnen und -busse eingesetzt. Fahrpreise siehe Olympiastadion.

MÜNSTER: Preußenstadion

Foto: Hans-Georg Wahl

Kapazität: 21.700
Stehplätze: 19.900
Sitzplätze: 1.800

Preußen Münster, Am Berg Fidel 7, 48153 Münster
Tel: 0251-987270, Fax: 0251-9872740
preussen.muenster.de

Das Stadion an der Hammer Straße wurde am 13. Juni 1926 eingeweiht und irgendwann in den 50er Jahren ausgebaut, so daß beim ersten Bundesligaspiel des SC Preußen gegen den H SV (1:1) bereits 40.000 Zuschauer die schwarz-weiß-grünen Adler-Träger anfeuern konnten. Später sank die Kapazität der traditionsreichen und maroden Arena aufgrund zahlreicher Mängel und sicherheitstechnischer Auflagen bis auf die heutigen 21.700 Plätze (mit gerade einmal 1.800 Sitzen) - der überfälligen Renovierung standen sowohl die leeren Stadtsäckel als auch die angespannte Finanzlage beim SC Preußen, der 1979 beinahe in den Konkurs geschlittert wäre, hinderlich gegenüber.

Damit wäre die Vorgeschichte erledigt. Vorhang auf für den "Preußen-Park" - um es gleich vorwegzunehmen: Die schier unendliche Geschichte um das Für und Wider des neuen Münsteraner Stadions scheint nun doch ein glückliches Ende gefunden zu haben. Bereits seit dem Zweitliga-Aufstieg 1989 existieren Pläne zum Bau eines multifunktionalen Stadions an der Hammer Straße – fast ebenso alt ist die Geschichte der Diskussionen innerhalb der Bürgerschaft und der politischen Ränkespiele quer durch alle Parteien. Im Laufe der Zeit entwickelte sich eine befürwortende Koalition aus SPD und CDU (die später gar die Bewerbung des Preußen-Parks als WM-Spielort 2006 forderte), deren Entscheidungskraft jedoch immer wieder durch das Veto der FDP (zu teuer), der Grünen (der Verkehr!) und diversen Bürgerinitiativen (Der Lärm! Der Wasserschutz! Das Klima! Und überhaupt!) geschwächt bzw. blockiert wurde. Der Verein stand dem Wirrwarr derweil weitgehend hilflos gegenüber. Doch was seit dem 15. September 1996 (Ratsbeschluß) amtlich ist, ist mittlerweile auch terminlich in halbwegs trockenen Tüchern: Investor ECE, der über 40 Einkaufszentren betreut und auch am Umbau einiger Bahnhöfe in NRW beteiligt war bzw. ist, wird bis 2001 an der Hammer Straße neben einem komplett überdachten Stadion mit 22.500 Sitzen einen Einkaufspark incl. dem obligatorischen erlebnistechnischen Firlefanz sowie 2.000 Parkplätzen schaffen. Die Baugenehmigung wird für Oktober erwartet, mit dem Beginn der Arbeiten rechnet man für Anfang 2000 – falls nicht in letzter Sekunde wieder irgendwelche Klagen (Die seltenen Käfer am Berg Fidel?) kommen. Wann der Verein das neue Stadion provisorisch beziehen kann, steht aber noch in den Sternen. Bis es so weit ist, finden die Heimspiele nun interimsweise auf dem Sportplatz an der Hensenstraße, einer kleinen, aber sehr neuen Arena, in Gievenbeck statt.

MÜNSTER: Preußenstadion

Prinzipiell steht die Preußen-Anhängerschaft dem neuen Stadion sehr aufgeschlossen gegenüber, auch wenn sie sich in Zukunft auf das Sitzen einstellen muß. Aber Teile der Heimfans haben sich ja sowieso schon vom angestammten Kurvenstandort auf die Tribüne begeben, während eine weitere Gruppe auf der Gegengerade anzutreffen ist. In diesen Bereich gehören auch auswärtige Anhänger, die aufgrund der abschüssigen Stufen mit brüchigen Kanten über festes Schuhwerk verfügen sollten. Dagegen sind die Sichtverhältnisse von den meisten Plätzen ganz ordentlich, es sei denn, da setzt sich mal wieder einer auf den Zaun – wie es weiland Ernst Middendorp, damals Coach bei Arminia Bielefeld, praktizierte. Nachdem er vom Schiri auf die Tribüne verwiesen worden war, pflanzte er sich auf den Absperrzaun und versperrte einigen Zuschauern die Sicht aufs Spielfeld. Als einer der Fans Middendorp an der Hose zupfte, kam es prompt zu einem Handgemenge und wer weiß, was damals noch alles passiert wäre, hätte nicht die Polizei eingegriffen. Also besser nicht auf den Zaun setzen – zumindest nicht vor der Haupttribüne.

Sitzplätze: 25 DM
Stehplätze: 12 (8) DM
Gäste: Gegengerade

Preise Studenten, Rentner, Jugendlichen von 15-18, Soldaten, Arbeitslose, Schwerbehinderte. Kinder im Alter von 7-14 Jahren zahlen für den Stehplatz 5 DM, noch jüngere Zeitgenossen kommen gar umsonst ins Stadion. Die Familientageskarte schließlich ist für 30 DM zu haben. Was die Tickets für den Sportplatz an der Hensenstraße angeht, so werden zunächst einmal die Dauerkarteninhaber bevorzugt behandelt – momentan passen nur 2.500 Zuschauer in die kleine Arena, das maximal zu erreichende Fassungsvermögen wird auf 6.000 bis 7.000 Plätze geschätzt. Momentan diskutiert der Verein mit den Baufirmen auch über die Möglichkeiten, eventuell schon während der laufenden Arbeiten wieder in den Preußen-Park zurückzukehren. Wieviele Zuschauer dann bei den Heimspielen werden maximal zuschauen können, steht in den Sternen. Wie dem auch sei, im Zweifelsfalle kann vor dem Spiel ein kurzer Anruf bei den Preußen sicherlich nicht schaden. **Rolliservice** Rollstuhlfahrer zahlen 8 DM, etwaige Begleiter ebenfalls. Im Innenraum stehen ausreichend Plätze zur Verfügung. **Fanshop** Am Eingangsbereich bietet ein kleiner Wohnwagen diverse Preußen-Souvenirs an, an Nichtspieltagen wende man sich an den Fanshop (Tel: 9872724) neben der Geschäftsstelle (direkt am Stadion). **Stadionsprecher** Veteran Martin Kehrenberg hat mit Ady Oster von Radio AM einen neuen Partner bekommen, gemeinsam erledigen sie den Job am Mikro zur allgemeinen Zufriedenheit. **Lektüre** Das Preußen-Journal - genau so muß eine Stadionzeitung sein! Klar und übersichtlich informiert das kostenlose A4-Blatt (außen Farbe, innen s/w) über alles Wissenswerte rund um den bevorstehenden Kick und die Lage bei den Preußen. Die Vorstellung der Gastmannschaft fehlt dabei ebensowenig wie Infos über die Jugend, die “Zweite” und gelegentlich auch die Fanszene. Die Stadiongazette ist übrigens nicht nur am Spieltag erhältlich, sondern liegt bereits am Samstag vor dem Heimspiel in vielen Zeitschriftenläden, Kiosks, Tankstellen etc. der Stadt aus. Gut! Ob das Fanzine mit dem schönen Namen “The Pitch is Green” (J. Lanver, Heisstr. 33, 48145 Münster) weiter erscheinen wird, war leider nicht herauszufinden. Am besten einfach mal am Fanshop nachhorchen, ob sich da wieder etwas getan hat. **Essen** Die laut Preußen “fantastische” Bratwurst schmeckt wirklich ganz hervorragend und ist für erschwingliche 3 DM (im Brötchen 3,50 DM) zu haben. Das Schälchen Pommes kostet 2,50 DM, daneben gibt’s süße Kleinigkeiten und bei Bedarf auch Eis. Es laufen zwar Gespräche, die ganze Gastro-Geschichte zu “professionalisieren”, aber die Bratwurst wird sowohl den Umzug an die Hensenstraße mitmachen als auch im neuen Preußen-Park zu haben sein. **Trinken** Das Bier heißt Herforder Pils, enthält Alkohol und ist meistens kalt. Ferner kann man seinen Durst mit Fanta, Cola und Wasser löschen, auch Kaffee steht bereit. **Toiletten** Unerträglich marode – doch mit dem Neubau wird sich auch hier mit an tödlicher Sicherheit grenzender Wahrscheinlichkeit ein bisserl was tun. **Kneipen** Die Stadionkneipe der Preußen hat auch an Spieltagen geöffnet, jedoch nicht mehr für allzu lange – im Zuges des Umbaus fällt auch der “Adlerhorst” der Abrißbirne zum Opfer. Entlang der Hammer Straße finden sich aber auch zahlreiche andere Kneipen, u.a. "Gaststätte Warthorst", "Gaststätte Friedrichs" oder "Gaststätte zur Brücke". Wem es dort nicht gefällt, der wende sich einfach weiter gen Innenstadt.

STADION: ⚽⚽ **STIMMUNG:** ⚽⚽⚽ **SERVICE:** ⚽⚽

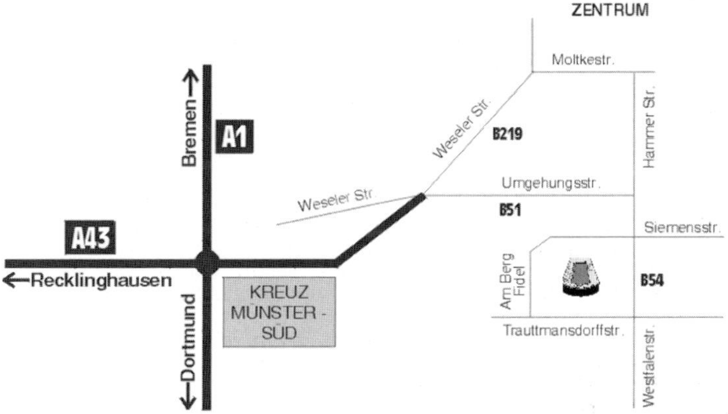

Leichter geht's eigentlich kaum: Aus allen nur erdenklichen Himmelsrichtungen gilt es, das **Kreuz Münster-Süd**, an dem sich die **A43** aus Recklinghausen und die **A1** (Bremen-Köln) begegnen, anzufahren. Von dort aus halte man sich Richtung **Münster** und biege vom Zubringer an der ersten Möglichkeit auf die **Umgehungsstraße** (B51) ab, die nach etwa zwei Kilometern an der ersten großen Kreuzung wieder verlassen wird. Rechts rein in die **Hammer Straße** (B54) und drin der Fisch. Das Preußen-Stadion ist zur Not aber auch ausgeschildert.
In der unmittelbaren Umgebung der Arena finden sich einige größere **Parkplätze** für ca. 3.000 Autos. Sollte man dort wider Erwarten keine Lücke finden, kann man es in der Siemensstraße am Container-Bahnhof versuchen.
Wenn es zum **Sportplatz** an der **Hensenstraße** gehen soll: Sowohl von Köln als auch aus Richtung Bremen über die **A1** bis zur Ausfahrt **Münster-Nord**, dann auf die B54, aber nicht in Richtung Münster-Zentrum, sondern gen **Gronau**. An der ersten Möglichkeit wieder von der **B54** herunter, rechts auf die Hülshoffstraße und nach knapp 200 Metern links auf den Rüschhausweg, auf welchem man nach kurzer Zeit die A1 überquert. Weiter geradeaus in Richtung Gievenbeck bis zur ersten größeren Kreuzung (Hensenstraße) bzw. zur abknickenden Vorfahrt – der Sportplatz liegt gleich gegenüber. Aus der **Innenstadt** heraus zunächst Richtung Schloßgarten halten, dann auf der Wilhelmstraße gen Gievenbeck und immer geradeaus. Wie sich die Preußen das mit dem dortigen **Parken** vorgestellt haben, war bis zuletzt noch nicht raus – vor allem bei etwaigen Schlagerspielen dürfte dies sowohl den anreisenden Fans als auch den Anwohnern gewisse **Unbill** bereiten.

Vom Münsteraner **Hauptbahnhof** (Bahnsteig C1) fahren die **VGM- Buslinien 1** (Richtung Fuggerstraße/Amelsbüren Bahnhof), **5** (Richtung Münster BASF) und **9** (Richtung Franz-Marc-Weg, Hiltrup) sowie **341** (Richtung Drensteinfurt, aber wesentlich seltener) zur Haltestelle **Preußen-Stadion**. Die Fahrt dauert normalerweise zwölf Minuten, der Fahrpreis beträgt 2,90 DM (Viererkarte 9,60 DM, Tageskarte "Maxi" für fünf Leute 12,- DM). Wenn es zum Sportplatz an der **Hensenstraße** gehen soll, benutzt man vom Hauptbahnhof die **Buslinie 5** (Richtung Hannaschweg oder Von-Schonebeck-Ring).

Foto: Michael Seiß

Borussia Neunkirchen, Mantes-Laville-Platz, 66533 Neunkirchen
Tel: 06821-88395, Fax: 06821-87755
www.borussia-online.de

Der Zahn der Zeit ist unerbittlich – auch in der ehemaligen Eisenhochburg Neunkirchen. Das seit über 85 Jahren von der heimischen Borussia beackerte Ellenfeld ist zwar brüchig und dringend renovierungsbedürftig - strahlt aber dennoch eine gehörige Portion Stolz aus. Und die am 7. April 1912 eingeweihte Arena hinter der Schloßbrauerei hat auch allen Grund dazu, denn sie ist zweifelsohne die traditionsreichste ihrer Art im gesamten Saarland. Bereits anno 1920 erhielt sie auf der heutigen Gegengerade eine überdachte Tribüne – seinerzeit im Umkreis von 100 Kilometern die einzige. Die große Zeit der Borussen (und damit des Ellenfelds) kam freilich erst nach dem Zweiten Weltkrieg. 1951 wurden die Schwarz-Weißen nach Beendigung der saarländischen Fußballeigenständigkeit in die Oberliga Südwest aufgenommen, wo sie auf Anhieb in die Spitzengruppe einzogen. Ende der fünfziger/Anfang der sechziger Jahre qualifizierte sich das Team fünfmal in Folge für die Endrunde um die deutsche Meisterschaft (1959-1963), in der es zum großen Wurf allerdings nicht reichte.

Das Ellenfeld hatte derweil imposante Ausmaße angenommen. 1948 hatte die Borussia das Gelände von der Stadt bzw. der Brauerei erworben und es anschließend systematisch ausgebaut. 1953 war die zwei Jahre zuvor bei einem Sturm zerstörte Tribüne durch einen schmucken Neubau ersetzt worden, derweil das Fassungsvermögen durch Aufstockung der Stehtraversen auf über 18.000 stieg. Im November 1960 konnte die charakteristische Turnhalle über dem Marathontor eröffnet werden, in der sich heute u.a. die VIP-Räumlichkeiten befinden.

1964 erwarb sich Neunkirchen den Ruf als "kleinste Bundesligastadt", die mit einem Zuschauerschnitt von 18.775 beinahe die Hälfte seiner gesamten Einwohnerschaft ins Stadion lockte. Um dem Interesse gerecht werden zu können, wurde das Ellenfeld durch Erweiterung der Gegengerade auf eine Kapazität von rund 30.000 gebracht. Wenig später setzte der Niedergang ein. 1968 verabschiedeten sich die Saarländer aus dem Oberhaus und verschwanden in der Regionalliga. Parallel dazu setzte der wirtschaftliche Abschwung der Montanindustrie ein, der den Menschen ihre Arbeitsplätze kostete und die Zukunft verdüsterte – auch die der Borussia. 1975 ging es erstmals ins Amateurlager, aus dem die Schwarz-Weißen seither nur noch sporadisch herausgekommen sind. Obwohl das Stadion Anfang der 90er Jahre an die Stadt abgetreten werden konnte, hatten die seit 1996 nur noch in der Oberliga kickenden Borussen seither diverse finanzielle Notsituationen zu durchstehen. Doch auch wenn der Zuschauerschnitt durch die sportliche und finanzielle Talfahrt häufig unter 1.000 bleibt, ist das Potential des Traditionsklubs noch immer immens. Das Ellenfeld ist für Oberligafußball mit Gegnern wie Prüm und Halberg Brebach freilich viel zu groß, wenngleich es nach einer umfassenden Renovierung nur noch über 29.200 Plätze verfügt (zugelassen derzeit 23.000). Vielleicht kommt ja eines Tages ein Zauberer, der den schlafenden Riesen Borussia erweckt und das Ellenfeld wieder füllt. Schön wär's.

Wo Borussia auch spielt – eine Handvoll Fans ist garantiert dabei. Der Ex-Bundesligist ist eben ein Traditionsverein, dessen Schicksal in Neunkirchen und Umgebung noch immer aufmerksam verfolgt wird. Heimfans stehen neben der überdachten Tribüne, Gästeanhänger werden auf der "Spiesener Kurve" untergebracht, die eine Gerade ist und gegenüber der Sporthalle zu finden ist.

Sitzplätze: 18 (12) DM
Stehplätze: 10 (6) DM
Gäste: Spiesener Kurve

Lektüre Treffpunkt Ellenfeld, ein kostenloser s/w-A4er, der viele Fotos und kaum Text aufweist. **Rolliservice** Auf der Haupttribüne. **Essen** Es gibt Leute, die besuchen das Ellenfeld nur wegen der legendären "Ellenfeld-Wurst", ansonsten: Kartoffelchips! **Trinken** Alkoholisches Bier und Softdrinks. **Toiletten** Im Zustand der fünfziger Jahre. **Kneipen** Neben der Turnhalle befindet sich das Borussia-Heim. Ansonsten: Mantes-La-Ville-Platz oder Innenstadt (zehn Fußminuten). Dort empfehlenwert: Erlebniszentrum "Wasserturm".

STADION: ⚽⚽⚽⚽ **STIMMUNG:** ⚽⚽⚽ **SERVICE:** ⚽⚽⚽

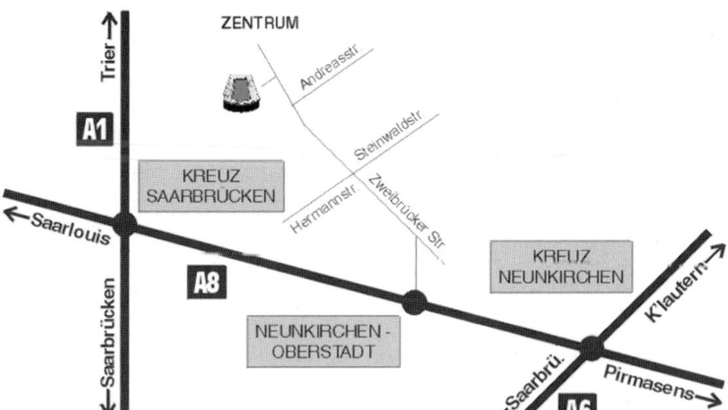

Von der **A1** Trier/Saarbrücken: Bis zum Kreuz Saarbrücken, dort weiter auf die **A8** Richtung Zweibrücken, die man in **Neunkirchen-Oberstadt** verläßt. Auf der **Zweibrücker Straße** Richtung Zentrum, bis nach rund einem Kilometer linker Hand der Mantes-La-Ville-Platz auftaucht und das Stadion ins **Blickfeld** gerät. Von der **A6** Saarbrücken/Kaiserslautern: Bis zum Kreuz Neunkirchen, dann auf die **A8** Richtung Saarlouis bis Neunkirchen-Oberstadt und weiter wie oben. **Parken:** Am Mantes-La-Ville-Platz sowie in den umliegenden Straßen.

Mit der Buslinie 2 (oder alternativ 5) vom Hauptbahnhof Neunkirchen direkt zum Ellenfeld ("Stadtbad" aussteigen).

1.SC Norderstedt e.V.

NORDERSTEDT: Stadion Ochsenzoller Straße

Foto: Dirk Schulz

Kapazität: 7.000
Stehplätze: 5.500
Sitzplätze: 1.500

1.SC Norderstedt, Scharpenmoor 55, 22848 Norderstedt
Tel: 040-52876694, Fax: 040-52300369

Sauber, gepflegt, solide, aber auch ein wenig langweilig - so präsentiert sich die offiziell etwas umständlich "Stadion Ochsenzoller Straße im Sportpark Edmund Plambeck" genannte Heimstätte des 1. SC Norderstedt. Seit 1962 wird auf dem Areal am Südwestzipfel Norderstedts bereits Fußball gespielt. Seinerzeit entstand dort ein gewöhnliches Sportplätzchen, das vor 2.000 Zuschauern mit einer 1:6-Niederlage des 1.SCN-Vorläufers Eintracht Garstedt gegen die HSV-Amateure eingeweiht wurde. Bei dieser Gelegenheit sprach der damalige Garstedter Bürgermeister Horst Embacher übrigens davon, daß die Anlage "Spiegelbild des Aufbauwillens der Gemeinde" sei und bedauerte gleichzeitig, daß sich Kreis und Land nur mit knapp 100.000 DM an dem insgesamt 750.000 DM teuren Projekt beteiligt hätten.

Anschließend wuchs das Areal nach und nach zu einem ausgedehnten Sportpark heran. 1968 eröffnete das Sportlerheim; 1975 wurden für rund 750.000 DM Stehtraversen auf beiden Längsgeraden angelegt. Zur Einweihung kam Bundesligist Werder Bremen. Zwei Jahre später wurde der neben dem Stadion über drei Tennisfelder, eine Kegelbahn, einen Tanzsaal sowie eine Tennishalle verfügende "Sportpark Scharpenmoor" seiner Bestimmung übergeben. 1985 folgte die Umbenennung nach dem langjährigen SCN-Förderer und Vorsitzenden (1951 -1991) Edmund Plambeck, ehe 1988 der Ausbau der Fußballstätte mit der Übergabe der 1.500 Plätze bietenden überdachten Tribüne abgeschlossen wurde.

Von seiner Grundstruktur bietet das Areal alle Voraussetzungen für eine stimmungsvolle Arena. Es handelt sich um eine enge, reine Fußballstätte, in der man die Spieler fluchen hören kann und unmittelbar am Geschehen "dran" ist. Auf der unüberdachten Gegengeraden können theoretisch rund 5.500 Menschen Krach machen. Die lediglich mit riesengroßen Ballfangnetzen bestückten Hintertorseiten bieten ausgezeichnete Ausbaumöglichkeiten, über deren Umsetzung man angesichts des mageren Zuschauerzuspruchs bislang jedoch nicht ernsthaft nachgedacht hat. Überhaupt ist der mangelnde Besuch das große Problem: Mehr als 600 bis 700 kommen selten, und da ist es natürlich schwer, Fußballstimmung aufkommen zu lassen. Welch eine Atmosphäre an der Ochsenzoller Straße herrschen kann, hatte man im Sommer 1993 gesehen, als München 60 in der Zweitligaaufstiegsrunde seine Visitenkarte abgab und die kleine Fußballarena dank der mitreisenden Löwen-Fans fast bis auf den letzten Platz gefüllt war.

NORDERSTEDT: Stadion an der Ochsenzoller Straße

Ob die Rot-Blauen die Arena jemals regelmäßig in einen derartigen Zustand werden versetzen können, steht in den Sternen. Horst Plambeck, Sohn des Ehrenvorsitzenden Edmund Plambeck und Vater des sportlichen Erfolges, möchte zwar gerne "nach oben", doch die Realität sieht anders aus. Leider.

Trotz aller sportlichen und außersportlichen Turbulenzen hält eine Handvoll Fans dem 1. SCN unverdrossen die Treue. Sie plazieren sich auf der Gegengeraden (Höhe Mittellinie), haben ein paar Trommeln und Fähnchen dabei und sind auswärts in der Regel nur bei nähergelegenen Kicks zu finden. Für gewöhnlich herrscht an der Ochsenzoller Straße eine entspannte Atmosphäre. Gästefans dürfen ihren Standort selbst wählen und tun gut daran, ihn irgendwo auf der Gegengeraden einzunehmen.

Sitzplätze: 20 DM
Stehplätze: 10 (8) DM
Gäste: egal (Gegengerade)

Lektüre Neues Spiel, kostenlos, A4, s/w, ausgezeichnet. **Rolliservice** Rollstuhlplätze am Spielfeldrand. **Essen** Bratwurst, Gyros (!), etwas fettig, dennoch lecker. **Trinken** Alkoholisches Bier, Cola, Fanta, Kaffee. **Toiletten** In den Vereinsfarben gestrichen und sauber. **Kneipen** Vereinsheim am Stadion, ansonsten Richtung Norderstedt-Mitte (Niendorfer Straße folgen).

STADION: ⚽⚽ **STIMMUNG:** ⚽⚽ **SERVICE:** ⚽⚽⚽

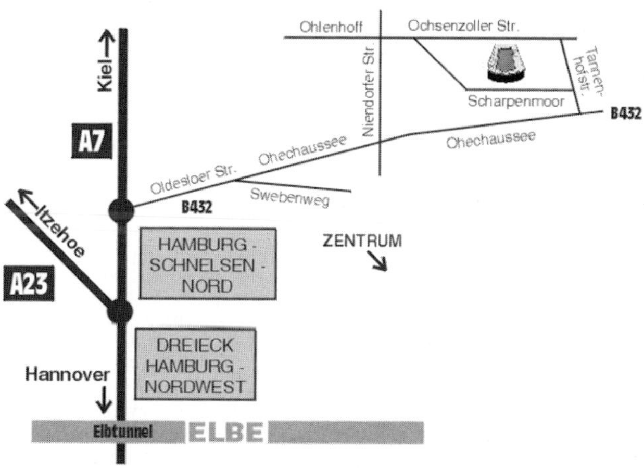

Die **A7** (Hamburg/Kiel) bis zur Ausfahrt **Schnelsen-Nord** und weiter auf der **B432** (Oldesloer Straße) Richtung Norderstedt. Nach ca. zwei Kilometern teilt sich die Straße, wobei es nach Norderstedt links auf der **Ohechaussee** (B432) weitergeht. Alsdann die erste große Straße **links** (Niendorfer Straße) und die nächste größere Straße rechts in die Ochsenzoller Straße, wo rechter Hand das Stadion auftaucht.

Parken: Straßenparken, was mit Ausnahme von zuschauerträchtigen Schlagerspielen auch nicht allzu problematisch ist.

Norderstedt ist durch die U-Bahnlinie **U1** (Richtung Garstedt/Ochsenzoll) mit dem Hamburger **Hauptbahnhof** (Südausgang) verbunden. Aussteigen in Garstedt und an der Ochsenzoller Straße entlang rund zehn Minuten bis zum Stadion **laufen**.

NORDHORN: Eintracht-Stadion am Heideweg

Foto: Hans-Georg Wahl

Kapazität: 9.000
Stehplätze: 8.100
Sitzplätze: 900

Eintracht Nordhorn, Heideweg 18, 48529 Nordhorn
Tel: 05921-89500, Fax: 05921-89502

Auch wenn der erste Eindruck etwas anderes vermittelt: Das Eintracht-Stadion ist keineswegs eine von diesen seit der Jahrhundertwende bekickten Spielflächen, die etwas in die Jahre gekommen sind. Bis 1951 spielte die ohnehin erst 1945 gegründete Eintracht nämlich noch im "Städtischen Stadion" am Stadtring, welches sie sich mit dem Lokalrivalen Sparta hatte teilen müssen. Erst als das Stadion im Zuge der Nordhorn'schen Nachkriegsexpansion einem Neubaugebiet Platz machen mußte, wurde das anno 1935 vom VfL Nordhorn angelegte Areal am Heideweg neue Eintracht-Heimat. Übergangsweise spielten die Weinroten allerdings auf dem heutigen Grantplatz, denn das rasenbestückte Stadion konnte erst am 18. August 1954 mit einem Spiel gegen Preußen Münster eingeweiht werden. Da sich das Gelände im Eigentum der Firma Niehues & Dütting befand und sich dessen Chef Bernhard Niehues ziemlich spendabel gezeigt hatte, bekam das Stadion freundlicherweise seinen Namen. Am 2. Oktober 1955 erreichte die "Niehues-Kampfbahn" anläßlich des Oberligagastspiels des Hamburger SV mit rund 18.000 Zuschauern die Grenzen ihres Fassungsvermögens. Nie wieder konnte in Nordhorn eine derartige Kulisse vermeldet werden.

Lange Zeit änderte sich am Zustand des Areals kaum etwas, was angesichts der sportlichen Qualität der Eintracht auch nicht unbedingt nötig war. Zwar standen die Weinroten in den sechziger Jahren mehrfach vor dem Aufstieg in die Regionalliga, doch Zuschauermagnet waren sie nicht gerade - nur wenn Lokalrivale Sparta 09 anrückte, war die Niehues-Kampfbahn einigermaßen gefüllt. Nichtsdestotrotz wollte die Eintracht eine überdachte Sitzplatztribüne errichten, was angesichts ungeklärter Eigentumsverhältnisse allerdings nicht ganz einfach war. Man fand schließlich eine ebenso kostengünstige wie ungewöhnliche Lösung, indem eine tragbare PKW-Überdachung in einen schützenden Unterstand verwandelt wurde. 1969 wurde das Gebilde anläßlich des Schülerländerspiels Deutschland vs. Holland (4:1) eingeweiht. Sachen gibt's!

1975 wurde das von den Eintracht-Fans nur "Vivil-Bude" genannte Sprechertürmchen auf der Gegengeraden vom heftigen Westwind um rund 30 Meter nach hinten verlegt, woraufhin man sich an eine Generalrenovierung der Arena machte. Das heutige Ansagehäuschen entstand, die Zuschauerränge wurden auf Kosten der Aschenbahn mit Betonstufen ausgestattet und drei Jahre später konnte schließlich auch das schmucke Klubheim eingeweiht werden. Inzwischen hatte die Stadt Nordhorn zeitweilig angedachte Pläne zum Bau eines neues Stadions an der Bentheimer Straße aus Kostengründen fallengelassen und stattdessen die

Niehues-Kampfbahn käuflich erworben. Da damit auch die Besitzverhältnisse endlich geklärt wurden, konnte die provisorische Sitztribüne abgerissen und durch die heutige ersetzt werden, die am 16. Oktober 1980 eröffnet wurde. Anfang der 90er wurde schließlich der antiquierte Name in "Eintracht-Stadion" umgewandelt, im Sommer 1998 erhielt die Arena neue VIP-Räume und die Stehtraversen neben der Haupttribüne wurden ausgebaut. Nächstes Ziel ist die Errichtung von vier Flutlichtmasten, die dem soliden Stadion Abendspielreife verschaffen sollen.

Just unterhalb des Sprechertürmchens auf der Gegengerade trifft sich alle zwei Wochen eine Handvoll Eintracht-Fans und schickt Anfeuerungsrufe gen Himmel. Sie sind so, wie die meisten Nordhorner sind: Nett, freundlich und zuvorkommend. Auswärts reisen sie lediglich zu den Begegnungen in der näheren Umgebung, sind aber in Ausnahmefällen auch bei weiteren Spielen schon mal in größerer Anzahl vertreten - so z.B. beim Pokalspiel in Hannover anno 1997. Gästefans dürfen sich ihren Platz selbst aussuchen und müssen im Normalfall mit keinerlei Belästigungen rechnen.

Sitzplätze: 20 DM
Stehplätze: 12 DM
Gäste: egal

Lektüre Eintracht Echo, kostenlos, A4, s/w, ausgezeichnet. **Rolliservice** Rollstuhlplätze am Spielfeldrand. **Essen** Bratwurst. **Trinken** Alkoholisches Bier, Cola, Fanta, Kaffee. **Toiletten** Im Vereinsheim, akzeptabel. **Kneipen** Eintracht-Clubheim, ansonsten nur im Zentrum.

STADION: ⚽⚽ **STIMMUNG:** ⚽⚽ **SERVICE:** ⚽⚽

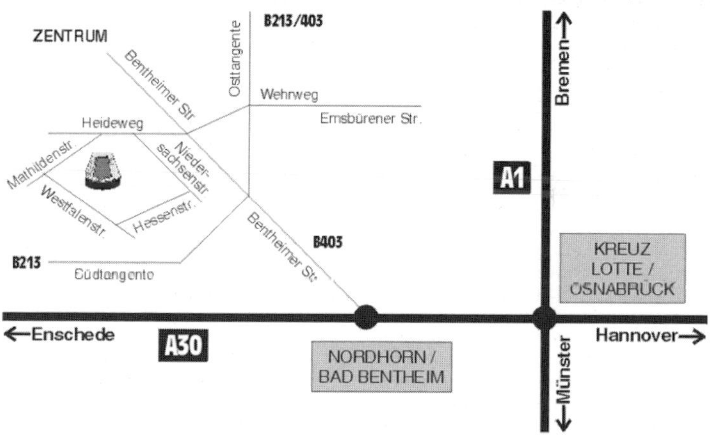

A30 bis **Nordhorn/**Bad Bentheim. Weiter auf der **B403** Richtung Lingen/Autobahn Emden bis zur Abfahrt **Blanke-Nord**. Von dort ist das Stadion ausgeschildert. **Parken:** Vor dem Stadion befindet sich ein Parkplatz, der bei gewöhnlichen Spielen allemal ausreichend ist. Ansonsten bieten sich am Straßenrand diverse Parkmöglichkeiten.

Nordhorns Bahnhof wird **leider** nicht mehr per Bahn angefahren. Daher muß man bereits in **Bad Bentheim** aussteigen und per **Bus** weiterfahren, was bei Sonntagsspielen allerdings vom wenig fußballgünstigen Fahrplan der zuständigen Bentheimer Eisenbahn AG verhindert wird. Wem es dennoch gelungen ist, bis zum Nordhorner Bahnhof zu gelangen, der kann mit der **Buslinie 3** (Richtung Blanke) zum Stadion weiterfahren.

Foto: Hardy Grüne

Kapazität: 44.600
Stehplätze: 9.900
Sitzplätze: 34.700

1.FC Nürnberg, Valznerweiherstr. 200, 90480 Nürnberg
Tel: 0911-940790, Fax: 0911-9407977
www.1.fc.nuernberg.com

Auch wenn die Nürnberger sportlich derzeit mal wieder in der zweiten Reihe sitzen, so können sie doch auf ein ausgesprochen schickes Stadion verweisen. Bereits der südlich der Innenstadt gelegene Urbau galt als stilbildend und wurde kurz nach seiner Einweihung im Jahre 1928 bei einem Architekturkunst-Wettbewerb mit einer Goldmedaille ausgezeichnet. Damals lag das Fassungsvermögen der Arena bei 36.000 Zuschauern, von denen allerdings nur 2.600 dem sportlichen Treiben von einer überdachten Tribüne zugucken konnten. Mit Fußball hatte das Ganze damals nur recht selten zu tun – der "Club" trug seine Heimspiele am Zerzabelshof aus, der von jedermann nur "Zabo" gerufen wurde. Dort hatte sich der FCN ein nahezu vorbildliches Sportgelände geschaffen, dessen Mittelpunkt das zunächst 8.000, später 25.000 Zuschauer fassende Stadion bildete, welches am 24. August 1913 feierlich eingeweiht wurde. Nach dem Krieg wurde die Arena auf 35.000 Plätze erweitert, bereitete später jedoch Sorgen, denn in Zeiten aufkommender Mobilität genügte die Arena vor allem in verkehrstechnischer Hinsicht nicht mehr den Ansprüchen. Im Herbst 1966 mußte zudem die baufällige Haupttribüne abgerissen werden, woraufhin der Verein schließlich ins Frankenstadion umzog.

Dieses war in der Zwischenzeit durch die Errichtung mehrerer Stahlbeton-Tribünen auf 56.000 Plätze vergrößert worden, auch die ersten Flutlichtmasten stiegen im Bundesligageburtsjahr 1963 in die Höhe. Doch wie sich bald herausstellte, kam der FCN mit dem Umzug vom Regen in die Traufe, denn auch dem "Städtischen Stadion" war sein beachtliches Alter an allen Ecken und Enden anzusehen. Parallel zum Umzug näherten sich freilich auch die Glanzzeiten des ehemaligen Rekordmeisters ihrem Ende: 1968 durften die Franken letztmalig die Meisterschale emporheben, abküssen und ins Entmüdungsbecken plumpsen lassen. Danach gelang ihnen, was vor- oder nachher bislang niemand mehr schaffen sollte: Der Meister stieg in der Folgesaison ab.

1974 verpaßte Nürnberg dann die einmalige Chance, das Stadion für die Weltmeisterschaft kostengünstig zu renovieren, wodurch ausgerechnet die traditionsreichste Fußballstadt Deutschlands bei der WM zuschauen mußte. Die marode Arena vegetierte munter vor sich hin, bis man 1986 lebensgefährliche Sicherheitsmängel am brüchigen Tribünendach feststellte und nun auch der letzte Stadtrat einsah, daß bald etwas geschehen mußte. Und es geschah auch etwas: 1987 wurde der schon für 1974 geplante Vollausbau in Angriff genommen, der letzten Endes

68,5 Mio. DM teuer wurde. Bis 1991 mußten die Clubfans die Heimspiele auf einer Großbaustelle verfolgen, bevor das "Frankenstadion" am 16. Oktober mit dem EM-Qualifikationsspiel gegen Wales eingeweiht wurde. Die Architekten, denen eine geschickte Kombination aus Tradition und Moderne gelang, schufen eine moderne und komfortable Arena, die trotz Laufbahn eine heimelige Atmosphäre besitzt. Die ursprüngliche Kapazität von 52.000 überdachten Plätzen sank in den Folgejahren auf 44.600 (davon immerhin maximal 9.900 Stehplätze).

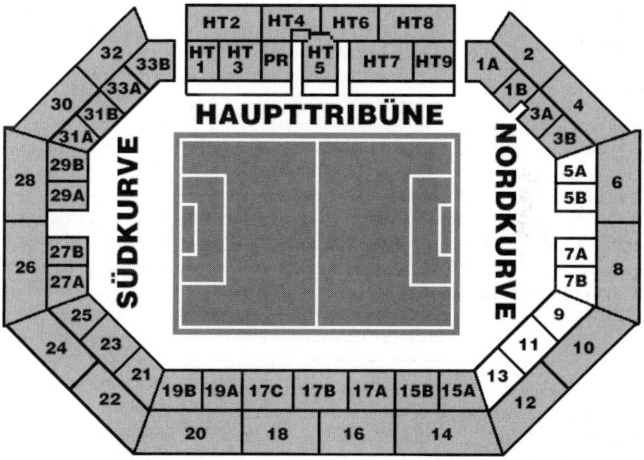

Nachdem sich Stadionkassen und Eingangstore etwa zwei Stunden vor Spielbeginn geöffnet haben, strömen die Clubfans zu ihren angestammten Steh- und Sitzplätzen in der Nord- und Nordostkurve. Gästeanhänger positionieren sich gegenüber in der Südkurve (Blöcke 27 und 29) – wem es auf den guten Überblick ankommt, der setze sich auf den nur wenig teureren Oberrang (Blöcke 26 und 28). Die Optik im Frankenstadion verdient aber eigentlich von fast allen Plätzen aus das Prädikat 1a, lediglich in den ersten vier Sitzreihen ist der Blick aufs Spielfeld ein wenig getrübt. Dagegen läßt die Akustik keine Wünsche offen, dank der Komplettüberdachung können die Schlachtgesänge der treuen Nürnberger Anhängerschaft schon bei halbvoller Hütte orkanartige Ausmaße annehmen. Zumal, wenn sie von ihren Schalker Kollegen unterstützt werden – dies kommt zwar nicht mehr so häufig wie früher vor, aber dennoch stellt die Verbindung Schalke-Nürnberg die einzige echte Fanfreundschaft dar, die diesen Namen auch wirklich verdient hat.

Sitzplätze: 20 (18) - 80 (72) DM
Stehplätze: 15 (13) DM
Gäste: Südkurve

Die Sicherheitsmaßnahmen entsprechen internationalem Standard, mit ein Grund dafür, daß das Frankenstadion als eine der wenigen in Frage kommenden Arenen in Deutschland als "WM-reif" gilt: gesicherte Fluchtwege, Wellenbrecher, Zäune und verkleinerte Blöcke. Lebensgefährliche Drängeleien erlebt man somit höchstens in den VIP-Räumen, wenn sich die zahlreichen "Ehrengäste" in der Halbzeit auf die Lachsschnittchen stürzen.

STADION: ⚽⚽⚽⚽ **STIMMUNG:** ⚽⚽⚽⚽ **SERVICE:** ⚽⚽⚽

Preise Die ermäßigten Eintrittspreise gelten für Rentner, Schüler, Studenten und Jugendliche bis 18 Jahre. Kinder bis 14 stehen für 8 DM und erhalten auch in allen übrigen Bereichen verbilligte Karten (z.B. Kurvensitzplatz Oberrang 13 DM). Wer sich im Vorfeld der Partie um ein Ticket kümmern will: Auswärtskarten sind nur im Fan-Shop Valznerweiher erhältlich. Bei Spitzenspielen

behält sich der 1.FC Nürnberg übrigens eine Kontingentierung der zu vergebenden Karten vor. **Rolliservice** Rollstuhlfahrer zahlen 9 DM, eine etwaige Begleitperson (aber wirklich nur eine) kommt umsonst hinein. Rolli-Karten im Vorverkauf gibt es nur am Valznerweiher. Die Plätze befinden sich am Fuße der Haupttribüne – einwandfreie Sichtverhältnisse sind also garantiert. Wer über eine Sonderparkkarte für Schwerbehinderte verfügt, kann seinen Wagen zudem stadionnah auf dem Parkplatz S5 (zu erreichen über Regensburger Straße/Hans-Kalb-Straße) abstellen.
Fanshop Sechs Pavillons im Innenlauf des Stadions sowie ein Fanmobil im Haupttribünenbereich stehen für Fanartikeljäger bereit, die an Nichtspieltagen auch im FCN-Fan-Shop (Ludwigstr. 46, 90480 Nürnberg, Tel: 203206) oder im Laden an der Valznerweiherstr. 200 (90480 Nürnberg, Tel: 404074) fündig werden können.
Lektüre Die Stadionzeitung des FCN, naheliegenderweise "Clubmagazin" tituliert, belastet die Brieftasche mit einer Mark und ist sowohl was die Gestaltung als auch die Berichterstattung angeht, im unteren Mittelfeld der Zweiten Liga anzusiedeln - die durchschnittlich 20-30 A4-Seiten hätte man irgendwie sinnvoller füllen können. Nicht den geringsten Anlaß zum Meckern bietet hingegen das erstklassige Fanzine "Im Zeichen des Rechens" (Mandelweg 7, 91522 Ansbach), das ebenso wie die "Red Army News" (Mühlenweg 6, 91281 Kirchenthumbach) in einer soliden Stückzahl von 300 bis 500 Heften erscheint und für 2 DM (+ Porto) zu haben ist. Das derzeit beliebteste Druckerzeugnis stellt aber "Der Achterwahn" dar, der in einer Auflage von 2.000 Stück alle sechs Wochen herauskommt. Das A4-Heft beinhaltet 16 Farbseiten, ist kein Fanzine im klassischen Sinne, sondern versteht sich eher als "Sprachrohr aller Cluberer" und macht einen sehr professionellen Eindruck. Die 3 DM (+ Porto, Jürgen Haberger, Kopernikusplatz 32, 90459 Nürnberg) sind gut angelegt. Das war's dann auch schon fast. Im Gegensatz zur "Blauen Stunde" gibt es den "Leuchtturm" zwar offiziell noch, da der Mann aber in Bälde aufhört, schenken wir uns die Bezugsadresse an dieser Stelle einfach mal.
Stadionsprecher Der funk- und fernseherfahrene Markus Othmer, ein gebürtiger Nürnberger, sitzt nun bereits im dritten Jahr am Frankenstadionmikro und ist auf dem besten Wege, sich unentbehrlich zu machen. **Essen** Das Aushängeschild der Nürnberger Stadiongastronomie stellt zweifellos die Rostbratwurst (3,50 DM) dar, aber auch die Steaks (6 DM), Fleischküchle, Lachs- und Sardinenbrötchen sind durchaus einen Biß wert. Daneben kann man Süßigkeiten und auch Kippen erwerben, aufgrund der zahlreichen Büdchen muß man eigentlich auch nie besonders lange warten. **Trinken** Nachdem man sich vor Jahren bereits auf den fränkischen Kompromiß "Leichtbier" geeinigt hatte, wird der alkoholreduzierte Gerstensaft (Tucher) seit 1998 bei Risikospielen sogar durch die alkoholfreie Variante ersetzt. Ferner sind Cola, Fanta, Spezi und Wasser zu haben, im Winter auch alkoholreduzierter und geschmacklich ins Gruselige tendierender Glühwein. Wer zu faul ist, zum Büdchen zu schlendern, kann mittlerweile auf fliegende Händler warten, welche die Getränke auf den Rängen (und zwar in allen Blöcken) verkaufen. Im Winter kann dies übrigens mitunter recht nervig sein, da z.B. das Bier ab einer Temperatur von – 2 Grad nur noch im Schneckentempo aus den Kanistern tröpfelt. **Toiletten** Die sanitären Einrichtungen befinden sich in einem erfreulichen Zustand und wirken fast so, als würden sie regelmäßig gereinigt. **Kneipen** Wem es in der "Club Kantine" nicht gefällt, der kann ja probeweise einmal den zwischen der S-Bahnhaltestelle und dem Frankenstadion gelegenen 2.000-Mann-Biergarten antesten. Im "Gärtla", das bei Bedarf auch überdacht werden kann, kommen Interessierte, die ein entsprechendes Alter aufweisen, vor und nach dem Spiel sogar in den Genuß einer waschechten Strip-Show. Ansonsten ist in der näheren Umgebung der Arena kneipentechnisch nicht allzuviel los, aber bis zur Innenstadt ist es ja auch nicht allzu weit. Im Sommer ist dort der Biergarten der Gaststätte "Wanner" in der Bayernstraße zu empfehlen – falls es ihn dann noch gibt: Das Ding soll nämlich irgendwann abgerissen werden. Noch eine Weile stehen wird hingegen in jedem Falle die bei den Club-Fans sehr beliebte "Lederer Kulturbrauerei" (Sielstraße, Ecke U-Bahn Bärenschanzstraße), in urigem Ambiente kann man hier die fränkische Küche oder auch das ein oder andere Bierchen genießen.

Zum südöstlich des Nürnberger Zentrums gelegenen Frankenstadion führen viele Wege, die jedoch vortrefflich ausgeschildert sind.

Aus Richtung **München** oder **Leipzig**: Über die **A9** bis zur Ausfahrt **Nürnberg-Fischbach** (52) und auf der Regensburger Straße (**B4**) in Richtung Zentrum fahren. Nach etwa fünf Kilometern geht es dann an der dritten Ampel links ab zum Stadion bzw. zu den offiziellen Parkplätzen. Von **München** anreisende Fußballfans haben ferner die Möglichkeit, am Dreieck **Nürnberg-Feucht** auf die **A73** (Südwesttangente) gen Fürth zu wechseln und diese an der Abfahrt **Nürnberg-Zollhaus** wieder zu verlassen. Dann geht es über die Münchener Straße (B8) zum (auch auf diesem Wege ausgeschilderten) Stadion bzw. zum Großparkplatz Messegelände.

Aus Richtung **Stuttgart** bzw. **Heilbronn**: Auf der **A6** über das Kreuz Nürnberg-Süd hinweg bis zum Kreuz Nürnberg-Ost, dort ein kurzes Stück auf die **A9** gen Leipzig und gleich wieder an der Ausfahrt Nürnberg-Fischbach abfahren (s.o.). Wahlweise kann man auch vom Kreuz Nürnberg-Süd auf die A73 nach Fürth bis zur ersten Ausfahrt Nürnberg-Zollhaus (s.o.) fahren oder aber – von der A6 aus - an der Ausfahrt **Nürnberg-Langwasser** (59) abfahren und über die Gleiwitzer Straße und Beuthener Straße (rechts, zum Stadion) bzw. Karl-Schönleben-Straße (links, zum Messe-Parkplatz) gen Zielort tuckern.

Offizielle und damit gebührenpflichtige **Parkmöglichkeiten** sind eigentlich in ausreichender Zahl (um die 10.000) vorhanden. Wer **früh** kommt, kann am Karl-Leucht-Weg in unmittelbarer Nähe des Stadions parken. Haupttribünenbesucher können ihr Gefährt gar – sofern sie ein gültiges Ticket vorweisen können – auf den reservierten Parkplätzen direkt vor ihrer Tribüne abstellen.

Vom Hauptbahnhof fährt die **S-Bahn-Linie 2** (Richtung Altdorf) bis zur Station Frankenstadion, zusätzlich kann man die **Straßenbahn** (Linie **4**, Richtung Dutzendteich) bis Endhaltestelle benutzen, von hier ist es nur noch ein kurzer Fußmarsch. Ferner fahren die **Buslinien 44** (ab Hauptbahnhof, Richtung August-Meier-Heim), **55** (ab Meistersingerhalle, Richtung Langwasser) und **65** (ab Röthenbach, jenseits der A73, Ausfahrt Nürnberg-Schweinau, Richtung Mögeldorf) in die Nähe der Arena. Dummerweise können nur Dauerkartenbesitzer mit der VGN umsonst fahren, für alle anderen kostet der Fahrschein 3,20 DM.

Foto: Michael Seiß

Kapazität: 21.318
Stehplätze: 17.279
Sitzplätze: 4.039

Rot-Weiß Oberhausen, Rechenacker 62, 46049 Oberhausen
Tel: 0208-25730, Fax: 0208-200102
www.rwo-online.de

Überaus spektakulär wurde das Niederrheinstadion am 24. Mai 1926 eröffnet: Den Ball zum ersten Anstoß warf ein Flugzeug aufs Spielfeld. In den folgenden Jahren wußten v.a. die beliebten Sandbahnrennen die Arena bis auf den letzten Platz zu füllen, RWO war damals noch an der Lothringer Straße daheim.

Nach dem Krieg sollte das schmucke Stadion seinen Erbauern noch einige Kopfschmerzen bereiten: Da die Bodensenkungen der angrenzenden Concordia-Kohlefelder falsch eingeschätzt worden waren, geriet die Arena aus dem Gleichgewicht. 1949 drohte die Haupttribüne einzustürzen, so daß acht schwere Betonpfeiler errichtet werden mußten. Ein Jahr später hatte das wackelige Stadion beim Spiel Offenbacher Kickers vs. Preußen Dellbrück den Rekordbesuch von 44.631 zahlenden Zuschauern auszuhalten. In der Folgezeit begann der Boden immer weiter einzusinken, doch in der Hauptkampfbahn wurde derweil trotz eines Höhenunterschiedes von nahezu einem halben Meter munter Fußball gespielt. Mitte 1968 rückten dann schließlich Pioniere der Bundeswehr an, um die Laufbahn auf die handelsüblichen 400 Meter zu verkürzen und die Höhendifferenzen auszugleichen. Gegen Ende der 60er Jahre, gerade rechtzeitig zum Bundesliga-Aufstieg der Kleeblätter, hatte sich der Berg dann glücklicherweise wieder beruhigt - Concordia war stillgelegt worden.

Während seiner vierjährigen Bundesligapräsenz gehörte der Verein zwar stets zu den Kellerkindern, erlebte aber hin und wieder eine Sternstunde. So im September 1970, als RWO den ruhmreichen HSV nach allen Regeln der Kunst mit einem ordentlichen 8:1 abnudelte. Damals verfügte das Stadion bereits seit einem halben Jahr über eine Flutlichtanlage, die – wie so manch andere auch – als "beste Europas" galt.

Rund 18 Jahre später wurde dem hochverschuldeten Zweitligisten die Lizenz entzogen, was einen Durchmarsch in die Verbandsliga zur Folge hatte. Bewundernswert die Treue der Fans: Auch jetzt noch kamen durchschnittlich 1.500 Fans ins Stadion - und das, obwohl RWO im Frühjahr 1990 um ein Haar sogar in die Fünftklassigkeit abgerutscht wäre.

Derweil hatte das Niederrheinstadion 1982 eine neue Kunststofflaufbahn erhalten, ein Jahr darauf erfolgte eine notdürftige Sanierung der kleinen Vortribüne. Von 1989 bis 1994 erneuerte die Stadt dann auch die Stehränge und errichtete auf der verwahrlosten Gegengeraden, deren einzige Zierde bis dahin das kleine Glockentürmchen mit der schnuckeligen Stadionuhr dargestellt hatte, eine Tribüne für 2.000 sitzende Zuschauer. Im nächsten Bauabschnitt (1996-98) versah man diese "Konventtribüne" dann auch noch mit einem Dach und machte sich alsbald an die Verwirklichung der Pläne, die bereits seit dem Ende der 70er Jahre in den Schubladen schlummerten: Umbau der Haupttribüne. Diesbezügliche Kostenvoranschläge hatten sich bislang in einer Größenordnung zwischen 50 (1977) und 17 (1995) Mio. DM bewegt, doch letzten Endes konnten die Kosten auf 9,44 Mio. DM gedrückt werden. Nicht zuletzt, da sich die politischen Gremien entschlossen hatten, die Bau- und Modernisierungsmaßnahmen zu einem großen Teil durch eine sog. "Vergabe ABM" umsetzen zu lassen. Ähnlich preisgünstig gestaltete sich die Anschaffung einer Anzeigetafel: Als nämlich Leverkusen sein Haberland mit einer neuen Videotafel ausrüstete, griffen die Oberhausener sogleich zu und sicherten sich das noch so gerade eben als "modern" durchgehende Stück. Für lau - lediglich die Abbruch- und Wiederaufbaukosten mußten übernommen werden. Falls übrigens jemand ein paar überdachte Kurven zu viel hat: bitte bei RWO melden!

Gästefans gehören im Niederrheinstadion in die dank der Anzeigetafel leicht zu findende Kanalkurve (Süd) und können trotz der sechsspurigen Tartanbahn eigentlich ganz gut Fußball gucken. Karten gibt's an den beiden rechten Kassenhäuschen. Am Fuße des Treppchens zum Kurvenbereich finden sich mit den Imbißständen und Toiletten auch alle überlebenswichtigen Dinge. Der beachtliche Größe und trotz der durchschnittlichen Akustik damit auch nicht minder beachtliche Lautstärke erreichende RWO-Fanblock befindet sich gegenüber in der Emscherkurve. Bei dem Großteil der Anhängerschaft handelt es sich um ganz normale Fans, doch sind – insbesondere auch bei Auswärtsspielen - einige Gestalten darunter, denen man in einer dunklen Gasse nicht unbedingt mit dem Schlachtruf "Hi-ha-ho, RWO ins Klo" entgegentreten sollte. Im Stadion selbst hat der Ordnungsdienst alles im Griff.

Sitzplätze: 25 (20) - 40 DM
Stehplätze: 14 (10) DM
Gäste: Kanalkurve (Süd)

STADION: **STIMMUNG:** **SERVICE:**

Preise Schüler, Studenten, Rentner und Behinderte kommen billiger rein. Kinder (bis 12 Jahre) zahlen für den Stehplatz 6, für die Konventtribüne nur 10 Mark. **Rolliservice** Freier Eintritt für Rollifahrer, die Begleitperson zahlt den ermäßigten Preis – gemeinsam geht's dann zu den Plätzen auf der Tartanbahn. Und mit ein bißchen Glück ist dann sogar noch ein Hustenbonbönchen von Onkel Aleks drin. **Fanshop** Unter der Haupttribüne befindet sich ein Stand, an dem man schicke RWO-Accessoires erwerben kann. Ansonsten ist man auf die Geschäftsstelle (unter der Woche mittlerweile durchgehend von 9-18h geöffnet) oder auf die diversen Vorverkaufsstellen angewiesen. Im CentrO gibt's übrigens nur einen Bayern-München-Fanshop – aber das war wohl auch nicht anders zu erwarten. **Lektüre** Das knapp 20 Seiten starke Kleeblattecho kostet nach wie vor eine Mark und ist jeden Pfennig davon wert. **Essen** Nachdem Versuche mit einem umfangreicheren Sortiment (verschiedene Suppen, Krakauer, Steaks, Koteletts etc.) fehlgeschlagen sind (die Leute konnten sich anscheinend nicht entscheiden), fährt man in Oberhausen wieder das übliche Standardprogramm auf: Bratwurst, Brühwurst, Frikadellen, dazu gelegentlich belegte Brötchen. Nichtsdestotrotz gehen Qualität und Preis (3-4 DM) vollkommen in Ordnung. Darüber hinaus gibt's Süßigkeiten, in der wärmeren Jahreszeit diverse Eissorten und bei Sonntagsspielen auch schon mal Kuchen. **Trinken** König-Pilsener und Gatzweiler Alt fließen für erträgliche 3,50 DM in die 0,33-Becher, bei Spielen mit erhöhtem Risiko muß man jedoch mit Kelts und Gatz alkoholfrei vorliebnehmen. Ferner kann man seinen Durst mit Fanta, Cola und Wasser stillen. **Toiletten** größtenteils gut in Schuß. **Kneipen** RWO-Fans, Vereinsangestellte und gelegentlich auch noch Teile der Mannschaft wandern nach jedem Heimspiel in die RWO-Klubhausgaststätte (Rechenacker 62), in der man (bis 1 Uhr) gemütlich trinken, bürgerlich essen, plaudern, darten und dem Fernsehfußball frönen kann. Ein lecker Bierchen gibt's auch bei Heidi auf der Alstadener Straße.

Das Niederrheinstadion liegt – obwohl der Name anderes vermuten ließe – zwischen Rhein-Herne-Kanal und Emscher und nur einen Steinwurf von der A42 entfernt und ist eigentlich nicht zu verfehlen.
Über die **A3** (von **Köln** bzw. **Frankfurt**): bis zum Kreuz Oberhausen-West, dort auf die **A42** (Emscherschnellweg) gen Dortmund bis zur Abfahrt **Oberhausen- Zentrum** (10) und nach wirklich nur ein paar Meterchen (über die Emscher) gleich wieder rechts in die **Lindnerstraße**, an der das Stadion nebst Parkplätzen gelegen ist.
Über die **A2** (von **Hannover** bzw. **Arnheim**): Bis zum Kreuz Oberhausen und über die **A516** auf die sich anschließende **B223**, über die A42 und die Emscher hinweg und gleich rechts ab in die Lindnerstraße. Stau-Alternative: Am Kreuz Recklinghausen auf die A43 Richtung Bochum und am Kreuz Herne auf die A42 (Rest s.o.).
Über die **A42** (von **Dortmund**): Ab dem Kreuz Castrop-Rauxel-Ost (A45) über die **A42** bis Ausfahrt Oberhausen-Zentrum, Rest s.o.
Über die **A40** (von **Essen**): Bis zur Abfahrt Oberhausen/Mülheim-Styrum, rechts ab auf die Mülheimer Straße (B223) und knapp fünf Kilometer geradeaus, schließlich von der Konrad-Adenauer-Allee links ab (hinter Schloßpark und Kanal) in die Lindnerstraße.
Über die **A43** (von **Münster**): Bis zum Kreuz Herne, dort auf die A42 gen Oberhausen (Rest s.o.).
Wer bereits **frühzeitig** angereist ist, findet entlang der **Lindnerstraße** kostenlose Abstellplätze, später eintreffende Fans müssen mit dem großen und – je nach Wetterlage – recht schlammigen **Parkplatz** neben dem Stadion vorlieb nehmen und eine Gebühr von 2-3 DM entrichten. Eine brauchbare **Alternative** stellen die ca. fünf Millionen kostenloser Parkplätze im **CentrO** (jenseits der K.-Adenauer-Allee) dar.

Von Oberhausen-Hauptbahnhof fahren die **Buslinien 122** (Richtung Everslohstraße) bis zur Station Schloß Oberhausen (ab hier knapp fünf Minuten zu Fuß) und **976** (Richtung Kleekamp) sowie **956** (Richtung Hirschkamp) bis zur Station Lindnerstraße (ab hier etwa zehn Minuten) – näher ran geht's leider nicht. Die Einzelfahrt kostet 3,20 DM, das Gruppenticket (Hin- und Rückfahrt für fünf Personen) 10,80 DM. Bei **Schlagerspielen** wird ein kostenloser Buspendelverkehr eingesetzt - Infos sind über die Geschäftsstelle erhältlich.

Foto: ERWIN

Kapazität: 31.500
Stehplätze: 23.300
Sitzplätze: 8.200

Offenbacher Kickers, Bieberer Straße 282, 63071 Offenbach
Tel: 069-9819010, Fax: 069-98190151
www.ofc.de

Ganz wie die Offenbacher Kickers hat auch der Bieberer Berg eine ziemlich turbulente Vergangenheit aufzuweisen. Ursprünglich diente das Areal als Exerzierplatz, welcher seit der Jahrhundertwende nebenbei zum Fußballspielen genutzt wurde – u.a. vom 1901 gegründeten OFC. 1907 aber mußten die Rot-Weißen das Gelände räumen und sich auf der Heylandsruhe eine neue Heimat suchen. Erst als Exerzierplätze wegen der militärischen Einschränkungen Deutschlands im Rahmen des Versailler Vertrages nicht mehr gebraucht wurden, konnten die Kickers 1921 zurückkehren und die heutige Spielfläche erblickte das Licht der Welt. Noch im selben Jahr wurde eine Holztribüne eröffnet, auf der rund 1.200 Menschen Platz fanden. Zur Einweihung am 29. Mai 1921 kam Wacker München mit dem berühmten Alfréd Schaffer und lockte die damalige Rekordkulisse von 12.000 Fans an.

In den Folgejahren wurde die Arena liebevoll gehegt und gepflegt, ohne jedoch ausgebaut zu werden. Selbst als die Kikkers in den dreißiger Jahren allmählich in die Elite des deutschen Fußballs vordrangen, tat sich auf dem Berg kaum etwas – wenn es zu eng wurde, mußten die Kikkers deshalb regelmäßig ins Frankfurter Waldstadion ausweichen. Selbiges taten sie auch nach dem Krieg, als die zusehends stärker werdenden Offenbacher zum Ärger ihrer Fans zahlreiche Spiele in der ungeliebten Nachbarstadt austragen mußten. Der Ausbau des Bieberer Berges war also längst überfällig, als es 1950 endlich los ging. Zwei Jahre später konnte die große Stehtribüne auf der Gegengeraden eingeweiht werden, 1962 rückte die derzeitige Haupttribüne an die Stelle ihres hölzernen Vorläufers. Später wurde dann angesichts des immensen Zuschauerzuspruches an der Nordwestseite eine zusätzliche Stahlrohrtribüne errichtet, der 1973 auf der gegenüberliegenden Hintertorseite ein stabiles und überdachtes Pendant folgte.

Aus der reinen Fußballstätte Bieberer Berg war nun ein richtiges Schmuckstück geworden, das seit 1968 sogar wieder über Flutlicht verfügte, nachdem eine bereits 1956 aufgestellte Anlage drei Jahre später wieder hatte abgebaut werden müssen. Allerdings war es kein gewöhnliches Flutlicht, denn die rund 700 Lux werden von nur zwei Masten aufgebracht, was bei Abendspielen für eigenartige Lichtverhältnisse sorgt. Einer der Gründe, warum die Kickers in den bei Pressefotografen gefürchteten Flutlichtspielen kaum schlagbar sind. Eingeweiht wurde die Flutlichtanlage mit einem

Spiel gegen München 1860, bei dem das Stadion mit 33.000 Zuschauern seinen bis heute bestehenden Zuschauerrekord vermelden konnte.

Mit Beginn der schleichenden OFC-Talfahrt brachen auch für den "Berg" schlechte Zeiten an. Die dringend notwendigen Renovierungen wurden immer wieder verschoben, so daß sich sein Zustand zusehends verschlechterte. Die desolate Finanzlage sowohl des Vereins als auch der Stadt trug ihren Teil dazu bei. Zum Jahreswechsel 1991/92 drohte dem Bieberer Berg sogar das Aus: Er sollte abgerissen und durch ein "Freizeitzentrum" ersetzt werden. In einer konzertierten Aktion bemühten sich Fans, Verein, Prominente sowie die lokale »Offenbach Post« um Rettung, die schließlich im Frühjahr 1992 mit der Übertragung des Erbbaurechts an den OFC zumindest auf dem Papier erreicht war. Anschließend machte man sich an die Renovierung der maroden Arena, wobei sich die Heimfans frei nach dem Motto "Zusamme schaffe mers" in vielerlei Hinsicht aktiv beteiligten - sichtbarer Beleg ist u.a. der "OFC"-Zug auf der Oriontribüne. Was angesichts der sportlichen Talfahrt der Rot-Weißen zunächst nur schleppend vonstatten gegangen war, erfuhr dank des sportlichen Aufschwungs bald einen regelrechten Pusch. Im Sommer 1999 konnte man sich sogar an die seit Jahren gesperrte Stahlrohrtribüne machen, die komplett restauriert und zur Saison 1999/2000 wiedereröffnet wurde. Der Hintertorbereich ist nunmehr unterdrittelt und wird, je nach Bedarf, den Fans des Gastvereins zur Verfügung stehen. Zudem ist zu hoffen, daß die bereits 1998 dort aufgestellte Anzeigetafel irgendwann einmal ihren Betrieb aufnimmt – vielleicht ja schon zur Saison 1999/2000?

Fazit: Der Bieberer Berg ist und bleibt - nicht zuletzt ob der großartigen Stimmung – eine der Kultstätten des deutschen Fußballs.

Foto: Hardy Grüne

Sitzplätze: 20 - 35 DM
Stehplätze: 15 (8) DM
Gäste: Westkurve

Offenbach und seine Fans! Es ist wohl nicht übertrieben zu behaupten, daß der OFC die sportliche Talfahrt mit dem Tiefpunkt Hessenliga (1995-97) ohne seine Anhänger kaum überlebt hätte. Die regelmäßig schon zu Oberligazeiten zu Tausenden auflaufenden Fans haben einen enormen Anteil am "Feeling Bieberer Berg". Legendär die Bengaloshows, die lange Zeit zum festen Rahmenprogramm gehören, inzwischen aber zum Verduß der OFC-Anhänger aus Sicherheitsgründen untersagt sind. Offenbachs große Fanschar (harter Kern: Block 2, in dem Blockzwang herrscht) ist erwiesenermaßen treu und auch auswärts stets in größeren Gruppen vertreten. Langjährige Fans, die sich noch gut an Fahrten nach Flieden und Würges erinnern können, klagen freilich über die große Zahl der Modefans: Der Preis der Popularität.

Als Fan der Gastmannschaft ist man am Bieberer Berg nicht unbedingt willkommen – soweit kaum ein Unterschied zu anderen Fußballarenen des Landes. Doch die hitzige Atmosphäre im Hexenkessel Bieberer Berg kann schon mal in weniger nette Verhältnisse umschlagen – vor allem, wenn der Gegner von größeren Fangruppen unterstützt wird und/oder aus der Nachbarschaft kommt. Dann gibt es regelmäßig Ärger, und insbesondere im Stadionumfeld sollte "Augen auf" angesagt sein. Der Gästeblock befindet sich auf der unüberdachten Hintertortribüne (Eingang: links von der Haupttribüne) und ist seit den Vorfällen beim Gastspiel des SV Waldhof Mannheim im Frühjahr 1999 doppelt und dreifach gesichert.

Fan-Shop Pavillon vor dem Stadion. **Lektüre** OFC News, kostenlos, A4, farbig, ein bißchen viel Vereinsbrille, sonst aber recht nett und unterhaltsam. Viele Fotos. **Rolliservice** Rollstuhlplätze vor der Haupttribüne, Toiletten auf der Orion-Tribüne. **Essen** Frikadellen, Bratwurst, Pommes, Brezeln. **Trinken** Alkoholisches Bier (wohl eher nicht bei "Risikospielen"), "Ebbelwoi", Cola. **Toiletten** Die Situation hat sich ein klein wenig verbessert. Dennoch dürfte der Bieberer Berg im WC-Bereich zumindest ein Label behalten haben: Die schlechtesten Damentoiletten im Bereich des bezahlten Fußballs aufzuweisen... **Kneipen** Stadiongaststätte oder diverse Lokalitäten im Stadtteil Bieber. OFC-Kneipen (nur eine Auswahl): Chamäleon (Mittelseestr, nahe Bahnhof), Strandbus (Bettinastr., nahe Messe), Spitzer (Seligenstädter Str.), Essen: Pizzeria Nello (Aschaffenburger Str.), Wiener Hof (Langener Str.).

STADION: ⚽⚽⚽⚽ **STIMMUNG:** ⚽⚽⚽⚽⚽ **SERVICE:** ⚽⚽⚽

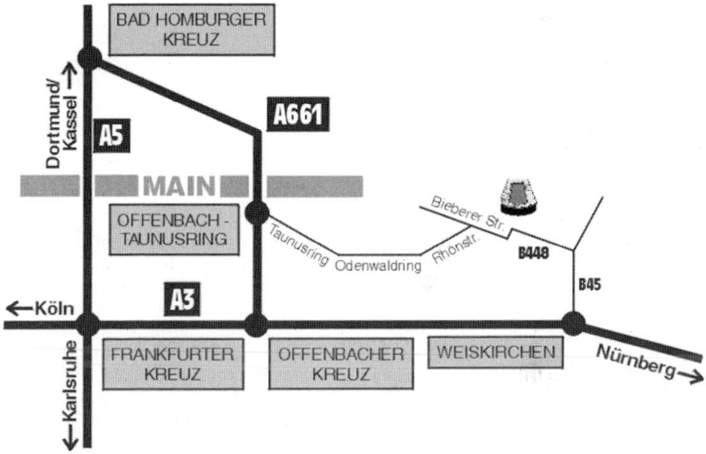

Von der **A3** aus Richtung **Würzburg**: bis zur Ausfahrt **Offenbach-Ost/** Weiskirchen, weiter auf der **B448** Richtung Offenbach, die direkt am Bieberer Berg vorbeiführt. Von der **A3** aus Richtung **Köln** (Achtung: Staus an der Riesenbaustelle Frankfurter Kreuz einplanen): Am **Offenbacher Kreuz** auf die **A661** Richtung Frankfurt bis zur Ausfahrt **Taunusring**. Rechts weiter auf der **B43** (Taunusring bzw. Odenwaldring) in Richtung Mühlheim/Heusenstamm. Nach ca. fünf Kilometern auf Höhe der Aral-Tankstelle rechts auf die die **B448** (Bieberer Straße) in Richtung Obertshausen/Bieber. Nach einigen hundert Metern taucht schließlich links das Stadion auf. Von der **A5** aus Richtung Kassel/Karlsruhe: Am Frankfurter Kreuz (Stau einplanen) auf die **A3** Richtung Würzburg und weiter wie oben. **Parken:** Im Stadionumfeld stehen rund 15.000 kostenlose Parkplätze zur Verfügung.

Vom Hauptbahnhof **Offenbach** mit der Buslinie **102**, vom Hauptbahnhof **Frankfurt** mit der S-Bahn **S1** oder der **S8** bis Offenbach-Ost, von dort ca. zehn Minuten Fußweg (Untere Grenzstraße bzw. Rhönstraße bis zur Kreuzung Bieberer Straße, dann links zum Stadion. Alternativ: Bis zur Station Bieber, dann ins Zentrum von Bieber und auf der Aschaffenburger zur Bieberer Straße).

OLDENBURG: Marschweg-Stadion

Foto: Michael Seiß

Kapazität: 15.000
Stehplätze: 10.500
Sitzplätze: 4.500

VfB Oldenburg, Elsflether Str. 33, 26125 Oldenburg
Tel: 0441-31041, Fax: 0441-37837
www4.vfb-oldenburg.de/vfb

Eigentlich sind die VfB-Fans ja zu bedauern. Jahrzehntelang nannten sie eine der schönsten, mit gehörigem Mythos ausgestattete und noch dazu überaus gefürchtete Heimstätte ihr Eigen, und nun müssen sie ihre Gesänge in einer seelenlosen Mehrzweckarena unmittelbar an der Autobahn in den Himmel schicken. Doch es hilft nichts: Der Donnerschwee - VfB-Heimstatt bis zum 16. Juni 1991 - ist tot, es lebe das Marschweg-Stadion.

Immerhin verfügt die 1951 eingeweihte Anlage seit Mitte 1995 über eine aus ästhetischen Gesichtspunkten als "nett" zu bezeichnende überdachte Sitzplatztribüne, die dem heiligsten ihrer Zwecke, zu schützen nämlich, allerdings spätestens bei den im Norden doch recht häufig vorkommenden Niederschlag-Wind-Phänomenen nur unzureichend nachkommt - sie ist nämlich nach hinten und zur Seite offen! Das Planerteam bestand offensichtlich nicht aus praktizierenden Fußballfans sondern stellte Eleganz über Funktionalität. Dafür hat das Bauwerk rund 7,6 Mio. DM verschlungen und dürfte, nun gerade wegen seiner Dachkonstruktion, bei Architekturwettbewerben preisverdächtig sein.

Im Gegensatz zum altehrwürdigen Fußballviereck Donnerschwee ist das Marschweg-Stadion eine weit vom Stadtzentrum entfernte, langweilige Mehrzweckanlage, die eines fernen Tages Bestandteil des derzeit entstehenden Naherholungsgebietes sein soll. Störend dabei ist freilich die angrenzende, lärmträchtige A 28, die gen Ostfriesland führt und von der ein beständiges Rauschen ausgeht. Für Genießer ist das Marschweg-Stadion nicht nur deshalb enttäuschend, denn es fehlt deutlich an Ausstrahlung. Die Haupttribüne weist 4.600 Sitzschälchen auf, während sich auf der Gegengeraden rund 10.000 Fans die Beine in den Bauch stehen dürfen. Die dortigen Traversen sind recht neu und aus feschem Beton geformt, weisen jedoch kein Dach auf, was angesichts der maroden Stadt- wie VfB-Kassen wohl bis auf weiteres auch so bleiben wird. Kurventechnisch ist bislang nur die Autobahnseite ausgebaut, und auch auf eine Anzeigetafel sowie erhellende Flutlichter wird man in Oldenburg wohl noch etwas länger warten müssen.

Die Wehmut ob des verblichenen Donnerschwees, der zwar völlig marode war und so gut wie keinen Komfort zu bieten hatte, dafür aber dank seiner kesselartigen Anlage und heimeligen Architektur sowie Umgebung aus allen Poren nach Atmosphäre roch, bleibt folglich noch ein Weilchen in den Oldenburger Fußballherzen verankert - zumal das Donnerschwee-Areal bis heute vor sich hinrottet, weil die geplanten Bauvorhaben (Kaufhaus, Wohnhaus etc.) noch immer nicht umgesetzt wurden. Beim VfB ärgert man sich jedenfalls schon lange, die Traditionsstätte überhaupt aufgegeben zu haben. Doch 1991 hieß der Manager Rudi Assauer, der VfB war auf dem Sprung in die höheren Sphären des Profifußballs (1. Bundesliga) und niemand dachte daran, daß einmal wieder schlechtere Zeiten kommen könnten.

Und so müssen die VfB-Fans nun wohl oder übel mit dem Marschweg leben.

Während der sensationellen Zweitligasaison 1991/92, als der VfB just in seiner ersten Marschweg-Saison nur knapp den Sprung in die 1. Bundesliga verpaßte, explodierte die zuvor gemütlich-überschaubare Fan-Gemeinde nahezu. Auch nach mittlerweile eingekehrter Drittliga-Normalität findet sich im Block J der Gegengerade (die Bezeichnung ist verwirrend, denn im Prinzip handelt es sich bei Block J um die **gesamte** Gegengerade) ein mehr oder weniger großer Haufen ein, der den Blau-Weißen stimmungsmäßig Beine macht. Oldenburger Fans sind nett, kreativ und durchaus lautstark - letzteres wird leider durch die fehlende Überdachung ein wenig getrübt. Auswärts sind sie stets in größerer Anzahl vertreten und hängen ihre längst zu Legenden gewordenen Transparente "Crazy Bananas" und "Hirntod 2.50 - Waldschrats Gehhilfe" auf. Trotz allem sei Gästeanhängern ein klein bißchen Vorsicht angeraten. Noch mehr Vorsicht muß man bezüglich Bengalos walten lassen: Die sind im Marschweg-Stadion wie inzwischen fast überall strikt unerwünscht und etwaige Benutzer werden vom Ordnungsdienst mit unerbittlicher Härte aus dem Stadion entfernt.

Für gewöhnlich dürfen sich Gästefans ihren Platz im Stadion selbst aussuchen. Nur bei größeren Gruppen wird der Käfigblock H auf der Autobahnseite geöffnet. Sieht man von der störenden Laufbahn ab, ist die Sicht von dort ausgezeichnet.

Sitzplätze: 18 (13) - 30 (25) DM
Stehplätze: 12 (9) DM
Gäste: Block H bzw. egal

Fan-Shop Im Stadion, oder: VfB-Fan-Shop Lambertihof-Passage am Rathausmarkt, 26122 Oldenburg. **Lektüre** VfB Aktuell, kostenlos, A4, farbig, inhaltlich läßt das Blatt deutlich zu wünschen übrig.
Stadionsprecher Läuft auf der Aschenbahn herum und ist erfrischend norddeutsch.
Rolliservice Rollstuhlplätze auf der Aschenbahn. **Essen** Pommes mitsamt eßbarem Schälchen, Bratwurst.
Trinken Alkoholhaltiges Bier, Cola, Sprite, Kaffee, Tee, Becherpfand 10 Pfennig.
Toiletten Gut. **Kneipen** Gegenüber des Haupteingangs gibt es ein griechisches Restaurant, das jedoch nicht allzu günstig ist. Ansonsten ist im Umfeld von rund fünf Kilometern nichts zu finden. Besser sieht es da im Innenstadtbereich aus.

STADION: **STIMMUNG:** **SERVICE:**

A29 Richtung Wilhelmshaven bis Kreuz Oldenburg-Ost, dann weiter auf der **A28** (Richtung Emden) bis **Oldenburg-Marschweg**, wo das Stadion direkt an der Abfahrt liegt. **Parken:** Unmittelbar an der Ausfahrt stehen unter der Autobahnbrücke einige Plätze zur Verfügung, die zumeist ausreichen. Wenn nicht: An der Weser-Ems-Halle parken und den Park+Ride nutzen.

Mit der Buslinie **3** kommt man vom bahnhofsnahen Lappan-Turm **direkt** zum Stadion.

OLDENBURG: Marschweg-Stadion

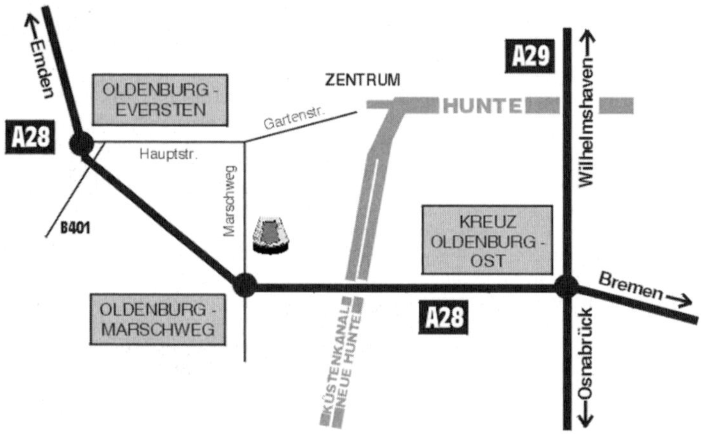

OSNABRÜCK: Piepenbrock-Stadion

Foto: Hardy Grüne

Kapazität: 20.154
Stehplätze: 16.854
Sitzplätze: 3.300

VfL Osnabrück, Bremer Straße 24, 49084 Osnabrück
Tel: 0541-72011 oder 72012, Fax: 0541-72014
www.vfl-osnabrueck.com

64 Jahre lang hieß die Spielstätte des VfL schlicht "Bremer Brücke". Dann erfüllte sich der langjährige Vereinspräsident und VfL-Mäzen Hartwig Piepenbrock einen Jugendtraum, kaufte die Anlage und gab ihr seinen Namen. Was Piepenbrock nicht bedachte: Die VfL-Fans scherten sich einen feuchten Kehricht um die Namensänderung und sprachen weiter von der "Bremer Brücke", ein Name, den das Stadion einer naheliegenden Eisenbahnüberführung verdankt.

Der Spatenstich für die im Stadtteil Schinkel gelegene Arena wurde am 21. November 1931 vorgenommen und war alles andere als komplikationslos. Ursprünglich handelte es sich bei dem ausgeguckten Areal nämlich um ein ziemlich sumpfiges Gebiet, das erst durch größere Hausmüllmengen trockengelegt werden konnte und sich im Besitz der lokalen Klöckner-Werke befand, die den Osnabrücker Fußballsport mit der Dauerleihgabe fördern wollten. Am 22. Mai 1933 konnte die rund 9.000 Menschen fassende "Bremer Brücke" schließlich ihrer Bestimmung übergeben werden. Seinerzeitiger Hausherr war der SC Rapid, eine 1925 aus dem VfL abgespaltete Fußballgemeinschaft mit Blickrichtung "Spitzenfußball", die nach einem rasanten sportlichen Aufschwung allerdings schon 1938 genug von der Eigenständigkeit hatte und in den Schoß des VfL zurückkehrte.

Der VfL kickte in jenen Tagen auf seinem seit 1907 genutzten Sportplatz Gartlage. Erst als jener im Sommer 1939 nationalsozialistischen Expansionsplänen weichen mußte, wechselten die Lila-Weißen zwangsläufig an die Bremer Brücke, wo im selben Jahr eine niedliche Sitzplatztribüne mit 500 Plätzen entstanden war, die den um ihre Heimat trauernden Lila-Weißen immerhin einen gewissen Komfort bot.

Nach dem Zweiten Weltkrieg erklomm der VfL allmählich die höheren Sphären des deutschen Fußballs. In legendären Oberligazeiten zählten die Lila-Weißen mit ihrem gefürchteten Torjäger Addi Vetter sogar zum Besten, was Norddeutschland zu bieten hatte. 1950 und 1952 qualifizierten sie sich für die Endrunde um die deutsche Meisterschaft, kamen dort jedoch nicht über die erste Runde hinaus. Angesichts des sportlichen Höhenfluges geriet die in den letzten Kriegstagen schwer beschädigte Bremer Brücke nach ihrer Wiedereröffnung am 27. Juli 1946 gleich mehrfach an ihre Grenzen und war mit seinerzeit immerhin

30.000 Plätzen des öfteren zu klein für das als begeisterungsfähig geltende Osnabrücker Publikum.

Da während der Erfolgsjahre kaum eine müde Mark in die Erhaltung der Bremer Brücke gesteckt worden war, bot die Arena in den später sechziger Jahren einen jämmerlichen Anblick. Als der VfL 1969 die Bundesliga-Aufstiegsrunde erreichte und vehement ans Tor zum Oberhaus klopfte, war daher guter Rat teuer. Eilig wurde eine provisorische Stahlrohr-Tribüne installiert, ehe sich Stadt und VfL gemeinsam an den völligen Umbau machten, der sich allerdings Ewigkeiten hinzog. Erst in der Ära Piepenbrock, einem schwerreichen Reinigungsfirmenbesitzer, der zunächst als Vizepräsident, ab 1977 dann als Präsident die Geschicke des VfL lenkte und die Lila-Weißen mit Macht (und Geld) in die Bundesliga führen wollte, wurden Nägel mit Köpfen gemacht. 1975 wurde eine neue Haupttribüne eröffnet, der wenig später Flutlichtanlage, neugestalteter Eingangsbereich und die beiden überdachten Hintertortribünen folgten.

Kleinere Renovierungsmaßnahmen schlossen sich an, so daß aus der maroden Bremer Brücke bald ein echtes Schmuckstück wurde, in dem selbst bei geringen Zuschauerzahlen prächtige Stimmung aufkommt. Einziges Manko ist die noch immer unüberdachte Gegengerade, deren Ausbau seit Jahren auf Eis liegt, da angrenzende Kleingärtner fürchten, daß ihr Gemüse nicht mehr genug Sonnenlicht bekommen könnte. Nichtsdestotrotz ist das "Piepenbrock-Stadion" ein "Erlebnispark" im wahrsten Sinne des Wortes, was vor allem der ausgezeichneten Atmosphäre zu verdanken ist. Heim- und Gästefans stehen in der reinen Fußballarena auf überdachten Rängen, das Spielfeld ist zum Greifen nahe, und der VfL bevorzugt stimmungsvolle Flutlichtspiele. Was will man da mehr?

Foto: Hardy Grüne

Ungeachtet diverser gescheiterter Wiederaufstiegsversuche versammelt sich weiterhin regelmäßig eine ansehnliche Zahl lila-weiß tragender Fans in der Westkurve, wenn der VfL zum Ball bittet. Osnabrücks Fans sind als lautstark bekannt - einige Trommler geben den Rhythmus an - und bringen mitunter auch nette Bengaloshows oder Schalparaden zustande. Die Gesänge und Spontanität beschränken sich auf das Übliche, doch da die Gesangsbereitschaft der Heimfans überproportional hoch liegt, ist die Stimmung zumeist ausgesprochen gut. Auswärts wird der VfL stets von einer vielköpfigen Schar begleitet.

Grundsätzlich gelten Osnabrücker Fans als freundlich und friedlich, wiewohl es in den letzten Jahren einige Situationen gegeben hat, in denen sich Teile der Osnabrükker Fanszene als gewaltsuchende Rowdies entpuppten. Insbesondere bei Derbys sollte man ein wenig die Augen offen halten.

Sitzplätze: 15 - 27 DM
Stehplätze: 10 (6) - 14 (9) DM
Gäste: Osttribüne

Gästefans werden auf der linken Osttribünenseite untergebracht, welche für gewöhnliche Begegnungen ausreichend Platz bietet. Bei Derbys oder größeren Begegnungen wird mitunter die gesamte Ostkurve zur Verfügung gestellt. Fazit: Sicht ausgezeichnet, Stimmungsfaktor hoch. Doch Vorsicht: Der Ordnungsdienst wird vom VfL-Fanzine "Fan-Time" mit: "Diese Herren scheinen in dem Glauben zu verharren, ihre Pflicht sei mit dem Abriß des Kontrollabschnitts bei den Tickets vollends erfüllt" beschrieben.

Fan-Shop Über Geschäftsstelle. **Lektüre** VfL-Aktuell, kostenlos, A4, farbig, ausgezeichnet recherchierte Artikel, vorzügliche Gästevorstellung, überaus lesenswert: Note 1! **Stadionsprecher** Wird von "Antenne Das Radio" gestellt und gibt sich alle Mühe, das Publikum in Wallung zu bringen. **Rolliservice** Rollstuhlplätze am Spielfeldrand. **Essen** Im Stadion nur Bratwurst, noch dazu schlechte. Deshalb besser schon vor dem Stadion mit Brezeln, Crêpes, Hamburger oder Pommes versorgen. **Trinken** Alkoholisches Bier, Cola, Fanta, Sprite, Kaffee, die fünfzig Pfennig Becherpfand können ziemlich nervig sein. **Toiletten** Sauber und gut. **Kneipen** Das "Video-Clip Café" direkt gegenüber des Stadions ist Lieblingsstätte der VfL-Fans. Weitere Lokalitäten aller Art finden sich auf beiden Seiten bzw. Richtungen der Bremer Straße.

STADION: ⚽⚽⚽⚽⚽ **STIMMUNG:** ⚽⚽⚽⚽⚽ **SERVICE:** ⚽⚽⚽

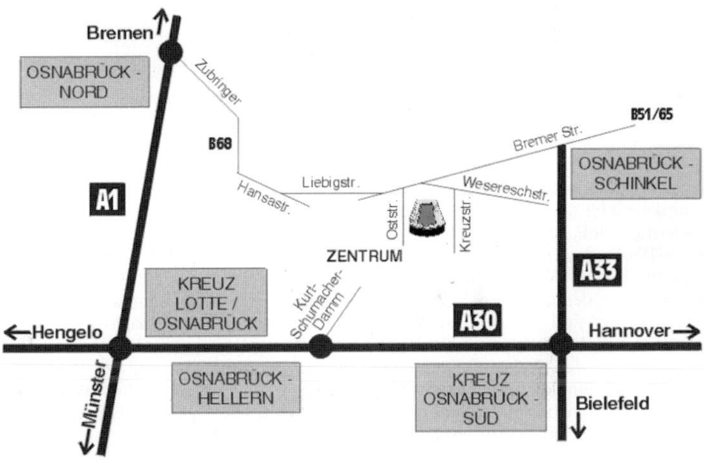

Aus Richtung **Bremen**: **A1** bis **Osnabrück-Nord**, dann weiter auf der B68 Richtung Innenstadt. Nach ca. 3 km unmittelbar hinter einer Eisenbahnbrücke links in die Liebigstraße, wenig später erneut links in die Bohmter Straße, die später zur Bremer Straße wird.
Aus Richtung **Hannover**: **A30** bis Kreuz Osnabrück-Süd, weiter auf der **A33** (ab Osnabrück-Lüstringen Schnellstraße) und nach einigen Kilometern an der Ampelkreuzung links in die **Bremer Straße**. Nach einigen Kilometern taucht schließlich links das Stadion auf.
Aus Richtung **Ruhrgebiet**/Niederlande: A1 bzw. A20 bis Kreuz Lotte/Osnabrück, dann weiter auf der **A30** Richtung Hannover bis **Osnabrück-Hellern**. Die gesamte City durchqueren (Kurt-Schumacher-Damm) bis zur Bremer Straße.
Parken: Einige wenige Straßenparkplätze. Alternative: Den ausgeschilderten Parkplatz Halle Gartlage benutzen. Von dort rund zehn Minuten Fußweg. **Achtung**: Bei stärkerem Besuch kommt es nach dem Spiel zu ellenlangen Verkehrsstauungen!

Aus dem Bahnhof rechts, über die Fußgängerüberführung, rund 20 Minuten Fußweg oder **Bus** Nummer **73** (ab Neumarkt) benutzen.

PADERBORN: Hermann-Löns-Stadion

Foto: Michael Seiß

Kapazität: 12.000
Stehplätze: 10.155
Sitzplätze: 1.845

SC Paderborn, Hermann-Löns-Str. 127, 33104 Paderborn
Tel: 05254-4500, Fax: 05254-4549
www.scpaderborn07.de

Hermann Löns war nicht etwa der erste Nationalspieler des SV Schloß Neuhaus, sondern ein volkstümlicher Schriftsteller (1866-1914), dessen Werke, u.a. "Mümmelmann" und "Was da kreucht und fleucht", von der Liebe zur Lüneburger Heide geprägt sind - dies nur als kleiner Exkurs für all die, die gerade Kreide holen waren, als der Kerl in Deutsch oder Heimatkunde durchgenommen wurde.

Das nach ihm benannte Stadion entstand in der Nachkriegszeit als biederer Sportplatz und erlebte seine erste einschneidende bauliche Veränderung anno 1982, als es der TuS Schloß Neuhaus bis in die Zweite Liga geschafft hatte: In Eigenleistung zog man eine überdachte Sitzplatztribüne hoch, auf der sich maximal 1.845 Menschen drängeln können, und erweiterte das Fassungsvermögen auf 15.000 Zuschauer. Ein Jahr später war der Klub aber schon wieder abgestiegen und kam trotz der Fusion mit dem 1.FC Paderborn (1985) sportlich nicht mehr so recht auf die Beine. Kein Wunder, daß man erst 1995 wieder Hand ans Stadion legte: Ein neuer Sicherheitszaun verschmälerte die Laufbahn um satte zwei Meter. Geht es nach dem Willen von Präses Wilfried Finke, der kurz nach seinem Amtsantritt 1997 die Umbenennung in SC Paderborn durchsetzte, soll diese bald schon gänzlich verschwunden sein. Denn aus der ursprünglich als Mehrzweckanlage genutzten Sportstätte soll ein reines Fußballstadion mit Flutlicht und Anzeigetafel werden. Nachdem es zunächst so aussah, als könne die neue Arena bereits zur Saison 98/99 eröffnet werden, mußte der Umbau schließlich aus finanziellen Gründen vertagt werden. Wann es auch immer so weit sein wird: Das Hermann-Löns-Stadion steht vor einer vielversprechenden Zukunft.

Eine Fanszene in dem Sinne gibt's in Paderborn eigentlich nicht, dafür aber immerhin eine (je nach Tabellenstand) mäßige bis ordentliche Anzahl beschalter Leute, die sich traditionell auf der Gegengeraden (Block H-K) treffen. Gäste stehen in der Kurve gegenüber des Verwaltungsgebäudes (Block F und G).

Preise Die Ermäßigungen gelten für Rentner, Jugendliche, Schüler, Studenten und Schwerbeschädigte, 6-14jährige Schüler stehen für 5 DM. **Rolliservice** Rollstuhlfahrer zahlen den ermäßigten Preis (oder auch gar nix, kommt auf die Laune der Kassenwärter an) und dürfen auf die Laufbahn. Vor dem Stadion existieren zudem Behindertenparkplätze. **Fanshop** Ein kleiner Stand unterhalb der Geschäftsstelle bietet während der Spiele SC-Paderborn-Memorabilia feil. **Lektüre** Nunmehr im dritten Jahr erscheint das Stadionheftchen "Go for Gold" – mit den 16 A4-Seiten kann man eigentlich ganz zufrieden sein. Nicht zuletzt, weil es kostenlos ist. **Essen** Bratwurst, Bockwurst und Pommes gehören zum recht schmackhaften Standardprogramm, hin und wieder bietet der Chefgastronom im Hermann-Löns-Stadion auch solch Spezialitäten wie Frikadellen oder Koteletts an. Bei bestimmten Anlässen gibt's auch schon mal Kuchen. Selbstgemacht, versteht sich. **Trinken** Das Bier heißt Warsteiner, doch wenn "diese Rowdytruppen kommen", fließt es nur in der leichten Variante aus dem Faß bzw. Flaschenhals. Daneben gibt's Cola, Fanta, Wasser und (guten) Kaffee. **Kneipen** Die kleine Stadiongaststätte bleibt nach dem Kick den VIPs vorbehalten, in der näheren Umgebung ist der Hund begraben. Also auf gen Zentrum, in dem man sich z.B. nach dem "Kump" am Westerntor oder dem Viertel Kisau durchfragen kann.

Sitzplätze: 20 (15) - 22 DM
Stehplätze: 12 (8) DM
Gäste: Block F + G

STADION: ⚽⚽ **STIMMUNG:** ⚽⚽ **SERVICE:** ⚽⚽

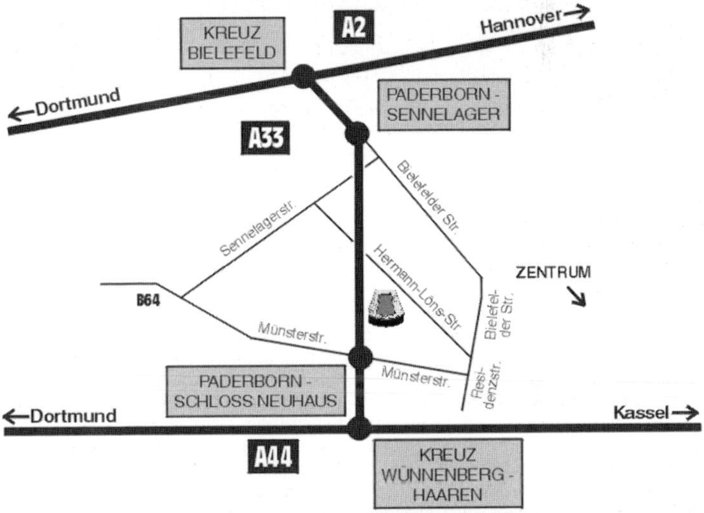

Von **Dortmund** oder **Hannover**: Über die **A2** bis zum Kreuz Bielefeld, dort auf die **A33** gen Kassel und an der Abfahrt **Paderborn-Sennelager** (24) heraus. Rechts auf die Bielefelder Straße und ab Sennelager der **Ausschilderung** "Hermann-Löns-Stadion" folgen. Die Paderborner Arena liegt nach wenigen Metern am Ende eines Wohngebietes auf der linken Seite. Achtung: Die Hermann-Löns-Straße wird gegebenenfalls in stadtauswärtiger Richtung gesperrt!
Von **Kassel** oder **Soest**: Über die **A44** bis zum Kreuz Wünnenberg-Haaren, dort auf die **A33** gen Bielefeld und an der Abfahrt **Paderborn-Schloß Neuhaus** (25) heraus. Links auf die Münsterstraße, an der ersten Kreuzung links auf die Residenzstraße, die in die Bielefelder Straße übergeht, von der wiederum nach kurzer Zeit links die Hermann-Löns-Straße abzweigt. Mit dem **Parken** gibt es im Normalfalle **keinerlei Probleme**, zur Not weiche man auf die Stellplätze am Hatzfelder Platz aus und laufe die Hermann-Löns-Straße zum Stadion hoch.

Vom Bus- am Hauptbahnhof fährt die **Buslinie 1** (Richtung Sennelager Infanterieweg) bis zum **Hatzfelder Platz**, dort steigt man in die **Linie 58** (gen Sande Sunderkampstraße) um und hat nach insgesamt knapp 25 Minuten das Ziel der Reise erreicht. Zu **Fuß** dauert's noch **länger**.

Foto: Dirk Schulz

Kapazität: 10.000
Stehplätze: 9.568
Sitzplätze: 432

SC Pfullendorf, Am Einfang 33, 88630 Pfullendorf
Tel: 07552-1833, Fax: 07552-6843
www.scp.regiotip.de

Auf den Besucher wirkt das Waldstadion eher unschuldig und gemütlich. Nichts ist zu ahnen von der turbulenten Vergangenheit der Arena, keine Anzeichen zu finden von der Arbeit, der Kraft und auch dem Geld, das sie schon verschlungen hat, seit sie 1955 ihrer Bestimmung übergeben wurde.

Pfullendorfs erstes Fußballfeld befand sich dort, wo heute das sog. "Linzgau-Center" steht. 1931 hatte man dort ein Spielfeld geschaffen, das nach dem 2. Weltkrieg zunehmend Sorge bereitete. Zu klein war es für den aufstrebenden SCP, so daß sich die Verantwortlichen nach einem neuen Gelände umsehen mußten. Anfang der 50er Jahre wurden sie schließlich im Tiefental fündig, wo in Eigenarbeit das "erste" Waldstadion entstand, das am 25. September 1955 eingeweiht wurde. Es handelte sich um eine idyllisch in den Wald eingebettete Anlage, die auf ihrem Südhang einige Sitzplätze aufwies und den Zwecken des seinerzeitigen A-Ligisten vollauf genügte.

Doch kaum war die Freude über die neue Arena etwas verklungen, tauchten Probleme aus. Offensichtlich hatte man beim Bau an der falschen Stelle gespart, denn die Drainage ließ arg zu wünschen übrig. 1962 hatten die Rot-Weißen die Nase voll und machten sich an die Mängelbeseitigung. Übergangsweise zogen die Kicker auf ein "Theuerbach-Provisorium" genanntes Gelände um, derweil im Tiefental das "neue" Waldstadion entstand. Drei Jahre später konnten die Rot-Weißen zurückkehren und sich über eine schmucke Mehrzwecksportanlage freuen, die allerdings nur über einen Hartplatz verfügte. Doch auch das gehörte bald der Vergangenheit an, denn im August 1967 konnten ein gepflegter Rasenteppich sowie vorbildliche Umkleidekabinen in Empfang genommen werden. Parallel zum sportlichen Aufschwung des SCP (1976 Aufstieg in die 1. Amateurliga) wurde mit dem Bau der überdachten Sitzplatztribüne begonnen, die am 8. Juli 1977 mit einem Freundschaftsspiel gegen München 60 ihrer Bestimmung übergeben wurde. Neben 432 Sitzplätzen verfügte das Bauwerk über zusätzliche Umkleidekabinen sowie eine kleine Gaststätte. 1980 erreichte der sportliche Höhenflug des SCP mit dem Aufstieg in die Oberliga seinen ersten Höhepunkt, was dazu führte, daß das Waldstadion (und insbesondere der Tribüneninnenraum) aus allen Nähten platzte. 1983 wurde daher ein zweiter Rasenplatz eingeweiht, derweil das Waldstadion beim Pokalgastspiel des damaligen Bundesligisten Eintracht Braunschweig am 27. August 1984 mit 4.250 Zuschauern Rekordkulisse vermeldete. Wenig später rollten schon wieder Bagger an, denn die Tribüne wurde zum Ende der Saison 1988/89 zunächst komplett ab- und kurz darauf wieder aufgebaut. Hintergrund: Aus den ursprünglich 145 qm Innenfläche wurden dadurch 320. Seither ist man beim SCP mit dem Waldstadion zufrieden und freut sich am größten Fußballschmuckstück zwischen Schwäbischer Alb und Bodensee.

Allgemein erfreut sich der SCP großer Beliebtheit in der Region und verfügt - natürlich - auch über einen Fan-Club. Er steht auf der Gegengeraden, nennt sich "Fair Play" und ist für gewöhnlich auch bei Auswärtskicks anzutreffen. Anhänger der Gastelf dürfen sich ihren Platz im Waldstadion selbst aussuchen und müssen mit keinerlei Störungen seitens womöglich raufwütiger Einheimischer rechnen.

Sitzplätze: 12 (8) - 18 DM
Stehplätze: 20 DM
Gäste: wurscht

Fan-Shop Über Geschäftsstelle. **Rolliservice** Rollstuhlplätze am Spielfeldrand. **Essen** Wurst. **Trinken** Alkoholisches Bier, Cola, Fanta, Kaffee. **Toiletten** Akzeptabel. **Kneipen** Erste Adresse ist das "Stadion-Restaurant", alles weitere findet sich im Pfullendorfer Zentrum.

STADION: ⚽⚽ **STIMMUNG:** ⚽⚽ **SERVICE:** ⚽⚽⚽

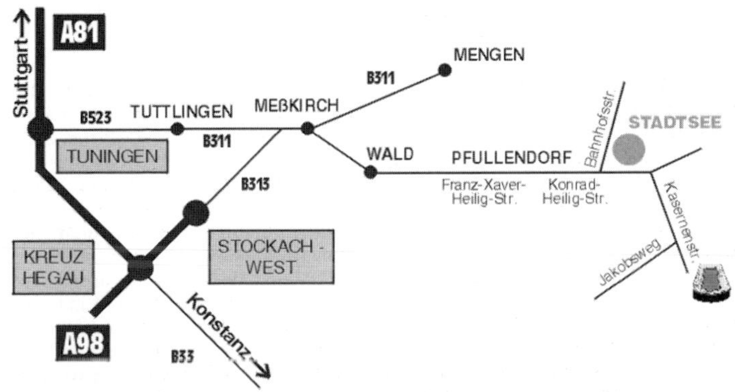

Von der **A81** aus Richtung **Stuttgart**: Bis zur Abfahrt Tuningen, dann weiter auf der **B523** Richtung Tuttlingen. Durch Tuttlingen hindurch und weiter auf der **B311** Richtung Messkirch. In Messkirch rechts weiter in Richtung Wald, Pfullendorf. In Wald schließlich links Richtung Pfullendorf. In Pfullendorf auf der Franz-Xaver-Heilig-Straße Richtung Zentrum, am Stadtsee (links) und unmittelbar nach dem Stadtgarten rechts in die Kasernenstraße zum Stadion. Aus Richtung **Singen**: Am Autobahnkreuz Singen auf die **A98** Richtung Stockach bis zur Ausfahrt Stockach-West. Stockach auf der **B313** (Richtung Messkirch, Sigmaringen) durchqueren und nach rund 20 km in der Ortschaft Krumbach rechts Richtung Sauldorf, Wald, Pfullendorf. In Pfullendorf weiter wie oben. **Parken:** Am Anfang der Kasernenstraße befinden sich auf beiden Seiten Parkplätze. Ansonsten Straßenparken.

Ein Problem. Mit dem Zug kommt man nur bis Sigmaringen, von wo aus die Überlandbuslinien **102** und **103** nach Pfullendorf fahren. Was samstags zumindest auf dem Hinweg noch klappt (Bus 103 verläßt Sigmaringen um 13.06 Uhr und kommt um 13.50 in Pfullendorf an), ist nach dem Spiel und während des gesamten Sonntages **unmöglich**.

Foto: Burkhard Schulz

Kapazität: 10.000
Stehplätze: 9.000
Sitzplätze: 1.000

VFC Plauen, Nach dem Stadion 25, 08525 Plauen/Vogtland
Tel: 03741-526966, Fax: 03741-527717
home.t-online.de/home/lutzl@t-online.de/vfc.htm

Lange Zeit war das Vogtlandstadion für nebenbei an Architekturgeschichte interessierte Fußballfans eine wahre Fundgrube, denn nirgendwo sonst konnte man die zu Stein gewordenen Vorstellungen nationalsozialistischer Sportstättenphilosophie komprimierter vorfinden und besser studieren. Alle klassischen Attribute waren vorhanden: Mehrzweckkampfbahn, sanft ansteigende und verhältnismäßig breite Tribünenränge mitsamt rustikalen Sitzgelegenheiten, das unvermeidliche Marathontor und natürlich der allgegenwärtige, Naturnähe vermittelnde Wald.

Inzwischen hat in der 1935 eröffneten Arena allerdings die Moderne Einzug gehalten, denn seit dem Aufstieg des heimischen "Vogtländischen FC" in die Regionalliga (1996) ist nahezu permanent an dem Stadion gewerkelt worden. Heraus kamen u.a. eine Anzeigetafel (1994, in der Südkurve), eine Flutlichtanlage (am 8. Oktober 1997 mit einem Freundschaftsspiel gegen Arminia Bielefeld eingeweiht) und seit dem 1. April 1999 (0:2 gegen Stepis VfB Leipzig) endlich auch eine überdachte Tribüne mit 1.380 Sitzplätzen, auf die sie in Plauen besonders lange haben warten müssen. Inzwischen ist aus der zuvor eher faden Sportarena ein nettes Fußballstadion geworden, dessen Entwicklung, wie die des VFC, wohl noch längst nicht beendet ist. Rund 10.000 Menschen passen derzeit in das Vogtlandstadion, das einst für 25.000 konzipiert und zu DDR-Zeiten vom Zweitligisten Vorwärts Plauen genutzt worden war. Großen Fußball sah die Arena allerdings nur selten, denn Plauens Fußballer - gleich ob nun Vorwärts oder VFC-Vorläufer Motor, der allerdings in der Regel im sogenannten "Lindentempel" kickte – dümpelten zumeist in der zweiten oder dritten Liga herum. Lediglich Mitte der sechziger Jahre gab es einen klitzekleinen Aufschwung. 1964 beispielsweise strömten zu einem Punktspiel zwischen Motor/WEMA Plauen und Motor Karl-Marx-Stadt mehr als 15.000 Neugierige. Fünf Jahre später lockte die UEFA-Juniorenturnier-Partie zwischen Bulgarien und der Bundesrepublik Deutschland sogar die Rekordkulisse von 20.000 in Plauens Norden.

Nach Freigabe der neuen Tribüne, die übrigens in der Mitte geteilt ist, weil das Marathontor nicht angetastet werden sollte, präsentiert sich das Stadion in einem ausgezeichneten Zustand und harrt der Dinge, die da kommen. Für den Besucher ist jedenfalls klar: Ein Sonntagnachmittag im landschaftlich reizvoll gelegenen Vogtlandstadion ist alles andere als vertane Zeit.

Der VFC ist die Fan-Hochburg im Vogtland. Wie eine Wand stehen die Plauener hinter ihren Schwarz-Gelben, die in der Oberligasaison 1995/96 einen Zuschauerrekord nach dem anderen aufgestellt haben. Plauens Fan-Clubs hören auf Namen wie "Mitte", "Rockinger", "Tunnel", "de Brazil" und "Oelsnitz" und sind auch auswärts stets vertreten. Allerdings: Während die Plauener ihren VFC nahezu vorbildlich unterstützen, klagt der VFC zugleich über mangelndes Interesse der Fans aus der Region am höchstklassigen Fußballklub des Vogtlandes.

In puncto Gewalt ist das Vogtlandstadion eine hermetisch abgeriegelte "friedliche Oase inmitten rauer und nicht ungefährlicher See". Während Gästefans bekanntlich in anderen sächsischen Regionalligastadien ausnahmslos auf der Hut vor eventuellen Krawallmachern sein müssen, herrscht in Plauen nette Atmosphäre - was allerdings nur bedingt für Ordnungsdienstler und Polizisten gilt. Die Sicht vom Gästeblock in der Südkurve (neben der Anzeigetafel) ist unumwunden als "gut" zu bezeichnen.

Sitzplätze: 17 (14) DM
Stehplätze: 12 (10) DM
Gäste: Südkurve

Fan-Shop VFC-Fanshop, Pausaer Straße 113, 08525 Plauen, Tel: 225711, Mi 17.00-19.00, Do 15.00-18.00, Fr 13.00-16.00 Uhr. **Lektüre** Der Stadion Kurier, A5, s/w, 1 DM, brauchbar. **Rolliservice** Rollstuhlplätze auf der Laufbahn. **Essen** Wurst. **Trinken** Bier, Cola, Fanta, Wasser, Kaffee. **Toiletten** Gut. **Kneipen** Im Stadionumfeld mau. Wem das Casino nicht genügt, der macht sich am besten auf den Weg Richtung Zentrum.

STADION: ⚽⚽⚽ **STIMMUNG:** ⚽⚽⚽ **SERVICE:** ⚽⚽⚽

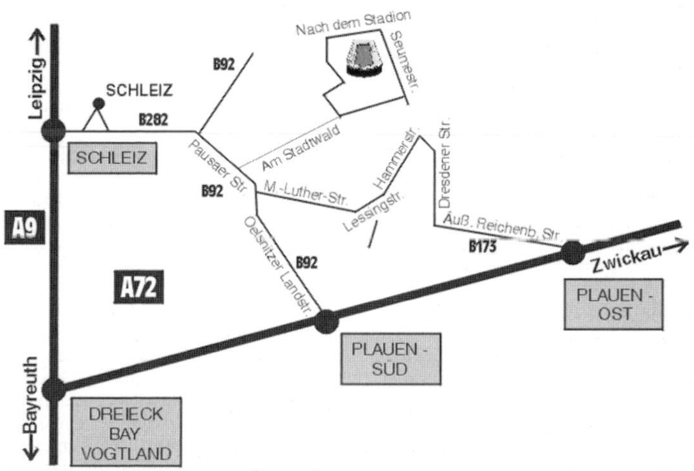

Die **A72** (Zwickau/Chemnitz) an der Ausfahrt **Plauen-Ost** verlassen und auf der **B282** weiter in Richtung Schleiz. Im nördlichen Stadtteil Haselbrunn geht es schließlich kurz vor dem Ortsende rechts Richtung Stadion. Parken: Bei normalen Begegnungen ausreichend Parkraum im Umfeld vorhanden.

Mit Straßenbahn Nummer **1** oder **4** kommt man vom Hauptbahnhof bis zum Stadtwald (Richtung **Plamag**), von wo aus es noch rund **zehn** Fußminuten zum Stadion sind.

POTSDAM: Karl-Liebknecht-Stadion

Foto: Burkhard Schulz

Kapazität: 14.450
Stehplätze: 12.650
Sitzplätze: 1.800

SV Babelsberg 03, Karl-Liebknecht-Str. 112, 14482 Potsdam
Tel: 0331-705800, Fax: 0331-705803

Die einen sprechen liebevoll vom "Karli", die anderen bezeichnen es mit verklärten Augen als "Schmuckkästchen". Egal, was einem lieber ist: Das Babelsberger Karl-Liebknecht-Stadion löst Emotionen aus – und zwar angenehme. Die reine Fußballarena zählt zweifelsohne zu den schönsten ihrer Art und ist auch atmosphärisch einen Besuch wert.

Fußball gespielt wird in dem Areal schon seit rund fünfzig Jahren. Irgendwann kurz nach dem zweiten Weltkrieg entstand ein von einer Handvoll Stehtraversen umsäumtes Fußballfeld, das allerdings nicht gerade die Bezeichnung "Stadion" verdiente. Genutzt wurde es von der SG Babelsberg, die in den frühen fünfziger Jahren als Märkische Volksstimme bzw. Rotation Oberligafußball ins "Karli" brachte. Später kickten auch der SC Postdam sowie SV 03-Vorläufer Motor in der an den Park Babelsberg grenzenden Arena.

Mitte der siebziger Jahre wurde aus dem Karl-Liebknecht-Sportfeld das Karl- Liebknecht-Stadion, das am 10. Juli 1976 mit einem Spiel zwischen Motor Babelsberg und der DDR-Olympiaauswahl (0:5) eingeweiht wurde. Das komplett umgebaute Areal faßt seitdem rund 20.000 Menschen, von denen gut 1.000 in dem kombinierten Bauwerk "überdachte Tribüne/Sozialräume" Regenschutz finden. Durchaus interessant die Tribünenüberdachung aus Wellblech, die so leicht ist, daß keine störenden Stützpfeiler nötig sind. Auch ´ne Lösung!

Anschließend hat das "Karli" sein Outfit nur unwesentlich verändert. Lediglich Renovierungs- und Ausbesserungsarbeiten wurden durchgeführt und haben dafür gesorgt, daß es sich heute in einem ausgezeichneten Zustand befindet. Fazit: 17 Stehtraversen Marke "solide" auf der Parkseite sowie der Gegengeraden, deren neun auf Straßenseite und eine ebenfalls neunreihige Sitzplatztribüne bilden einen stimmungsvollen Ground, in dem die Zuschauer hautnah dabei sind. Für Liebhaber reiner Fußballarenen ist das Karl-Liebknecht-Stadion Pflichtbesuch.

Das Schmuckkästchen hat ein Publikum, wie es ihm gebührt: Vielköpfig, lautstark und fachkundig. Ein Besuch im "Karli" darf somit auch aus zuschauertechnischen Gründen empfohlen werden, wenn sich auch Babelsbergs Fan-Szene zum Großteil eher aus jüngeren Anhängern zusammensetzt - der Klub hat eben lange Zeit keine große Rolle gespielt und somit kaum Fans angelockt. Allemal lesenswert das sporadisch erscheinende Fanzine "Abseits", das entweder im

Stadion oder über die Vereinsadresse zu erhalten ist. Darin liest man auch regelmäßig über die Folgen der dubiosen Anordnung, daß die 03-Fans ihren angestammten Platz auf der Parkseite (Nordkurve) seit Beginn der Saison 98/99 den Gästefans überlassen müssen, da nach Ansicht der Polizei der An- und Abmarsch dadurch besser (und sicherer) zu bewältigen sei. Weder massive Proteste noch eine Flugblattaktion hatten den Zwangsumzug verhindern können, so daß den Gästefans nun der schönste Platz im "Karli" zur Verfügung steht, während die 03er auf Gegengerade bzw. Nordkurve unterkommen müssen. Achtung: Mitunter sind einige Anhänger der dritten Halbzeit zugegen. Vor allem nach dem Spiel sollte man daher ein wenig Obacht geben.

Sitzplätze: 15 (10) DM
Stehplätze: 10 (5) DM
Gäste: Ostkurve

Fan-Shop Sport Metzler, Karl-Liebknecht-Str. 33, 14482 Potsdam (gegenüber der Geschäftsstelle). **Lektüre** Stadion-Kurier, 2 DM, A5, farbig, brauchbar, aber teuer. **Rolliservice** Rollstuhlplätze vor der Haupttribüne, keine Toiletten. **Essen** Bockwurst. **Trinken** Alkoholhaltiges Bier, Cola, Sprite, Wasser, Kaffee, Obstwein. **Toiletten** Mäßig und vor allem zu wenige (Haupttribüne). **Kneipen** Entlang der Karl-Liebknecht-Straße in Richtung Potsdam gibt es zahlreiche Lokalitäten, Kneipen und Biergärten. Tips: Hiemke (K.-Gruhl-Str./Querstraße gegenüber des Stadioneingangs) oder das Weisenhaus am S-Bahnhof Babelsberg.

STADION: **STIMMUNG:** **SERVICE:**

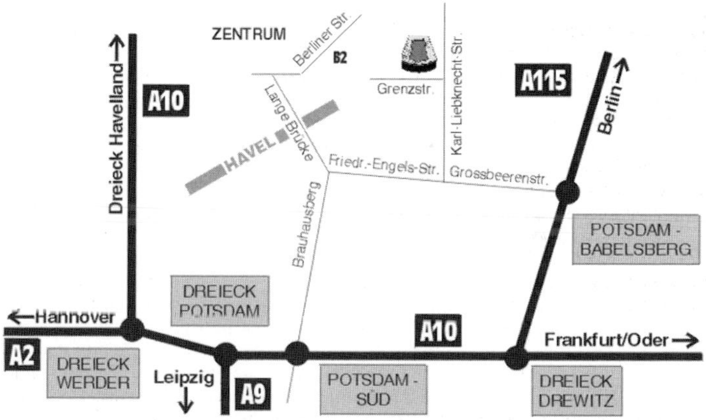

Die **A10** (Magdeburg/Dresden) an der Abfahrt **Potsdam-Süd** (Michendorf, Beelitz) verlassen und weiter auf der **B2** Richtung Potsdam bzw. nach der Ortsgrenze Richtung Zentrum/Babelsberg. Weiter auf der Friedrich-Engels-Straße (Richtung Park Babelsberg) bis zu einer ziemlich **unübersichtlichen** Kreuzung, wo es links in die **Karl-Liebknecht-Straße** geht (Richtung Hotel Alte Rennbahn, an der "Drogerie am Lutherplatz" vorbei). Nach rund zwei Kilometern taucht **links** das Stadion auf. **Parken:** Nahezu ausschließlich an den umliegenden Straßen, wobei der zur Verfügung stehende Parkraum eher knapp bemessen ist.

Vom Berliner Bahnhof Zoo fährt die S-Bahn direkt zum S-Bahnhof Babelsberg (S7 o. S3, jeweils Richtung Potsdam-Stadt). Wer zu faul ist, die dann noch anstehenden knapp zwei Kilometer bis zum Stadion zu laufen, kann vom S-Bahnhof Babelsberg in Bus Nr. 693 einsteigen, den man an der Haltestelle Spindelstraße wieder verläßt. Vom Hbf. Potsdam eine Station mit der S-Bahn S7 (gen Wartenberg/Ahrensfelde) oder S3 (Erkner) bis Bahnhof Babelsberg fahren.

REUTLINGEN: Stadion an der Kreuzeiche

Foto: Hardy Grüne

Kapazität: 18.000
Stehplätze: 16.500
Sitzplätze: 1.500

SSV Reutlingen 05, Schlattwiesenstr. 25, 72768 Reutlingen
Tel: 07121-230112, Fax: 07121-924636

Nicht Fisch, nicht Fleisch - Reutlingens Kreuzeiche ist ein Stadion, das keinen so recht glücklich macht. Für einen regelrechten Fußballtempel fehlt ihm jedenfalls die Architektur, denn ursprünglich war die inzwischen überwiegend zum Balltreten genutzte Arena eine Leichtathletik-/Fußballanlage, denen bekanntermaßen das "gewisse Etwas" fehlt.

Immerhin ist die Kreuzeiche in einem Top-Zustand, mit knapp 18.000 Plätzen durchaus für Großereignisse geeignet und bietet zudem gut 1.500 Menschen regensichere Sitzplätze. Ein wenig außerhalb des Zentrums gelegen, fehlt es ihr vor allem an Ausstrahlung, zumal der Zuschauerzuspruch der 05er auch nicht gerade umwerfend ist. Von den über 18.000, die anno 1965 anläßlich des Bundesliga-Aufstiegsspiels gegen Borussia Mönchengladbach den noch heute gültigen Rekord aufstellten, träumen die Männer mit dem Hirschgeweih auf dem Jersey jedenfalls heute nur noch.

Zwölf Jahre zuvor war das Gelände mit einem Freundschaftskick gegen Fritz Walters 1. FC K'lautern eingeweiht worden, nachdem der SSV in seinem alten Stadion "Am Ringelbach" keine Zukunft mehr gesehen hatte. Der dortige Sandschlackenplatz und die ambitionierten Pläne des seinerzeitigen SSV-Vorsitzenden Hans Kern ("Bundesliga") hatten nicht mehr zueinander gepaßt.

Von Bundesliga konnte man am Fuße der Alb aber trotz neuer Arena nur träumen, denn sportlich ging es gelinde gesagt beschaulich zu. Selbst als man 1975 den Sprung in die 2. Bundesliga schaffte, löste das in Reutlingen, übrigens eine der wohlhabendsten Gemeinden der Bundesrepublik, nicht unbedingt Begeisterungsstürme aus. Zehn Jahre später stand der inzwischen in die Viertklassigkeit abgerutschte SSV 05 sogar vor dem finanziellen Aus, welches erst in letzter Sekunde abgewendet werden konnte. 1985 klappte es mit der Rückkehr in die Drittklassigkeit, woraufhin die Kreuzeiche 1989 einer Generalrenovierung unterzogen wurde, bei der die überdachte Tribüne erweitert und sämtliche Stehtraversen erneuert wurden.

Seither präsentiert sich Reutlingens Fußballstolz in einem grundsoliden, aber leider auch langweiligen Zustand. Anzeigetafel und Flutlicht sucht man vergeblich, Stimmung zumeist auch.

Wie gesagt, Fußball-Hochburg war Reutlingen nie. Daß dem noch immer so ist, wird rasch deutlich, wenn der SSV 05 zum Heimkick bittet, denn außer vereinzelten Rufen irgendwelcher Unverdrossener (oder sind es gar Unverfrorene?) ist nicht viel zu hören. Die Jungs und Mädels vom rührigen Fan-Club - je nach Tabellenstand zwischen 20 und 50 Köpfe stark - haben es jedenfalls verdammt schwer, in der atmosphärenfeindlichen Kreuzeiche so etwas wie Stimmung zu erzeugen. SSV-Fans sind im Block C auf der Gegengeraden oder auf der Haupttribüne zu finden. Wenn es zu Lokal- oder Regionalderbys kommt, sollte man als Gastfan ein wenig die Augen offen halten, ansonsten kann man bedenkenlos farbentragend auf der Gegengeraden Platz nehmen.

Sitzplätze: 25 DM
Stehplätze: 12 DM
Gäste: Gegengerade

Lektüre Anpfiff, kostenlos, A4, s/w, langweiliges Layout, guter Inhalt, von den Herausgebern des Reutlinger Wochenblatts gemacht. **Rolliservice** Rollstuhlplätze auf der Laufbahn. **Essen** Bratwurst und Süßigkeiten. **Trinken** Strengstes Alkoholverbot, Cola, Fanta, Spezi, Wasser. **Toiletten** Ausgezeichnet. **Kneipen** Stadiongaststätte (oft überfüllt), Fankneipe: Sports Bar (Karlstr. 28).

STADION: ⚽⚽ **STIMMUNG:** ⚽⚽ **SERVICE:** ⚽⚽

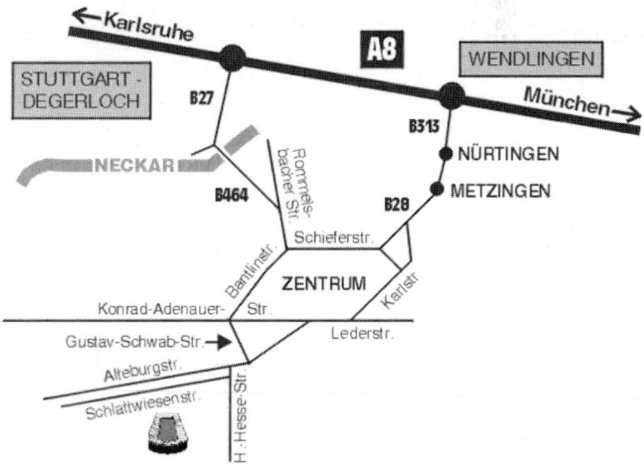

A8 aus Richtung Karlsruhe/Stuttgart: Die Autobahn an der Ausfahrt Degerloch verlassen und weiter auf der **B27** in Richtung Tübingen/Reutlingen. Nach einigen Kilometern links Richtung Wannweil/Reutlingen weiter in Richtung Reutlingen-Zentrum (Wannweiler Straße). Hinter dem Rathaus rechts und sogleich wieder links auf die **Steinachstraße** (B384), die später zur Tübinger Straße wird. An der nächsten großen Kreuzung rechts auf die **B28** (Richtung Tübingen), die man an der zweiten Ausfahrt wieder verläßt, um auf der Gustav-Schwab-Straße bis zur Alteburgstraße (L383) weiterzufahren. Dort rechts in Richtung Bronnweiler zum Stadion. Von der **A8** aus Richtung **München**: Bis zur Ausfahrt **Wendlingen**, dann weiter auf der B313/B28 Richtung Nürtingen/Metzingen/ Reutlingen. Im Stadtbereich stets auf der **B28** bleiben. Nach der Kreuzung mit der Tübinger Straße die zweite Abfahrt nehmen und über die Gustav-Schwab- zur Alteburgstraße, auf der man rechts (Richtung Bronnweiler) zum Stadion kommt.
Parken: Wenn der Parkplatz direkt am Haupteingang voll ist, wird mit Sicherheit auf dem Parkplatz "Kreuzeiche" noch Platz sein. Um dort hinzukommen fährt man die Schlattwiesenstraße weiter am Verkehrsübungsplatz vorbei und dann rechts.

Mit den **Buslinien 4** (Richtung Hohbuch) und **5** (Gönningen) kommt man direkt vom Hauptbahnhof zum **Stadion** (Aussteigen bei Kreuzeiche Stadion, Freibad). Linie **8** (Richtung Markwasen) kann ebenfalls benutzt werden (Markwasen aussteigen, dann rund 500 Meter Fußweg).

ROSTOCK: Ostseestadion

Foto: Burkhard Schulz

Kapazität: 24.500
Stehplätze: 3.000
Sitzplätze: 21.500

Hansa Rostock, Trotzenburger Weg 14, 18057 Rostock
Tel: 0381-499990, Fax: 0381-4999970
www.fc-hansa-rostock.de

Im Jahre 1950 machten sich Aufbauhelfer an die Errichtung eines großen Fußballstadions, obwohl Rostock zum damaligen Zeitpunkt diesbezüglich nicht gerade als Hochburg zu gelten hatte. Rund zwei Jahre später stieg im fernen Erzgebirge die dortige BSG Empor Lauter in die Oberliga auf, vermochte sich in der Folge aber nicht gegen die Konkurrenz aus Westsachsen durchzusetzen: Wismut Aue und Motor Zwickau waren einfach zu stark. So wurde das komplette Team schließlich im Oktober 1954 unter Mitwirkung von Harry Tisch, der damals als Ratsvorsitzender des Bezirks Rostock fungierte, an die Ostsee verpflanzt - erstmals konnten sich die Fußballanhänger in der Hafenstadt nun über einen Erstligisten, den SC Empor Rostock, freuen. Da traf es sich natürlich gut, daß am 27. Juni 1954 auch das Ostseestadion seiner Bestimmung übergeben werden konnte. Die Arena bot 30.000 Zuschauern Platz und war am 26. September beim Länderspiel der DDR gegen Polen (0:1) erstmals ordentlich gefüllt.

Daß sich die Rostocker Nachfrage nach gutem Fußball jedoch nicht nur auf die Nationalelf beschränkte, zeigte sich beim ersten Heimkick des SC Empor (aus dem elf Jahre später der FC Hansa entstehen sollte) am 14. November 1954, den über 17.000 Menschen sehen wollten – für DDR-Verhältnisse geradezu sensationell. Auch in der Folgezeit entpuppte sich Rostock als Zuschauerhochburg – derweil wurde das Ostseestadion weiter ausgebaut. 1968 versah man die Haupttribüne mit einer Überdachung, 1971 folgten vier Flutlichtmasten, womit sich die im Hansa-Viertel gelegene Arena nun auch für etwaige internationale Auftritte gerüstet zeigte. Doch daraus wurde nichts – und auch bei der nationalen Trophäenjagd ging Rostock stets leer aus: Viermal errang man "nur" die Vizemeisterschaft, fünfmal gingen die Kicker sieglos aus dem Pokalfinale hervor. Immerhin gelangte Hansa 1991 als letzter Meister der DDR in die gesamtdeutsche Bundesliga.

Nachdem man bereits 1988 die alte Aschenbahn durch eine modernere Variante aus Tartan ersetzt hatte, wurden drei Jahre später auch am Stadion selbst umfangreiche Modernisierungsarbeiten vorgenommen: Neben der Installation einer Videoüberwachungsanlage erweiterte man die Flutlichtkapazität auf satte 1.380 Lux und errichtete neue Sicherheitszäune sowie Blockabtrennungen. Im Februar 1992 folgte die moderne Vollmatrixanzeigetafel (21 x 7,5m), die seither ihre computergesteuerten Dienste in der Nordkurve verrichtet. Seitdem harrt das Ostseestadion der Dinge, die da kommen mögen. Und wie es derzeit aussieht, kommt da in der Tat bald etwas auf die Arena zu: der Umbau in ein reines und komplett überdachtes Fußballstadion.

Nachdem eine Ausschreibung der Stadt Rostock zu diesem schon seit längerem geplanten Projekt im Frühjahr 1998 ohne Ergebnis blieb, nahm der FC Hansa die Sache selbst in die Hand und präsentierte wenige Monate später ein neues Konzept. Dieses sieht eine Stadionkapazität von 25.000 Sitzplätzen vor, die bei Bedarf auf 30.000 Plätze (davon 10.000 zum Stehen) steigerbar ist - während der Arbeiten sollen übrigens stets 20.000 Zuschauer den Heimspielen beiwohnen können. Im fertigen Zustand wird sich das neue Ostseestadion dann einer kompletten Überdachung erfreuen, und neben einer Erhöhung des allgemeinen Komforts, mit dem man eine neue Zuschauerklientel anzulocken hofft, will man sich auch einer stark verbesserten Verkehrssituation widmen: Rund ums Stadion soll ein Ringverkehr eingerichtet werden, auch das derzeitige Parkplatzkontingent wird deutlich aufgestockt. Noch steht die Finanzierung des 55 Mio. DM schweren Projektes, an dem mit der Sportagentur SRS und dem holländischen Bauunternehmen HBM zwei renommierte Firmen beteiligt sind (die HBM war u.a. bei der Schalke-Arena und dem Gelredome in Arnheim dabei), zwar nicht hundertprozentig, doch die Verhandlungen mit den Banken laufen ganz vielversprechend - bei Hansa ist man optimistisch, im Februar 2000 mit den knapp zweijährigen Bauarbeiten beginnen zu können. Hört sich gut an.

Öffnen ca. 90 Minuten vor dem Anpfiff die Stadiontore, sammeln sich die eingefleischten Hansa-Anhänger alsbald in den Kurvenblöcken C, D und vor allem E, von denen sie ihre Anfeuerungsrufe ins weite Rund schicken. Beteiligt sich auch die Gegengerade, kann das etwas spröde Ostseestadion trotz der fehlenden Überdachung schnell zu einem echten Hexenkessel mutieren. Gästefans werden auf der den heimischen Anhängern gegenüberliegenden Anzeigetafelseite im Block L untergebracht. Dieser Bereich ist durch Sicherheitszäune vom Rest des Stadions abgetrennt, so daß das Herumwandern im Ostseestadion für Auswärtige entfällt. Zumindest für kleinere Gruppen ist dies allerdings auch nicht unbedingt empfehlenswert, denn nach wie vor steht Rostocks Fanszene in einem etwas zweifelhaften Ruf - wenngleich sich die Situation inzwischen spürbar entspannt hat. Nicht zuletzt ein Verdienst des äußerst aktiven Fanprojektes (Mo-Fr 10-18h, Adresse: s.u.), das im August 1995 von elf Hansa-Enthusiasten gegründet wurde, mittlerweile über 4.000 eingetragene Mitglieder verfügt und eines der letzten Fanprojekte in Deutschland ist, das von echten Fans geleitet wird.

Sitzplätze: 25 (15) - 55 DM
Stehplätze: 15 (10) DM
Gäste: Block L

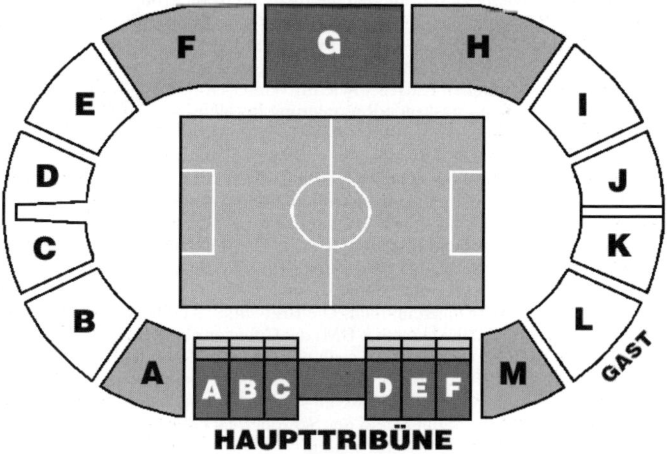

ROSTOCK: Ostseestadion

Preise Außer Schwerbeschädigten gelangen Schüler und Studenten billiger ins Stadion hinein, und dies gilt auch nur für den Kurven- und Stehplatzbereich. An manchen Kassen sind die Kontrollen übrigens derart lasch, daß man wohl auch mit einem kleinen Zettelchen mit der Aufschrift "Bin Student" reinkommt. Das beliebte Familienticket hat man leider abgeschafft und durch eine Dauerkarte für den Mittelblock H ersetzt, weitere Infos sind beim Hansa-Kartencenter (0381-21190) zu haben. **Rolliservice** Rollifahrer zahlen 10 DM, etwaige Begleiter dürfen umsonst mit rein. Da das Ostseestadion aber nur über eine begrenzte Anzahl von Plätzen verfügt, sind die Tickets ausschließlich über den Verein erhältlich – das Kartencenter (s.o.) hilft Auswärtsrollis aber gerne weiter. Wer eine Karte ergattern konnte, kann das Spiel von der Laufbahn aus verfolgen und wird in der Halbzeitpause von Mitarbeitern des Fanprojekts mit Getränken und Brötchen versorgt. **Fanshop** Außerhalb und innerhalb der Arena finden sich einige kleinere Stände, das komplette Sortiment ist im offiziellen Hansa-Fan-Shop (Kröpeliner Str. 16, 18055 Rostock, Tel: 0381-21190) erhältlich. **Lektüre** Kaum eine Stadionzeitung wechselt derart häufig den Namen wie die der Rostocker – auf die "Hansa-Revue" und den "FCH-Kurier" folgte "Die Kogge", die mittlerweile von den "Hansa Sport News" abgelöst wurde. Das Erscheinungsbild der nach wie vor 2 DM teuren Gazette ist etwas professioneller geworden, am durchschnittlichen, aber durchaus zufriedenstellenden Inhalt hat sich aber nichts geändert. Von den zahlreichen Rostocker Fanzines ist mittlerweile nur noch das "Greif zu" (2 DM + Porto an: G. Schiffert, Wolgaster Landstr. 18a, 17493 Greifswald) übriggeblieben, während man vom genialen "FRÖSI" ("Fröhlich sein und singen" – V. Spiegel, Lessingstr. 11, 18209 Bad Doberan) leider lange nichts mehr gehört hat. Schade eigentlich. Daneben existiert aber mit dem Blatt des Rostocker Fanprojekts eine mehr als sinnvolle Alternative zu der offiziellen Stadionzeitung - "Fanprojekt live" kommt seit einem Jahr im farbigen A4-Gewand daher und kann für 2 DM (+ 1,50 DM Porto) beim Fanprojekt (Kopernikusstr. 17a, 18057 Rostock, Tel/Fax: 4562604) geordert werden. **Stadionsprecher** Nach anfänglichen Schwierigkeiten hat sich Herr Strupp mittlerweile zu einem würdigen Nachfolger des Ansager-Veteranen Herrn Kordt gemausert. Da "Struppi" einen guten Draht zu seinem Publikum besitzt, ist er bei allen Fans akzeptiert und angesehen. **Essen** Das Rostocker Standardprogramm besteht seit einigen Jahren aus leidlich guter Bratwurst (3,50 DM), halbguter Bockwurst sowie Brezeln, über die man nicht meckern kann. Ferner Süßigkeiten und Eis. Ein wenig Abwechslung täte den acht Imbißbuden mitterweile mal ganz gut, im Zuge des Umbaus dürfte sich hier aber auch mit an Sicherheit grenzender Wahrscheinlichkeit etwas tun. Bleibt zu hoffen, daß die rustikale Befütterung dann nicht komplett durch neumodischen Fast-Food-Kram ersetzt wird. **Trinken** Der 0,4-Becher Lützer Pils (enthält durchgängig Alkohol) wandert für 4 DM über die Theke, Cola, Limo und Wasser stillen den Durst eine Idee billiger. Daneben erhält man im Ostseestadion auch ordentlichen Kaffee sowie im Winter Grog. **Toiletten** Glücklicherweise steht ja bald eine umfassende Renovierung ins Häuschen. **Kneipen** Das "Fan-Haus" des Fanprojektes, das etwa 200 Meter Luftlinie vom Ostseestadion entfernt hinter dem Sportforum-Hochhaus liegt (blaues Gebäude, neben der Schwimmhalle), fungiert sowohl vor als auch nach dem Kick als erste Anlaufstelle der Rostocker Anhängerschaft – aber auch Auswärtsfans sind herzlich willkommen. Bei Wochenendspielen öffnet das Fan-Haus bereits um 10 Uhr seine Pforten, zwei Clubräume bieten ausreichend Platz und für den Tele-Fußball stehen zwei Großbildschirme bereit. Sportlich engagierte Anhänger können sich im Fußballtennis, Kleinfeldfußball oder Tischtennis versuchen und auch die Bewirtung in der kleinen Kneipe gestaltet sich sehr fanfreundlich: Die Bratwurst (2 DM) kommt frisch vom Grill, das Rostocker Pils (0,3) kostet 2 DM, die Cola gar nur 1 DM. Wer sich Richtung S-Bahn-Haltestelle wendet, stößt nach einigen 100 Metern auf die "Klause des Westens", desweiteren findet sich in der Schwimmhalle am Stadion auch ein griechisches Restaurant. Den zentralen Ausgangspunkt für eine detailliertere Stadt- oder Kneipenszenenbesichtigung stellt der Schröderplatz dar, der von der Kopernikusstraße mit dem Bus erreicht werden kann.

STADION: ⚽⚽⚽ **STIMMUNG:** ⚽⚽⚽⚽ **SERVICE:** ⚽⚽⚽

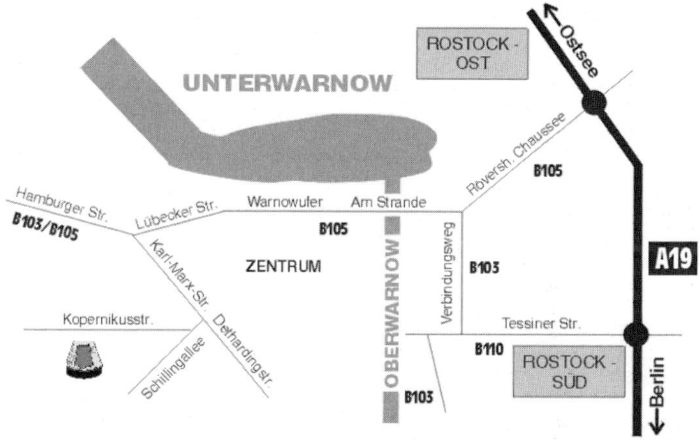

Aus **allen Richtungen** nehme man von der **A19**, die durch das Dreieck Wittstock/Dosse mit der **A24** (Hamburg-Berlin) und irgendwann auch einmal mit der **A20** (Hamburg-Prenzlau) verbunden ist bzw. sein wird, die Abfahrt **Rostock-Süd** (7) – es sei denn, man nähert sich dem Stadion per Schiff oder Schwimmflügelchen und kommt in Warnemünde an (dann fahre man Rostock-Ost ab). Hinter der besagten Abfahrt Rostock-Süd geht es rechts auf die Tessiner Straße (**B110**) und nach etwa zwei Kilometern rechts auf den Verbindungsweg (**B103**), an der nächsten dicken Kreuzung dann links und auf der **B105** etwa vier Kilometer an der Unterwarnow (Am Strande, Warnowufer) entlang. Am **Holbeinplatz** links in die Karl-Marx- bzw. Dethardingstraße, links in die Schillingallee und gleich rechts in die Kopernikusstraße zum Stadion. Wem das alles zu **kompliziert** ist, der folge ab der Autobahnabfahrt einfach der Beschilderung "Zentrum" und später "Stadion". Von **Lübeck** über die **B105** anreisende Fans fahren hinter dem Ortseingang weiter auf der Hamburger Straße geradeaus, bis sie am Holbeinplatz rechts in die Karl-Marx-Straße fahren (Rest s.o.).
Rund ums Stadion finden sich etwa 3.000 **Parkplätze**, die jedoch nur in den allerseltensten Fällen ausreichen. Der Stellraum an der Kopernikusstraße ist meistens schon recht früh dicht, der etwas weiter entfernte Parkplatz am Zoo ist kostenpflichtig. Eine sinnvolle **Alternative** stellt von daher der geräumige Parkplatz Südstadt (über Parkstraße und Südring erreichbar) dar, der durch die Buslinien 24 bzw. 25 mit dem Stadion verbunden ist.

Vom Hauptbahnhof fahren die **Buslinien 25** (unter der Woche) und **84** (am Wochenende, jeweils Richtung **Reutershagen**) bis zur Haltestelle Ostseestadion, alternativ dazu kann man mit der **S-Bahn** bis Holbeinplatz fahren und über Karl-Marx- und Bremer Straße in maximal zehn Minuten zum Stadion laufen. Ferner verbindet die **Straßenbahnlinie 12** (Richtung Marienehe) den Hauptbahnhof mit dem Holbeinplatz, von dem aus man dann über die Hans-Sachs-Allee zum Stadion läuft. Die **Eintrittskarte** berechtigt zur kostenlosen Nutzung der Busse und Bahnen der Rostocker Straßenbahn AG, wer noch keine besitzt, muß sich einen Fahrschein für 2,20 DM oder aber ein Tagesticket für 4,- DM holen. Die praktische Gruppenkarte hat man in Rostock leider abgeschafft.

Foto: Burkhard Schulz

Kapazität: 35.286
Stehplätze: 27.435
Sitzplätze: 7.851

1.FC Saarbrücken, Lebacher Str. 31, 66113 Saarbrücken
Tel: 0681-9714410, Fax: 0681-9714414
www.fc-saarbruecken.de

Man möchte es kaum glauben, aber bei dem im Jahre 1919 eingeweihten Vorläufer des heutigen Ludwigsparks hat es sich einmal um ein richtig schnuckeliges Provinzstadion gehandelt. Maximal 15.000 Menschen paßten in eine Arena, deren einziges Highlight in einem mit Holzbänken versehenen Erdhügel bestand. Bei heftigen Regengüssen zog sich der Fußballfreund in Ermangelung eines Tribünendaches (bzw. eines Regenschirmes) einfach ein paar Meter in das angrenzende Wäldchen zurück. Doch aufgrund der im Krieg erlittenen Schäden wurde nach 1945 im Stadtteil Malstatt ein kompletter Neubau notwendig. Es entstand ein rund 40.000 Zuschauer fassendes Schmuckstück, das rasch zum Mekka des saarländischen Fußballs wurde. Seit dem Richtfest am 2. August 1953 durchlief die Arena, die heute nur noch knapp über 35.000 Zuschauer faßt (5.000 Sitze sind überdacht), dabei zahlreiche Renovierungen. Bei den Baumaßnahmen von 1992 standen vor allem sicherheitstechnische Gesichtspunkte im Vordergrund. Die bis dahin existierenden Blöcke wurden nochmals mit Zwischengittern unterteilt, um Massengedränge zu vermeiden. Dem selben Zweck dienen die damals installierten Wellenbrecher, zudem schuf man neue Abgänge und verbreiterte die Fluchttore. Mit überquellenden Rängen wird man im Ludwigspark jedoch aller Voraussicht nach in naher Zukunft nicht mehr zu rechnen haben, denn die Zuschauer nehmen eigentlich nur Erstligafußball an. Beim letzten Gastspiel 92/93 passierten durchschnittlich über 22.000 Fans die Stadiontore, danach konnte sich der Kassierer nur noch sehr selten über eine fünfstellige Besucherzahl freuen.

Seit der letzten Blockteilung 1992 treffen sich die Saarbrücker Fans in den Kurvenblöcken D1 und D2, während sich die Gäste in der gegenüberliegenden Kurve unterhalb der Anzeigetafel in den Blöcken C1 und C2 versammeln. Die Sicht ist ausgezeichnet, direkt an den Gästeblöcken wartet zudem eine der Saarbrücker Imbißbuden auf hungrige und durstige Mäuler.

Preise Schüler, Studenten, Azubis, Zivis, Arbeitslose, Soldaten, Rentner und Invaliden kommen billiger rein. Die Kasse 15 für den C-Block (Gäste, Kasse 15) befindet sich am Eingangsbereich Marathontor (Camphauser Straße). **Rolliservice** Rollstuhlfahrer zahlen incl. ihrer Begleitperson 7 DM und können das Match vom Spielfeldrand aus beobachten. **Fanshop** Rund ums Stadion finden sich in der Regel vier bis fünf Souvenirstände. **Lektüre** Das Magazin des FC heißt FC-Magazin, kostet eine Mark und bietet in peppiger Aufmachung zufriedenstellende Berichterstattung. **Essen** Von der französischen Küche haben sich die Stadionmetzger keine Scheibe abgeschnitten, Rost- und Fleischwurst schmecken eher fade. Zur Not kann man die zwei Stunden im Stadion aber auch mit Brezeln und Eis überleben. **Trinken** Das Bier ist alkoholfrei, dafür einigermaßen kalt. Wohltemperiert gibt's auch Wasser, Limo und Cola (je 3 DM). **Toiletten** erträglich. **Kneipen** Die Haupttribüne des Ludwigsparkstadions birgt zwar eine Gaststätte, in der jedoch nicht allzuviel los ist. Wer trotzdem noch nicht nach Hause will, geht zurück Richtung Bahnhof und über die Trierer Straße ins Zentrum, in der wohl jeder seine Kneipe finden wird.

Sitzplätze: 15 - 35 DM
Stehplätze: 12 (6) DM
Gäste: Block C1 + C2

STADION: ⚽⚽⚽ **STIMMUNG:** ⚽⚽ **SERVICE:** ⚽⚽⚽

Von **Kaiserslautern**: Über die **A6** bis zum Dreieck Saarbrücken, hier auf die Stadtautobahn **A620** gen Völklingen/Saarlouis und an der Abfahrt **Westspange** bzw. Westspangenbrücke (15) heraus. Hat man die Saar überquert, taucht kurz hinter der Bahnunterführung der Ludwigkreisel auf, von welchem aus man geradeaus auf die Camphauser Straße zusteuert. Daraufhin gleich rechts auf das kleine Sträßlein Stadionweg bzw. zu den ausgeschilderten Parkplätzen.
Von **Neunkirchen**: Vom Dreieck Friedrichsthal über die **A623** gen Saarbrücken (Ludwigsberg) , bis diese als Stadtautobahn in die Camphauser Straße übergeht.
Von **Trier**: Über die **A1** und das Dreieck Nonnweiler gen Saarbrücken, am Ende der Autobahn dann weiter geradeaus auf der Lebacher Landstraße (**B268**) und Richtung Bahnhof halten. Von der Lebacher Straße geht es auf eine Art Kreisverkehr, den man zugunsten der Camphauser Straße wieder verläßt (Rest s.o.).
An der Saarlandhalle steht zwar ein geräumiger **Parkplatz** zur Verfügung, der jedoch bei Schlagerspielen sehr schnell **dicht** sein kann. Wenn Not am Mann ist, werden daher auch schon einmal zwei der vier Fahrspuren der Camphauser Straße zum Parken abgesperrt.

Vom **Hauptbahnhof** aus braucht die **Buslinie 42** knapp zehn Minuten zum Ludwigsparkstadion, kaum fünf Minuten länger ist der **Fußweg** über die St.-Johanner Straße, die auf die Trierer Straße und von dort zum Ludwigskreisel führt. Hier beginnt die Camphauser Straße.

Foto: Michael Seiß

Kapazität: 12.000
Stehplätze: 10.700
Sitzplätze: 1.300

FSV Salmrohr, Zum Burgberg 4, 54528 Salmtal
Tel: 06578-98200, Fax: 06578-982020
www.reitberger-online.de/liga/salmrohr

Der FSV Salmrohr – einer jener Vereine, bei deren Auftreten im DFB-Pokal vor dem eigentlichen Spielbericht erst einmal ein kurzes Stadtportrait gesendet wird (meist ist dann auch das Ortseingangsschild zu sehen, an welches der Praktikant des übertragenden Senders ein Netz voller Fußbälle hängen mußte). Doch wie dem auch sei, immerhin verfügt der Dorfklub par excellence (was beileibe nicht abwertend gemeint sein soll – im Gegenteil) über ein ganz hübsches Stadion, das jedoch leider in eine Schulsportanlage integriert ist und demzufolge auch über eine Laufbahn verfügt.

Es entstand Anfang der 80er Jahre und wurde am 12. Juli 1981 mit einer 1:3-Niederlage gegen Bayern München halbwegs würdevoll eingeweiht. Ihr optischer Blickfang, die mit dem charakteristischen Dach versehene Sitzplatztribüne mit ihren 1.300 Plätzen - wurde indes erst nach dem Aufstieg in die Zweite Liga (1986) in Betrieb genommen. Anläßlich dieses großen Erfolges hatte die Gemeinde das Salmtal-Stadion damals profifußballgerecht auf ein Fassungsvermögen von 12.000 Zuschauern ausgebaut, was nicht zuletzt auf den politischen Einfluß des Bundestagsabgeordneten und Bauunternehmers Peter Rauen zurückzuführen war, der seit mehr als 20 Jahren den Vereinsvorsitz inne hat. Freilich hat sich eine derartig imposante Menschenmenge noch niemals in der Arena des 900-Seelen-Dorfes blicken lassen.

Fankultur ist im Salmtal so fremd wie ein Badestrand in der Antarktis und nur anzutreffen, wenn der Gast eine größere Anzahl Anhänger mitbringt. Die heimische Fanschar sitzt im linken Tribünenbereich – da seitlich geschlossen, kann es hier auch schon einmal richtig laut werden. Gästefans stellen sich auf die Gegengerade, von der aus man eine prächtige Sicht hat.

Preise Studenten, Arbeitslose und Rentner zahlen den ermäßigten Preis. **Rolliservice** Ermäßigter Preis auch für Rollstuhlfahrer (und Begleitpersonen), Plätze am Spielfeldrand. **Fanshop** Bei Heimspielen gibt's einen kleinen Stand an der Tribüne, ansonsten ist man auf die Geschäftsstelle angewiesen. **Lektüre** Die FSV-Nachrichten werden kostenlos verteilt, glänzen durch kompetente Berichterstattung und gehören eindeutig zu den Spitzenreitern der schwarz-weißen A5-Klasse. **Essen** Die Bratwurst kostet 3 DM und ist von herzhafter Würzigkeit, ferner Fleischwurst, Süßigkeiten, Eis und manchmal auch leckerer Kuchen.

Trinken Bier, Cola, Fanta, Wasser, Kaffee, im Winter gelegentlich Glühwein. Am Pavillon vor dem Stadion kann man bereits vor dem Spiel das ein oder andere Glas leeren. **Toiletten** Ordentlich. **Kneipen** Da in der näheren Umgebung außer der "Stadiongaststätte", einer Art Verkaufsraum im Tribünenbauch, nichts zu holen ist, macht man sich nach dem Spiel am besten in die FSV-Vereinsschänke (am Hartplatz, ca. ein Kilometer entfernt) auf.

Sitzplätze: 25 DM
Stehplätze: 12 (8) DM
Gäste: Gegengerade

STADION: ⚽⚽ **STIMMUNG:** ⚽⚽ **SERVICE:** ⚽⚽

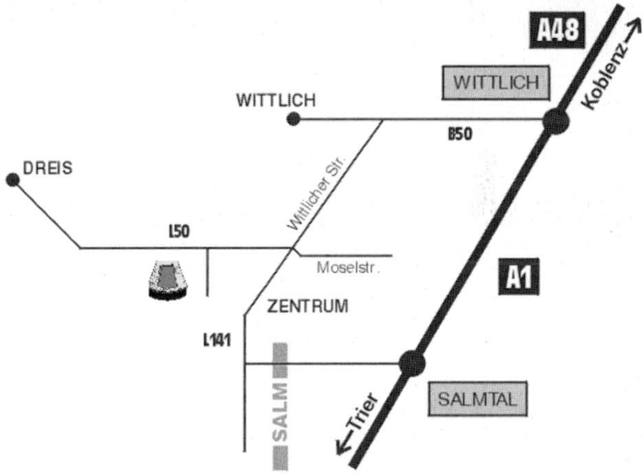

Von **Köln**: Auf der **A61** in Richtung Koblenz, am Kreuz Koblenz auf die **A48** gen Trier wechseln und an der Abfahrt **Wittlich** (125) heraus. Nun auf der **B50** in Richtung Wittlich und nach etwa einem Kilometer links ab auf die L141 gen Salmtal bzw. Salmrohr. Nach rund acht Kilometern erreicht man schließlich auf der Wittlicher Straße den Ortsteil **Salmrohr**, biegt an der ersten großen Kreuzung rechts ab auf die L50 gen Dreis, Bruch, Niederkail etc. und fährt nach wenigen Metern wieder links in eine namenlose Straße zum Stadion bzw. noch ein Stückchen weiter zum Parkplatz. Zur Not ist die Heimstätte des FSV aber auch **ausgeschildert**, ein Fußballschild weist ab der Abfahrt den Weg zum Stadion. Gewiefte Autobahnfahrer können übrigens Sprit und Zeit sparen, in dem sie die A61 bereits an der Abfahrt Mendig (34) verlassen und über die Bundesstraße an Mayen vorbei auf die A48 zusteuern (Rest s.o.).
Von **Trier**: Über die A1/A48 in Richtung Koblenz bis zur Abfahrt **Salmtal** (127) und rechts Richtung Salmtal/Salmrohr. An der T-Kreuzung erneut rechts auf die **L141** und nach etwa drei bis vier Kilometern hat man Salmtal erreicht. Weiter geradeaus halten und schließlich kurz hinter dem Ortskern links auf die L50 und gleich wieder links zum Stadion.
Von **Saarbrücken**: Über die A1 bis zum Dreieck Moseltal und auf der A48/A1 in Richtung Koblenz bis zur Abfahrt **Salmtal** (Rest s.o.).
Was das **Parken** angeht, so steht an der Landstraße ein mittelgroßer Parkplatz bereit. Ist dieser voll, parkt man halt an der Stelle im Ort, von wo aus man sich den Fußmarsch zutraut.

Vom Hauptbahnhof in Wittlich fahren Interregio-Züge zum örtlichen **Bahnhof**, den ein **Fußmarsch** von knapp zwei Kilometer Länge mit dem Stadion verbindet. Bis auf ein paar Schulbusse halten leider **keine** öffentlichen Verkehrsmittel in der Nähe des Stadions – und die auch nur, wenn Schule ist.

SCHWEINFURT: Willy-Sachs-Stadion

Foto: Hardy Grüne

Kapazität: 16.000
Stehplätze: 15.200
Sitzplätze: 800

Schweinfurt 05, Hadergasse 11, 97421 Schweinfurt
Tel: 09721-18405, Fax: 09721-22241

Ähnlich wie der FC 05 präsentiert sich das Willy-Sachs-Stadion als ebenso traditionsreich wie leicht angestaubt. Angesichts der durchaus märchenhaften Entstehungsgeschichte ist das irgendwie passend, denn zu ihrem Stadion kamen die 05er wie die berühmte Jungfrau zum Kind. Und das ging so: Anno 1936 schenkte der wohlhabende Konsul Willy Sachs der Stadt Schweinfurt einen größeren Sportkomplex, dessen Herzstück das Stadion war. Sachs machte zur Auflage, daß das Gelände ausschließlich 05 - und zwar für die gesamte Dauer des Bestehens - zur Verfügung stehen müsse. Inzwischen haben die von ihren Fans liebevoll "Schnüdel" genannten Schwarz-Grünen zwar dem "Verein Türkischer Arbeitnehmer" sowie den "Sportfreunden" begrenztes Nutzungsrecht zugestanden, sind aber noch immer Hauptnutzer des Areals.

Rein optisch hat sich seit der Einweihung am 23. Juli 1936 - zugleich der 40. Geburtstag des edlen Spenders - kaum etwas verändert. Zwar wurde das Stadion kürzlich von Grund auf renoviert, hat aber dadurch von seinem Flair nichts eingebüßt - lediglich das Fassungsvermögen (1936: 16.000) hat sich leicht verändert: 1954 konnten beim Gastspiel des 1. FC Kaiserslautern rund 22.500 Fans dank Zusatztribünen einen noch heute gültigen Zuschauerrekord aufstellen, derzeit passen rund 16.000 Fans in das Areal.

In den siebziger Jahren erhielt das Willy-Sachs-Stadion den obligatorischen Zaun, wohingegen die 1975 bereits georderte Flutlichtanlage ob der schlechten Darbietungen der Heimelf wieder abbestellt werden mußte. Anschließend dauerte es nahezu 19 Jahre, ehe erneut Bautrupps ihre Geräte in die kombinierte Fußball- und Leichtathletikarena schleppten. 1994 wurde der verblichene Glanz der altehrwürdigen Haupttribüne aufgepeppt, die Sitzbänke gegen Sitzschalen ausgetauscht und VIP-Räume, Entmüdungsbecken sowie moderne Kabinen geschaffen. Auch die idyllisch von Bäumen umsäumten und nur flach ansteigenden Stehtraversen wurden renoviert. 1997 schließlich kam die Anzeigentafel hinzu.

Sie sind Sorgen gewohnt, die 05-Fans. 1990 durften sie sich noch über den überraschenden Sprung in die 2. Bundesliga freuen, ehe eine turbulente Talfahrt einsetzte, die bis hinunter in die Oberliga führte. Eine kleine Gruppe "Schnüdel"-Fans blieb dennoch treu und kann sich inzwischen über wachsenden Zulauf freuen. Stimmungsmäßig herrscht allerdings Zurückhaltung vor, wenn auch Intimkenner der Szene von jenen Momenten schwärmen, "in denen die Rentner auf der Haupttribüne in Wallung geraten". Farben tragende 05-Fans tummeln sich auf der Gegengeraden und sind für gewöhnlich nette Zeitgenossen. "Anlaßbezogen" tauchen jedoch mitunter auch anderweitig orientierte Herren auf, denen man besser aus dem Weg geht. Als Gastanhänger darf man in der Südkurve Platz nehmen, wo die Sicht mäßig ist. Entweder ist der Zaun zu hoch, oder die Stufen zu flach; dazu kommt die störende Laufbahn.

Sitzplätze: 20 (16) DM
Stehplätze: 13 (8 - 10) DM
Gäste: Südkurve

Lektüre Der Schnüdel, kostenlos und gut, A4, s/w. **Rolliservice** Rollstuhlplätze auf der Tartanbahn vor der Haupttribüne. **Essen** Hochklassige Bratwurst, ansonsten Kuchen. In der Vereinskneipe unbedingt die Schnitzelbrötchen versuchen. **Trinken** Bier, Cola, Fanta, Kaffee, Glühwein. **Toiletten** Möglichst meiden. **Kneipen** Neben dem großen Angebot auf dem Stadionvorplatz kann man die frischrenovierte Stadiongaststätte besuchen. Nette Kneipen gibt es in der Innenstadt.

STADION: ⚽⚽ **STIMMUNG:** ⚽⚽ **SERVICE:** ⚽⚽⚽

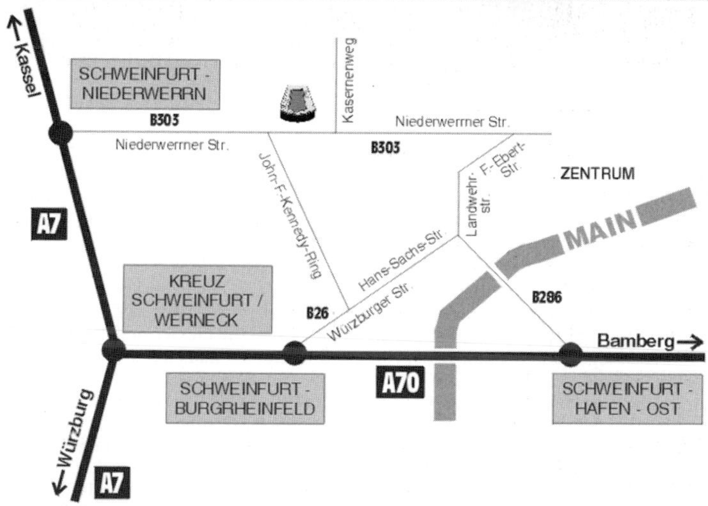

Von der **A70** aus Richtung **Bamberg**: Bis zum Schweinfurter Kreuz (Hafen-Ost), dann weiter auf der **B286** Richtung Schweinfurt-Zentrum. Kurz nach Überquerung des Mains rechts auf die Ernst-Sachs-Straße (später Landwehrstraße bzw. Friedrich-Ebert-Straße) und schließlich links auf die Niederwerrner Straße (**B303**, Richtung Autobahn Würzburg-Kassel) zum Stadion. Von der A70 aus Richtung **Würzburg**: An der Ausfahrt Schweinfurt-Burgrheinfeld herunter, und auf der **B26** (Würzburger Straße) Richtung Schweinfurt. Im Ortsteil Oberndorf links auf die Straße Am Oberndorfer Weiher und immer geradeaus zum Stadion. Von der **A7** (Würzburg/Kassel): Bis zur Ausfahrt Schweinfurt- Niederwerrn, dann weiter auf der **B303** Richtung Schweinfurt. Kurz hinter der Stadtgrenze Schweinfurt liegt links das Stadion. **Parken**: Parkraum gegenüber des Stadions auf dem Volksfestplatz in ausreichender Anzahl vorhanden.

Steht vorne Niederwerrn oder Oberwerrn drauf, kann man beruhigt in **jeden** Bus einsteigen. Vom Hauptbahnhof aus zunächst zur zentralen Umsteigestelle **Roßmarkt**, wo oben erwähnte Busse regelmäßig abfahren.

SIEGEN: Leimbachstadion

Foto: Volkmar Jäger

Kapazität: 25.000
Stehplätze: 22.900
Sitzplätze: 2.100

Sportfreunde Siegen, Postfach 100 906, 57009 Siegen
Tel: 0271-331512, Fax: 0271-331715
www.sportfreunde.com

Das Leimbachstadion wurde nach knapp zweijähriger Bauzeit am 27. Mai 1959 mit dem Amateurländerspiel Deutschland gegen England (2:0) feierlich eingeweiht, doch es sollte eine gewisse Zeit ins Siegerland ziehen, bevor die Rot-Weißen auf der städtischen Mehrzweckanlage heimisch wurden. Erstmals ausverkauft war die Arena dann auch erst bei einem der kurzen Siegener Gastspiele in der Regionalliga West: Am 8. August 1972 sahen 25.000 Zuschauer die 0:1-Niederlage der Sportfreunde gegen den BVB. Im weiteren Verlauf der 70er und 80er Jahre dümpelte der Verein mehr schlecht als recht durch die Amateurklassen, wohingegen die Damen des TSV Siegen von Erfolg zu Erfolg eilten. Da die Balltreterinnen jedoch nicht allzuviele Zuschauer zogen, gab es eigentlich keine Veranlassung, das Leimbachstadion einer wie auch immer gearteten Um- oder gar Ausgestaltung zu unterziehen. Allein die dringlichsten Instandhaltungsmaßnahmen wurden vorgenommen, damit die um ihre Ehrenurkunden kämpfenden Schulklassen nicht durch umstürzende Betonpfeiler erschlagen wurden. Dies änderte sich erst, als Ingo Peter die Sportfreunde innerhalb kürzester Zeit aus der Verbandsliga (1994) in die Regionalliga (1997) führte. Der nunmehr aufgewachte "schlafende Riese" etablierte sich mit einem Schnitt von fast 6.000 Fans sogleich als Regionalliga-Zuschauerkrösus und hätte es damals beinahe sogar bis in die Zweite Liga geschafft.

Seit 1998 verfügt die recht idyllisch am Waldrand gelegene Arena über eine Anzeigetafel, bald kommt auch die Stadiongaststätte hinzu, wohingegen man auf solche Dinge wie Flutlicht, Blockabtrennungen und Umzäunung noch bis zum Aufstieg in die Zweite Liga warten will.

Die in zahlreichen Fanclubs (Fair Play, Bären, Starrer Junge, Outsiders etc.) organisierten Sportfreunde-Freunde sind im Fanblock C1-C3 zu finden, dort unter der Haupttribüne gibt es nun auch einen Info-Stand als Treffpunkt und Veranstaltungsort für Tombolas o.ä. Gästefans begeben sich in die geräumige Nordkurve, von welcher man aufgrund der steilen Ränge eine gute Sicht aufs Spielfeld hat.

Preise Studenten, Zivis, Soldaten, Behinderte und Jugendliche (bis 18) kommen billiger rein. Kinder von 6 bis 11 Jahren stehen für 5 DM, Kinder bis 6 Jahre zahlen überhaupt nix. Die Familienkarte für je zwei Erwachsene und Kinder (Sitzplatz, äußerer Bereich) kostet 50 DM. **Rolliservice** Ermäßigter Preis, eine Begleitperson darf umsonst mit auf die Aschenbahn. **Fanshop** Der La-

Stadion am Heideweg (Nordhorn) *Foto: Hardy Grüne*

Niederrheinstadion (Oberhausen) *Foto: Michael Seiß*

Bieberer Berg (Offenbach) *Foto: ERWIN*

Frankenstadion (Nürnberg) *Foto: Thomas Zachler*

Hermann-Löns-Stadion (Paderborn) *Foto: Hans-Georg Wahl*

Vogtlandstadion (Plauen) *Foto: Burkhard Schulz*

Karl-Liebknecht-Stadion (Potsdam) *Foto: Hardy Grüne*

Ludwigsparkstadion (Saarbrücken) *Foto: Tobias Fuchs*

Wilhelm-Helfers-Kampfbahn (Stendal) *Foto: Hardy Grüne*

Waldaustadion (Stuttgart) *Foto: Burkhard Schulz*

Moselstadion (Trier) *Foto: Thomas Zachler*

Stadion am Sportpark (Unterhaching) *Foto: Hardy Grüne*

Lohrheidestadion (Wattenscheid) *Foto: Michael Seiß*

VfL-Stadion (Wolfsburg, vor Umbau) *Foto: Volker Gieseler*

Stadion am Zoo (Wuppertal) *Foto: Hardy Grüne*

Westsachsenstadion (Zwickau) *Foto: Burkhard Schulz*

den unter der Haupttribüne (Mi-Fr von 15-18, Sa 10-12) öffnet natürlich auch bei den Heimspielen. Daneben kann man im "Forever Young" (Kölner Str. 26) fündig werden. **Lektüre** Über das Heimspiel-Magazin "Sportfreunde-Echo" kann man eigentlich nicht meckern – höchstens über den stolzen Preis von 2 DM. Obwohl schon einige Male angedacht, muß man auf Siegener Fanzines immer noch verzichten. Der Fair Play-Fanclub verschickt immerhin einmal monatlich eine sog. Info-Post – aber nur an seine Mitglieder. **Essen** Prima. An diversen Imbißbuden sind zu erschwinglichen Preisen Bratwurst, Fritten, Frikadellenbrötchen, Kuchen, Waffeln etc. erhältlich, ab dem Herbst steht dann ferner die Stadiongaststätte zur Einkehr bereit. **Trinken** Der Becher alkoholhaltiges Bier kostet 3,50 DM, Limo und Wasser 3,- DM. Manchmal gibt's auch was Warmes. **Kneipen** Die Fertigstellung der Stadiongaststätte hat sich ein wenig hingezogen, doch Anfang November soll es dann endlich so weit sein. Ein beliebtes Ausflugsziel stellt der "Treff bei Adi" (Koblenzer Str.) dar, am Parkplatz gibt es eine kleine Imbißbude. Ansonsten kann man auch am Info-Stand nachfragen, wo es denn später eventuell noch hingehen soll.

Sitzplätze: 25 - 30 DM
Stehplätze: 12 (8) - 20 DM
Gäste: Nordkurve

STADION: ⚽⚽ **STIMMUNG:** ⚽⚽⚽ **SERVICE:** ⚽⚽⚽

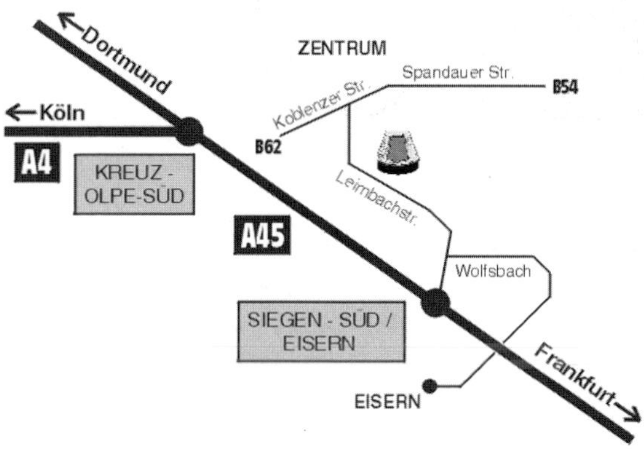

Ganz einfach: Von **Dortmund** oder **Frankfurt** geht es über die **A45** (Sauerlandlinie) bis zur Ausfahrt **Siegen-Süd/Eisern** (22) und dann weiter auf der L562, die nach wenigen Metern in die **Leimbachstraße** übergeht, gen Zentrum. Nach etwa drei Kilometern taucht dann auch schon auf der rechten Seite – direkt hinter dem Ortseingangsschild - die Heimat der Sportfreunde auf. **Parkmöglichkeiten** sind ab der Ausfahrt ausgeschildert, der Stellplatz an bzw. hinter der Arena selbst reicht bei gutbesuchten Spielen allerdings **nicht** aus. Ausweichmöglichkeiten finden sich an der **Siegerlandhalle**: die Leimbachstraße weiter gen Zentrum und dann links auf die Koblenzer Straße. Wer ganz **clever** sein will, fährt die erste Möglichkeit hinter der Ausfahrt rechts (Wolfsbach, unter der A45 hindurch) nach Eisern, parkt in der Nähe einer Bushaltestelle der Linien 11 und 26 und fährt einfach mit dem Bus zum Stadion.

Vom Siegener **Hauptbahnhof** fährt die **VGS-Buslinie 26** (Richtung Jungschilling-Krankenhaus) zum Stadion bzw. zur gleichnamigen Haltestelle. Der Fahrschein kostet 2,10 DM, die Hin-und Rückfahrt 3,70 DM. Bei Heimspielen setzen die Verkehrsbetriebe jedoch auch **Sonderbusse** (mit Fußball-Symbol drauf) ein, die – je nach zu erwartendem Zuschauerandrang - ab anderthalb bis eine Stunde vor Spielbeginn verkehren. Dieser Service ist **kostenlos**.

STENDAL: Wilhelm-Helfers-Kampfbahn

Foto: Michael Seiß

Kapazität: 13.000
Stehplätze: 12.200
Sitzplätze: 800

FSV Lok Altmark Stendal, Arneburger Str. 83, 39576 Stendal
Tel: 03931-214553, Fax: 03931-796914

Vom Volksmund wird die Wilhelm-Helfers-Kampfbahn stets "Im Hölzchen" genannt, was angesichts der reizvollen Umgebung durchaus einleuchtet und auch flurnamentechnisch korrekt ist, denn sie befindet sich in einem "Hölzchen" genannten Waldareal.

Trotz des liebevollen Kosenamens und der netten Umgebung muß der 10.000-Plätze-Ground aber zu den eher faderen gezählt werden. Zwar kann er, wie in der legendären Pokalsaison 95/96 bewiesen, durchaus stimmungsvoll sein, bei normalen Kicks aber hemmen die viel zu sanft ansteigenden Ränge die Stimmung.

Weit draußen vor Stendals Toren liegend wurde das Hölzchen ab 1949 von der BSG Lokomotive genutzt, die immerhin 14 Jahre lang in der höchsten DDR-Klasse mitmischte, ehe sie nach 1968 bis in die Bezirksliga abstieg. Eingeweiht worden war das Stadion freilich schon weit vor dem 1. Weltkrieg, als der einstige FC Viktoria 09 sich dort niederließ. Aus jenen Tagen stammen neben einem Gedenkstein für die Kriegsopfer offensichtlich auch Teile der Haupttribüne, denn deren inzwischen mit Sitzbänken bestückte Traversen weisen einen ziemlich abenteuerlichen Verlauf auf. Später erhielten Gegengerade und Kurven befestigte Stehränge, die das Fassungsvermögen auf Oberliga-Ansprüche anhoben (15.000), ehe es durch die Installation der erwähnten Sitzbänke auf der bis heute unüberdachten Hauptgeraden wieder auf 10.000 gesenkt wurde. In den 70ern kam ein Schutzzaun hinzu, der freundlicherweise durch seine großzügige Flechtung nur bedingt sichthemmend ist. Bemerkenswert ist zudem die von der schnieken Anzeigetafel dominierte Kurve, deren sanfter Grashang bei schönem Wetter (bzw. schlechtem Spiel) zum Sonnenbaden förmlich einlädt.

Optischer Blickfang ist freilich der Ansageturm, der die "Haupttribüne" überragt und ihr einen eigentümlichen Anblick verleiht. Doch bei aller Nostalgie muß konstatiert werden, daß sich das "Hölzchen" in einem bedenklichen Zustand befindet und es trotz zweifelsohne vorhandener Ausstrahlung marode und ein wenig schmuddelig ist. Es bietet so gut wie keinen Komfort, hinterläßt beim Besucher das Gefühl einer Zeitreise in die Vergangenheit und ist alles andere als profifußballgeeignet. Aber das wollen die Stendaler auch gar nicht. Die mögen ihr Hölzchen nämlich so, wie es ist.

Nur ein kleines Grüppchen Lebewesen gibt sich der Passion hin, mit rot-schwarzer Kluft durchs Land zu ziehen, um den FSV zu unterstützen. Der Grund: Jahrzehntelang gab es in der Altmark nur einen Verein: den 1. FC

Magdeburg. Nachdem die Stendaler aber einige Jahre besser als die Landeshauptstädter gekickt haben, können sie sich nunmehr auf eine weitestgehend aus freundlichen Menschen bestehende kleine Fanschar stützen. Gästefans können (sofern nicht aus Magdeburg) einen netten Nachmittag im "Hölzchen" verbringen. Die Sicht auf der Gegengeraden ist gut, die Anzeigetafel ebenfalls prächtig einzusehen und eine lokale Getränkeversorgung gibt es auch.

Sitzplätze: 14 (9) DM
Stehplätze: 12 (7) DM
Gäste: Gegengerade

Lektüre Hölzchen-Echo, 1 DM, A4, s/w, schafft es, auf 16 Seiten keinen einzigen zusammenhängenden Text zu bringen. **Rolliservice** Rollstuhlplätze auf der Asphaltbahn. **Essen** Bratwurst. **Trinken** alkoholhaltiges Bier, Cola, Sprite, Schierker, Rum-Cola, Kaffee. **Toiletten** katastrophal, auf der Gegengerade lediglich Dixis. **Kneipen** Kurz vor dem Stadion befinden sich ein McDonalds sowie eine Tankstelle. Nette Kneipen und Restaurants gibt's in der Altstadt.

STADION: ⚽⚽ **STIMMUNG:** ⚽⚽ **SERVICE:** ⚽⚽

Über die **A2** von Braunschweig: An der Ausfahrt **Magdeburg-Zentrum** herunter und auf der **B189** nach Stendal. Dort angekommen weiter gen Wittenberge/Osterburg, bis kurz vor dem Ortsausgang rechts eine Aral-Tankstelle (bzw. links McDonalds) auftaucht. Wenige Meter weiter liegt das Stadion. **A2** von Süd-Berlin: Bis zur Ausfahrt Ziesar, dann über die **B107** (Richtung Genthin/Havelberg) weiter bis in das Örtchen Fischbek, an dessen Ende es links auf die **B188** Richtung Stendal geht. In Stendal rechts auf die B189 Richtung Osterburg/Wittenberge und weiter wie oben. Über die **A24** von **Lübeck**: Bis zur Abfahrt **Ludwigslust** und auf der **B189** über Ludwigslust, Perleberg, Wittenberge und Osterburg nach Stendal, wo kurz hinter dem Ortsschild links das Stadion liegt. **A24** aus Nord-Berlin: Bis Pritzwalk und dann über Pritzwalk und Perleberg nach Wittenberge und weiter wie oben. **Parken**: Straßenparken. Außerdem gibt es kleinere Parkplätze im Stadionumfeld. Tip: Schon vor der Aral-Tankstelle ein Plätzchen suchen.

Da hilft **nichts**: Zum Hölzchen geht's nur **per pedes** oder per **Taxi**. Wer ersteres bevorzugt, sollte eine gute halbe Stunde Marsch (Richtung Wittenberge) einplanen.

Foto: Dirk Schulz

Kapazität: 46.700
Stehplätze: 6.053
Sitzplätze: 40.647

VfB Stuttgart, Mercedesstr. 109, 70372 Stuttgart
Tel: 01805-8325463, Fax: 0711-5500733
www.vfb-stuttgart.de

Von oben sieht das Daimler-Stadion ja wirklich atemberaubend aus - Stadio Nuovo Communale meets Raumschiff Enterprise. Doch welcher Fußballfan – von Jürgen Möllemann einmal abgesehen - schaut sich ein Spiel schon aus der Vogelperspektive an? Man kann es drehen und wenden, wie man will: In Stuttgart krankt es an der Laufbahn. Die Sichtverhältnisse gehören trotz der trägerlosen Dachkonstruktion zum Schlechtesten, was die Bundesliga zu bieten hat, Gelsenkirchen und München eingeschlossen. Vor allem in den Kurven sitzt (oder steht) man unerträglich weit vom Geschehen entfernt, prickelnde Atmosphäre vermag da nur schwerlich aufzukommen.

Dabei war alles mal ganz anders. Nach dem Zweiten Weltkrieg beispielsweise, als man die in den Jahren 1930 bis 1933 als "Adolf-Hitler-Kampfbahn" errichtete und später erfindungsreich in "Stuttgarter Kampfbahn" umbenannte Arena auf eine Kapazität von 80.000 Zuschauern ausgebaut hatte. Beim ersten Länderspiel in der Geschichte der Bundesrepublik Deutschland, dem 1:0 gegen die Schweiz am 22. November 1950, sollen sogar knapp 100.000 Menschen das goldene Elfmetertor von Herbert Burdenski bejubelt haben - da trug der Stuttgarter Fußballtempel freilich bereits den wesentlich hübscheren Namen "Neckarstadion". Sechs Jahre später baute man die Kurven aus, 1962 folgte die erste bescheidene Flutlichtanlage und 1969 eine Tartanbahn. In den folgenden Jahrzehnten änderte die Arena ihr Aussehen gewaltig, wobei jeweils sportliche Großereignisse für einschneidende Umgestaltungsmaßnahmen sorgten. Den Anfang bildete die WM 1974, die einen Komplettumbau nach sich zog. Nach Abschluß der rund 25 Mio. DM schweren Arbeiten besaß das Neckarstadion nicht nur eine neue Haupttribüne, sondern auch eine überdachte Gegengerade, eine Anzeigetafel in der Untertürkheimer Kurve sowie ein Fassungsvermögen von knapp 68.000 Zuschauern (davon 32.500 Stehplätze).

Anläßlich der Euro 88 wurden zunächst nur sicherheitstechnische Korrekturen (zusätzliche Wellenbrecher, neue Fluchttore etc.) vorgenommen, doch die Leichtathletik-WM von 1993 sorgte für einen weiteren Komplettumbau. 40 der insgesamt 53 Modernisierungsmillionen verschlang damals allein die Komplettüberdachung aus transflueszentem Material, siebeneinhalb davon übernahm eine Autofirma, wodurch das Neckarstadion am 22. Mai 1993 schließlich auch seine neue Bezeichnung erhielt. Gleichzeitig sank die Kapazität auf knapp 53.000 Zuschauer, davon nur noch traurige 6.137 Stehplätze.

Das nächste Großereignis (WM 2006) ist zwar noch nicht dingfest gemacht, aber nichtsdestotrotz werkelt man in Stuttgart derzeit mal wieder am Stadion herum. Die obere Hälfte der Haupttribüne wird komplett abgetragen, dort entstehen bis zum Jahr 2000 neue VIP-Logen und Business Seats. Später soll darüber noch ein zusätzlicher Rang mit Sitzplätzen eingehängt werden und dahinter ein weiterer Bereich für VIPs (wieviele gibt's von denen eigentlich in Stuttgart?) sowie ein Parkhaus entstehen. Die fälligen Kosten (80-90 Mio. DM) streckt die Stadt vor, der VfB stottert über einen Zeitraum von 20 Jahren ab. Weitere Umbaumaßnahmen sind dann zunächst nicht geplant, was übrigens auch für weitere Umbenennungen gilt. Doch wer weiß, wenn Mercedes irgendwann mal pleite geht, weil Außerirdische, die vom Daimler-Stadion angelockt wurden, uns endlich das Beamen beigebracht haben, wird die Arena vielleicht einmal in "Gerhard-Mayer-Vorfelder-Kampfbahn" umbenannt. Doch das ist wohl - noch - Zukunftsmusik.

Während sich der harte Kern der großen VfB-Fanschar im Oberring der Cannstatter Seite auf ihren Stehblöcken A und B verzweifelt abmüht, so etwas wie Fußballatmosphäre in die Mehrzweckanlage zu brüllen, steht den auswärtigen Anhängern in der Untertürkheimer Kurve der Stehblock D "offen" – bei diesem Käfig handelt es sich allerdings nicht unbedingt um artgerechte Haltung. Von den dortigen Plätzen läßt sich das Geschehen auf dem weit entfernten Spielfeld zwar noch einigermaßen klar ausmachen, was jedoch nur partiell für die Anzeigetafel gilt. Aber Gästefans haben es in Stuttgart sowieso nicht leicht – zumindest, was die Behandlung durch den Ordnungsdienst angeht.

Sitzplätze: 26 - 78 DM
Stehplätze: 12 - 18 DM
Gäste: Untertürkheimer Kurve (Block D)

Preise Ermäßigte Karten können sich Jugendliche (bis 18), Schüler, Studenten, Rentner, Arbeitslose, Behinderte (ab 50%), Soldaten und Zivis holen. Schon bei halbwegs großen Spielen sind aber Probleme an der Kasse für ermäßigte Karten vorprogrammiert. Daher am besten frühzeitig um Tickets kümmern oder frühzeitig anreisen. Droht ein ausverkauftes Haus: Schwarzkartenhändler sind vor allem auf der Strecke zwischen Schleyer-Halle und Stadiongaststätte anzutreffen. **Rolliservice** Selbstfahrer kommen umsonst rein, eine eventuelle Begleitperson zahlt den ermäßigten Preis. Obwohl exakt 114 Plätze auf der Vortribüne der Gegengeraden (hier finden sich auch behindertengerechte Toiletten) bereitstehen, sollte man sich vorher beim Verein um einen Platz bemühen. Rein vorsichtshalber. **Fanshop** Neben dem VfB-Sport-Shop am Stadion kann man sich noch

im City Fanshop im Kaufhaus Breuninger (Königsstraße) nach geeigneten Artikeln umschauen. **Lektüre** Das kostenlose Programmheft Stadion Aktuell besitzt je nach Gegner einen Umfang von 28 (Haching) bis 72 (Bayern) farbigen A4-Seiten und bietet durchschnittliche Berichterstattung, die leider nur selten von größeren Highlights gekrönt wird. Daneben kann man sich auch einmal nach den Fanzines Schwabenstreich (Mutzenreisstr. 136, 73734 Esslingen), 15:30 (Kirchweg 48, 73669 Thomashardt) oder Follow the Reds (Dresselhofweg 5, 71549 Auenwald) umsehen – bei den beiden letzteren wird dies allerdings wahrscheinlich vergebens sein. Da ist nämlich wohl Feierabend. **Essen** Bratwurst, Rote Wurst und Fleischküchle sorgen für eine solide Grundversorgung, welche die Brieftasche aber mittlerweile mit je 5 DM (!) belastet, wohingegen der gegrillte Schweinebauch (6 DM) etwas billiger geworden ist. Aber auch Vegetarier kommen nicht zu kurz, können sie doch an mittelprächtigen Pommes Frites, Pizza (hier entscheidet die Tagesform) oder leckeren Brezeln knabbern. Aber in diesem Bereich wird sich in nächster Zeit gewiß einiges verändern, da der VfB Stuttgart den Gastronomie-Bereich bald in Eigenregie betreiben wird. **Trinken** Mit dem Bier ist in Stuttgart irgendetwas nicht in Ordnung – es macht einen noch alkoholfreieren Eindruck als die angebotenen Softdrinks (Cola, Limo, Wasser). Aber immerhin ist es einigermaßen kalt. Im Winter kann man sich am Glühwein versuchen, in den VIP-Bereichen zudem an "echtem" Bier, Schorle und Trollinger – aber da hat der gemeine Fan natürlich nix verloren. In der Regel zumindest. **Toiletten** funktionieren und machen einen recht gepflegten Eindruck - den Umständen entsprechend. **Kneipen** Ins Clubrestaurant (Cannstatter Seite) erhält nach dem Spiel ein jeder Einlaß und kann dort nach Lust und Laune beim gepflegten Gerstensaft bis in den mittelspäten Abend verweilen. Rund ums Daimler-Stadion herum finden sich auf dem weitläufigen Sportgelände zudem eine ganze Reihe von Vereinsheimen, die in der Regel mit Terrasse, Zapfanlage und kleiner Speisekarte ausgestattet sind – u.a. buhlen der Stuttgarter Sportclub (Festwiese, ca. zehn Minuten Fußweg), Rot-Weiß (für Insider), PSV (Gästekurve) sowie der VfL Stuttgart um Gäste. Keinerlei erlebnistechnische Probleme gibt's während der Cannstatter Wasen, die im September/Oktober stattfinden.

STADION: ⚽⚽⚽ **STIMMUNG:** ⚽⚽⚽ **SERVICE:** ⚽⚽⚽⚽

Auch die Heimat der VfB-Amateure soll nicht unerwähnt bleiben, handelt es sich mit dem Robert-Schlienz-Stadion doch immerhin um eine reine Fußballarena, die allerdings das Ambiente eines in die Tage gekommenen Dorfplatzes besitzt. Diese entstand Mitte der 80er Jahre als "VfB-Amateurstadion", erhielt im September 1993 den Namen des ehemaligen Ehrenspielführers, der die Stuttgarter in den 50er Jahren zweimal zur Meisterschaft geführt hatte, und besitzt heute ein Fassungsvermögen von 3.000 Zuschauern. Dabei handelt es sich ausschließlich um Stehplätze, die auf den Längsseiten der von den VfB- Fans nur "Schlienz" genannten Arena verteilt sind. Der Platz liegt unweit des Daimler-Stadions, in welches die Amateure bei Schlagerspielen denn auch auszuweichen pflegen.

Gelegentlich finden die Spiele jedoch auch im Stadion Festwiese (gegenüber Haupttribüne) statt - ein kurzer Blick in die Tageszeitung kann am Spieltag also nicht schaden. Der Eintritt kostet derzeit 12 bzw. 7 DM (übliche Ermäßigungen), Wurst, Fleischküchle, Bier, Cola und Fanta gibt's dort auch, und wer nach dem Verzehr mal wohin muß, begebe sich in die Gaststätte auf dem Stadiongelände.

Foto: Marcel Schneider

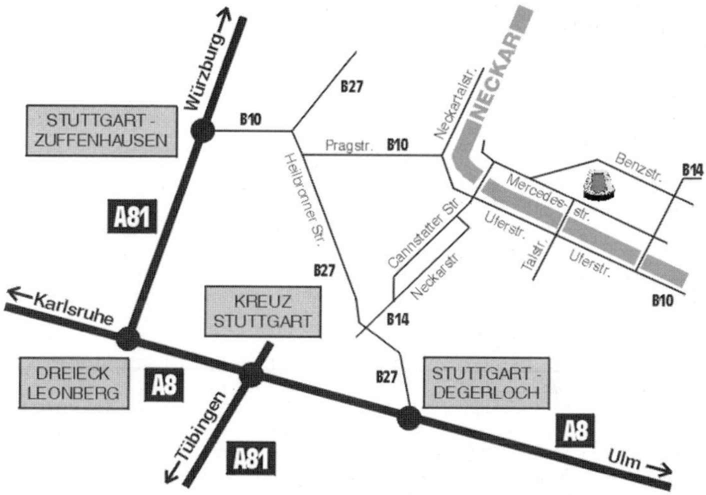

Von **Karlsruhe** o. **München**: Über die **A8** bis zur Ausfahrt **Stuttgart-Degerloch** (52b), dann auf der **B27** (gen Zentrum, auf der Cannstatter Straße über den Neckar und rechts in die Mercedesstraße) der **Beschilderung** folgen. Von **München** anreisende Anhänger können auch bereits an der Ausfahrt Stuttgart-Wendlingen (55) runter und über die **B313** auf die **B10** fahren, die am Neckar entlang ebenfalls zur Arena des VfB führt (Ausfahrt Stuttgart-Ost). Hinter der Gaisburger Brücke empfiehlt sich **Parkplatz P4**. Wer diesen bei Schlagerspielen meiden will, kann auch bereits ab Plochingen über den Neckar fahren und sein Gefährt an einer der Haltestellen der S-Bahn (P+R) abstellen.
Von **Heilbronn**: Über die **A81** bis zur Ausfahrt **Stuttgart-Zuffenhausen** (17), dann über **B10** und **B27** Richtung Zentrum/Hbf. und der Beschilderung folgen. Hier kommt es allerdings recht häufig zu Verkehrsbehinderungen. Wer in einem solchen Falle die Faxen dicke hat, stelle seinen Wagen am P+R-Platz Zuffenhausen ab und fahre mit der S-Bahn zum Stadion.
Auf den offiziellen 12.000 **Parkplätzen** herrscht normalerweise keine Not, allein während des Cannstatter Wasens (September/Oktober) erscheint eine **frühe** Anreise hochgradig empfehlenswert. Die Stellplätze sind übrigens weder gegliedert noch beschildert, so daß nach Abendspielen oder bei schlechtem Gedächtnis die Suche nach dem eigenen Gefährt leicht zu der nach der **Nadel** im **Heuhaufen** geraten kann. Wer den bei der Abfahrt nach Abpfiff entstehenden temporären Verzögerungen aus dem Wege gehen will, stelle sein Auto jenseits des Neckars (Gaisburger Brücke) in der Umgebung von Gaswerk und Schlachthof ab.

Vom Hbf. aus fährt man am besten mit der **S-Bahn**: Mit der Linie **S1** bis zur Haltestelle Neckarstadion, die Linien **S2** und **S3** fahren bis zum Bahnhof Bad Cannstatt, von dem aus man dann über Daimler- und Mercedesstraße einen maximal 15minütigen **Spaziergang** macht. **Alternativ** dazu kann man vom Bahnhof aus mit der Stadtbahn **U11** bis Endhaltestelle Daimler-Stadion fahren, an der Station Mercedesstraße halten ferner die Linien U1, am Wilhelmsplatz (nahe Bahnhof Bad Cannstatt) die Linien **U1** und **U13** sowie an beiden Haltestellen auch die Straßenbahnlinie **2**. Schließlich die **Busse**: Auch die Linien **52** und **55** (bis Wilhelmsplatz) sowie **56** (bis Daimler-Stadion/Schleyerhalle) halten in der Nähe bzw. direkt vor der Arena.

STUTTGART: Waldaustadion

Foto: Hardy Grüne

Kapazität: 12.500
Stehplätze: 11.100
Sitzplätze: 1.400

Stuttgarter Kickers, Königsträßle 56, 70597 Stuttgart
Tel: 0711-767100, Fax: 0711-7671010
www.stuttgarter-kickers.de

Was für ein herrliches Juwel ist da entstanden! Klammheimlich wurde in den letzten Jahren aus dem zwar heimeligen, aber auch maroden und wenig komfortablen "Degerloch" ein schmuckes Stadion, das in gefülltem Zustand zu den stimmungsvollsten Arenen der 2. Bundesliga zählt.

Damit ist nun endlich die jahrzehntelange Leidenszeit des heimischen SV Kikkers beendet, denn viel zu lange war das idyllisch inmitten eines großräumigen Sport- und Freizeitareals gelegene Degerloch den "Blauen" ein Dorn im Auge. Zu unkomfortabel war es, vor allem im Vergleich zur Großarena des Lokalrivalen VfB: Kaum Sitzplätze, marode, unüberdachte Stehtraversen und insgesamt ein trister, nach Verfall riechender Anblick. Damit ist nun Schluß, wiewohl ein Problem noch immer besteht: Die katastrophale Parksituation, die wohl auch weiterhin regelmäßig für Ärger mit Anwohnern und Fans sorgen wird.

Das "Degerloch", wie das Waldaustadion vom Volksmund trotz offizieller Umbenennung weiterhin genannt wird, ist eine der traditionsreichsten Fußballanlagen Deutschlands. Schon vor dem ersten Weltkrieg hatte die seit der Jahrhundertwende als Fußballstätte genutzte Arena an ihrer Hauptgeraden eine große überdachte Tribüne erhalten und galt zum damaligen Zeitpunkt als ebenso fortschrittlich wie vorbildlich. Dazu paßte der sportliche Höhenflug der Kickers, die 1908 Deutscher Vizemeister wurden und bis weit in die zwanziger Jahre zum besten gehörten, was der Süden fußballerisch zu bieten hatte. Vom VfB hingegen sprach niemand. Kein Wunder also, daß der Himmel über Stuttgart strahlend blau war: Nach dem 2. Weltkrieg rötete sich das Himmelszelt allmählich. Der VfB übernahm die Rolle als lokale Nummer 1, derweil Degerloch und Kickers allmählich ins Abseits gerieten. Das hatte Folgen für das Stadion, an dem der Zahn der Zeit ungehindert nagen konnte. Erst mit der Qualifikation der Kickers zur 2. Bundesliga (1974) tat sich endlich etwas. 1975 wurde die sechzig Jahre alte und wunderschöne, aber durch und durch marode Holztribüne durch den noch heute stehenden Betonbau ersetzt, der später von einigen Stahlrohrtribünen flankiert wurde. Das reichte für die Handvoll Zuschauer, die die Blauen bei ihren Zweitligakicks sehen wollten, denn obwohl die Kickers als Talentquelle galten (Buchwald, Klinsmann, Allgöwer, später Bobic waren allesamt zunächst "blau", ehe sie "rot" wurden), fristeten sie ein Schattendasein in Stuttgart.

Als sie Ende der achtziger Jahre mittels des von Brillenfabrikant und Vereinsboß Dünnwald-Metzler akribisch geplanten und finanzierten sportlichen Höhenflugs in die 1. Bundesliga aufstiegen, war das Degerloch alles andere als erstligareif. Der DFB untersagte prompt die Nutzung, woraufhin die Kickers ins ungeliebte Neckarstadion ausweichen mußten und abstiegen. Neun Heimniederlagen machen deutlich, warum. 1991/92 wiederholte sich das traurige Schauspiel. Diesmal holten die Blauen sogar nur fünf "Heimsiege" dort unten, also im Neckarstadion. Geschockt und gebeutelt von den Erfahrungen, wurden die Blauen anschließend bis in die Drittklassigkeit durchgereicht.

In der Regionalliga begann endlich die lange überfällige Renovierung des in städtischem Besitz befindlichen Degerlochs. Die Gegengerade bekam neue Betonstufen, deren vorgesehene Sitzschalen ebenso wie die Überdachung jedoch der kommunalen Finanznot zum Opfer fielen. Halbfertig verrottete die Arena gemütlich weiter, was schließlich zur Sperrung der Ostkurve führte (Fernsehturm-Seite). Erst nach Rückkehr der Kickers in den Profifußball wurden die Renovierungsmaßnahmen 1997 fortgesetzt - und diesmal hielt man bis zum Ende durch. Das zwischenzeitlich in "Waldau-Stadion" umbenannte Degerloch bekam eine Flutlichtanlage, die Osttribüne wurde saniert und schließlich erhielt auch die Gegengerade sowohl Dach als auch Sitzschalen. Nachdem wenig später auch die Westtribüne saniert wurde, ist aus der einstigen Bruchbude der Liga ein schmuckes Juwel geworden, das nur einen Nachteil hat: Es bietet lediglich 12.500 Plätze, und das wäre für Erstligabedingungen ein wenig knapp. Aufsteigen dürften die Kickers also nicht, oder es droht der erneute Umzug nach "da unten".

Sitzplätze: 40 (36) DM
Stehplätze: 15 (12) DM
Gäste: Gegengerade (D)

Foto: Michael Seiß

Lange Zeit wurden Kickers-Jünger nur mitleidig belächelt und stellten auch nicht gerade eine zahlenmäßig erwähnenswerte Fangruppe. Inzwischen haben sich Bild und Auftreten kräftig gewandelt. Es gibt eine Fangemeinschaft, der weit über 100 Mitglieder angehören, bei Auswärtsspielen sind stets blau-weiße Fahnen zu sehen, und im Schwabenland haben sich die Kickers das durchaus nette Attribut als "Alternative zu den Roten" erworben. Wer Blau-Weiß unterstützen möchte, tut dies in Block B auf der Gegengeraden (Karten dafür gibt es an den Kassen 3, 4 und 16), wer hingegen als Anhänger der Gastmannschaft nach Waldau kommt, sucht besser den links daneben liegenden und ebenfalls überdachten Block D auf (Eingang 17, Tor 5). In diesem Zusammenhang: Das Waldaustadion erhielt kürzlich bei einem Südwestfunk-Stadiontest im Bereich "Übersichtlichkeit" Bestnoten! Wer sich nicht allzu provokativ verhält, kann in Stuttgart-Waldau einen netten Fußballnachmittag verbringen und mit den erzählfreudigen Heimfans auch problemlos das eine oder andere Bier trinken.

STUTTGART: Waldaustadion

Fan-Shop Am Mini-Markt vor dem Stadion gibt es ein Mini-Angebot. Der "richtige" Kickers-Fan-Shop befindet sich im Vereinsheim (Adresse siehe "Kneipen"). **Lektüre** Kickers Magazin, 1 DM (für Jugend), A4, s/w, lesenswerter Durchschnitt. Außerdem gibt es noch das Fanzine "Blue Boys", das für 2,50 Mark in der Schulstr. 4, 71144 Steinenbronn, angefordert werden kann. **Rolliservice** Rollstuhlplätze am Spielfeldrand. **Essen** Wurst, Frikadellen. **Trinken** Alkoholfreies Bier, Fanta, Cola, Wasser. **Toiletten** O-Ton Südwestfunk: "In der 2. Liga ist oft alles etwas einfacher, aber nicht immer schlechter". **Kneipen** Snacks kann man im Mini-Markt vor dem Stadion kaufen. Ansonsten befinden sich im Umfeld diverse Vereinsgaststätten, wohingegen das Kickers-Vereinsheim rund zwei Kilometer vom Stadion entfernt ist. Wem das nicht zu weit ist: Zurück Richtung Autobahn, an der Ampel links ins Königssträßle (Kunsteisbahn, Haus des Waldes) und ziemlich lange geradeaus, bis rechts das Zentrum der Blauen auftaucht. Nette Lokalitäten gibt es auch im Umfeld der U-Bahn-Station Degerloch (Richtung Autobahn).

STADION: ⚽⚽⚽⚽ **STIMMUNG:** ⚽⚽⚽ **SERVICE:** ⚽⚽⚽

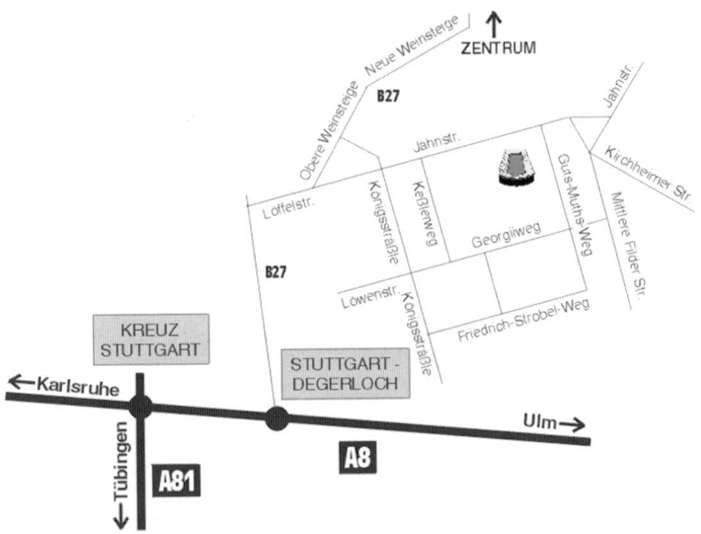

Auf der **A8** (Ulm/Karlsruhe) bis zur Ausfahrt **Zentrum/Degerloch**, dann weiter auf der **B27** Richtung Stuttgart-Sillenbuch, Waldau. Auf Höhe der U-Bahnstation Degerloch geht es rechts auf die **Jahnstraße** Richtung Waldau-Stadion. Nach rund zwei Kilometern in einem Waldstück rechts Richtung Fernsehturm in den Guts-Muths-Weg zum Stadion einbiegen. **Parken**: Ein Alptraum! Vor dem Stadion gibt es eine Handvoll Stellflächen, die aber rasch belegt sind. Die angrenzenden Wohnstraßen werden bei den Kickers-Spielen **gnadenlos** abgesperrt, so daß die Parkplatzsuche mehr oder weniger unmöglich ist. Deshalb am besten schon im Zentrum von Degerloch (oder sogar noch auf den P+R-Plätzen davor) parken und den **Rest** zu **Fuß** gehen.

Vom Hauptbahnhof geht es mit der Linie **5** oder **6** bis zur Station **Waldau**, oder aber mit der **15** bis Ruhbank/Fernsehturm.

TRIER: Moselstadion

Foto: Dirk Schulz

Kapazität: 15.200
Stehplätze: 14.000
Sitzplätze: 1.200

Eintracht Trier, Am Stadion 1, 54292 Trier
Tel: 0651-146710, Fax: 0651-1467171
www.eintracht-trier-web.de

Nach langem Gerangel entstand im März 1948 aus den Vereinen SV Trier 05 und Eintracht 06 der SV Eintracht Trier 05. Der Zusammenschluß gestaltete sich damals recht mühsam, da die beiden Partner von Grund auf verschiedene Wurzeln besaßen. Die 05er entstammten zumeist aus Kreisen der Angestellten und Unternehmer, während die 06er ihre Mitglieder aus den Arbeitersiedlungen des Weberbachviertels bezogen.

Als im Jahre 1930 dann schließlich das harmonisch zwischen Mosel und Hauptfriedhof gelegene Sportgelände "Auf dem D'ham", das sich heute Moselstadion nennt, eröffnet werden konnte, fanden hier sowohl die 05er als auch die 06er eine neue sportliche Heimat. Obwohl die beiden Lokalmatadoren einige Jahre in der Gauliga, der damals höchsten Spielklasse, mitmischten, reichte das auf den ersten Blick geringe Fassungsvermögen von knapp 8.000 Zuschauern vollkommen aus. Selbst den Pokalfight gegen den großen VfB Stuttgart im Juni 1936 wollten nur knapp 2.000 Menschen sehen.

Nichtsdestotrotz wurde das Stadion Anfang der 50er Jahre ausgebaut – die attraktiven Gegner in der neuen Oberliga vermochten das Fußballinteresse in der Region offensichtlich zu entfachen. 1953 zählte man beim Spitzenspiel gegen K'lautern 23.000 Zuschauer – bis auf den heutigen Tag Rekord. Doch nach der Einführung der Bundesliga (1963) rutschte Trier schnell in die sportliche Bedeutungslosigkeit ab, und am Moselstadion werkelte man erst wieder nach dem Aufstieg in die Zweite Liga Süd (1976) herum: Die Mehrzweckanlage, deren Stolz die heute leicht antiquiert wirkende Haupttribüne mit ihren 670 überdachten Sitzplätzen darstellt, wurde saniert und hier und da ein wenig aufgemotzt, wodurch sich die Kapazität allerdings auf knapp 15.000 Zuschauer reduzierte. Da das Abenteuer Profifußball jedoch auch schon bald wieder beendet war, reichte dies für die nächsten Jahre locker aus. Denkbar knapp verpaßten die Moselaner 1981 die Qualifikation zur eingleisigen Zweiten Liga, wovon sich der Verein in der Folgezeit nie mehr richtig erholen sollte. Trotz oftmals sehr guter Plazierungen, die indirekt zum Gewinn der Amateurmeisterschaft 1988 und 1989 führten, blieb die Rückkehr in den bezahlten Fußball nur ein schöner Traum. Die nächste einschneidende Veränderung erlebte das Moselstadion dann erst in den später 90er Jahren, als die Eintracht zum DFB-Pokalschreck avancierte. Dabei drohte nach dem Erreichen des Halbfinales gegen den MSV Duisburg Ende 1997 Ungemach: Da das Moselstadion kein Flutlicht besaß, das Fernsehen jedoch auf einer Liveübertragung bestand, hätte der Verein das bedeutendste Spiel seiner Geschichte um ein Haar in Kaiserslautern oder gar Saarbrücken austragen müssen. Doch eben nur um ein Haar, denn als die Meidericher Zebras im Februar in Trier aufliefen, funkelten ihnen bereits satte 950 Lux entgegen. 400.000 der insgesamt für die Anlage benötigten 1,3 Mio. DM steuerte die Eintracht bei, für den Rest kamen Stadt und Land auf - bei einer Tageskasse von 1,5 Mio. DM kein schlechtes Geschäft.

Die heimischen Anhänger, deren teilweise recht aktive Fanclubs so illustre Namen wie "Moselhaie", "Eurokiller", "Trierer Toapperten", "IG Treverer" oder "Moselindianer" tragen, versammeln sich traditionell in den Blöcken E und F auf der Gegengeraden. Daß sie in der Lage sind, das Moselstadion in einen regelrechten Hexenkessel zu verwandeln, haben sie in den letzten Jahren vor allem im DFB-Pokal unter Beweis gestellt – Borussia Dortmund, Schalke 04, Unterhaching, der KSC und auch der MSV Duisburg, der im Halbfinale noch so gerade eben mit einem blauen 11:10-nach-Elferschießen-Auge davonkam, werden sich erinnern. Im Regionalliga-Alltag hingegen strömen die Zuschauer fast ausschließlich bei Spitzenspielen in vergleichbaren Größenordnungen in die Arena, was sich dann auch am Stimmungsbarometer bemerkbar macht.

Sitzplätze: 25 - 35 DM
Stehplätze: 14 (10) DM
Gäste: Westkurve (B + C)

Gästefans werden in Trier in den Westkurvenblöcken B und C, bei entsprechendem Auswärtsandrang darüber hinaus im Block D untergebracht. In den dortigen Bereichen lassen die Sichtverhältnisse wie auch in der Ostkurve ein wenig zu wünschen übrig, wohingegen man von der Haupttribüne, der Gegengeraden sowie der Zusatztribüne einwandfrei Fußball gucken kann.

Preise Ermäßigte Preise gelten für Schüler, Studenten, Rentner und Schwerbehinderte, diese Karten sind jedoch ausschließlich an der Tageskasse zu bekommen. Jugendliche bis 12 Jahre zahlen für den Stehplatz faire 6 DM. **Rolliservice** Ermäßigter Eintritt (10 DM), ein Begleiter (aber wirklich nur einer, zuletzt hatte ein Rollifahrer gleich eine vier Mann starke "Leibwache" dabei) kommt umsonst hinein. Die Plätze finden sich am Spielfeldrand an der Vortribüne. **Fanshop** Am Haupteingang nahe der Tribüne wartet ein kleiner Fanshop mit Fußball-Souvenirs auf, ansonsten wende man sich an Cotton Press (Neustraße/Ecke Kaiserstraße) – auf der Geschäftsstelle oder via Internet sind keine Fanartikel mehr erhältlich, da wird derzeit heftig umstrukturiert. **Lektüre** Das Eintracht-Echo belastet die Brieftasche mit einer Mark, die stande pede in die Jugendabteilung gesteckt wird. Aber nicht nur aus diesem Grunde sollte man sich das Echo unbedingt zulegen: Die Stadiongazette überzeugt mit einem hohen Informationsgehalt, bei dem auch der jeweilige Gegner nicht zu kurz kommt, vergleichsweise geringem Anzeigenaufkommen und professionellem Erscheinungsbild. Nach wie vor einen großen Spaß stellt die beliebte Rubrik "D'Waller on d'n Hänns - zwai Eintrachtfans" – des Trierer Platts Ungeübte laufen bei der Lektüre Gefahr, sich die Zunge zu verknoten. Fanzines sind trotz diverser Vorankündigungen bislang immer noch Mangelware. **Essen** Qualitativ überdurchschnittlich gut und mit 3 bis 3,50 DM immer noch relativ preiswert kommen Brat- und Rindswurst daher. Die ebenfalls nicht zu verachtenden Pommes Frites wandern für 2,50 DM über die Theke, mit roter oder weißer Ergänzung wird der Spaß 50 Pfennig teurer. Ferner warten die Gastronomen mit Süßigkeiten, Eis und Popcorn auf. **Trinken** Wie eigentlich auch nicht anders zu erwarten, kann man sich im Moselstadion an waschechtem Bitburger erfreuen, die Portion ist für verträgliche 3 DM erhältlich. Bei Pokal- oder Problemspielen muß man sich allerdings auf die Hausmarke "Drive" einstellen. Alternativ dazu kann man sich mit Cola, Fanta und Wasser erfrischen oder aber einen Kaffee schlürfen. **Toiletten** funktionieren. **Kneipen** Nach dem Spiel öffnet das Clubheim auf dem Stadiongelände seine Pforten, Ausnahme sind leider (ausgerechnet) etwaige Abendspiele. Zwar sind im näheren Stadionumfeld ein paar Läden zu finden, doch allzu berühmt ist das Angebot nicht. Je weiter man sich aber in Richtung Innenstadt bzw. Porta Nigra bewegt, desto größer werden die Auswahlmöglichkeiten. Ein bevorzugtes Vereinslokal im eigentlichen Sinne existiert leider nicht mehr, auch die zweite Mannschaft hat ihr bisheriges Domizil, das “Postillion” (Herzogenbuscher Straße) verlassen – ein leckeres Pils kriegt dort trotzdem jeder. Bei heftigem Magenknurren seien schließlich das “Zagreb” (Zurmaiener Straße) und die Pizzeria “Pergola” (Ecke Zeughaus-/Max-Brandt-Straße) empfohlen.

STADION: ⚽⚽ **STIMMUNG:** ⚽⚽ **SERVICE:** ⚽⚽⚽

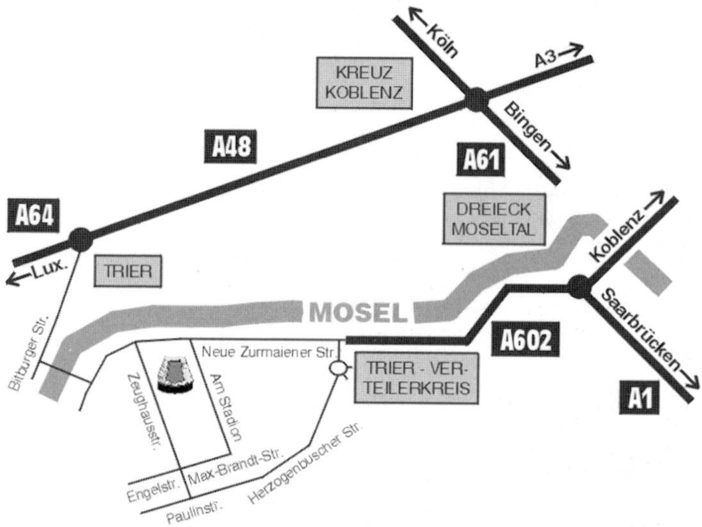

Von der **A1** aus Richtung **Saarbrücken** oder **K'lautern** bzw. von der **A1/A48** aus Richtung **Koblenz** geht es bis zum Dreieck Moseltal und dort auf die **A602** nach Trier. Diese befährt man bis zu ihrem **Ende** bzw. am Verteilerkreis vorbei auf die Neue Zurmaiener Straße (**B49**), bis nach etwa 800 Metern an der Mosel entlang zur Linken das nach ihr benannte Stadion auftaucht. Links in die Zeughausstraße und Parkplatz suchen, was im Normalfalle kein großes Problem darstellt. Bei größeren Spielen kann man auf die Parkhäuser in Kloschinsky- und Benediktinerstraße (Zeughausstraße ein Stück hinunter, dann rechts) zurückgreifen. In der größten Not fährt man von der A602 auf den Verteilerkreis, von dort zum P+R-Platz und benutzt den Bus oder die Füße (Herzogenbuscher Straße, am Friedhof vorbei, rechts in die Zeughausstraße).
Wer von **Luxemburg** bzw. **Belgien** anreist, verläßt die **A64** an der Ausfahrt **Trier** und fährt auf der **B51** gen Zentrum bis zur Kaiser-Wilhelm-Brücke. Nun links über die Brücke, an der nächsten Ampel wieder links auf die Neue Zurmaiener Straße und geradeaus durch bis zur Zeughausstraße.Die Arena der Eintracht ist aber aus allen Richtungen auch gut **ausgeschildert**.

Vom Hauptbahnhof fährt man mit der **Buslinie 85** gen Zurmaiener-Nord bzw. Ruwer bis zur Haltestelle Moselstadion bzw. Wilhelm-Leuschner-Straße. Wahlweise geht es auch mit der **Linie 86** bis St. Paulin/Zeughausstraße, der kurze Rest ist zu Fuß zu bewältigen. Beide Busse fahren am Wochenende sowie Mo-Fr ab 18.45h. Außerhalb dieser Zeiten muß man auf die **Linien 16** (Moselstadion) oder **1** (Paulin) zurückgreifen. Der Weg vom Bahnhof zum Stadion ist aber auch in gut **15 Minuten** ganz ohne öffentliche Verkehrsmittel zu bewältigen.

ULM: Donaustadion

Kapazität: 20.000
Stehplätze: 15.700
Sitzplätze: 4.300

Foto: Dirk Schulz

SSV Ulm 46, Stadionstr. 17, 89073 Ulm
Tel: 0731-18460, Fax: 0731-1846101
www.ssvulm1846.de

Das hätte sich das Donaustadion wohl selbst nicht träumen lassen: Daß es einmal Bundesligafußball beherbergen sollte! Seit 1925 steht die Arena nun schon am idyllischen Donauufer, doch allzu aufregend war ihr Leben bislang nicht. Daß alles änderte sich binnen zwölf Monaten, in denen Dragan Trkulja & Co. aus einer langweiligen Fußballstadt mit einem biederen Drittligisten mal eben eine Kickerhochburg in Deutschlands Eliteklasse machten. Drehen wir das Rad der Zeit zunächst also ein Stückchen zurück und tauchen hinein in den Sommer 1998, in dem der SSV 1846 den Aufstieg in die 2. Bundesliga perfekt machte. Unterstützt wurde er dabei übrigens durchschnittlich von exakt 2.671 Zuschauern, die das Donaustadion zu gerade einmal 13% auslasteten. Vom Stadionaus- oder -umbau war folglich in der Donaustadt nichts zu hören. Nicht einmal die Tatsache, daß der SSV 1846 quasi in einer halbfertigen Arena kickte - und das schon seit Jahren - beunruhigte allzu viele Gemüter. Dabei war das Donaustadion im Sommer 1998 eine der eigentümlichsten Fußballarenen Deutschlands, denn es hatte keine Gegengerade! Ein Zaun und ein uralter Uhrturm zierten die große Brachfläche, wo einst baufällige Stehtraversen gestanden hatten und wo, so hofften die SSV-Verantwortlichen, eines Tages eine Sitzplatztribüne entstehen sollte. Wenn mal Geld da sein würde, wenn der SSV 46 sich mal im Profifußball etablieren würde, und wenn der Zuschauerschnitt die ganze Sache auch lohnen würde. Dreimal "wenn" und "würde", und alle drei mit einer gehörigen Portion Ungewißheit ausgestattet.

Zwölf Monate später sah Ulms Fußballwelt völlig anders aus. Nach dem Traumstart in die Saison 1998/99 mußte das sanft schlummernde Donaustadion sogar bei laufendem Spielbetrieb aufgestockt, aufgerüstet und aufgepeppt werden, um der Nachfrage gerecht zu werden. Es gelang. Am 11. April 1999 wurde beim Gastspiel des 1. FC Köln die neue Gegengerade eingeweiht, auf der exakt 2.949 Menschen einen überdachten Sitzplatz finden; 450 davon sogar in einem eigens abgetrennten Nichtraucherblock. Dann klappte es tatsächlich mit dem Aufstieg, woraufhin in der Sommerpause 1999 an allen Ecken und Enden gehämmert, verputzt und angemalt wurde, um das Donaustadion auf Erstligaanforderungen zu bringen. Dies wiederum gelang nur zum Teil. Zwar entstand u.a. eine mobile Multifunktionsvideowand, doch Ulms Präsident Florian Ebner bezeichnete das Donaustadion weiterhin als "nicht erstligareif - trotz der neuen Tribüne". In Ulm setzt man nun auf die Zeit, denn, so Ebner, "alle Bedingungen sind erfüllt und gewöhnlich ist der DFB im ersten Jahr tolerant und mit Provisorien zufrieden". Nächstes Bauvorhaben ist jedenfalls eine Rasenheizung, nachdem die leidige Trainingsplatzfrage mit dem Bau eines neuen Areals inzwischen gelöst werden konnte.

Trotz aller Veränderungen hat das Donaustadion nichts von seinem Charakter eingebüßt. Die idyllisch in die Friedrichsau eingebettete und von der Donau begrenzte Arena zählt zweifelsohne zu den nett anzusehenden, wenn sie auch als "Multifunktionssportarena" (O-Ton SSV 1846) nicht unbedingt für die Entstehung einer Fußballhölle geeignet ist. Sie ist das Zentrum eines Sportkomplexes, der fast ausschließlich vom Großverein SSV Ulm 46 genutzt wird. Sporthallen, Leichtathletikanlagen, Schwimmhalle - im näheren Umfeld findet ein jeder etwas nach seiner Fasson, und Besucher, die an einem gewöhnlichen Nachmittag am Donaustadion ankommen, werden von Joggerhorden regelrecht überrannt.

Ein kurzer Blick in die Geschichte: Die zunächst schlicht "Ulmer Stadion" genannte Arena wurde 1925 vom damaligen 1. SSV (nicht zu verwechseln mit dem heutigen SSV 1846) eingeweiht und faßte seinerzeit rund 8.000 Zuschauer. Das reichte voll und ganz, denn erst als SSV-Kontrahent TSG 46 nach dem Krieg in der Oberliga Süd für ein klein bißchen Furore sorgte, stieß die Anlage an ihre Grenzen und mußte erweitert werden. Am 4. April 1948 stellten rund 25.000 Zuschauer anläßlich des Gastspiels des 1.FC Nürnberg einen bis heute ungebrochenen Zuschauerrekord auf. 1952 wurde das sowohl vom 1. SSV als auch von der TSG 1846 genutzte Donaustadion einer umfassenden Renovierung unterzogen, bei der unter anderem die aus Stahlbeton gefertigte überdachte Haupttribüne entstand, auf der rund 1.300 Menschen (plus 430 auf der unüberdachten Vortribüne) sitzen können. Drei Jahre später wurden anläßlich des 48. Baden-württembergischen Landesturnfestes die Stehwälle erweitert, wodurch das beim Tribünenbau gedrückte Fassungsvermögen wieder auf 20.000 anstieg. Damit war die Arena für die beständig zwischen Oberliga und 2. Liga pendelnden 1846er mit ihrem Zuschauerschnitt von knapp 8.000 freilich viel zu groß - vom inzwischen im Amateurfußball dümpelnden 1. SSV ganz zu schweigen. Folglich geschah lange Zeit mit Ausnahme gelegentlicher Kleinreparaturen und/oder Anstriche auch nichts Weltbewegendes, zumal die sportliche Tristesse des Ulmer Fußballs anhielt. Selbst die mit so viel Hoffnung verbundene Bildung des Großklubs SSV 1846 im Mai Mai 1970 konnte die Lage in der Münsterstadt nicht verbessern und machte etwaige Baumaßnahmen im Donaustadion unnötig.

Ende der siebziger Jahre kam die Wende. 1977 erreichten die Spatzen erstmals die Aufstiegsrunde zur 2. Liga, wo sie jedoch deutlich am Freiburger FC scheiterten. Ein Jahr zuvor hatte das regelmäßig für Leichtathletikveranstaltungen genutzte Donaustadion übrigens eine nagelneue Kunststoff-Tartanbahn erhalten. 1979 klappte es schließlich mit dem Sprung in die zweithöchste Fußballklasse, die der SSV 46 jedoch nach zwei Jahren wieder verlassen mußte - wie auch beim zweiten Versuch 1983. Dem Donaustadion brachten die Halbprofi-Intermezzi mit Ausnahme des obligatorischen Zauns keinerlei Neuerungen ein. Erst nach dem dritten SSV-Aufstieg in die 2. Liga (1986) wurde eine Generalrenovierung eingeleitet,

Foto: Hardy Grüne

bei der man sich insbesondere um die Ausbesserung der Stehtraversen kümmerte und die Gegengerade dem Erdboden gleich machte. 1990 schließlich wurde die Tribüne mittels Farbe, Mörtel etc. aufgepeppt und ein paar technische Neuerungen eingeführt, ehe am 18. Oktober 1991 die Flutlichtanlage eingeweiht wurde. Anschließend trat eine Baupause ein, die bis zum bundesligareifen Höhenflug der Spatzen andauerte.

Es gab eine Zeit, da wurde man in Ulm mitleidig belächelt, wenn man sich als SSV-1846-Fan outete. Nur unverbesserliche Deppen wanderten nach Volkes Ansicht alle zwei Wochen ins Donaustadion, derweil "normale" Ulmer für Fußball im Allgemeinen und den SSV 1846 im Besonderen nicht allzu viel übrig hatten. Gegen eine solche Ignoranz gab und gibt es nur ein Mittel: Erfolg. Resultat: Ulms Fanszene ist zwischen Juni 1998 und Juni 1999 förmlich explodiert. Aus den vier Fanklubs zu Saisonbeginn sind inzwischen 30 geworden, in denen rund 1.000 Mitglieder erfaßt sind - soviel hatte der SSV früher nicht mal als Zuschauerschnitt! Fanbetreuer Frank Ockert, einst selbst für die Spatzen am Ball, beziffert das Fanpotential auf rund 3.500, "von denen 2.500 in den Fan-Klubs organisiert werden sollten". Daß das aber mitunter nicht ganz ohne schalen Beigeschmack vonstatten geht, ist leider auch in Ulm zu beobachten. Neben einer stattlichen Anzahl sogenannter "Erfolgsfans", deren Treue zu den Spatzen erst noch eines intensiven Tests bedarf, gibt es auch einen größeren Anteil eher fragwürdiger Gestalten. Insbesondere auswärts fielen Teile der Ulmer Anhängerschar des öfteren aus der Rolle und produzierten sich als eher dumpfe Zeitgenossen. Da mag man an die Selbstreinigungskräfte in Ulms Fanszene appellieren. Nun hat der SSV 1846 natürlich nicht nur Erfolgs- bzw. problematische Fans, sondern auch eine ganze Reihe durchaus netter Zeitgenossen und -genossinnen, die das Donaustadion mit einer richtig guten Fußballstimmung versehen können. Im Grunde genommen stellt sich sogar ein Hauch von Volksfeststimmung ein, wenn der SSV 1846 zum Tanze bittet - das Vorbild Freiburg läßt grüßen. Heimfans bevölkern die Südkurve, wobei Block D als das "Wohnzimmer des harten Kerns" bezeichnet wird. Darüber hinaus findet sich im linken Bereich der alten Tribüne ein Kreis seit vielen Jahren ebenso treuer wie sangesfreudiger Spatzenfans ein.

Gästeanhänger dürfen den über Eingang "VfL" zu erreichenden Block G der Nordkurve für sich beanspruchen. Von dort hat man eine ausgezeichnete Sicht, die lediglich durch laufbahnbedingte Entfernung getrübt wird. Das unsägliche Kassenhäuschenproblem - es gibt schlichtweg zu wenige - dürfte sich in der 1. Liga "gelöst" haben, denn die meisten Fans werden sich wohl eine Dauerkarte gesichert haben.

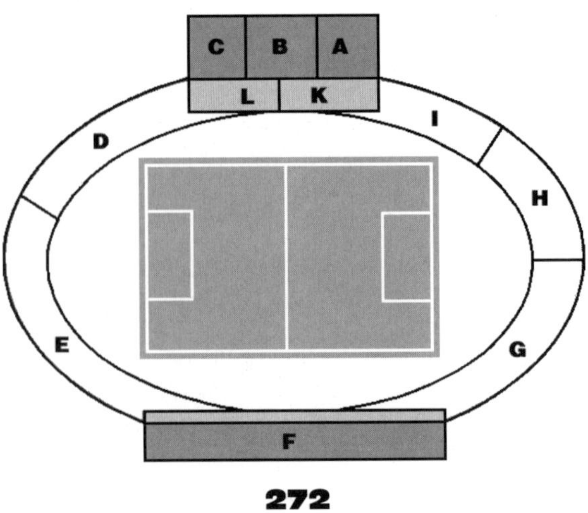

Preise Achtung - der Kartenvorverkauf läuft ausschließlich über Südwestpresse (www.suedwest-presse.de), nicht über die Geschäftsstelle! **Fan-Shop** Über Geschäftsstelle, Tel: 0731-1846-122 (Öffnungszeiten: Mo.-Fr., 9.00 – 16.00 Uhr). **Lektüre** SSV-Kurier, A4, s/w, Hofberichterstattung par excellence. **Rolliservice** Rollstuhlplätze auf der Laufbahn. **Essen** Verschiedene schmackhafte Würste, dazu Brezeln - der Kuchen aus der Regionalligazeit dürfte nun wohl endgültig passé sein. Schade. **Trinken** Alkoholisches Bier, Cola, Wasser, Fanta, Kaffee. **Toiletten** Guter Zustand. **Kneipen** SSV-Vereinsgaststätte in der Nähe der Straßenbahnhaltestelle bzw. des Schwimmbads. Wem die nicht gefällt, der mache sich auf den Weg in die nahegelegene City.

Sitzplätze: 35 - 70 DM
Stehplätze: 15 (7) - 20 (10) DM
Gäste: Nordkurve, Block G

STADION: **STIMMUNG:** **SERVICE:**

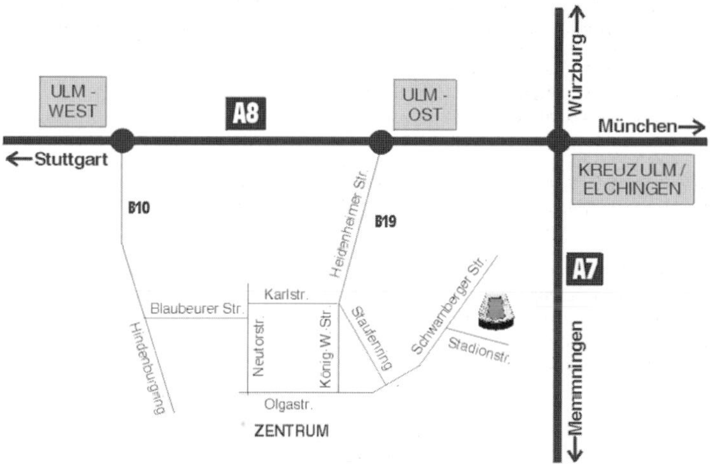

Von der **A8** aus Richtung **Stuttgart** bis zur Ausfahrt **Ulm-West** und weiter auf der **B10** (Hindenburgring) Richtung Zentrum bis zum Blaubeurer Tor. Dann links weiter über Ludwig-Erhard-Brücke und Karlstraße zum Ostplatz. Alsdann der **Ausschilderung** "Fußball" folgen (über Staufenring zur Friedrichsaustraße zum Stadion). Von der **A8** aus Richtung **München**: Bis zur Ausfahrt **Ulm-Ost**, dann weiter auf der **B19** (Heidenheimer Straße) Richtung Zentrum bis zum Ostplatz. Alsdann wie oben. Von der **A7** (Würzburg/Memmingen): Bis zum Kreuz Ulm/Elchingen, dann weiter auf der A8 Richtung Stuttgart bis zur Ausfahrt Ulm-Ost und weiter wie oben. **Parken**: Für eine innenstadtnahe Arena wie das Donaustadion überraschend problemlos. Bester Tip sind die Plätze am Landesgefängnis (entlang der Friedrichsaustraße). Wenn es voll ist, am besten Richtung Donauhalle fahren.

Mit der Straßenbahnlinie **1** oder der Buslinie **5** (jeweils bei **Stadion** aussteigen) geht es direkt bis vor das Donaustadion.

UNTERHACHING: Stadion am Sportpark

Foto: Dirk Schulz

Kapazität: 15.000
Stehplätze: 9.000
Sitzplätze: 6.000

SpVgg Unterhaching, Am Sportpark 1, 82008 Unterhaching
Tel: 089-61559160, Fax: 089-615591688
www.spvggunterhaching.de (semioffiziell)

Hoppla! Nicht nur, daß die SpVgg Unterhaching, der Verein mit der längsten Faxnummer im bezahlten deutschen Fußball, ebenso sensationell wie verdient in die Bundesliga aufgestiegen ist, langsam nimmt nun auch das Stadion am Sportpark erstklassige Formen an. Noch vor rund einer Dekade befand sich an der Stelle, an der heute die Stars der Branche dem Leder nachjagen, nicht mehr und nicht weniger als eine halbwegs saftige Wiese: Beim ersten Gastspiel in der Zweiten Liga (1989/90) hatten die Rot-Blauen noch im alten "Stadion an der Grünauer Allee" gekickt. Rund um den besseren Sportplatz, der heute noch von der Amateurmannschaft und der Jugend genutzt wird, hatten maximal 6.000 Zuschauer auf simplen Holzpaletten Platz gefunden, ein kleiner Teil von ihnen besaß dank eines Tribünchens sogar ein Dach über dem Kopf.

Noch während dieses ersten Ausflugs ins Profigeschäft ging man dann aber daran, im Norden der Gemeinde ein neues Stadion zu errichten, das ursprünglich im September 1990 fertiggestellt sein sollte. Aus dem geplanten "Ministadion" für drei Mio. DM wurde dann aber im Laufe der Zeit das 28 Mio. DM teure "Stadion am Sportpark", das schließlich erst im Frühjahr 1992 eingeweiht werden konnte. Doch das Warten hatte sich gelohnt, denn die von Ententeichen und Schrebergärten umgebene reine Fußballarena entpuppte sich als regelrechtes Schmuckkästchen. Primärer Blickfang natürlich die nett anzuschauende Westtribüne mit dem geschwungenen Dach, unter dem 1.835 Zuschauer bei nicht allzu schräg einfallendem Regen und normaler Windstärke von Durchnässung verschont bleiben. Neben einer exzellenten Flutlichtanlage erhielt das Stadion damals auch eine elektronische Anzeigetafel. Insgesamt paßten maximal 9.900 Menschen in die moderne Arena, was für lange Zeit ausreichen sollte. Und zwar satt.

Doch schon wenige Tage, nachdem der Aufstieg in die Bundesliga perfekt war, rollten am Sportpark die Bagger an – Spekulationen, die Hachinger würden ins Stadion an der Grünwalder Straße umziehen, waren bereits im Februar 1999 ins Reich der Fabel verwiesen worden. Statt dessen präsentierte man im Frühjahr ein Konzept, das u.a. die Aufstockung von Gegengerade und Gästekurve vorsah und ab dem 21. Juni denn auch in Angriff genommen wurde. Im Gegensatz zum Freistaat Bayern beteiligte sich die Gemeinde Unterhaching übrigens mit insgesamt 3,9 Mio. DM am Umbau, in dessen Rahmen neben neuen sanitären Anlagen sowie einem Container-Büro für die Polizei auch ein gläserner VIP-Pavillon in der Nordwestecke des Stadions errichtet wurde. Den sicherheitstechnischen Auflagen wurde man mit Wellenbrechern und einem neuen Zaun für die Nordtribüne gerecht. Die zweite Bauphase sieht die Überdachung der Gegengeraden vor (Weihnachten soll's fertig sein), ferner wird auch die Südtribüne um ein paar Stufen erhöht. Erweiterungsmöglichkeiten bestehen dann nur noch in den freien Ecken der Arena - bringen die Hachinger auch dies noch zustande, steigt ihr kleines Prachtstück endgültig in die Beletage der deutschen Stadien auf.

Irgendwie schade: Mit der Beschaulichkeit ist es nun vorbei. Die Kieselsteinchen auf den Stadionwegen mußten wieder eingesammelt werden, auch der zum Nickerchen einladende Rasenhügel hinter der Gegengerade fiel den Baggern im Juni '99 zum Opfer. Und auch die irgendwo zwischen heimelig und trostlos schwankende Atmosphäre, die schon so manchen Gegner zur Verzweiflung brachte (Düsseldorfs Jäger: "Da schreien höchstens 20 Leute – wie bei einem Freundschaftsspiel. Und deshalb verliert man da auch immer") hat sich im idyllischen Sportparkstadion mittlerweile gewandelt. Längst sind es nicht mehr nur eine Handvoll, die die Rot-Blauen nach vorne schreien - oder auch blasen. Die Bläsergruppe "Bob's Hachinger Philharmoniker", auch "Blechschaden" genannt, hat schon über 300 Mitglieder, zahlreiche weitere Interessenten aus ganz Bayern haben bereits ihr Interesse am Mitmachen bekundet. Zum Rückspiel gegen die Bayern erwartet Initiator Bob Ross um die 3.000 bis 5.000 Musiker (!), die den Hachingern im Olympiastadion den Marsch blasen wollen. Und auch auswärts wird das "Fußball-Zwergel" (Bild) von einer stetig wachsenden Anhängerzahl angefeuert - darunter einige, die sich einfach einen Spaß machen wollen, andererseits aber auch viele, die den Underdog aus echter Sympathie unterstützen.

Sitzplätze: 20 (15) - 50 (40) DM
Stehplätze: 15 (12) - 18 (15) DM
Gäste: Nordtribüne

Dessen Heimatort wird übrigens nicht mehr von nur 52 Polizisten "bewacht", wie die "Welt" meldete: Bei Bedarf stehen dem Verein die gleichen Hundertschaften an Polizeikräften zur Verfügung, die auch bei Spielen im Olympiastadion eingesetzt werden. Damit etwaige Fangruppen gar nicht erst auf irgendwelche Gedanken kommen: Auch einen Eskort-Service vom Bahnhof und zurück haben die Ordnungshüter eingerichtet. Zumindest vor den heimischen Anhängern, die sich für gewöhnlich auf der Südtribüne sammeln, braucht aber niemand Angst zu haben: Die sind nämlich durch die Bank überaus nett. Auswärtsfans positionieren sich auf der Nordtribüne, von der sich hervorragend Fußball gucken läßt.

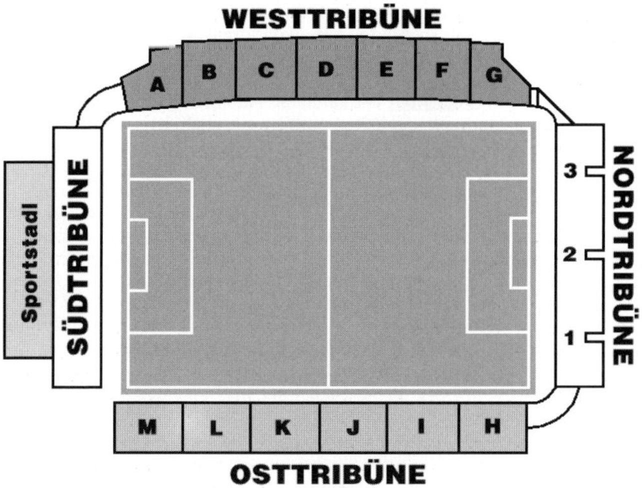

UNTERHACHING: Stadion am Sportpark

STADION: ⚽⚽⚽ **STIMMUNG:** ⚽⚽ **SERVICE:** ⚽⚽⚽

Preise Die Preise sind in zwei Kategorien gestaffelt, etwas teurer wird der Hachinger Spaß derzeit gegen 1860, BVB, FCK, Hertha, Schalke, Leverkusen und Stuttgart. Wie's in der nächsten Saison aussieht, weiß allerdings nur der liebe Köstner. Verbilligte Tickets erhalten Studenten, Rentner, Wehr- und Zivildienstleistende und Jugendliche bis 18 Jahre, Schwerbeschädigte sowie Kinder bis 14 Jahre sitzen oder stehen noch preisgünstiger: Der Stehplatz beispielsweise kostet nur 2 bzw. 5 DM. **Rolliservice** Guter Rolliservice! Fahrer zahlt nix, Begleiter zahlt nix, die Plätze befinden sich direkt am Spielfeldrand und der Zugang bzw. die Zufahrt gestaltet sich problemlos. Vor dem Stadion stehen zudem ausgeschilderte Behindertenparkplätze bereit, frühzeitiges Erscheinen erscheint dennoch empfehlenswert. **Fanshop** Seit zwei Jahren verfügt der Sportpark auch über einen kleinen Fanshop, der sich zwischen den Eingängen zur Süd- und Osttribüne neben der Gaststätte befindet. Im Zuge des Aufstiegs ist das Sortiment natürlich ein bisserl größer geworden, so gibt's demnächst auch einen neuen Katalog. An Nichtheimspieltagen muß man sich aber nach wie vor an die Geschäftsstelle wenden. **Lektüre** Das überdimensionale achtseitige Flugblatt hat ausgedient, "Die Rot-Blaue" kommt nun wie eine richtige Stadionzeitung daher. Die alte Gazette war zwar ganz nett zu lesen, doch im Endeffekt hielt sich der Informationsgehalt doch arg in Grenzen – für eine professionellere Berichterstattung soll nun Pressesprecherin Ulla Holthoff sorgen. Statt gar nix muß man zwar nun 2 DM bezahlen, aber dafür hat sich der Umfang ja auch immerhin vervierfacht. Da den Fans in der "Rot-Blauen" regelmäßig ein bis zwei Seiten zur Verfügung stehen, hat sich in Unterhaching die Frage nach einem Fanzine bislang eigentlich noch niemand ernsthaft gestellt. Nichtsdestotrotz ist es möglich, daß sich da bald etwas tut - die Gerüchteküche brodelt. **Stadionsprecher** Im dritten Jahr sitzt Klaus Kiefer, der auf M1 bzw. TV München auch dreimal wöchentlich den "Haching-Talk" leitet, am Sportpark-Mikro. Mittlerweile traut er sich auch schon einmal auf den Platz und versucht von dort, die Stimmung im Stadion anzufachen. **Essen** Die vier strategisch geschickt verteilten Büdchen bieten zu gescheiten Preisen knackige Bockwürste, Wurstsemmeln und belegte Semmeln an, in der Stadiongaststätte "Sportstadl" steht neben einer ordentlichen Palette an bayrischen Spezialitäten auch eine große Anzahl italienischer Speisen auf der Karte. **Trinken** In dieser Beziehung hat sich der Aufstieg leider negativ bemerkbar gemacht - ab anderthalb Stunden vor Anstoß bis anderthalb Stunden nach Abpfiff gibt es im Biergarten nur alkoholfreies Bier. Die Büdchen im Stadion verkaufen neben Cola, Limo und Wasser ebenfalls nur bleifreien Gerstensaft. Davor bzw. danach kommen Weißbier-Freunde dann allerdings ganz normal auf ihre Kosten (Löwenbräu). **Toiletten** Die sanitären Anlagen sind nagelneu, machen einen sehr gepflegten Eindruck und halten mittlerweile auch dem Ansturm von größeren Fan-Horden stand. **Kneipen** Die Stadiongaststätte "Sportstadl" öffnet ihre Pforten nicht nur bei Heimspielen, sondern täglich (außer montags) von 11 Uhr "bis zum bitteren Ende" (was nach Unterhachinger Zeitrechnung 1 Uhr bedeutet). Das Vereinslokal mit direktem Blick aufs Spielfeld wußte schon Fans aus aller Herren Bundesländer zu begeistern - während des Kicks versperren allerdings die auf der Südtribüne stehenden Fans die Sicht. Einige nette Wirtschaften finden sich entlang der Hauptstraße, für eine genauere Untersuchung der Bayrischen Küche bieten sich der oder das "Kammerloher" (Hauptstraße) sowie der Antonius-Keller (Von-Staufenberg-Straße) an. Beim "Waldeslust" hingegen handelt es sich um ein Prominentenlokal, in dem sich "normale" Fans nicht besonders wohl fühlen werden – sofern sie denn überhaupt reinkommen. Wer unbedingt berühmte Menschen oder gar Sportler sehen will, kann später in der auch von Fans besuchten Disco "TS" abhotten oder aber dem "Hotel Huber" (Leonhardsweg) einen Besuch abstatten, in dem viele Bundesligisten bei Gastspielen in München abzusteigen pflegen. Nahe des alten Stadions findet sich an der Grünauer Allee 6 schließlich noch der "Franziskaner" – wem das alles nicht reicht, sollte mit der S-Bahn gen München fahren.

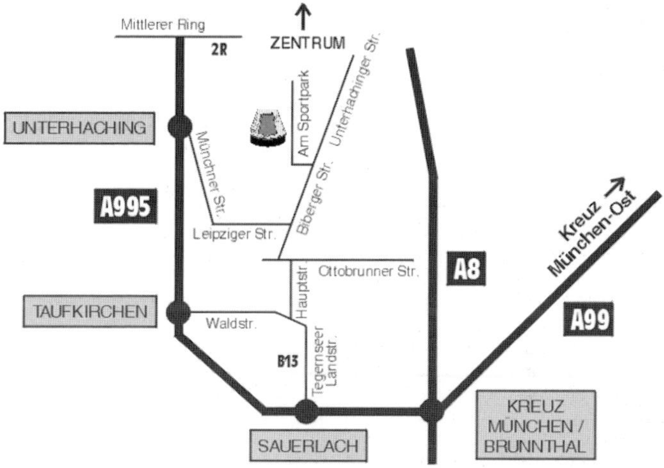

Aus Richtung **Stuttgart**: Über die **A8** bis zur (letzten) Ausfahrt **München-West**, dann der Beschilderung Salzburg folgen und über Pippinger und Lortzingstraße nach etwa zwei Kilometern links auf die Bodensee- bzw. Landsberger Straße (**B2**) und von dieser wiederum rechts ab auf den **Mittleren Ring**. Diesen befährt man nun weiter in Richtung Salzburg/Rosenheim, bis man automatisch auf die **A995** stößt – runter geht's dann gleich an der Ausfahrt **Unterhaching** (2). So. Nun links auf die Münchener Straße und gen Unterhaching steuern, im dortigen Zentrum fährt man an der ersten echten dickeren Kreuzung von der Leipziger Straße links in die **Biberger Straße** (gen Perlach), bis nach kurzer Zeit links der (im übrigen auch gut ausgeschilderte) Sportpark auftaucht.
Aus Richtung **Nürnberg**: Am Kreuz München-Nord auf die **A99** gen Salzburg bzw. Innsbruck und am Kreuz München/Brunnthal auf die **A995** in Richtung Giesing bis zur Ausfahrt **Sauerlach** (5). Links auf die Tegernseer Landstraße, an Taufkirchen vorbei und nach etwa drei Kilometern rechts in die Hauptstraße. An der T-Kreuzung links und gleich wieder rechts auf die Biberger Straße (Rest s.o.).
Der Sportpark verfügt zwar über eine größere Handvoll kostenloser **Parkplätze** (ca. 1000, von denen aber 200 für Ehrengäste reserviert sind), bei Schlagerspielen – und davon wird es nun erst einmal eine ganze Menge geben - kann es etwas **eng** werden. Immerhin darf man sein Töfftöff mittlerweile auch auf dem Parkplatz des benachbarten Aldi abstellen, ferner wird über eine Nutzung der Stellflächen des angrenzenden Flughafens Neubiberg nachgedacht. Eine weitere **Alternative** ist schließlich der P+R-Platz am S-Bahnhof Unterhaching, von dort geht es dann zu **Fuß** oder mit dem **Bus** weiter (s.u.).
Die **S-Bahn-Linie S2** (Richtung Holzkirchen oder Deisenhofen, fährt alle 20 Minuten - Sonderbahnen sind aufgrund der eingleisigen Strecke leider nicht drin) verbindet den Sportpark mit dem Münchner Hauptbahnhof sowie den zentralen Haltestellen Stachus, Marienplatz und Ostbahnhof, an der Station **Fasanenpark** gilt es auszusteigen. Von hier aus sind es noch ungefähr 15 bis 20 Minuten zu **Fuß**. Bequemere Fans fahren eine Station weiter bis Unterhaching, setzen sich in die **Buslinie 217** (Richtung Neuperlach-Süd) und steigen an der Haltestelle **Am Sportpark** wieder aus. Entgegen anderen Meldungen gilt die Eintrittskarte nicht als Fahrausweis. Der MVV-Fahrschein kostet derzeit 3,60 DM, günstiger erscheint der Erwerb einer Partner-Tageskarte für 13,- DM (gültig für fünf Personen, 6-14jährige gelten als halbe Portion – pardon - Person).

Foto: Michael Seiß

Kapazität: 5.000
Stehplätze: 4.000
Sitzplätze: 1.000

SC Verl, Postfach 1332, 33400 Verl
Tel: 05246-925080, Fax: 05246-9250828
www.scverl.de

Bevor es im schnuckeligen Stadion an der Poststraße erstmals fußballerisch zur Sache ging, war der SC Verl seit 1928 auf dem Sportgelände am Oelbach heimisch. Ende der 60er Jahre, als es mit dem Verler Fußball allmählich aufwärts ging, zog man schließlich in die soeben errichtete "Arena" an der Poststraße um, die lange Zeit nicht über das Stadium eines schlichten Sportplatzes hinauskam. Aber mehr war damals auch eigentlich gar nicht notwendig. So richtig ernst wurde es in dem 20.000-Mann-Städtchen dann erst, als die sportliche Erfolgsgeschichte des SC Verl 93/94 mit der Qualifikation für die Regionalliga West/Südwest ihren vorläufigen Höhepunkt erreichte. Nun mußte auch etwas mit dem Stadion an der Poststraße geschehen, schließlich wollte man nicht erneut – wie 1991 – ins Gütersloher Heidewaldstadion ausweichen, um in der Aufstiegsrunde zur Zweiten Liga überhaupt antreten zu können. Termingerecht zur Einführung der neuen Spielklasse erhielt die Sportanlage schließlich eine schmucklose, aber immerhin überdachte Tribüne, auf der Platz für 1.300 sitzende Zuschauer geschaffen wurde. Gleichzeitig ging man daran, die Kurven und die Gegengerade gemäß den Richtlinien des DFB mit Stehtraversen, Wellenbrechern und Blockabtrennungen zu versehen. Als Zugabe erhielt die Anlage, die sich nunmehr mit Fug und Recht als "Stadion" bezeichnen lassen konnte, auch ein neues Vereinsheim samt Kabinentrakt. Insgesamt passen zwar nur knapp 5.000 Leute in das kleine Verler Rund, die aber gukken Fußball in einem echten Fußballstadion ohne Laufbahn. Für Anzeigetafel oder gar Flutlicht hat das Geld damals dann aber leider nicht mehr gereicht.

Den sportlichen Erfolgen entsprechend hat sich die Anhängerschaft des SC Verl in den letzten Jahren zwar leicht vergrößert, doch aufgrund der Konkurrenz in Ostwestfalen fristet sie auf ihrem bevorzugten Stammplatz, der Tribüne, ein eher bescheidenes Dasein. Gästefans besitzen normalerweise freie Platzwahl, allein bei Risikospielen geht es ausschließlich in den Südblock.

Preise Schüler, Studenten, Rentner, Frauen stehen billiger. **Rolliservice** Während die Begleitperson den ermäßigten Stehplatzpreis zahlt, kommen Rollifahrer umsonst hinein und dürfen sich ihren Platz selbst aussuchen – allerdings nicht zu nah am Spielfeldrand, sonst gibt's vom Schiri die gelbe Karte. **Fanshop** Neben dem über die Geschäftsstelle erhältlichen Sortiment kommen Fanartikeljäger im Textilhaus Kleinemas (Gütersloher Straße) auf ihre Kosten. Bei

Heimspielen kann man auch am kleinen Fanshop am Haupteingang Poststraße fündig werden. **Lektüre** Das SC-Journal kommt mittlerweile im A4-Gewand daher, bietet die nötigsten Infos zu Verein und Spiel und ist für eine Mark zu haben. **Essen** Außer der leckeren Bratwurst (3,50 DM) bieten die Verkaufsstände Süßigkeiten und je nach Wetterlage auch Eis an. **Trinken** Stehen keine "Sicherheitsspiele" an, enthält das ausgeschenkte Bier Alkohol, ansonsten gibt's Limo, Wasser, Kaffee und im Winter auch Glühwein. **Kneipen** Nach dem Spiel pilgern die Verler Fans gerne ins Vereinslokal Hotel Kampwirth (Hauptstraße), das in gut sieben Minuten zu Fuß zu erreichen ist. Wem es dort nicht gefällt, der laufe einfach die Paderborner oder Hauptstraße entlang, bis er ein passendes Etablissement gefunden hat.

Sitzplätze: 20 (15) DM
Stehplätze: 12 (8) DM
Gäste: Südkurve

STADION: ⚽⚽ **STIMMUNG:** ⚽⚽ **SERVICE:** ⚽⚽

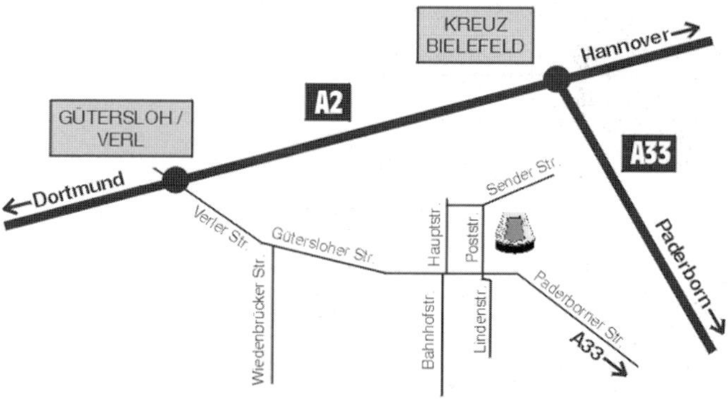

Sowohl aus Richtung **Hannover** als auch aus **Dortmund** verlasse man die **A2** an der Ausfahrt **Gütersloh/Verl** (24) und fahre auf der Verler Straße, die alsbald Gütersloher Straße heißt, in Richtung Verl. Dort angekommen, gilt es fast den gesamten Ort zu durchqueren (Richtung Paderborn/Kaunitz halten) - hinter dem Rathaus geht es dann links in die **Poststraße**, das Stadion liegt auf der rechten Seite.
Wer aus Richtung **Paderborn** über die **A33** anreist, kann diese auch an der Ausfahrt **Schloß Holte-Stukenbrock** (22) verlassen. Nun links auf die Oerlinghauser Straße und nach etwa anderthalb Kilometern (hinter der Bahnunterführung) rechts in den Sender Landerdamm. Nächste große Kreuzung links in die Sender Straße und diese immer geradeaus, bis sie in Verl in die Poststraße übergeht und links das Stadion vor einem liegt. Was das **Parken** anbelangt, so sollte man auf der Gütersloher bzw. dann später Paderborner Straße Rathaus, Polizei und Poststraße links liegen lassen und links in den **Schmiedestrang** fahren: Hier findet sich ein größerer Stellplatz. **Alternativ** dazu kann man – von Gütersloh kommend – eine Kreuzung vor der Poststraße nach rechts in die Bahnhofstraße abbiegen und sein Auto dort abstellen. Alle Parkplätze sind übrigens **kostenfrei**.

Vom Verler Bahnhof an der Uhlandstraße ist es nur ein kurzer **Spaziergang** an Rathaus und Polizeistation vorbei zum Stadion. Doch natürlich halten längst nicht alle Züge hier. Vom Bielefelder Zentrum fährt die **Buslinie 83** gen Verl. Wer in Gütersloh ankommt, hält am Zentralen Omnibusbahnhof nach einem Bus Ausschau, der am Verler **Marktplatz** hält. Zuletzt waren dies die **73** und **85** – aber mit der ZOB-Umgestaltung wird sich da wohl noch einiges ändern. Hoffentlich auch, was die für Fußball recht ungünstigen Abfahrtszeiten der letzten Busse am Wochenende angeht. Vom Marktplatz ist es dann jedenfalls nicht mehr weit.

WATTENSCHEID: Lohrheidestadion

Foto: Michael Seiß

Kapazität: 19.500
Stehplätze: 14.700
Sitzplätze: 4.800

Wattenscheid 09, Lohrheidestr. 82, 44866 Bochum
Tel: 02327-321166, Fax: 02327-321117
www.sport-wat.de

Das Lohrheidestadion wurde im WM-Jahr 1954 als stinknormale Mehrzweckanlage in Betrieb genommen, an der allein die überdachte Tribüne ins Auge fiel, da sie ein wenig an einen zu groß geratenen Fahrradunterstellplatz gemahnte. Die Arena faßte seinerzeit 27.000 Zuschauer und das sollte damals eigentlich bis in alle Ewigkeit ausreichen – Wattenscheid stand sportlich und fanzuspruchsmäßig deutlich im Schatten der Konkurrenten RWE, Schalke, RWO, BVB, Herne usw. Immerhin erhielt das Stadion 1975 für 1,2 Mio. DM eine Flutlichtanlage, ob ihrer dürftigen Leuchtkraft auch "Kerzenständer" tituliert, die am 5. November anläßlich des Hannes-Bongartz-Ablösespiels gegen Schalke erstmals angeknipst wurde. Ansonsten wurde instandgehalten, was nicht sowieso schon auseinandergebröckelt war.

Bis 1990, dem Jahr des Bundesliga-Aufstiegs der 09er. Sogleich hagelte es Proteste von allen Seiten: Die Ordnungshüter beanstandeten mangelhafte Sicherheitsvorkehrungen und nur 880 überdachte Sitzplätze galten ganz allgemein als nicht bundesligatauglich. Nach langem Hin und Her beschlossen Stadt und Land eine Geldspritze für die Lohrheide, dank derer zunächst neue Wellenbrecher und später dann auch die herrliche Osttribüne errichtet werden konnten. Die Kapazität sank dadurch zwar auf 19.500, aber nun konnten sich fast 5.000 Sitzplätzler eines Dachs über ihrem Kopf erfreuen. So, wie es derzeit aussieht, dürfte das in naher Zukunft wohl auch erst mal reichen.

Die allmählich anwachsende Wattenscheider Fanszene ist von ihrem Stammplatz Südkurve auf die Gegengerade umgesiedelt und versucht so gut wie es eben geht, Stimmung zu machen. Das klappt zwar nicht immer, aber immerhin. Jens Melzig meinte unlängst zur Lohrheide-Atmosphäre: "Da ist der Hund begraben" – aber wer im TeBe-Glashaus sitzt, sollte schon ein bisserl genauer schauen, wohin er seine Steine wirft. Gäste stehen in der Nordkurve (Block F, bei Bedarf auch E).

Preise Billiger wird's nur für Behinderte, Mitglieder und Schüler. An Osttribüne und Südkurve warten die 09-Fanshop-Stände auf Kunden. **Rolliservice** Ermäßigter Preis, Plätze auf der Laufbahn. **Lektüre** Die Stadionzeitung, der 09er, ist zwar mittlerweile von 36 auf 24 Seiten geschrumpft, aber nach wie vor ganz gut. Eine freiwillige Spende von einer Mark wird gerne angenommen. **Stadionsprecher** Eine kleine Sensation - der Capt'n macht's! Und er spielt auch allen Gastvereinen ihr Lied! Der Mann weiß eben, was sich gehört.

Essen Ist ja oft zu hören, daß die Curry-Bratwurst nicht mehr das ist, was sie mal war. Sie schmeckt aber trotzdem immer noch sehr gut und schlägt z.B. ihren Bochumer Gegenpart um Längen. Ferner Frikadellen und andere Fleischspezialitäten.
Trinken Das bleihaltige Fiege Pils fließt für 3 DM in den Becher. Darin enthalten sind zehn Pfennig Pfand, was zur Folge hat, daß kleine Kinder einem den Weg zum Papierkorb ersparen. Ansonsten Softdrinks, Kaffee und im Winter Glühwein.
Kneipen Die Fankneipe Nummer 1 ist jetzt das Brauhaus (An der Papenburg) in der Fußgängerzone direkt am Alten Markt. Die Freiheitsschänke heißt jetzt anders, ist aber immer noch beim Rathaus gelegen. Einfach durchfragen.

Sitzplätze: 15 - 30 DM
Stehplätze: 12 (7) - 15 DM
Gäste: Nordkurve, Block F

STADION: ⚽⚽⚽ **STIMMUNG:** ⚽⚽ **SERVICE:** ⚽⚽⚽

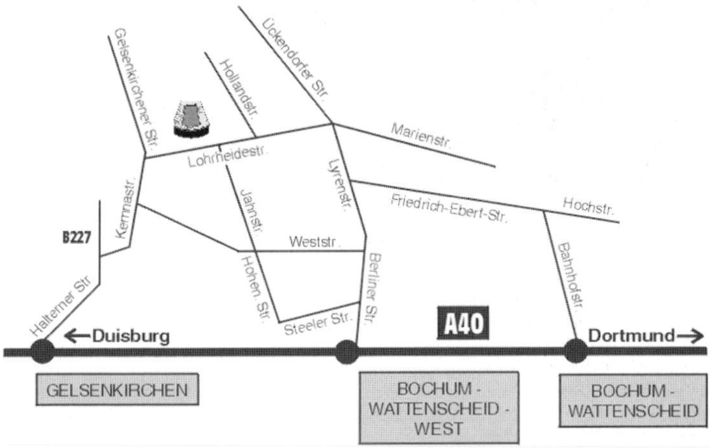

Aus allen Richtungen gilt es, auf die **A40** zu finden. Diese erreicht man über die A3 (Kreuz Duisburg), A52 (Dreieck Essen-Ost), A43 (Kreuz Bochum), A45 (Kreuz Dortmund-West) und A1 (Kreuz Dortmund-Unna).
Von der **A40** wähle man dann (von **Dortmund**) die Abfahrt **Bochum-Wattenscheid-West** (29) und ordne sich gleich links ein. An der Ampel links auf die Berliner Straße gen Gelsenkirchen und von der Lyrenstraße wieder links in die Lohrheidestraße – die an Spieltagen jedoch normalerweise einige Stunden vor Spielbeginn gesperrt wird. Also von der Berliner Straße lieber gleich links in die Weststraße (knapp 1,5 km hinter der Abfahrt) und rechts auf den **Parkplatz** Holland-Zechengelände. Von hier sind es noch knapp fünf Minuten zu Fuß. Extrem frühzeitig Anreisende finden auch direkt am Stadion einen (sehr) kleinen Parkplatz, der naturgemäß (sehr) schnell besetzt ist. Wer den viertelstündigen Fußmarsch nicht scheut, kann auch in der Ortsmitte auf dem Gertrudisplatz parken. Von **Essen** kommend geht es von der **A40** bereits an der Ausfahrt **Gelsenkirchen** (28) runter. Links auf die Halterner Straße (**B227**) gen Gelsenkirchen, nach 500 Metern rechts in die Kemnastraße und von dieser dann rechts in die Lohrheide- bzw. Weststraße (Rest s.o.).
Von Gelsenkirchen und Bochum Hbf. geht es mit der **Straßenbahnlinie 302** bis zur Haltestelle Lohrheidestraße, was im Normalfalle 25 bzw. 11 Minuten in Anspruch nimmt. Direkt vor dem Stadion hält ferner auch die **Buslinie 392**, die u.a. den S-Bahnhof Essen Kray-Nord (S2 Dortmund-Essen) ansteuert. Wer mit dem **Regionalzug** am Bahnhof Wattenscheid ankommt, muß wohl oder übel **zu Fuß** laufen.Der Fahrpreis beträgt von Bochum und Gelsenkirchen jeweils 3,20 DM, die Gruppenkarte für maximal fünf Personen kostet 10,80 DM.

Foto: Hardy Grüne

Kapazität: 4.200
Stehplätze: 4.000
Sitzplätze: 200

SV Wehen Taunusstein, Heinrich-Hertz-Straße 4,
65232 Taunusstein
Tel: 06128-746202, Fax: 06128-746350

Also, über die Aussicht kann man nun wirklich nicht meckern. Ein herrlicher Rundumblick über bewaldete Hügel und das ganze Örtchen Wehen bietet sich vom Halberg, womit zugleich gesagt sei, daß der Blick nicht von störenden Tribünen getrübt wird - was wiederum für einen Regionalligaplatz keineswegs ein Kompliment ist. Zwar ist der "Sportplatz Halberg" in den letzten Jahren kontinuierlich gewachsen, doch von Regionalliga-Atmosphäre spürt man dort oben noch immer nicht allzuviel. Vieles weist auf die langjährige Vergangenheit der Rot-Weißen als Kreis- oder Bezirksligaverein hin, der bestenfalls bei Derbys gegen Nachbar Hahn oder einen der Wiesbadener Vereine mal volles Haus hatte.

Dennoch: Seitdem der SVW unter erheblicher Hilfe der ortsansässigen Brita-Werke (der Besitzer des Wasserfilter-Herstellers ist zugleich Vereinspräsident) zum sportlichen Höhenflug angesetzt hat ('86 Bezirksliga, '87 Landesliga, '88 Hessenpokalfinalist, '89 Oberliga, 94' Regionalliga), hat sich auf dem über einen steilen und verschlungenen Pfad zu erreichenden Sportplatz am Halberg einiges getan. Zunächst wurde die Grantspielfläche gegen einen schmucken Rasen ausgetauscht, alsdann einige Stehtraversen angefügt, die inzwischen sogar von einem Dach geschützt sind. Anschließend kamen auf der Gegengeraden zwei "Sitzplatztribünen" hinzu, die freilich eher an eine Dorfkirmes erinnern.

Prunkstück der Arena ist aber die überdachte Haupttribüne, unter der auf zehn Traversen rund 3.000 Menschen Platz finden. Mit Ausnahme der drei Stühle im Sprecherkabinchen weist sie allerdings keine Sitzgelegenheiten auf. Bezüglich der Hintertorseiten sei festgestellt, daß sie so flach sind wie das Spielfeld selbst. Ist auf der Eingangsseite immerhin noch ein Vereinsheim zu finden, an dem bei Spielen auch die Verköstigung sowie der Souvenirverkauf stattfinden, entdeckt man auf der gegenüberliegenden Seite nichts anderes als weitere Fußballspielfelder, die emsig von den zahlreichen Jugendteams bearbeitet werden. In Wehen liegen eben Basisarbeit und Leistungsfußball noch immer dicht beeinander.

Sie nennen sich stolz "Die Wehener Falken", haben zwei durchaus ansehnliche Trommeln, sind den Spott der aus Großstädten anreisenden Gästefans gewohnt und stehen in rund zwanzigköpfiger Formation unter der überdachten Tribüne: Die Fans des SV Wehen. Auffälligstes Merkmal ist die überaus beachtliche Altersspanne, die irgendwo bei Fünfjährigen beginnt und mit der Generation der Vereinsgründer endet. Gästeanhänger dürfen unter der überdachten Tribüne stehen, was angesichts der meteorologischen Eskapaden im Rhein-Main-Raum durchaus von Vorteil ist - der Stimmungsfaktor unter dem kleinen Dach ist ausgezeichnet.

Sitzplätze: 20 (15) DM
Stehplätze: 12 (10) DM
Gäste: Tribüne

Fan-Shop Im Stadion. **Lektüre** Halberg Express, gratis, A4, s/w, schöne große Buchstaben. **Rolliservice** Rolliplätze hinter den Toren. **Essen** Bratwurst, mitunter Kuchen. **Trinken** Alkoholisches Bier, Cola, Fanta, Wasser, Kaffee. **Toiletten** Im Vereinsheim. **Kneipen** Sportlerheim Halberg, sonst: Ortskern.

STADION: ⚽⚽ **STIMMUNG:** ⚽⚽ **SERVICE:** ⚽⚽

Von **Frankfurt**: Die **A66** bis Wiesbaden-Erbenheim und weiter auf der **B54** gen Taunusstein. In Wiesbaden-Klarenthal auf die **B417** Richtung Taunusstein-Neuhof und nach ca. 9 km links nach Taunusstein-Wehen. Im Ortskern Wehen rechts auf die **B275** (Richtung Neuhof) und kurz vor dem Ortsausgang links auf den Alten Orler Weg zum Sportplatz Halberg. Aus Richtung **Mainz**: Die **A643** über das Autobahnende hinweg nach Wiesbaden hinein und dort stets der **B54** (Richtung Bad Schwalbach) folgen. Nach dem Ortsende Wiesbaden geht es einige Kilometer durch Wald und Flur, ehe es rechts nach Taunusstein-Wehen geht. Dort angekommen durchquert man das Ortszentrum in Richtung Neuhof. Kurz vor dem Ortsende geht es schließlich links auf den Halberg. Achtung: Wer direkt zum Stadion will, sollte in keinem Fall der Beschilderung "P+R Halberg" folgen, da die zu einem P+R-Parkplatz am anderen Ortsende führt. Von **Darmstadt**: Die **A671** bis Wiesbaden-Mainzer Straße und auf der B263 geradeaus weiter gen Taunusstein. Anschließend wie oben. Über die A3 von **Köln:** Bis zur Ausfahrt Idstein, dann auf der **B275** gen Taunusstein. Durch Neuhof durchfahren und kurz hinter dem Ortseingang Wehen rechts auf dem Alten Orler Weg zum Stadion. **Parken**: Zum oben angegebenen und in Wehen ausgeschilderten P+R-Platz. Außerdem stehen auf dem Halberg mehrere als Parkplätze nutzbare Wiesen zur Verfügung.

Fehlanzeige. Der letzte Bus, der samstags zum Wiesbadener Hauptbahnhof fährt, verläßt Wehen bereits um 12.24 Uhr. Sonntags fährt gar keiner.

WILHELMSHAVEN: Jade-Stadion

Foto: Michael Seiß

Kapazität: 6.000
Stehplätze: 4.200
Sitzplätze: 1.800

SV Wilhelmshaven, Rüstersieler Straße 39, 26386 Wilhelmshaven
Tel: 04421-60024, Fax: 04421-36280

Endlich! Endlich hat das Exil auf dem ehemaligen Marinesportplatz an der Freiligrathstraße (Foto) ein Ende, endlich hat der längst weit über seine Fußballverhältnisse angewachsene SVW ein attraktives, seinen Erfordernissen entsprechendes Stadion, in dem Regionalligafußball eine angemessene Würdigung erfährt.

Damit ist zugleich eines der dramatischen Kapitel der Fußballgeschichte der Jadestadt abgeschlossen, denn in Wilhelmshaven hat es eine regelrechte Wachablösung gegeben. Jahrzehntelang war der Ex-Zweitligist TSR Olympia Nummer 1, doch die Olympioniken machten immer wieder dieselben Fehler: Sie träumten von der Rückkehr in den Profifußball - und pendelten in der Realität zwischen dritter und vierter Liga. Die durchaus begeisterungsfähigen lokalen Fußballfans hatten bald die Nase voll davon, wodurch die Jadestadt allmählich zur Fußballdiaspora wurde. Erst als der Großverein SVW sich Ende der achziger Jahre anschickte, die Rolle der Nummer 1 zu übernehmen, kam Bewegung ins Spiel. 1992 wechselte die Landesligamannschaft des TSR Olympia geschlossen zum rot-gelben Lokalrivalen, der unter Coach Wolf Werner in den bezahlten Fußball stürmen sollte. Dafür gab der SV sogar seine traditionelle Heimspielstätte an der Rüstersieler Straße auf und wechselte in die TSR-Heimstatt "Stadion Friedenstraße". Doch die Arena bot einen jämmerlichen Anblick. Zwar wies sie rund 13.500 Plätze und sogar eine blecherne kleine Tribüne auf, lediglich 680 Sitzplätze und ein bedenklicher Allgemeinzustand bereiteten jedoch große Sorgen, zumal das Areal perspektivisch für Wohnbebauung genutzt werden sollte. 1995 beschloß der Stadtrat daher, ein ganz neues Stadion zu bauen, dessen Beschluß- und Planungsphase sich jedoch bis Ende 1997 hinzog. Dann war es endlich soweit: Das Stadiongelände an der Friedenstraße wurde für 6,5 Mio. DM verkauft, womit der finanzklammen Stadt ihre 3,7-Mio.-Investition in die neue Arena erheblich erleichtert wurde. Den "Geist" der alten Arena nahm man übrigens mit, denn um Geld zu sparen, wurden an der Friedenstraße rund 5.000 Tribünensteine ausgebuddelt und im Sportforum wieder eingesetzt. Das nennt man Recycling!

Entstanden ist eine reine Fußballarena, die an drei Seiten überdacht ist und in der zweifelsohne - im gefüllten Zustand - ausgezeichnete Stimmung aufkommen kann. Apropos gefüllter Zustand: Der ist in dem am 1. August 1999 mit einem Freundschaftskick gegen den VfL Wolfsburg eingeweihten Neubau bereits bei 6.000 Köpfen erreicht, und man muß sich ernsthaft fragen, wie das zu den latent immer mal wieder zu hörenden Zweitligaträumen Wilhelmshavens paßt. Für Regionalligaverhältnisse ist das “Sportpark-Stadion” freilich bestens geeignet. 1.800 Sitzplätze werden die SVW-Kassen mehr als bisher füllen, die fernsehtaugliche Flutlichtanlage soll trotz gleichzeitiger Konkurrenz der Kufenflitzer vom ECW ausgiebig genutzt werden und der in die Osttribüne integrierte VIP-Bereich (rund 170 Plätze) stellt ebenfalls eine Neuheit dar. Und das ist wohl auch nötig, denn: “Fest steht bei so einer Investition: Wir müssen mit dem Stadion auch Geld verdienen können” - so zumindest Uwe Peters von der eigens gegründeten SVW 92-Gesellschaft, die sich um Vermarktung und Bewirtung des Sportpark-Stadions kümmern wird.

Der überschaubaren Fanszene des SVW wird es im neuen Sportpark sicherlich besser gelingen, ein wenig Atmosphäre aufkommen zu lassen, zumal sie auf der überdachten Nordtribüne ausreichend stimmungsfördernde Stehplätze vorfindet. Die mit Trommeln bestückten Rot-Gelben sind auch auswärts stets dabei. Vorsicht: Seit der Saison 1998/99 treibt sich in Wilhelmshaven ein kleiner Kreis der Gewalt nicht abgeneigter Zeitgenossen herum. Gastanhänger werden im Sportpark-Stadion nach letztem Stand der Dinge auf der Südtribüne untergebracht, dem einzigen Bereich, der nicht überdacht ist.

Sitzplätze: 25 (15) DM
Stehplätze: 15 (10) DM
Gäste: Südtribüne

Rolliservice Rollstuhlplätze sind vorgesehen. **Toiletten** Funktional. **Essen** Wurst. **Trinken** alkoholisches Bier, Cola, Fanta, Kaffee. **Kneipen** Ab ins Zentrum.

STADION: ⚽⚽⚽⚽ **STIMMUNG:** ⚽⚽⚽ **SERVICE:** ⚽⚽⚽

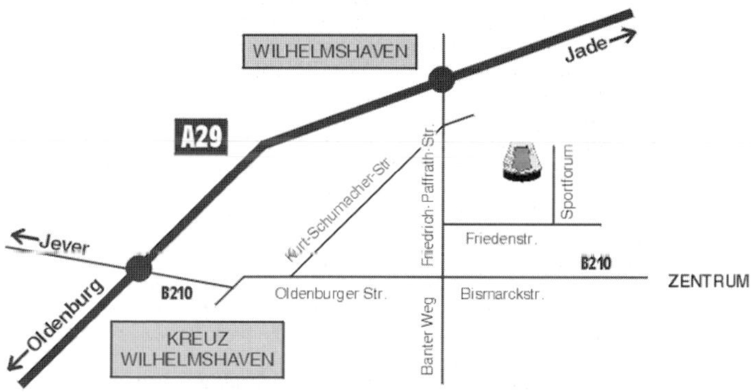

Aus Richtung **Oldenburg**: Über die **A29** bis zum **Kreuz Wilhelmshaven**, dort auf die **B210**, an der T-Kreuzung links auf die Oldenburger Straße (immer noch B210) und schließlich links in die Friedrich-Paffrath-Straße, von der nach kurzer Zeit rechts die Friedenstraße abgeht. Zum **Jadestadion** geht es dann links in die Straße Sportforum. Von der See anreisende Fans verlassen die A29 bereits an der Anschlußstelle **Wilhelmshaven** und fahren von der Friedrich-Paffrath-Straße aus links in die Friedensstraße. **Parken:** Mehrere Parkplätze im Umfeld sollten keine Probleme aufkommen lassen.

Mit der **Linie 6** von der Börsenstraße (aus dem Bahnhof heraus und links) bis zur Haltestelle **Robodesweg**, von wo aus es noch knapp **zehn Fußminuten** sind (unter dem Torbogen durch).

Foto: Dirk Schulz

Kapazität: 20.400
Stehplätze: 13.400
Sitzplätze: 7.000

VfL Wolfsburg, Elsterweg 5, 38446 Wolfsburg
Tel: 05361-851747, Fax: 05361-851748
www.vfl-wolfsburg.de

Bis 1994 zählte der VfL Wolfsburg zu den wenigen Klubs, denen das Stadion, in welchem die im Laufe einer Saison nun einmal so anfallenden Heimspiele ausgetragen werden, auch gehört. Wie man weiß, hat dies Vor- und Nachteile. Da letztere schließlich überwogen, war man am Berliner Ring nicht eben unglücklich, als der Rat der Stadt beschloß, dem Verein das Stadiongelände bzw. das Erbrecht für knapp 3,7 Mio. DM abzukaufen. Dies hatte zur Folge, daß der VfL seine Verbindlichkeiten abbauen konnte und sich auch nicht mehr für das vor sich hin vegetierende Stadion schämen mußte.

Dieses war 1951 als "VfL-Platz" mit einem 5:2 gegen den Lokalrivalen SSV Vorsfelde eingeweiht worden und wies zunächst nicht sehr viel mehr als ein paar halbwegs begrünte Stehhügel auf. Erst einige Monate nach der Eröffnung erhielt die Arena eine kleine Sitzplatztribüne, wodurch die Kapazität von 15.260 Zuschauern nunmehr amtlich war. Erstmals bis auf den letzten dieser 15.260 Plätze ausverkauft war das Stadion dann bereits am 30. Oktober 1954 beim Oberligaschlager gegen Nordmeister Hamburger SV, den die Wolfsburger mit 1:0 für sich entscheiden konnten.

Am 1. Mai 1961 entstand schließlich mit freundlicher Unterstützung einer größeren lokalen Automobilfirma eine Tribüne, auf der maximal 3.000 Zuschauer trockenen Fußes ihre Anfeuerungsrufe ins Oval schleudern konnten.

Anschließend wurde bis auf die allernotwendigsten Instandhaltungsmaßnahmen (Rost abkratzen, Unkraut jäten, gucken, ob's die Stadionuhr noch tut etc.) in Sachen Stadion nicht mehr allzuviel unternommen. Die Wölfe pendelten derweil weitgehend orientierungslos zwischen Zweit- und Drittklassigkeit umher und lockten selten mehr als 1.500 zahlende Zuschauer an. Die einzigen baulichen Veränderungen der damaligen Zeit betrafen die Leichtathletikanlagen, die man dem internationalen Standard anpaßte. 1977 wurde noch ein neues Vereinsheim eingeweiht - das war's.

Als gegen Ende der 80er allmählich der sportliche Aufschwung des VfL einsetzte, konnte man sich der Stadion-Problematik nicht länger verschließen. Die Stehränge, vor allem die Kurven, befanden sich in einem katastrophalen Zustand. Auch die Tribüne machte einen heruntergekommenen Eindruck, aber dies war eigentlich nicht weiter tragisch - konnte sie aus Denkmalschutzgründen doch sowieso nicht verändert werden.

Zunächst einmal geschah also herzlich wenig – auch, nachdem der VfL Wolfsburg nach zwei Meistertiteln in der Oberliga Nord 1992 wieder in die Zweite Liga zurückkehrte. Noch Ende 1994, als die Wölfe erstmals heftig ans Tor zur Bundesliga klopften, paßten gerade einmal 13.264 Zuschauer in die Arena. Da diese zudem weder über eine Flutlichtanlage noch über eine ausreichende Anzahl von Medienplätzen verfügte, durfte der Verein nur mit einer Ausnahmegenehmigung des DFB am Berliner Ring antreten. Ein Jahr später war es dann allerdings endlich so weit, und beim Tabellenführer begannen die Sanierungsarbeiten. Hinter der Gegengerade errichtete man eine überdachte Tribüne mit Platz für 2.100 sitzende Zuschauer. Am 22. März 1996 konnte beim 2:0 gegen Waldhof Mannheim die Flutlichtanlage eingeweiht werden, kurze Zeit später folgte eine Anzeigetafel sowie die dringend benötigte neue Lautsprecheranlage – der Anfang war gemacht.

Im Verlauf der ersten Bundesligasaison (97/98) wurde dann schließlich auch noch die Nordkurve ausgebaut und überdacht, so daß sich die Arena nunmehr in einer erstligareifen Verfassung befindet. Da der Höhenflüg der VfL-Kicker jedoch unvermindert anhielt, begannen die Sorgen alsbald wieder von vorne - denn bundesligatauglich heißt ja noch lange nicht europapokalgerecht. Nachdem sich der VfL für den UEFA-Cup qualifiziert hatte und der plastikschalenfanatische Verband eine Ausnahmegenehmigung verweigert hatte, sah es zunächst aus, als würden die Wölfe in eine andere Stadt ausweichen. Die maximal mit mobilen Klappsitzsystemen zu erreichende Zahl der Sitzplätze im VfL-Stadion schätzte man auf knapp 9.500. Wahrscheinlicher erschien da schon ein Umzug ins 80 km entfernte Niedersachsenstadion zu Hannover, wo man - trotz der dortigen Umbauarbeiten – auf ein Fassungsvermögen von 46.000 Zuschauern hätte zurückgreifen können. Doch auch dort hätte man nur mit einer Ausnahmegenehmigung spielen können: Die Hannoveraner Holzbänke entsprechen nicht dem von der UEFA gewünschten "Numerierte Einzelsitze mit Rückenlehnen" -Profil. Gespräche führte man auch mit der Stadt Braunschweig – doch im mit ausreichend Sitzschälchen versehenen Eintracht-Stadion erschien wiederum die Leuchtkraft der Flutlichtanlage als zu dürftig.

Mittlerweile scheint das internationale Verbleiben der Wölfe im VfL-Stadion gesichert. Kurz vor dem Beginn der Saison 1999/2000 rückten Bauarbeiter an, um die 1.300 Stehplätze in Block C der Haupttribüne in rund 600 Sitze zu verwandeln. Und auch nach Abschluß dieser kleinen Versitzplatzungsmaßnahme wird der VfL Wolfsburg mit Sicherheit keine Gelegenheit auslassen, um weitere Bereiche entsprechend umzurüsten. Lediglich der Verbleib des Stehblocks A scheint derzeit gesichert.

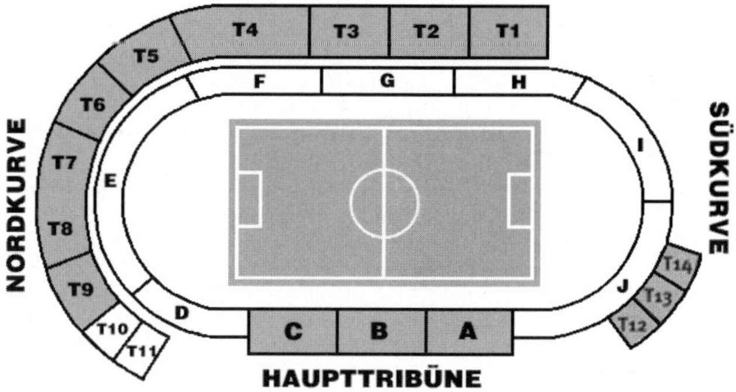

Noch vor wenigen Jahren stellten mit grün-weißer Fahne herumlaufende Menschen in Wolfsburg eine vielbestaunte Seltenheit dar, und Gäste hatten schon ab einer Kopfzahl von etwa zehn ein Heimspiel. Mittlerweile geht die Zahl der VfL-Anhänger in die Tausende, schießen Fanclubs wie Pilze aus dem zumeist recht feuchten niedersächsischen Boden – die Freunde der Wölfe finden allmählich Anerkennung. Zum Ausdruck kommt dies beispielsweise in der Drei-

er-Fanfreundschaft mit dem 1. FC K'lautern und 1860 München, wenngleich man abwarten muß, wie sich diese Geschichte entwickelt. Mit den Fanfreundschaften ist das ja bekanntlich immer so eine Sache.
Wie dem auch sei, der harte Kern der heimischen Anhängerschaft, die als fairste und friedlichste der Bundesliga gilt, versammelt sich in den Stehblöcken A und B der alten Tribüne sowie in der Südkurve unter der Anzeigetafel. Gästefans stehen ihnen in der Nordkurve gegenüber, genauer gesagt in den Blöcken D (offen) und T11 (überdacht) – der T10er Block ist wieder in den Besitz der Wolfsburger übergegangen, wird bei Bedarf jedoch auch den Gästen freigehalten. Sicherheitstechnisch haben der Ordnungsdienst, das wackere Fanprojekt und die szenekundigen Polizeibeamten ("Wir kennen unsere Pappenheimer") alles im Griff, was sowohl für das Stadion als auch die Peripherie gilt. In der Regel muß man sich also keine Sorgen um die Gesundheit machen.

Sitzplätze: 20 - 50 DM
Stehplätze: 15 (12) - 25 (20) DM
Gäste: Nordkurve (Block D + T11)

Preise Die ermäßigten Preise für Studenten, Schüler, Schwerbehinderte, Arbeitslose, Rentner, Zivis und Soldaten gelten nur im Stehplatzbereich, allein Behinderte sitzen auch billiger. Jugendliche bis 16 Jahre zahlen für die Stehplatzblöcke D bis J 10 DM. **Rolliservice** Freier Eintritt für Rollstuhlfahrer, die Begleitperson darf für 12 DM hinein. Unterhalb der Haupttribüne befinden sich rund 30 Plätze, um deren Reservierung man sich besser schon einige Wochen im voraus bemüht. Keine Probleme jedoch, was das Parken angeht: Hinter der Südkurve existieren ausgeschilderte und kostenlose Parkplätze, von denen aus es noch etwa fünf Minuten zur Haupttribüne sind. **Fanshop** Direkt hinter dem Haupteingang (rechte Seite) wartet ein Shop mit WOB-Devotionalien auf, der für alle Stadionbesucher frei zugänglich ist. Gleiches gilt für das Fan-Mobil vor dem Stadion, das zugleich eine Art Infostand darstellt. Dort ist dann stets auch eine der Hauptattraktionen der VfL-Arena zu finden: Jener ältere und freundliche Herr, "der für alles zuständig ist", alles weiß und jedem weiterhilft. Wirklich große Klasse, der Kerl.
Lektüre Seitdem der VfL das Goal! in die Hände einer Agentur gegeben hat, kann man mit der Stadionzeitung eigentlich ganz zufrieden sein. Für zwei DM erhält der Käufer ein rund 40 Seiten dickes Heft, in dem auch die Fans immer häufiger zu Wort kommen. Daß der VfL seine Wurzeln nicht vergessen hat, zeigt übrigens die relativ ausführliche Berichterstattung zur Zweiten Bundes- und Regionalliga. Seit kurzem besitzt Wolfsburg mit No Name auch ein Fanzine, das vor dem Stadion verkauft wird, später einmal alle acht Wochen erscheinen soll und gegen 1,50 DM (+ Porto) beim Fanprojekt (Goethestr. 10a, 38440 Wolfsburg) geordert werden kann.
Stadionsprecher Zum Leidwesen vieler Fans hat Siegmar Kohl das Mikro nach zwölf Jahren an ein Duo von Privatsender "Antenne Hit-Radio", der auch für das "Stadionradio" der Wölfe verantwortlich ist, weitergegeben – gewöhnungsbedürftig. **Essen** Neben der berühmten Wolfsburger Bratwurst (4 DM) gibt es weiterhin belegte Brötchen und Baguettes sowie neuerdings auch Laugenstangen (mit Schinken und/oder Käse) und fliegende Eishändler. Einmalig in deutschen Stadien ist die kleine vom Fanprojekt betriebene Hütte in der Südkurve, an der sich das gastronomische Angebot nach dem jeweiligen Gegner richtet (also Bayern Weißwurst und Leberkäse, Hansa Fischbrötchen etc.) - übrigens werden hier auch Gästefans bedient. **Trinken** Während es im VfL-Stadion neben Cola, Limo, Wasser nur alkfreies Bier zu trinken gibt, kann man vor den Eingängen auch ganz normales Hasseröder bestellen – auch in bzw. vor der Nordkurve. **Toiletten** normalerweise ausreichend, bei grassierender Darmgrippe könnte es eng werden. **Kneipen** Vor und nach dem Kick ist die VfL-Gaststätte am Stadion in der Regel brechend voll, fließt dort doch sog. "richtiges" Bier in die Becher. Wem es dort nicht gefällt, versuche es in der etwa fünf Fußminuten entfernten Scheune (Rothenfelder Straße, hinter Amtsgericht) oder begebe sich weiter Richtung Goethestraße. An der Ecke zur Schillerstraße findet sich dort die Altdeutsche Bierstube und an Nummer 10a mit dem VIF (Very Important Fan) das Wolfsburger Fanprojekt. Dort ist jeder Fan willkommen

und kann sich nicht nur mit Dart, Kicker, Tipp-Kick und Billard, sondern auch mit einem Täßchen Kaffee oder Tee vergnügen. Geöffnet ist die gemütliche Stube Di+Do von 15-22h, nach Heimspielen lautet die Devise: open end.

STADION: ⚽⚽⚽ **STIMMUNG:** ⚽⚽⚽ **SERVICE:** ⚽⚽⚽

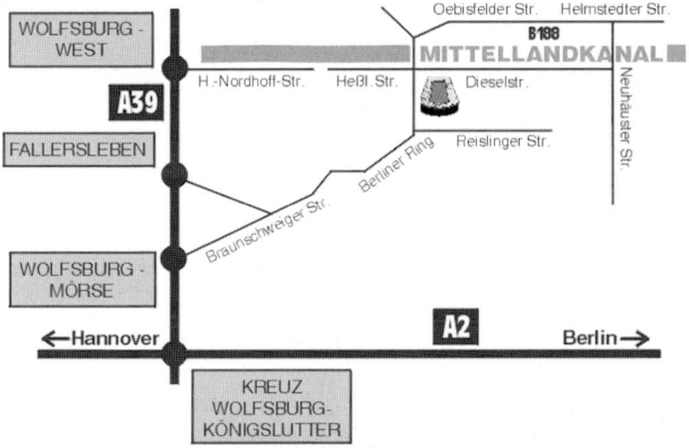

Über die **A2** (Hannover/Berlin) bis zum **Kreuz Wolfsburg/Königslutter** und dort auf die **A39** gen Wolfsburg, die man – als Normalsterblicher im PKW und zumindest an Heimspieltagen - erst an der Ausfahrt **Wolfsburg-West** verläßt. Rechts ab auf die Heinrich-Nordhoff-Straße und weiter geradeaus durch den kleinen Tunnel auf die Heßlinger Straße, dann links und auf der Berliner Brücke über den Mittellandkanal. Nächste große Kreuzung rechts auf die Oebisfelder Straße (**B188**) und gleich wieder rechts ab zu den zwei **Parkplätzen** am Festplatz, von dem aus **Pendelbusse** zum Stadion düsen - zu Fuß sind's ca. 10 bis 15 Minuten. Dies alles ist auch ausgeschildert, Ordnungshüter regeln den Verkehr.
Busse können bereits die Ausfahrt **Wolfsburg-Mörse** wählen und über die Braunschweiger Straße gen Zentrum fahren. Nach etwa zwei Kilometern geht es vor dem Hotel Holiday Inn rechts in die Siemensstraße (Richtung Gifhorn), von der aus man einen kurzen Blick auf das Porschestadion (rechts), die sportliche Heimat des VfR Eintracht, werfen kann. Nun weiter über den Berliner Ring, kurzer Blick auf den Großen Schillerteich (links), bis schließlich rechts das **VfL-Stadion** auftaucht. Hier sollten Busse dann anhalten und ihre Fanfracht entladen (erfahrenere Wolfsburg-Chauffeure tun dies praktischweise direkt vor der jeweiligen Kurve), für die Busfahrer geht es weiter zum besagten Parkplatz. Nach dem Spiel fahren die Busse dann wieder vor und holen den Fan auch hübsch wieder ab.
Soll es schließlich an **Nichtspieltagen** zum VfL-Stadion gehen, so kann man selbstverständlich die **Mörse-Ausfahrt** wählen und dann später vom Berliner Ring aus rechts in die Dieselstraße fahren, um sich einen geeigneten Parkplatz zu suchen. **Alternativ** dazu steht schließlich auch noch der VW-Großparkplatz (via Berliner Brücke) bereit.

Vom Wolfsburger **Bahnhof** zum VfL-Stadion sind es zwar nur maximal zehn Fußminuten (über Heßlinger und Dieselstraße bzw. Berliner Ring), doch wer unbedingt will, kann diese Strecke mit den **Buslinien 5** (Richtung Vorsfelde Petrikirche) oder **7** (gen Reislingen Kronekenberg) überbrücken, die vom Omnibusbahnhof zur Arena tuckern. Fahrtzeit: zwei Minuten. Wer sich im Besitz einer gültigen Eintrittskarte befindet, fährt mit den WVG-Bussen umsonst.

Foto: Dirk Schulz

Kapazität: 28.500
Stehplätze: 23.500
Sitzplätze: 5.000

Wuppertaler SV, Hubertusallee 4, 42117 Wuppertal
Tel: 0202-741285, Fax: 0202-742466
www.wuppertaler-sv.de

Zu seligen Erstligazeiten, da tummelten sich häufig mehr als 35.000 Fans im Zoostadion und brüllten ihre Mannschaft zum Sieg - die bombastische Akustik wirkte auf Besucher wie Spieler gleichermaßen ansteckend. Am Anfang der 90er Jahre allerdings paßten sicherheitsbedingt gerade mal 10.000 Zuschauer in die marode Arena, davon 560 auf die teilweise überdachte Behelfs-Sitztribüne. Das Stadion (Jahrgang 1924), das v.a. durch seine Steherrennen Berühmtheit erlangt hatte, war baufällig und ein einziges Provisorium, in dem seit der Anschaffung einer Flutlichtanlage (1957) nicht mehr viel geschehen war.

Nach langem Hin und Her ob des Wie und Wieviel begannen 1991 schließlich umfangreiche Umbau- und Renovierungsarbeiten, an deren Ende am 5. Dezember 1993 die Eröffnung der neuen Haupttribüne stand, die neben 5.000 Sitzplätzen auch VIP-, Presse-, Polizei- und Sanitärräumlichkeiten beherbergt. Das schmukke Teil verschlang die Kleinigkeit von 32 Mio. DM, da die rückwärtige Schildwand (wie übrigens auch die Radbahn) unter Denkmalschutz steht und somit erhalten bleiben mußte. Des weiteren befestigte man damals die Stehstufen, eine multimediale Anzeigetafel folgte 1994. Seitdem präsentiert sich das optisch reizvolle Stadion am Zoo mit der in der Südkurve thronenden Stadiongaststätte (leider geschlossen) als zweitligataugliche Arena, in der die Gegner nach dem bitteren Zwangsabstieg von 1999 jedoch für's Erste Euskirchen und Straelen heißen.

Die heimische Anhängerschaft steht auf der kleinen Tribüne der Gegengeraden (oder sitzt auf der Haupttribüne im Block T) und versucht verzweifelt, so etwas wie Stimmung im Stadion am Zoo aufkommen zu lassen – was bei dieser Arena so einfach nicht ist. Gästefans gelangen über den Eingang an der Kornstraße in ihren Nordkurvenblock K und sollten im Stadionumfeld die Augen offenhalten.

Preise Sagen wir's mal so: Den normalen Preis zahlen nur männliche Nicht-WSV-Mitglieder im Alter von 18-65 Jahren, die weder studieren noch ihren Zivil- oder Wehrdienst ableisten oder sich mit einer Behinderung herumplagen müssen. **Rolliservice** Freier Eintritt (Begleiter ermäßigt) und Platz auf der Laufbahn. **Fanshop** Der Shop am Haupteingang macht nur noch bei Heimspielen auf. **Lektüre** Traurig, traurig. Zumindest für die laufende Oberliga-Saison hat WSV-Aktuell, die überdimensionale, kostenlose und beliebte Stadionzeitung, ausgedient. Einen Nachfolger gibt es nicht. Und auch die Fanzines Flutlicht (Krutscheider Weg 119, 42327 W'tal), Groundhopper (PF 150221, 42340 W'tal) und La Ola (S. Asmussen, Hügelstr. 76, 42277 W'tal) stecken in einem verständlichen Motivationsloch. **Essen** Bratwurst und Krakauer sind mit 3,50 DM zwar etwas teuer, schmecken aber ebenso wie die Pommes ganz ordentlich. **Trinken** Bier (mit/ohne), Cola, Limo, Wasser, im Winter gelegentlich auch Kaffee. **Kneipen** Da kommen einem wahrlich die Tränen - die herrlich gelegene Gaststätte Altan ist dicht, ein neuer Pächter nicht in Sicht. Dem durstigen Fan bleibt nichts anderes übrig, als sich in Sonnborn (Zur Zoobrücke, 1:0, Kiesbergstuben) umzutun, wobei man bei der Wahl der Kneipe auch ein wenig Vorsicht walten lassen sollte.

Sitzplätze: 20 (10) DM
Stehplätze: 10-15 (5-8) DM
Gäste: Nordkurve (K)

STADION: ⚽⚽⚽ **STIMMUNG:** ⚽⚽⚽ **SERVICE:** ⚽⚽

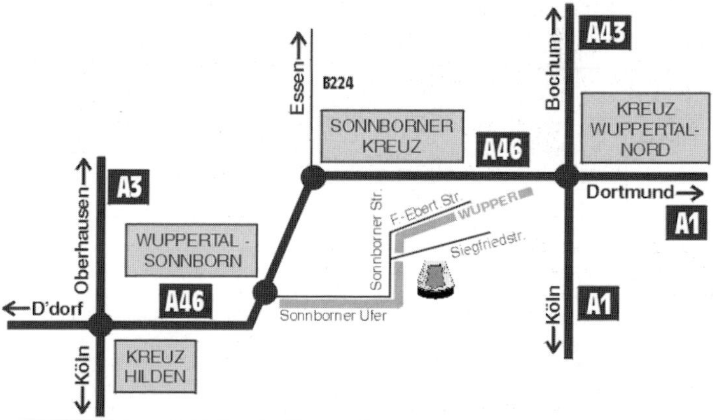

Das Stadion am Zoo wird über die **A46** angefahren, die man von der A1 und der A43 aus über das Kreuz Wuppertal-Nord, von der A3 über das Kreuz Hilden erreicht. An der Abfahrt **Wuppertal-Vohwinkel/Sonnborn** geht es heraus, an der Ampel links und dann folgt man einfach der Beschilderung "Zoo-Stadion". Nach knapp einem Kilometer (Sonnborner Ufer, Sonnborner Straße) taucht dann auch schon rechter Hand die Arena des WSV auf. So einfach der Weg, so schwierig leider das **Parken**. Am besten wählt man schon recht frühzeitig einen Abstellplatz (ausgeschildert) und legt den restlichen Weg zu Fuß zurück – das nähere Stadionumfeld ist nämlich **gesperrt**. Reißen alle Stricke, fährt man einfach ein Stückchen weiter und nutzt den "größten Parkplatz der Welt": Dieser findet sich entlang der **Schwebebahn**, deren Benutzung für Karteninhaber umsonst ist. Selbst von der entferntesten Haltestelle sind es weniger als 15 Minuten zum Stadion.

Vom Hauptbahnhof geht es mit der Schwebebahn (**Linie 60**, gen Wuppertal-Vohwinkel) in knapp zehn Minuten bis zur Station **Zoo/Stadion**. An den Bahnhöfen Wuppertal-Zoologischer Garten und Wuppertal-Sonnborn halten außerdem die **S-Bahnlinie S8** (Hagen-M'gladbach) sowie einige Nahverkehrszüge. Zugreisende aus dem Süden, die unbedingt mal "schweben" wollen, sollten in Köln oder Düsseldorf in einen Zug umsteigen, der über Wuppertal-Vohwinkel fährt. Von dort geht es dann zu den Haltestellen Vohwinkel oder Bruch und mit der Schwebebahn gen Oberbarmen. Bei Spitzenspielen werden zudem auch **Sonderbusse** eingesetzt, dennoch sollte sich niemand, der das noch nicht kennt, die Fahrt mit dem Wuppertaler Wahrzeichen entgehen lassen. Wer noch keine Eintrittskarte besitzt, muß 3,20 DM für den Fahrschein löhnen.

ZWICKAU: Westsachsenstadion

Foto: Michael Seiß

Kapazität: 14.200
Stehplätze: 3.000
Sitzplätze: 11.200

FSV Zwickau, Dr.-Friedrichs-Ring 55, 08056 Zwickau
Tel: 0375-370090, Fax: 0375-37000926

Im Laufe der Jahre trug die Zwickauer Arena eine ganze Reihe von Namen: Westsachsenkampfbahn, Südkampfbahn, Sachsenring, Georgi-Dimitroff-Stadion und seit dem 12. September 1992 schließlich Westsachsenstadion- doch im Volksmund spricht man eigentlich nur von der "Halde". Errichtet wurde sie ab dem Jahre 1937 von Zwickauer Zuchthäuslern, die von den Nazis auf den ehemaligen Schlacke- und Abraumhalden, die der Steinkohlebergbau hinterlassen hatte, zum Arbeitsdienst gezwungen wurden. Ende 1940 war der heute unter Denkmalschutz stehende Eingangsturm fertiggestellt, ehe die Eskalation des Zweiten Weltkriegs die Arbeiten unterbrach.

Nach 1945 nahm das Stadionprojekt zügig seinen Fortgang, so daß im April 1951 die Sitztraversen der Haupttribüne freigegeben werden konnten und das Stadion in seiner ursprünglichen Form fertiggestellt war. Offiziell paßten rund 40.000 Zuschauer ins schöne Rund, bei Zwickaus 1:0 gegen Celtic Glasgow, der den Einzug ins Halbfinale des Europacups der Pokalsieger klarmachte, sollen 1976 allerdings 45.000 bis 55.000 Besucher zugegen gewesen sein – nicht eingerechnet die Fans, die vom oberhalb der Stadionumfriedung befindlichen Westhang aus zuguckten. Auch bei den Etappenankünften der Friedensfahrer war die mit einer Betonradrennbahn versehene Halde zumeist brechend voll - doch später verfiel das herrlich gelegene Stadion zusehends. Teile der Tribünen sackten ab, die Traversen mußten teilweise gesperrt werden. Auch die Radrennbahn konnte bald nicht mehr benutzt werden, dafür errichtete man auf dem Stadiongelände eine Sommerrodelbahn. Nach den schweren Ausschreitungen beim Derby gegen Aue am 22. Mai 1991 wurde die Arena dann gar zunächst komplett gesperrt und bis 1995 mit Stahlrohrtribünen versehen, die man einfach auf die alten Ränge pflanzte und die der Halde ein leicht skurriles Erscheinungsbild verleihen.

In den "Genuß" einer weiteren architektonischen Besonderheit kommen leider nur Spieler, Trainer und Schiris: Um von ihren Kabinen aus das Spielfeld zu erreichen, müssen sie einen etwa 80 Meter langen Tunnel durchqueren, der nicht von ungefähr an einen Bergbaustollen gemahnt. Begleitet werden sie dabei von den ehrfurchteinflößenden Klängen der "Les Tambours du Bronx", die auch beinharten Manndeckern einen Schauer über den Rücken jagen – zumal, wenn sie von dem infernalischen Krach begleitet werden, den das Trampeln der Fans auf den darübergelegenen Stahlrohrtribünen verursacht. Doch am Ende des Tunnels ist Licht – mittlerweile auch des Abends, denn seit dem Herbst 1997 verfügt die Halde nun auch über eine Flutlichtanlage.

Offiziell werden zwar keine Stehplätze verkauft, aber wer es im Sitzen partout nicht aushält, der kann sich relativ bequem zwischen die Stahlrohrtribünen stellen. Die FSV-Anhänger, deren Großteil als reiselustig, sangesfreudig, kreativ und kritisch gilt, wohingegen gewisse andere Gruppierungen, die eher als rauflustig durchgehen, Zwickau den Ruf einer "Gewalthochburg" einbrockten, positionieren sich für gewöhnlich auf der Gegengeraden (Block F) sowie im Kurvenblock C. Auswärtsfans besitzen einen separaten Eingang in der Nordkurve, der sie direkt zu Block I führt. Von dort aus ist das Geschehen auf dem Rasen ebenso gut einzusehen wie die gegenüberliegende Anzeigetafel.

Sitzplätze: 10 (7) - 15 (10) DM
Stehplätze: -
Gäste: Nordkurve, Block I

Da man in Zwickau aus Schaden klug geworden ist, verbleiben Gästefans nach Spielschluß meist noch ein Weilchen in ihrem Block – auf Wunsch der örtlichen Polizei, die bei größeren Gruppen denn gleich auch die "Rückleitung" zum Bahnhof besorgt. Nichtsdestotrotz kann es nicht schaden, im gesamten Stadionumfeld ein wenig Vorsicht an den Tag zu legen, insbesondere bei Derbys.

STADION: **STIMMUNG:** **SERVICE:**

Preise Die ermäßigten Preise gelten für Rentner, Behinderte, Schüler und Studenten. Kinder bis 14 Jahre zahlen in den Blöcken A-I (mithin also überall) nur faire 5 DM. Stehplätze werden nur in Ausnahmefällen (bei ausverkauftem Haus) angeboten und sind dann für den Einheitspreis von 10 DM zu haben. **Rolliservice** Der Rollifahrer zahlt 8 DM, der etwaige Begleiter den vollen Preis. Was das Parken angeht, so sollte man sich telefonisch oder schriftlich an den FSV wenden – dann nämlich erhält man im Normalfalle einen Berechtigungsschein, der das Parken in unmittelbarer Nähe der Arena ermöglicht. Zu den Plätzen am Spielfeldrand geht es dann direkt durch den Stadionturm. **Fanshop** Bei Heimspielen bietet ein kleiner Fanartikelstand vor dem Stadionturm (rechte Seite) seine Waren feil, ansonsten wende man sich an die Geschäftsstelle. **Lektüre** Der Zwikker, ein vierfarbiger Witz im A4-Format, ist vor kurzer Zeit durch die offizielle Vereinszeitschrift FSV live abgelöst worden, kostet jedoch nach wie vor seine zwei Mark. Das Anzeigenvolumen ist zwar immer noch außerordentlich hoch, aber da der FSV finanziell nicht auf Rosen gebettet ist, geht das schon vollkommen in Ordnung. Zumal sich das Stadionprogramm deutlich verbessert hat, sowohl was das äußere Erscheinungsbild als auch den Inhalt angeht – auch das Fanprojekt kommt in FSV live regelmäßig mit längeren Beiträgen zu Wort. Was Fanzines angeht, so gilt leider nach wie vor: Fehlanzeige. **Stadionsprecher** Seit 1998 ist das Westsachsenstadion um eine Attraktion ärmer: Rainer Thümmler, der noch 1991 über die Lautsprecheranlage mit dem Einschreiten der Deutschen Volkspolizei drohte, ist mittlerweile durch Lutz Pannasch ersetzt worden. Der neue Mann am Mikro verrichtet seine Arbeit zur allgemeinen Zufriedenheit und läßt auch nach wie vor kurz vor dem Auflaufen der Mannschaften die berüchtigten Trommelklänge von "Les Tambours du Bronx" erschallen. Bei den "Tambours" handelt es sich übrigens um eine 22 Mann starke Truppe aus der französischen Stahlstadt Nevers, deren bizarre Performances die Welt der Maschinenfabriken widerspiegeln. Wer sich für diese Art des "Industrial Ethnic-Punk'n'Roll" (oder wie auch immer man das nennen mag) interessiert: Die CD mit dem Zwickauer "Heya" drauf heißt "Monostress 225L" (LC 592048) und ist bei FNAC Music erschienen. Essen: Kommen wir zu erheblich weicheren Dingen- die Brat- und Bockwürstchen munden eher durchschnittlich, die Fischbrötchen können dagegen an guten Tagen richtig lecker sein. Kostet jeweils um die 3 DM. Den fliegenden und recht spaßigen Verkäufer ("Bockwurst für den Frieden") trifft man leider nur noch in Ausnahmefällen an. **Trinken** Der halbe Liter Leichtbier (Mauritius Pilsener) wandert für 4 DM über die Theke und schmeckt den Umständen entsprechend, in der gleichen Größenordnung sind ferner Cola, Fanta, Sprite und Wasser erhältlich. In der Stadionkneipe fließt das Mauritius übrigens mit ein paar Umdrehungen mehr aus den Zapfhähnen. **Toiletten** Hier muß man tapfer sein. **Kneipen** Außer der Stadiongaststätte (der neue Pächter ist noch auf der Suche nach einem pfiffigen Namen), die mit einem Gerät für den Telefußball ausgerüstet ist, kann man in der näheren Umgebung mal das kleine Malz (etwa 200 Meter vom Stadion entfernt) ausprobieren. Ansonsten wende man sich über die Geinitzstraße und später die Planitzer Straße in Richtung Innenstadt, was einen Fußmarsch von etwa drei Kilometern Länge bedeutet. Wer diesen geschafft hat, findet im Zentrum eine erkleckliche Anzahl an gastronomischen Begegnungsstätten vor.

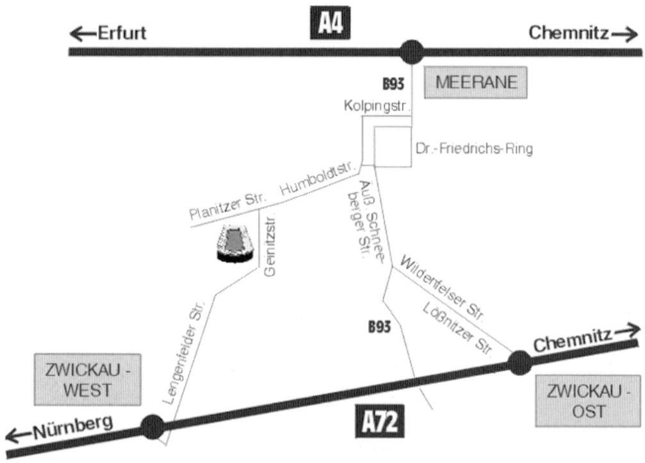

Das Westsachsenstadion liegt südlich des Zentrums unweit des Bahnhofs Zwickau-Schedewitz und wird wie folgt angefahren:
Aus Richtung **Erfurt** oder **Dresden**: Über die **A4** bis zur Abfahrt **Meerane** und auf der **B93**, die ab Mosel auf die **B175** trifft, gen Zwickau. Schon fast in der Innenstadt angelangt, geht es vor der Tankstelle rechts ab und immer die Hauptstraße (Kolpingstraße, Humboldtstraße) entlang bis zum Bahnübergang. An der nächsten großen Kreuzung dann links in die **Geinitzstraße** zum Stadion, das im übrigen auch einigermaßen vernünftig ausgeschildert ist.
Aus Richtung **Hof** bzw. **Plauen**: Über die **A72** bis zur Ausfahrt **Zwickau-West** und links ab auf die Lengenfelder Straße, die durch Planitz hindurchführt und kurz vor Erreichen des Stadions (links) in die Geinitzer Straße übergeht.
Aus Richtung **Chemnitz** (Süd): Über die **A72** bis zur Ausfahrt **Zwickau-Ost**, rechts ab und auf der Wildenfelser bzw. Lößnitzer Straße in Richtung Zwickau fahren. An der T-Kreuzung nach rechts über die Muldenbrücke, hinter der Tankstelle dann links, wieder links auf die Planitzer Straße, von der etwa 600 Meter hinter dem Bahnübergang links die Geinitzstraße abgeht.
Bei **Parkplatzmangel** (kommt häufiger vor) ist es ratsam, auf den stadionnahen Stellplatz des FABI-Marktes (Geinitzstraße), in die Nebenstraßen oder die anrainernde Wohnsiedlung auszuweichen – sofern man von freundlichen Ordnungshütern nicht gleich zu freien Parkräumen geleitet wird.

Vom **Hauptbahnhof** aus geradeaus laufen, nach etwa 300 Metern rechts und nach wenigen Schritten steht man an der **Zentralhaltestelle** (Fußkranke können zur Not auch vom Bahnhof eine Station mit jeder beliebigen Straßenbahn fahren), von der aus die **Buslinien 16** und **19** bis zur Station Geinitzstraße fahren. Von hier sind es noch etwa 300 Meter bis zum Stadioneingang. Am **Bahnhof Schedewitz** halten zudem auch Nahverkehrszüge, ab hier ist es noch ein guter Kilometer über die Bahnstraße. Bei Spitzenspielen werden **Sonderbusse** eingesetzt, die vom Bahnhof direkt zum Stadion fahren.

Lieber Leser,

mit an ziemlicher Sicherheit grenzender Wahrscheinlichkeit haben sich in dieses Buch kleine oder größere Fehlerchen eingeschlichen.

Wenn uns beim Abfassen der einzelnen Beiträge hier und da eine Information aus den Augen oder Fugen geraten ist, so steckte dahinter nie böse Absicht. Hier sollte kein Verein, kein Bauwerk und vor allem kein Mensch in ein schlechtes Licht gestellt werden, sondern im Gegenteil so objektiv wie nur irgend möglich berichtet werden.

Etwaige Fehler bitten wir somit nicht nur in aller Höflichkeit zu entschuldigen, nein, wir möchten unsere Leser vielmehr dazu auffordern, uns für die geplante Neuauflage auf jede noch so kleine Ungenauigkeit oder gar Unwahrheit hinzuweisen. Verbesserungsvorschläge und kritische Anmerkungen jedweder Art sind willkommen, werden mit lautem Hallo begrüßt und wollen übermittelt sein an:

AGON Sportverlag
Frankfurter Str. 92a, 34121 Kassel
e-mail: AGON-Sportverlag@t-online.de

oder

MMM
Robert-Heuser-Str. 11, 50968 Köln
Fax: 0221-386629
e-mail: a1828835@athena.rrz.uni-koeln.de